JN298113

北海道経済の
多面的分析

TPPによる所得増加への道筋

遠藤正寛
Masahiro Endoh

A Multifaceted Analysis of Hokkaido's Economy:
Toward Expanding Interregional and International Economic Transactions

慶應義塾大学出版会

序　文

　本書には、1つの動機と、2つの目的があります。

　私はかつて、北海道に3年間暮らしました。北海道は、他の都府県と比べて、その特徴が際立っていました。広大な土地を抱え、人口密度は低く、農作物の生産は多く、観光資源は豊かで、類のない四季を持ちます。遅出の春は雪を緩ませて足元を悪くし、斑気な夏は緑の香りと共にいつの間にか去り、突然の秋は風景を暖色に変えて雪虫を飛ばし、荘厳な冬は脅威と天恵をもたらします。道外の人々は北海道にあこがれを抱き、道内の人々は北海道に住まうことを誇りに思っています。しかし、経済や社会については、残念ながら暗い話題も多く見聞きします。農村地域からの人口の流出、高齢化の進展、企業活動の停滞、地方自治体の厳しい財政状況などです。

　北海道で生活をした3年の間、私は北海道のイメージの美しさと、社会・経済の厳しさを、頭と心の中でつなぎ合わせることができないままでした。北海道で生まれ育った人であれば、自分の歴史を通して、考えるまでもなく感じることで、北海道の総体を把捉しているのでしょう。しかしそれは、私のように人生の一時期のみを北海道で過ごした人間には難しいことでした。本書は、イメージと実相をつなぎ合わせるために、北海道経済の構造を客観的に把握する私の試みです。その点では、本書の執筆動機は極めて個人的なものです。

　しかし、本書の第一の執筆目的は、北海道を越えたところにあります。地方自治と地方経済については、地方分権の推進、道州制の導入、国と地方の財政赤字、そして地域経済の活性化など、さまざまな論点が提示されています。これらは、多くの国民が関心を寄せる事柄で、また互いに密接に関連しています。これらの問題を考えるには、地域の経済構造や地域と国との間の経済取引を正確に理解することが必要です。本書では、付加価値、所得移転、

域際収支、産業構造、産業連関、生産性、国際貿易という7つの分析視角から、北海道経済を多面的に検討します。本書の主題である『北海道経済の多面的分析』には、その第一の目的が反映されています。本書で用いる分析手法や得られた結果は、他の地域の経済を理解する際にも有用です。

北海道の経済、または日本の地域経済について分析した書籍は、これまでにも多く刊行されています。本書は、記述の軸を所得の源泉と国際経済学の2つに置いている点で、通常の地域経済論と多少風合いが異なります。

このうち、所得については、これは経済変数の中で最も重要なものの1つです。所得は人々の生活スタイル全体を規定し、幸福感にさえ影響を与えます。本書の中で私は、道民の所得の産出源について検討しています。道内で働く人々が産み出した道民の所得額、国・地方政府の活動からの影響の大きさ、道外の人々からの所得移転額、北海道の企業の所得を産み出す力、などです。所得の源泉をたどることは、地域経済の動態を把握するのに有用です。

また、本書では、国際経済学の分析視角や分析手法を比較的多く用いています。国際経済学とは、主に国家間の経済関係を扱う応用経済学の一分野です。商品の取引（国際貿易）と資金の取引（国際金融）が主要な研究対象です。私はこれまで、大学で国際経済学についての研究・教育を行ってきました。そして、この国際経済学の視点や方法を用いて、北海道経済の特徴を明らかにしたいと考えました。

この2つの軸から、北海道に住まう方々が道外との域際・国際取引によって豊かさを感じられるようになる方策を検討するという本書の第二の目的が、自然と導びかれます。副題の『TPPによる所得増加への道筋』は、このことを表しています。

北海道は、他地域と比べて、貿易障壁によって輸入から保護されている農林水産業の比率が高く、外国への輸出額は非常に少ないという特徴があります。このような、国際貿易による利益を直接には感じられないという特徴からか、北海道では貿易自由化に対して否定的な意見が多く、例えば環太平洋パートナーシップ協定（Trans-Pacific Partnership: TPP）に対する道内農業団体、地方公共団体、経済団体、報道機関の強い反対姿勢は特異といっていい程です。

輸入自由化は、主に貿易財の価格変化からの利益と生産性上昇からの利益の2つを通じて、国民の経済厚生を引き上げます。価格変化からの利益とは、各国が貿易を自由化することで、国内で輸入財の価格が相対的に安くなり、輸出財の価格が相対的に高くなり、それによって国民の実質所得が上昇することです。また、生産性上昇からの利益とは、外国企業との競争の活発化によって国内企業の創意工夫が促され、また貿易が外国の知識や技術の伝播を助けることから、経済成長をもたらすことです。

　もちろん、輸入自由化が全ての居住者にとって好ましい結果をもたらすわけではありません。例えば、それまで輸入障壁で保護されていた産業の生産者の中には、活動の縮小や廃業を余儀なくされる人が出てくるでしょう。TPP交渉では、農業従事者がこの意識を強く抱いています。これに対しては、輸入自由化によって不利益を被る人々に所得補償や転業支援をすることを検討すべきです。または、貿易障壁といった水際措置を撤廃する代案として生産支援のための国内措置を導入することも必要でしょう。ただし、これらの政策は、付加価値をより多く創出できる生産者が、既存・新規を問わず、生産量を増やすことを妨げるものになってはなりません。

　貿易自由化の交渉を諸外国と行うことによって、輸入の拡大と同時に輸出の拡大も実現できれば、貿易自由化を推進する意見が国内でより強くなるでしょう。TPPの交渉には日本とアメリカという世界の経済大国が参加しており、かつ貿易自由化以外の広範な交渉分野を含みます。そのため、全ての交渉参加国がWin-Winの結果を得られると合意できる協定案を策定するのは困難ですが、交渉妥結ができれば、そこからの潜在的利益は大きいものです。

　第二次世界大戦後、貿易自由化は世界の潮流でした。そして、それを実現したのは、このような貿易自由化のための国際交渉でした。関税及び貿易に関する一般協定（General Agreement on Tariffs and Trade: GATT）における8回の多角的貿易交渉（ラウンド）を通じて、世界各国は貿易障壁を引き下げてきました。発展途上国の中には、1980年代頃まで、国内産業を保護育成するために輸入を非常に制限する政策をとっている国が多くありました。しかし、発展途上国の国民の多くも、外国との貿易が国全体として望ましいもの

であり、経済成長に貢献するものであることを理解し、現在では発展途上国の輸入障壁も低くなっています。

このような国際交渉の進展の結果、現在残っている輸入障壁は、様々な理由から各国が譲れない分野として主張し、さらなる自由化が困難なものばかりです。この事情に加盟国の増加や交渉範囲の拡大も加わり、GATTの後を継いだ世界貿易機関（World Trade Organization: WTO）における最初のラウンドであるドーハ開発アジェンダは、2001年11月に交渉開始が宣言されてから10年以上経ても、終結までの道筋が見通せません。

1990年代以降は、TPPのような地域貿易協定（Regional Trade Agreements: RTA）による貿易自由化も、世界各地で進展しています。WTOの2014年2月現在の加盟国・地域は159で、ラウンドにはこの全てのメンバーが参加できます。これに対して、RTAは交渉対象国が限定されており、その意思決定がWTO多国間交渉と比べて容易であることから、現在では貿易障壁低減の原動力となっている感があります。また、TPPだけでなく、現在の多くのRTAでは、国内競争政策や国際投資など、貿易に関連する様々な制度や政策も交渉の対象となっています。これらは、RTAがWTOに代わってルールを形成する機能を負っているとみることもできます。

現在残っている貿易障壁は、各国が容易に譲歩できるものではないでしょう。また、国際通商を規定するルールの策定は、WTOからRTAに主役が交代しつつあるのかもしれません。しかし、そのような状況でも、貿易自由化や国際交渉の利益は依然として存在します。そして、RTAの交渉は世界各地で依然として活発です。つまり、世界における国際通商交渉の潮流は続いていますし、そこから得られる利益を各国は理解しています。このような状況において、北海道は、貿易の自由化と経済制度の調整に反対するのではなく、貿易・投資拡大の恩恵を大きくし、それを居住者に均霑させる方法を検討した方が、より活力ある経済を未来に残せると私は考えます。

本書の内容を先取りして手短にまとめれば、日本の貿易・投資拡大から北海道がより大きな利益を得るには、以下のような方策が考えられます。まず、貿易財の価格変化からの利益については、日本は第1次産業の保護政策を間接的な貿易制限から生産補助金の直接支払いにするのが望ましいと判断しま

す（第7章第1節）。また、北海道農業の主要品目である生乳は道外との取引が非常に限定されているので、この域際取引を拡大することで酪農家の収入は増加するでしょう（第7章第3節）。なお、たとえ米の輸入制限が緩和された時に生産者への直接支払いが強化されなくても、それによる道内生産者の経済厚生の減少分は、米の市場価格の低下から得られる道内消費者の経済厚生の上昇分より小さく、道民全体としては経済厚生が上昇すると思われます（第7章第2節）。

次に、生産性上昇からの利益については、海外からの直接投資が首都圏だけでなく道内にも入り、道内で外資系企業が設立されれば、雇用機会が増加し、外国からの経営資源も流入し、所得の増加に繋がります（第6章第2節）。また、日本全体でも貿易・投資の利益から道内産品への需要が増えます。そこで、北海道の産業のうち、道外の需要が比較的大きく、かつ道内の生産や付加価値を誘発する効果が比較的強い産業について、その商品やサービスの魅力を高め、日本の需要増加を取り込むことに注力するのが良いでしょう。該当する産業の例として、農業・農産品加工品、商業、情報サービスが挙げられます（第5章第2節）。

加えて本書では、貿易自由化に限定しない、所得増加のための一般的な経済政策の指針についても述べています。これは、北海道だけでなく、日本の各地域にも当てはまるものでしょう。このうち、地方政府の指針としては、起業や廃業を容易にする制度を整えること、起業・廃業に伴う労働者の移動を支援すること、生産者間、あるいは生産者・消費者間の情報交換を促進すること、地域外との人の移動を活発にし、地域外で育まれた多様な人的資産を活かすこと、適切な産業育成政策をコーディネートすることなどがあります（第4章第3節）。

本書の最終節（第8章第2節）では、TPP締結で予想される効果に直接関連のあるものに限定して、北海道経済の活性化に資する方策を議論しています。北海道では、TPP締結に伴う価格変化からの利益がゼロに近いかマイナスでしょう。そのため、TPPによる日本への対内直接投資の増加とサービス部門の生産性上昇から日本全国が享受する生産性と所得の上昇を、北海道に十分に波及させる必要があります。方法の1つは、道外で増加した需要

をより多く道内産品に引き付けて、農産物、観光、情報・通信など、北海道が比較優位を有する産業の移出を拡大させることです。そしてもう1つは、外資系企業を道内に誘致することや、道外取引を行う企業の数を全道的に増やすことなどを通じて、道内の生産性も上昇させることです。

あわせて、地域経済に関する議論でよく見聞きする誤りも、本書では指摘しています。例えば、ある県の財貨・サービス収支が赤字だから、住民の1人当たり所得が低いという因果関係はありません（第3章第3節）。また、財貨・サービス貿易の赤字の地域は、その赤字を埋め合わせるために財政移転を受け取っているわけでも、域外への金融負債を増やしているわけでもありません（第2章第3節、第3章第3節）。さらに、北海道居住者の所得を高めるために製造業比率を引き上げることが必須というわけではありません（第4章第3節、第5章第2節）。

各章はそれぞれにまとまりのある内容ですが、相互の連関には粗密があります。例えば、第2章と第3章は、マクロ恒等関係から域際収支統計の意義を説明する流れになっていますので、密接な関係があります。また、第7章と第8章は、共に国際貿易の部分均衡分析を使用しており、議論も一部継続しています。加えて、第1章と第6章は、付加価値の産出について、前者はマクロの視点から、後者はミクロの視点から分析しており、補完的な関係があります。他方、第4章と第5章は、手法でも問題意識でも比較的独立しています。読者は本書を第1章から読み進める必要はございません。目次を見て関心を持った箇所からひもといてください。

私が本書の執筆に当たって、注意した点が2つあります。1つは、標準的な分析手法に基づくということです。本書で扱われている分析枠組や分析手法は、全て経済系科目の学部授業で普通に扱われているものです。そして、できるだけモデルの前提も説明して、初見の方でも構造を理解でき、私がどのようなロジックで話をしているのか把握できるように留意しました。もう1つは、一般に入手可能なデータで議論をするということです。特別な手続きによってしか入手できないデータを使用してしまうと、読者が本論の内容を検証することができなくなります。このようにして、本書が北海道経済のテキスト、あるいは概説書としても読めるようにしました。

もちろん、本書の記述の全てが、本書で説明する体系から導かれたものであるというわけではありません。一部では私の意見、あるいは私の経済観に言及しています。しかし、分析枠組・結果と解釈・意見の区別は読者にとって容易かと思いますので、特に明記しませんでした。また、概説書という性格から、本書では長い参考文献リストは付けず、私の意見の基となった先行研究は紹介せず、脚注の分量は抑えました。詳細な議論は他の研究書や学術論文に委ねます。

　なお、紙幅の都合と私の能力から、本書で扱えなかった事項も数多くあります。最も残念に思っているのは、現代の事象を分析の中心としたため、北海道の経済史を取り上げられなかったことです。また、経済成長、道内金融、経済地理についての章も立てることができませんでした。経済成長は北海道の経済政策に有益な知見を提供します。道内金融は企業の生産性というミクロの構造と道内外資金循環というマクロの構造を共に規定しています。経済地理は、国内の首都からも外国の経済活動集積地からも離れているという北海道の特徴を分析するのに有用な手法です。しかし、これらの議論は割愛しました。

　本書が読者にとって、日本の地域経済構造を理解し、今後の北海道経済を考える一助となれば幸いです。

2014 年 6 月

遠 藤 正 寛

目 次

序　文 ……………………………………………………………… i
目　次 ……………………………………………………………… ix

第1章　付加価値：2000年代における総生産・所得の変動とその要因　1
　第1節　低迷した北海道の総生産と所得 ………………………… 2
　　　　　実質総生産からの説明　3
　　　　　1人当たり名目所得からの説明　6
　第2節　北海道の域内総生産 ……………………………………… 8
　　　　　県内総生産の定義　8
　　　　　生産面から見た県内総生産　9
　　　　　生産面と支出面の関係　12
　　　　　支出面から見た県内総生産　16
　第3節　北海道の住民所得 ………………………………………… 19
　　　　　県内総生産から県民所得への調整　20
　　　　　県民所得の分配　22
　　　　　都市部と地方部における所得分配の変化　26
　第4節　全国と比べた1人当たり総生産・所得の推移 ………… 29
　　　　　札幌市を除く北海道の総生産・所得　29
　　　　　民間・政府活動の市場との関わり　32
　　　　　札幌市の総生産・所得　36
　第5節　純生産変化の要因分解 …………………………………… 38
　　　　　公共投資減少と北海道経済　38
　　　　　要因分解の方法　40
　　　　　就業者1人当たり域内純生産と域内就業者比率　41

　　　　　国内純生産の変化　44
　　　　　道内純生産の変化　46

第 2 章　所得移転：経常・資本移転による所得再分配の規模と比較　**53**
　　第 1 節　経常・資本移転による所得再分配の把握 …………………… 54
　　　　　経常移転と資本移転　55
　　　　　道民経済計算における経常・資本移転　56
　　　　　北海道への経常・資本移転の推移　57
　　　　　所得再分配の指標としての移転収支の長所と短所　59
　　　　　純所得移転額の試算　61
　　第 2 節　所得再分配の規模の比較 …………………………………………… 63
　　　　　道府県間の比較　63
　　　　　アメリカ州間の所得移転額　66
　　第 3 節　県内経済のマクロ恒等関係 ……………………………………… 67
　　　　　県民可処分所得における経常・資本移転の意味　68
　　　　　貯蓄・投資バランスと経常県外収支の一致　73
　　　　　県外資産の購入　77
　　第 4 節　マクロ経済変化の府県との比較 ………………………………… 79
　　　　　県民可処分所得の構成の変化　79
　　　　　県民貯蓄の変化　81
　　　　　貯蓄・投資バランスの変化　83

第 3 章　域際収支：国際収支統計に基づいた域際収支統計の作成と解釈　**89**
　　第 1 節　国際収支統計 ……………………………………………………… 90
　　　　　国際収支統計の主要項目と複式計上の原理　90
　　　　　貿易収支・サービス収支・第 1 次所得収支　93
　　　　　第 2 次所得収支・資本移転等収支　96
　　　　　金融収支　97
　　第 2 節　域際収支統計の作成 …………………………………………… 99
　　　　　国際収支統計と県民経済計算の対応　99
　　　　　域際収支統計の項目別取引内容　101
　　第 3 節　北海道の域際収支統計の概要 ………………………………… 104

　　　　北海道の域際収支　104
　　　　北海道の域際収支の推移　108
　　　　北海道と日本の部門別域際収支　110
　　　　貿易・サービス収支と県内総生産の関係　114

第4章　産業構造：生産要素から考える道内産業構造と経済政策　119
　第1節　北海道の産業構造の変遷 ………………………………… 120
　　　　総生産の産業別比率　120
　　　　就業者の産業別比率　124
　第2節　道内の生産要素量からの説明 …………………………… 127
　　　　モデルの設定　128
　　　　数値例　130
　　　　分析結果へのコメント　133
　　　　北海道経済への適用　135
　第3節　製造業が雇用を提供できなかった要因 ………………… 138
　　　　3産業3生産要素モデル　139
　　　　農業生産技術の変化　142
　　　　資本量の増加　147
　　　　製造業と所得の関係　150
　　　　所得増加のための経済政策　152

第5章　産業連関：産業連関表から見る道内外の産業・地域関係　157
　第1節　3部門モデルによる北海道産業連関表 ………………… 158
　　　　取引基本表の見方　158
　　　　国内各地域の域外取引　162
　　　　最終需要増加の生産への波及効果　164
　　　　生産と粗付加価値に及ぼす影響　166
　第2節　北海道の産業・地域連関 ………………………………… 170
　　　　生産誘発効果と粗付加価値誘発効果の産業別比較　171
　　　　北海道内6地域間の生産連関　175
　　　　道内公共事業予算減少の影響　179
　　　　CGEモデルと比較した産業連関分析の短所　182

補　論　生産誘発額の導出方法 …………………………………… 184
　　　　　　波及効果の具体例　184
　　　　　　行列による生産誘発額の計算　186
　　　　　　逆行列係数の意味　189

第 6 章　生産性：財務諸表を用いた道内外企業の全要素生産性の計算　191
　　　第 1 節　生産性の計測方法 ………………………………………… 193
　　　　　　労働と資本への付加価値の分配　193
　　　　　　労働生産性の計算　194
　　　　　　生産関数を用いた全要素生産性の計算　195
　　　　　　生産性指数を用いた全要素生産性の計算　197
　　　第 2 節　北海道企業の生産性 ……………………………………… 199
　　　　　　データの概要　199
　　　　　　全国と北海道の生産性指数の推移　201
　　　　　　産業調整をした場合の生産性指数の推移　204
　　　　　　北海道経済における外資系企業の意義　208
　　　補　論　分析方法の詳細 …………………………………………… 213
　　　　　　生産性指数の計算式　213
　　　　　　平均的企業の生産性指数の計算方法　214
　　　　　　財務諸表と事業年度に関する留意点　214
　　　　　　分析対象企業の選択　215
　　　　　　ソースコード　217
　　　　　　日経 NEEDS 一般企業財務データの利用項目　223

第 7 章　国際貿易：輸入制限の経済分析と米・生乳取引への応用　227
　　　第 1 節　貿易政策の余剰分析 ……………………………………… 229
　　　　　　資源配分効果　229
　　　　　　厚生効果　231
　　　　　　輸入関税と生産補助金の効果　235
　　　　　　産業保護の発動に関する留意点　237
　　　　　　輸入関税と生産補助金の選択に関する留意点　242
　　　第 2 節　輸入の拡大：米の事例研究 ……………………………… 244

             日本の米市場のモデル化　245
             政策変更の厚生効果　248
             生産量と消費量の変化　250
             総余剰の変化　253
             貿易自由化の影響に関するコメント　257
　　第3節　移出の拡大：生乳の事例研究 ………………………………………… 259
             日本の生乳市場構造　259
             牛乳・乳製品の国際貿易と自由化の影響　265
             牛乳の域際貿易自由化の影響　268
　　補　論　米市場の部分均衡分析に関する設定 ………………………………… 272
             米生産の保護政策の概要　272
             2010（平成 **22**）年産米の価格と数量　274
             保護政策撤廃後の生産者価格と消費者価格　274
             供給と需要の価格弾力性　276

第8章　TPP：北海道がTPP締結の利益をより多く得るために　**277**
　　第1節　**WTO**と**RTA**による貿易自由化交渉 ……………………………… 278
             大国のケースにおける関税政策　279
             国際交渉の必要性　282
             RTAの余剰分析　286
             RTAを巡る論点　292
　　第2節　**TPP**を通じた北海道経済の活性化 ……………………………………… 297
             TPP交渉促進への提言　297
             北海道の経済活性化への提言：移出　300
             北海道の経済活性化への提言：生産性　306

参考文献 ………………………………………………………………………… 309
謝　辞 …………………………………………………………………………… 311
索　引 …………………………………………………………………………… 313
著者紹介 ………………………………………………………………………… 320

第 1 章

付加価値

2000 年代における総生産・所得の変動とその要因

[要　旨]

　第 1 節　2000 年代の中頃、2002（平成 14）年度から 2007（平成 19）年度にかけて、北海道や札幌市における実質域内総生産や名目住民所得の対前年度成長率は、常に全国を下回っていただけでなく、基調としてマイナス成長になっていました。2009（平成 21）年度の北海道の実質総生産額は 19.3 兆円で全国の 3.7％を占め、1 人当たり名目道民所得は 237 万円で全国平均よりも 42 万円低い値です。

　第 2 節　域内総生産を生産面から見ますと、北海道（札幌を除く）では、全国と比べて農林水産業や政府サービス生産者の比率が高く、製造業の比率が低くなっています。札幌市では、卸売・小売業やサービス業の比率が高く、製造業の比率はさらに低くなっています。支出面から見ますと、北海道（札幌市を除く）では政府関連部門の比率が高く、域外からの移輸入超過です。

　第 3 節　1990 年代後半から 2000 年代後半にかけて、北海道（札幌市を除く）では名目住民所得に占める雇用者報酬の割合が急増し、札幌市では企業所得の割合が増加していました。この傾向は、政令指定都市を有する他の府県でも見られました。背景には、地方部の企業が将来の地域人口減少から廃業の可能性を高く見ていることや、都市部の企業が内部留保を高めて経済ショックに備えていることがあると思われます。

　第 4 節　北海道（札幌市を除く）の就業者 1 人当たりの総生産や所得は、札幌市を上回っていました。また、北海道（札幌市を除く）の総生産は、公共資本の固定資本減耗による水増し効果によって、対全国比が安定的に推移していました。他方、札幌市では、物価の下落幅が全国と比べて小さかったため、実質総生産の減少幅ほどには名目総生産も名目所得も減少しませんでした。

　第 5 節　北海道では、1990 年代後半から 2000 年代後半にかけて公共投資が半減し、それによって道内総生産や道民所得が減少しました。加えて、札幌市では市内の卸売・小売業の不調が加わり、市内総生産や市民所得は大幅に減少しました。ただ、2007 年度以降の世界金融危機の影響は、北海道では製造業の比率が小さいことから軽微でした。

北海道経済が2000年代の停滞から2010（平成22）年以降抜け出したことや、2013（平成25）年には道内公共事業の拡大や来道外国人観光客の増加から景気が拡大したことについて、それを裏付ける資料として「道内総生産」や「道民所得」がよく用いられます。これらの「道内総生産」や「道民所得」とは、何を表しているのでしょうか。

　北海道経済を分析する第1歩として、道内経済活動を道内総生産や道民所得の観点から見てゆきましょう。これらは、北海道経済全体の動向を把握するのに非常に有益です。後述しますが、道内総生産は北海道内に存在する生産要素が産み出した粗付加価値、道民所得は北海道内に居住する人が保有する生産要素から得た純付加価値です。そこから、道内総生産や道民所得を扱う本章のタイトルを「付加価値」としました。

　国民総生産や国民所得といった国民経済計算の概念は、マクロ経済学の講義やテキストの最初の段階に出てきます。言葉そのものは聞いたことがあるという方が大多数でしょう。本章では、北海道や札幌市を事例として、これらの概念を教科書的に段階を踏んで説明することで、結果として札幌市とそれ以外の北海道地域の経済構造の特徴や課題が浮き彫りになることを目指します。

第1節　低迷した北海道の総生産と所得

　この節では、北海道や札幌市の総生産や所得が2000年中頃に低迷していたことを、データによって確認します。なお、総生産や所得の定義については、次節に回します。また、低迷の理由については、第5節で検討します。

　本章の分析に用いる主要な資料は、内閣府が発表している県民経済計算です。県民経済計算は各都道府県の生産や所得を推計し集計した統計で、各都道府県における経済活動を把握するための有用な基礎指標です。速報性という面では他の経済統計に劣りますが、扱う対象の広さ、項目の豊富さ、そして体系の整合性では群を抜いています。また、推計方法は国民経済計算と同じものを用いていますので、国レベルのデータとの接続も容易で、外国との比較もできます。

分析期間は、1996（平成8）年度から2009（平成21）年度とします。その理由は、県民経済計算では物価調整を施した県内総生産が発表されていて、この期間内であれば各年度の数字が実質値で比較できるからです[1]。経済分析の際には、物価変動を考慮した実質値を用いることが、名目値を用いるよりも望ましいです。ある時期に総生産が名目値で1%減少したとしても、同じ時期に物価水準が2%低下したので、実質で見ると総生産は1%増加していたというようなことは、1990年代以降のデフレ下の日本経済でよく見られる現象です。

● **実質総生産からの説明**

　北海道の総生産や所得が低迷していたことを説明する際に、以下のような図がよく使われます。図1-1には、1997（平成9）年度から2009（平成21）年度における、前年度からの実質総生産額の成長率が、北海道、札幌市、そして全国についてまとめられています。2000年代の中頃、2002（平成14）年度から2007（平成19）年度にかけて、全国では対前年度比で約1%から2%のプラスを続けて記録しています。この間、北海道や札幌市の実質総生産額の成長率は全国を常に下回っていただけでなく、基調としてマイナス成長になっていました[2]。

　なお、2008（平成20）年度と2009（平成21）年度の全国の成長率は、北海道や札幌市よりも大きなマイナスを記録しています。これは、北海道や札幌

---

1) 現在の国民経済計算と県民経済計算の推計方法は、1993（平成5）年に国際連合が加盟国に導入を勧告した新しい国民経済計算体系（System of National Account: SNA）の『93SNA』です。そして、1996（平成8）年度から2009（平成21）年度までのデータについては、体系基準年が同じ93SNAの平成12年基準で得ることができ、比較が可能になります。本書の執筆時点では、2010（平成22）年度のデータも得ることができましたが、この年度の体系基準年は平成17年であり、かつ同じ平成17年基準でデータが得られるのは2001（平成13）年度まででした。そこで本章では平成12年度基準のデータを用いることで、比較可能な期間をより長くしました。
2) 図1-1によりますと、北海道や札幌市の1997（平成9）年度の実質総生産成長率は、全国よりも1%ほど低くなっています。ただ、これが北海道拓殖銀行の経営破綻によるものなのかについては、より詳細な検討が必要です。本書では、北海道拓殖銀行の経営破綻が北海道経済に与えた影響の大小については分析しません。

図1−1　実質総生産成長率の推移

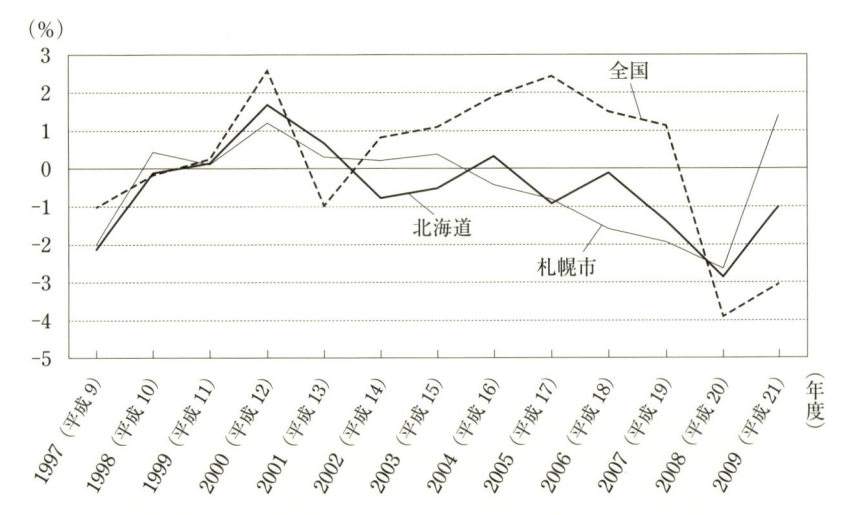

注：この図の実質総生産は、固定基準年方式で、平成12年を基準としたものを使用。
データ出所：内閣府「県民経済計算」平成8年度－平成21年度（93SNA、平成12年基準）
　　　　　　（http://www.esri.cao.go.jp/jp/sna/data/data_list/kenmin/files/files_kenmin.html、
　　　　　　2013（平成25）年2月11日閲覧）。

市では、2008（平成20）年度の景気後退の影響が全国平均よりも軽微で済んだことを示しています。その理由は、北海道では道内総生産に占める製造業の比率が低いことで、この点は本章第5節で検討します。また、図には示していませんが、2010（平成22）年度では3地域全てで成長率がプラスとなりました。

　2000年代の中頃は、北海道や札幌市における実質総生産額の成長率が総じて全国よりも低かったため、図1−2に示しましたように、実質国内総生産に占める北海道の実質道内総生産と札幌市の実質市内総生産のシェアは低下傾向を示していました。1996（平成8）年度、国内総生産に占める北海道のシェアは4.03％、札幌市のシェアは1.33％でした。それが2007（平成19）年度には、それぞれ3.56％と1.16％まで下がりました[3]。ただし、両者のシェアは2007（平成19）年度以降は上昇に転じています。

　47都道府県の実質総生産額の中で北海道の順位は、2001（平成13）年度

図1-2 実質国内総生産に占める北海道と札幌市のシェア

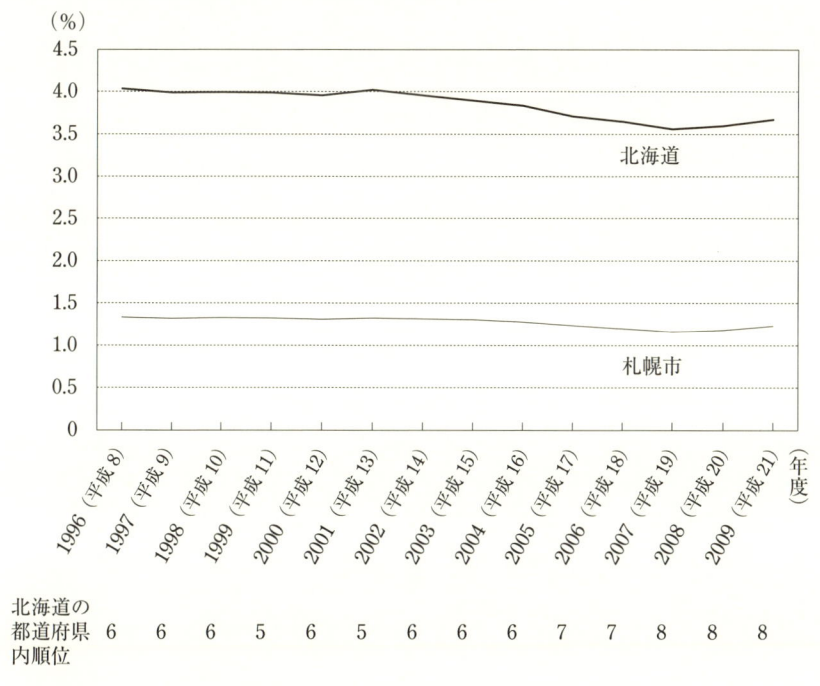

| 北海道の都道府県内順位 | 6 | 6 | 6 | 5 | 6 | 5 | 6 | 6 | 6 | 7 | 7 | 8 | 8 | 8 |

データ出所：図1-1と同じ資料から計算。

には5位でしたが、2007（平成20）年度からは8位になっています。2009（平成21）年度の北海道の実質総生産額は19兆3233億円で、前後には千葉県（6位、20兆3939億円）、兵庫県（7位、20兆796億円）、福岡県（9位、18兆8347億円）、静岡県（10位、15兆8523億円）が並びます。

---

3) 1996（平成8）年度、北海道の実質道内総生産は20兆7455億円、道内総生産の3分の1を占める札幌市の実質市内総生産は6兆8571億円でした。同年度の日本の実質国内総生産は514兆1717億円でしたので、これより北海道のシェアは4.03％、札幌市のシェアは1.33％となりました。2007（平成19）年度については、北海道の実質道内総生産は20兆932億円、札幌市の実質市内総生産は6兆5740億円と、共に11年前と比べて減少しています。同年度の日本の実質国内総生産は564兆9263億円であり、北海道と札幌市のシェアはそれぞれ3.56％と1.16％となりました。

図1-3　1人当たり名目住民所得

(万円)

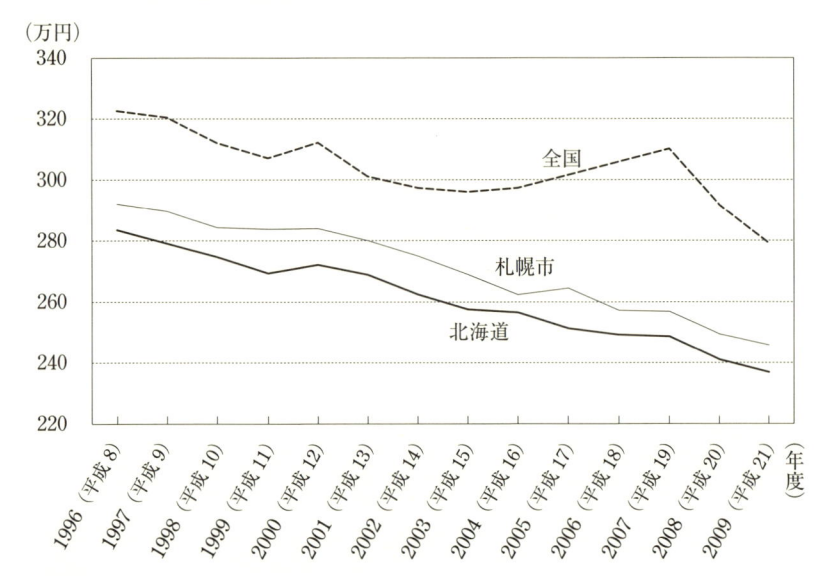

| 北海道の都道府県内順位 | 30 | 30 | 30 | 31 | 32 | 29 | 30 | 31 | 31 | 33 | 34 | 37 | 34 | 32 |

データ出所：図1-1と同じ。

● 1人当たり名目所得からの説明

　図1-3は、1996（平成8）年度から2009（平成21）年度までの1人当たり名目年間所得を、北海道、札幌、全国について示したものです（1人当たりで、かつ名目値であることに留意してください）。1996（平成8）年度の1人当たり年間名目所得は、全国平均で322.6万円、札幌市で292.1万円、北海道で283.5万円でした。全国平均と比べて、札幌市では約30万円、北海道では約40万円少なくなっています。

　その後、2009（平成21）年度まで、北海道と札幌市の1人当たり名目所得は一定の低下傾向を示し、全国平均の1人当たり名目所得は増減を繰り返しつつ低下しています。2007（平成19）年度には、全国平均で310.2万円であるのに対し、札幌市で256.8万円、北海道で248.7万円と、全国平均との差がそれぞれ約50万円と約60万円まで拡大しました。その後、両者の差は縮

図1-4　1人当たり名目住民所得成長率の推移

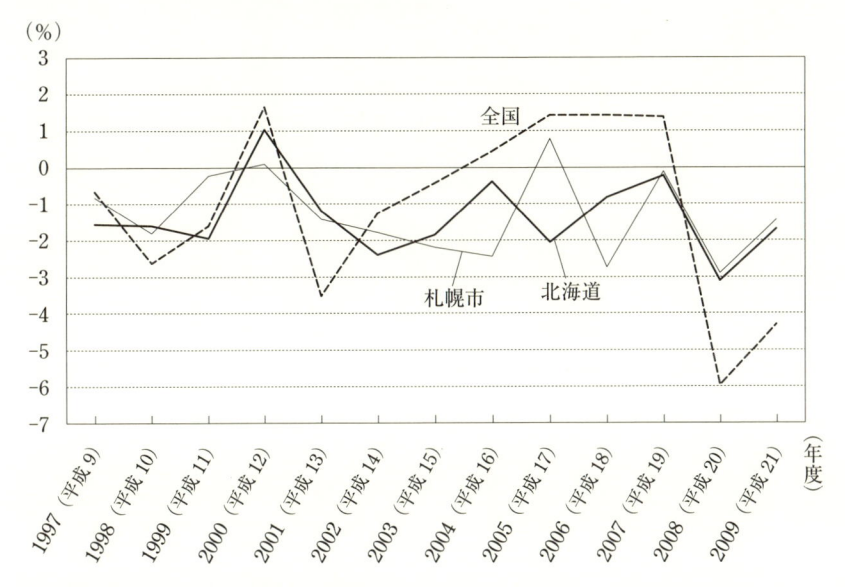

データ出所：図1-1と同じ資料から計算。

小しています。

47都道府県の1人当たり名目県民所得の中で北海道の順位は、2001（平成13）年度には29位でしたが、2007（平成20）年度には37位まで下げています。2009（平成21）年度の北海道の1人当たり名目道民所得は236.9万円で、47都道府県の中で32位です。前後には、奈良県（30位、240.8万円）、和歌山県（31位、239.4万円）、青森県（33位、236.6万円）、秋田県（34位、235.6万円）が並びます。

図1-4は、図1-3で確認した1人当たり名目住民所得の推移を用いて、前年度からの成長率を計算したものです。図1-1の実質経済成長率の推移と同様、2002（平成14）年度から2007（平成19）年度にかけて、北海道や札幌市は全国の成長率を常に下回り、マイナス成長が基調になっていました。また、2008（平成20）年度と2009（平成21）年度は全国の成長率が大きなマイナスを記録した反面、北海道や札幌市ではそれほど大きな影響がなかったのも、図1-1と同様です。

第2節　北海道の域内総生産

　生産や所得のデータとして、図1-1と図1-2では「県内の実質総生産」を、図1-3と図1-4では「1人当たりの名目県民所得」を使用しました。「県内」と「1人当たり」、「実質」と「名目」、「総生産」と「県民所得」と、両者の概念は大きく異なりますが、2000年代前半における北海道経済の停滞については似た結果を示していました。ただ、県民経済計算を用いて北海道経済をもう少し詳細に分析するためには、「総生産」と「県民所得」の意味を把握する必要が出てきます。そこで、本節では県内総生産、次節では県民所得について、定義を確認し、北海道の特徴を紹介します[4]。

●県内総生産の定義

　「県内総生産」は、ある都道府県内における企業の商品・サービス産出額の合計ではありません。「県内総生産」は、県内に位置する企業・団体の商品・サービス産出額から、それを生産するのに使用した原材料、エネルギー、輸送料、法務サービスなどの中間投入分を差し引いたもので、その残った部分が「総生産」になります。

　この「総生産」が意味しているのは、生産要素が産み出した付加価値です。企業や団体は、原材料やエネルギーなどの中間投入を購入し、労働、資本、土地、技術などの生産要素を用いてそれらを加工・利用することで、新たな商品やサービスを生産し、それを販売することで対価を得ます。得た対価から中間投入に要した費用を差し引いたものが総生産ですが、これは生産要素によって産み出された付加価値です。総生産を所得の指標として用いる場合、所得の源泉は、域内で使用された全ての生産要素となります。

---

[4] 本書では、県民経済計算体系の説明をする場合は「県内総生産」と「県民所得」、北海道や札幌市の具体例に言及する場合は、それぞれ「道内総生産」と「道民所得」、「市内総生産」と「市民所得」、都道府県・市町村の別なくある地域について表現する場合は「域内総生産」と「住民所得」を使用します。以下、これらを断りなしに使用しますが、それによって読者が混乱することはないでしょう。

総生産、産出額、中間投入の関係は以下の式のようになります。なお、総生産は、生産物を生産者の事業所における価格で評価していることから、「生産者価格表示の総生産」ともいいます。括弧内は2009（平成21）年度の北海道の名目額、角括弧内は同年度の47都道府県合計の名目額です[5)6)]。

　県内総生産（生産者価格表示）
　　（18兆528億円）
　　［483兆2165億円］

　　　　　　＝県内産出額（生産者価格表示）－中間投入
　　　　　　　（31兆496億円）　　　　　（12兆9968億円）
　　　　　　　［912兆2034億円］　　　　　［428兆9870億円］

●生産面から見た県内総生産

　県内総生産は、県内の各産業や政府部門によって産み出されます。各産業や政府部門の総生産が県内全体に占める割合は、地域によって大きく異なります。北海道と全国について、これを確認してみましょう。

　以下では、北海道の値を札幌市とそれ以外の地域に分けることにします。これによって、道都札幌市とそれ以外の地域での経済活動や人口構成などの違いを考慮できます。内閣府の発表する県民経済計算では、都道府県だけでなく、政令指定都市の数値も掲載されていますので、それを用いると北海道の数値を札幌市とそれ以外の地域に分けることができます。

　2009（平成21）年度における北海道（札幌市を除く）、札幌市、日本の名目域内総生産は、それぞれ11兆8741億円、6兆1787億円、483兆2165億円でした。図1-5には、これら3地域について、当年度における各産業と政府部門が名目域内総生産に占める割合がまとめられています。

　図1-5-1によりますと、北海道（札幌市を除く）では全国と比較して、

---

5) この式でも、また本書中の以下の式でも、四捨五入の関係で合計項目の数値が構成項目の数値の合計と一致しないことがあります。
6) 県民経済計算に掲載されている47都道府県の合計値と、国民経済計算に掲載されている日本の値は、同じ項目でも異なる数値になることに注意が必要です。

農林水産業、運輸・通信業、建設業の比率が高くなっています[7]。政府サービス生産者の比率も、全国の2倍です。農林水産業の比率は5.9%で、当然というべきか、全国の比率である1.1%を4.8%ポイントも上回っています。運輸・通信業も全国の比率より2.9%ポイント高くなっています。建設業の比率は、1995（平成7）年度や1996（平成8）年度には14%以上を記録しましたが、公共事業の減少に歩調を合わせて減少傾向にあり、2009（平成21）年度は6.5%まで低下しています。他方、製造業、卸売・小売業、金融・保険業の比率は全国よりも低くなっています。特に製造業の比率は、日本全国での比率である18.5%よりも8.0%ポイントも低い10.5%となっています。

他方、札幌市では、全国と比較してサービス業や卸売・小売業の比率が高く、これは北海道（札幌市を除く）とは逆の姿です。サービス業については、日本の国内総生産に占める割合が23.9%であるのに対して、札幌市の市内総生産に占める割合は30.2%と、6.3%ポイントも高い値を示しています。また、卸売・小売業は、札幌市では18.7%で、これは全国の12.9%の1.5倍弱も高い数字です。札幌市では、これらを含めた広義のサービス業、あるいは第3次産業の比率が非常に高くなっています。他方、製造業の比率は極端に低くなっています。全国では18.5%ですが、札幌市では3.1%しかありません。製造業の比率が北海道全体で非常に低い理由は、第4章で検討します。

北海道（札幌市を除く）における政府サービス生産者の比率の高さ（19.6%で、全国の比率である9.8%の2倍）は目を引くものです。政府サービス生産者とは、政府による行政、警察、教育、防衛などを行う者を指します。政府サービス生産者の総生産の評価方法は、各産業とは大きく異なります。各産業の総生産は、市場での売り買いを通じた価格と数量で評価されます。それに対して、政府サービス生産者の総生産は、政府サービスを提供するのに要

---

7) 図1-5-1には不動産業を掲載していません。それは、不動産業の総生産には帰属家賃が含まれるからです。帰属家賃とは、実際には家賃の受け払いを伴わない持ち家住宅についても、借家と同様のサービスが生産され消費されるものと仮定して、それを市中の家賃で評価したものです。つまり、持ち家に住む人は自分自身に対して住宅賃貸業を営んでいることになります。帰属家賃も含めると、不動産業で生計を立てている就業者の数に比べて総生産額が過大になりますので、他の産業との比較になじみません。

図1-5 北海道と日本の経済活動別総生産比率：2009（平成21）年度

図1-5-1 主要経済活動別総生産比率

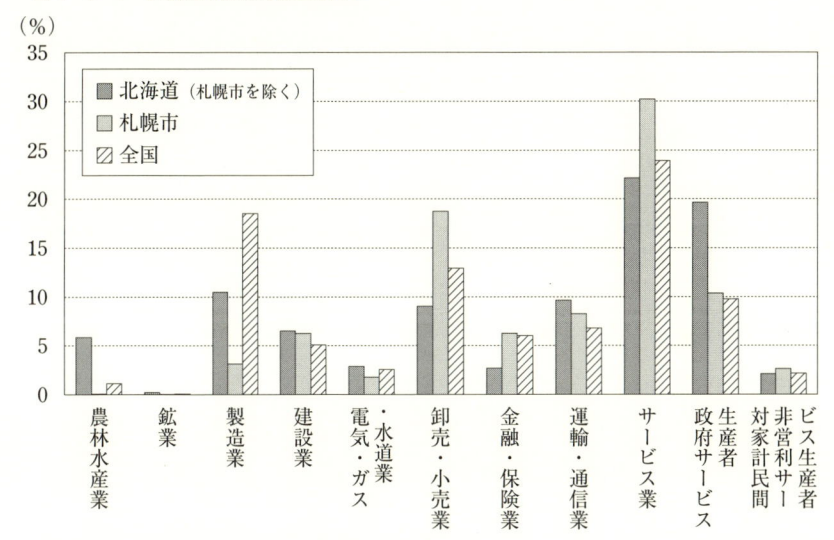

図1-5-2 製造業内の分野別総生産比率

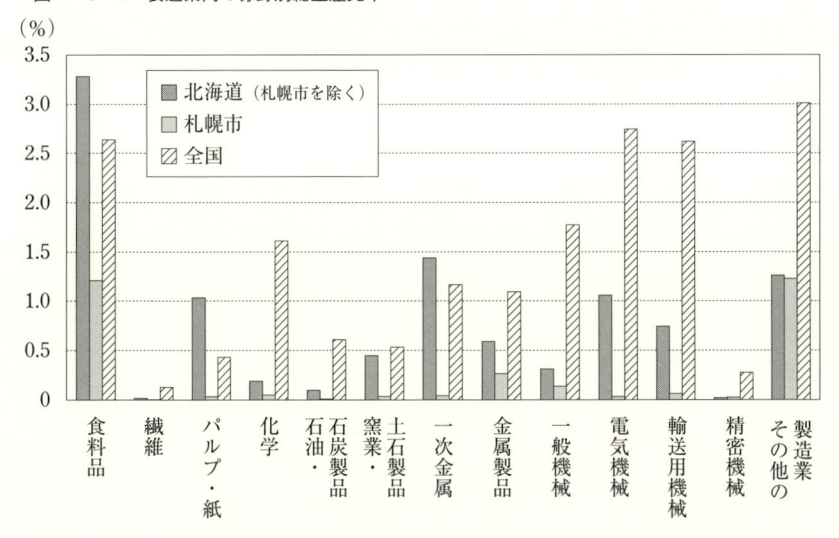

注：図1-5-1には不動産業を掲載していません。図中の各産業、政府サービス生産者、対家計民間非営利サービス生産者の比率の合計に不動産業の比率を加え、域内総生産計算のための税や利子の調整分を差し引くと100％になります。
データ出所：図1-1と同じ資料から計算。

する費用から計算されます。その費用は、雇用者報酬、固定資本減耗、生産・輸入品に課される税（控除）補助金から構成されますが、それぞれの意味の説明は後に回します。ここでは、政府サービス生産者の総生産は市場で評価されたものではなく、コスト要因だけで評価されていることを指摘するにとどめます。

北海道（札幌市を除く）、札幌市、そして全国において、政府サービス生産者の総生産が域内総生産に占める比率は、それぞれ19.6％、10.4％、9.8％であり、北海道（札幌市を除く）の高さが際立っています。北海道（札幌市を除く）では、この比率はサービス業（22.1％）に次いで2番目で、北海道の地方部における政府活動への依存度の高さを端的に示しています。

図1-5-1にはさらに、「対家計民間非営利サービス生産者」という、あまり見聞きしない産業分類があります。ここには、私立学校、労働組合、政党、宗教団体といった、営利を目的としない社会的・公共的サービスを提供する団体が含まれます。

次に、図1-5-2は、製造業を構成する各分野について、域内総生産に占める割合を、各地域について同様にまとめたものです[8]。北海道（札幌市を除く）でこの比率が日本全国より高いのは、食料品、パルプ・紙、一次金属の3分野だけで、他は日本全国よりも低い数字となっています。特に、一般機械、電気機械、輸送用機械、精密機械といった機械産業は、数字の低さが目立ちます。さらに札幌市については、比率が全国より高い産業はありません。食料品、その他製造業は若干見られるものの、それ以外の製造業生産はごくわずかであるといっていい状況です[9]。

●生産面と支出面の関係

すでに確認しましたように、生産活動によって得られた付加価値、すなわち総生産は、人々が生産した商品やサービス全体である総産出から、その生産のために購入された中間投入を差し引いたものでした。実は、この総生産は、「最終財」の総額であるとも言えます。ここでの「最終」とは、商品や

---

[8] データの制約から、日本のデータについては沖縄県を除いた比率です。

サービスのさらなる生産に中間投入として用いられることはないということを意味します。

　総生産が最終財の総額と等しい理由は、中間投入にもそれを生産する段階までの付加価値が含まれていることによります。簡単な例で考えてみましょう。ある国のある地域を考えます。その地域の住民は、国内の他地域や外国と全く取引をしていません。すなわち、移入（国内の他地域からの購入）も移出（国内の他地域への販売）も、輸入（国外からの購入）も輸出（国外への販売額）も全くありません。そして、この地域の産業は、漁業と、魚の加工業の2つだけしかありません。

　この地域における経済活動として、漁業者が魚をとり、それを食品製造業者が1億円で買い取って食料品に加工し、その食料品を住民が3億円で買って消費することを考えます。話を単純にするために、漁業者や食品製造業者の生産に必要なものは他にないとします。すると、漁業者が産み出した付加価値は1億円、食品製造業者が産み出した付加価値は3億円の販売額から中間投入の1億円を除いた2億円で、この経済全体の付加価値は3億円になります。そしてこれは、最終財である食料品の生産額3億円でもあります。なぜなら、食品製造業者が中間投入として購入した魚1億円は、漁業者の付加価値でもあるからです。この関係は、生産段階がさらに複雑になっても成立します。

　さて、前項では総生産を生産面から測っていましたが、総生産は支出面から測ることもできます。総生産は最終財の総額と等しくなりますが、その最終財は何かに使われるために住民によって購入されますので、その支出総額とも等しくなるからです。先ほどの例でも、住民が心身を維持するため、あ

9）北海道（札幌市を除く）では石油・石炭製品の総生産額が非常に小さくなっています。しかし、図1-5の2009（平成21）年度において、出光興産は苫小牧市に、JX日鉱日石エネルギーは室蘭に、それぞれ製油所を持つなど、石油製品・石炭製品製造業の出荷額は製造業の中で大きなシェアを占めていました。北海道の石油・石炭製品で県民経済計算上の総生産額が非常に小さいことは、中間投入額と産出額がほぼ同額で、この産業が付加価値をほとんど創出できていないことを意味します。2014（平成26）年3月末にJX日鉱日石エネルギーが室蘭製油所の石油精製設備の稼働を停止し、同年4月に室蘭製造所と名称を変更したのも、この事実を受けてのものかもしれません。

るいは味覚を満足させるために、食料品を購入して3億円支出していました[10]。

　ただし、この地域の住民が国内の他地域や外国と取引をしている場合には、域内で産み出された付加価値、すなわち域内の総生産と等しくなるのは、その地域における最終財の支出総額そのものではなく、支出総額に域外取引での販売超過額、すなわち純移輸出額（＝移出額＋輸出額－移入額－輸入額）を加えたものになります。以下ではこれを、総支出と呼びます。このように定義すると、総生産と総支出は常に等しくなります。なお、純移輸出額の「純」は、移輸出から移輸入を差し引いた額という意味で、「ネットの」とも表現します。

　総生産と総支出が等しくなることを、先ほどの経済の例に対外取引を加えた図1―6を用いて、説明してみましょう。この地域は、経済活動に必要なエネルギーを全て域外から移輸入し、また最終財の一部を移輸出しています。漁業者が1億円のガソリン代をかけて魚をとり、それを食品製造業者が2億円で買い取って、1億円の電気代をかけて食料品に加工します。この食料品の産出額は5億円で、域内の住民が4億円、域外の住民が1億円で購入します。

　図1―6のケースでは、漁業者の総生産は、産出額2億円から中間投入のガソリン代1億円を差し引いた1億円になります。同様に、食品製造業者の総生産は、産出額5億円から中間投入の魚代2億円と電気代1億円を差し引いた2億円です。これより、域内の総生産は合計の3億円になります。

　他方、域内住民が最終財である食料品に支出したのは4億円です。域内総生産3億円より1億円多くなっています。最終財の域内購入4億円を総支出3億円に調整するには、最終財の域内産出額のうち域外に販売した移輸出1億円から中間投入であるエネルギーの移輸入額2億円を差し引いた純移輸出額マイナス1億円を、支出額4億円に加えます。最終財生産額の5億円のう

---

[10] ここで、住民が支出した3億円の出所は、付加価値です。漁業者や食品製造業者が産み出した付加価値3億円は、何らかの形で住民の所得となります。すなわち、この例の経済は、生産面から見ても、支出面から見ても、所得面から見ても、3億円です。これはこれらの定義から必ず成立するもので、三面等価の原則と呼ばれます。

図1-6 生産面と支出面の関係

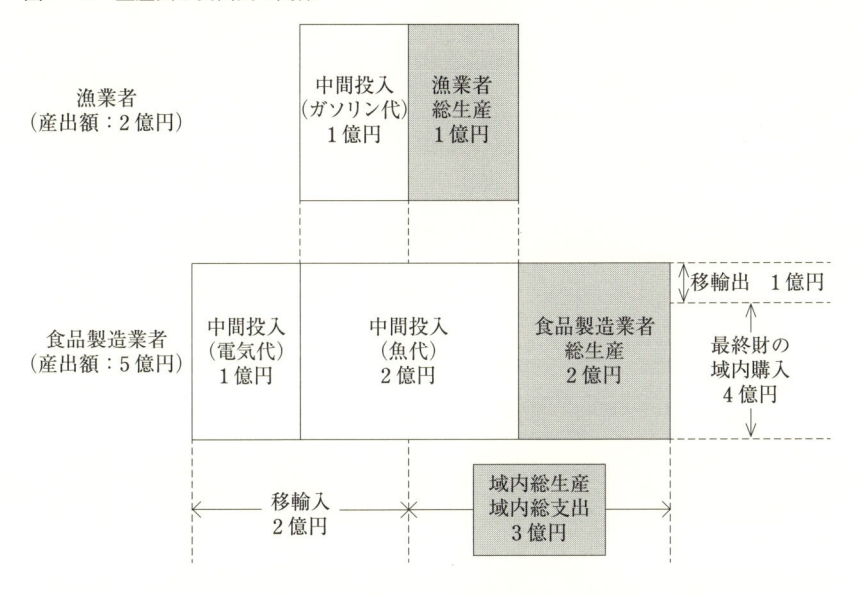

漁業者
（産出額：2億円）
| 中間投入（ガソリン代）1億円 | 漁業者総生産 1億円 |

食品製造業者
（産出額：5億円）
| 中間投入（電気代）1億円 | 中間投入（魚代）2億円 | 食品製造業者総生産 2億円 |

移輸出 1億円
最終財の域内購入 4億円

移輸入 2億円　　域内総生産 域内総支出 3億円

ち、域外から購入した中間投入2億円分は域内が産み出した付加価値ではなく、また、域外に販売した最終財1億円分には域内住民は支出できないので、このような調整が必要になります。

　この図から、ある地域の産業構造を考える際に、総生産を使う利点もわかります。確かに、ある産業活動によって商品や資金がどれくらい動くかを見るには、出荷額の方が好ましい場合もあります。しかし、総生産には以下のような利点があります。まず、中間財の投入額を除くので、その産業が新たに産み出した経済的価値が把握できます。次に、各産業を比較する場合、出荷額では加工度の高い産業で中間投入のため大きくなりがちで、適切な比較ができません。さらに、総生産の概念は経済活動全体を包括的にとらえた国民経済計算の体系に沿っているので、生産・支出・分配面の関係を矛盾なく理解することができます。

　読者の中には、図1-6のような地域で、そもそもなぜ総生産よりも多い金額を支出できるのか、不思議に思う人もいるでしょう。確かにこの例では、域内の総生産は3億円であるのに対し、域内の最終財（食料品）購入額は4

億円で、差額の1億円分の貿易赤字が発生しています。それは、この地域の住民が、他地域からお金を借りたり、贈与を受け取ったりすることで、総生産以上の支出をすることが可能なことによります。このような資金の流入が1億円分あるために、同額の貿易赤字が可能になっています。このことは、第2章や第3章でさらに検討します。

●支出面から見た県内総生産

ある地域の住民は、消費のため、あるいは投資のために、最終財を購入します。ここで、消費や投資の意味をごく簡単に確認しておきましょう。

消費とは、商品やサービスの使用から何らかの満足を得るためにそれらを購入することです。通常、消費をすると、その商品やサービスの価値は消滅してしまいます。食料品は、生命を維持するため、あるいは味覚を満足させるために購入され、人々の口に入った瞬間に消滅します。また、衣料品は、快適に生活をするため、あるいは社会的な規範に従うために購入され、着用を繰り返せばもちろん、着用しなくても時間が経過するにつれて、価値は急激に減少してゆきます。

他方、投資とは、資産の量を維持・拡大するために商品やサービスを購入することです。例えば、民間企業は業務拡大のために、機械設備などの有形固定資産や、ソフトウェアなどの無形固定資産を購入します。これらは民間の総固定資本形成です。また、政府は住民生活を支えるために、道路を整備したり、ダムを建設したりします。これらは政府の総固定資本形成です。加えて、在庫品増加も、投資に含まれます。在庫には、円滑な取引を意図したものと、売れ残りのような意図しないものがありますが、統計上はどちらも投資となります[11]。

北海道（札幌市を除く）、札幌市、そして全国において、2009（平成21）年

---

[11] 人々が居住するために住宅が建設されると、これは住宅投資といって、投資に分類されます。住宅は、快適な暮らしを長期間にわたって人々に提供し、かつ家計にとっては資産としての役割もありますので、これは投資とみなす方が適切でしょう。そして、持ち家住宅への投資から生み出されるサービスの価値は、脚注7で説明しました帰属家賃によって評価します。

図1-7　北海道と日本の支出比率：2009（平成21）年度

（横軸項目、左から）
民間最終消費支出／政府最終消費支出／民間総固定資本形成／公的総固定資本形成／財貨・サービスの移輸出入（純）・統計上の不突合

凡例：北海道（札幌市を除く）／札幌市／全国

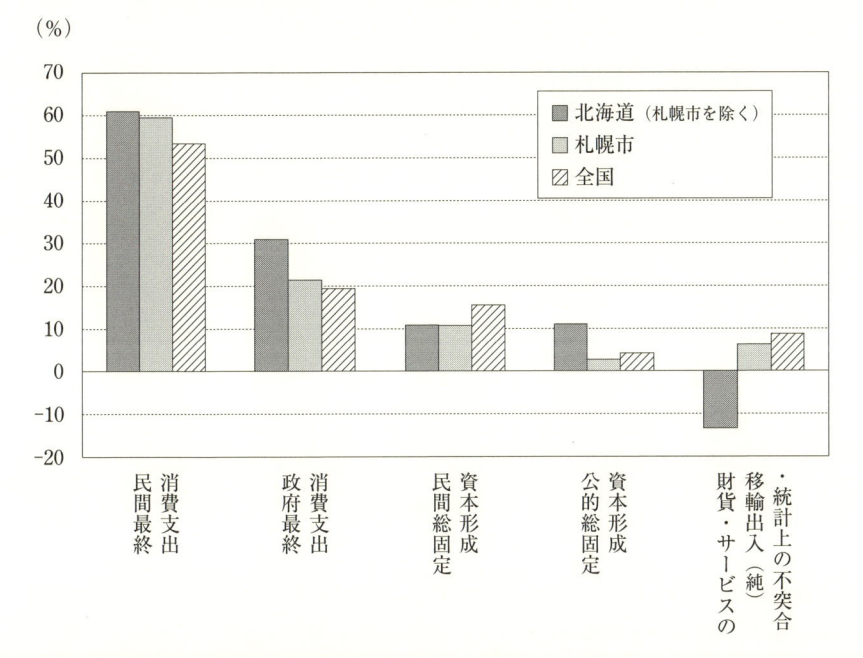

注：図中の比率の合計に在庫品増加の比率を加えると100％になります。
データ出所：図1-1と同じ資料から計算。

度に、最終財がどのような民間や政府の支出項目によって購入されたのかを示したのが、図1-7です。縦軸は、各支出項目が域内総生産に占める割合です。なお、在庫品増加は比率が小さいため、図示していません。域内の最終財購入総額から財貨・サービスの移輸出入額を差し引いたものが、域内の最終財生産額、すなわち域内総生産と等しくなります。そのため、各地域について、図中の5項目の比率の合計に在庫品増加の比率を加えると、100％になります。

　この図を見ますと、どの地域においても民間最終消費支出が50％を占めています。つまり、家計などの民間部門による、食料品、住居費、家庭用品、娯楽用品、衣料などへの支出が、総生産の半分以上を占めています[12]。こ

12）住居費には、脚注7の帰属家賃も含まれます。

の比率は、北海道（札幌市を除く）では60.9％、札幌市も59.5％と、全国の比率である53.4％を6～7％ポイント上回っています。

　政府最終消費支出は、どの地域でも2番目に大きい項目です。政府最終消費支出は、政府サービス生産者の自己消費と家計への移転的支出から構成されます。このうち、政府サービス生産者の自己消費とは、政府サービス生産者の産出額とみなしたもののうち、他部門に販売した額（国公立教育機関の授業料や書類発行手数料など）を除いた部分です。道内における政府の活動は、道民、または国民のためのものですが、金銭的対価を得られないものについては、これを政府自らが消費したとみなしています。また、家計への移転的支出には、厚生年金保険や国民年金の給付分などが該当します。

　政府最終消費支出が総生産に占める比率は、北海道（札幌市を除く）で30.9％、札幌市で21.4％、全国で19.4％でした。生産面での政府サービス生産者と同様、ここでも北海道（札幌市を除く）において政府部門が大きな割合を占め、札幌市や全国よりも10％ポイント程度高いことがわかります。

　民間総固定資本形成の比率は、北海道（札幌市を除く）で10.9％、札幌市では10.7％とほぼ同じ値で、全国での15.5％より5％ポイントほど低い値です。これは全道的に民間投資が低迷していることを表しています。

　公的総固定資本形成の比率は、北海道（札幌市を除く）で11.1％と、全国の4.2％の2.6倍ほども大きい値になっています。他方、札幌市では2.7％と、全国の値を下回っています。北海道での公共事業額は大きく減少したとはいえ、総生産との比率で見ると全国平均よりはまだ多く、特に北海道の地方部で重点的に公共投資が行われていることがわかります。

　図1-7に表れていますように、北海道（札幌市を除く）では全国平均と比べて、民間最終消費支出、政府最終消費支出、公的総固定資本形成の比率が高くなっています。それを可能にしているのが、札幌市、内地（北海道から見た他の国内地域の呼称）、そして国外からの移輸入です。図1-6で見た仮想的な経済と同様に、北海道（札幌市を除く）では域内総生産よりも域内の消費・投資支出額が大きく、その差額がマイナスの「移輸出－移輸入」になっています。

　「財貨・サービスの移輸出入（純）・統計上の不突合」という項目は、「移

輸出 − 移輸入」に誤差脱漏を加えたものです。この項目の比率は、北海道（札幌市を除く）でマイナス 13.4％ と、誤差脱漏が小さいとすれば、大幅な移輸入超過となっています。これは、その分だけ北海道の地方部の域内消費・投資支出額が、域内総生産を上回っていることを意味しています。他方、札幌市ではこの項目の比率は 6.2％ で、誤差脱漏が小さいとすれば、移輸出超過です[13]。

第3節　北海道の住民所得

「県民所得」は、県民が生産のために提供した労働、資本、土地、技術などの生産要素から得た所得の総計です。生産要素からの所得は、労働であれば賃金、土地であれば地代のように、生産者がそれらを利用する際に支払う費用を用いて評価するので、「要素費用表示」です。所得の源泉を考察する際に、県民所得を所得の指標として用いると、それは道民が提供した生産要素から得た所得を対象とすることになります。

前節で検討した「県内総生産」から「県民所得」を導くには、「県内」を「県民」に、「総生産」を「所得」に変換する必要があります。本節ではまず、その変換プロセスをたどることで、「県民所得」の理解を確かなものにします。次に、北海道ではこの県民所得をどのような形で道民が受け取っているのか、データを示します。

---

[13] 定義上、47 都道府県の合計では移出額と移入額が等しくなります。そうであれば、全国での「財貨・サービスの移輸出入（純）・統計上の不突合」は、日本の輸出超過額と、各都道府県の誤差脱漏の合計となります。この比率は、県民経済計算では 8.7％ です。しかし、国民経済計算によると、2009（平成 21）年の日本の財貨・サービス純輸出は国内総生産の 1％ 弱です。差は 8％ 弱と、無視できない大きさです。このように、県民経済計算における「財貨・サービスの移輸出入（純）・統計上の不突合」の全県計が非常に大きなプラスになっていることは、各都道府県の総生産推計において、生産面が過大、支出面が過小であることを予想させます。そのために、各都道府県の「統計上の不突合」が総じてプラスの値になっており、また各都道府県の財貨・サービスの純移輸出額の合計が日本の純輸出額を上回っているのでしょう。

●県内総生産から県民所得への調整

「県内総生産」から「県民所得」を得るには、以下の3点の調整が必要です。

まず、固定資本減耗の調整があります。県内総生産は、県内での経済活動が産み出した付加価値です。しかし、この全てが人々の所得になるわけではありません。建物や機械設備などの固定資本は、生産に使用されることで摩耗したり、あるいは経年劣化や陳腐化したりすることによって、その価値が減耗します。このような固定資本の減耗分を、将来資本を更新するための費用として計上したものを、固定資本減耗といいます。この固定資本減耗分を生産者価格表示の県内総生産から差し引いたものは、生産者価格表示の県内純生産といいます。

なお、県内総生産の「総」は固定資本減耗を含む概念を、県内純生産の「純」は固定資本減耗を含まない概念を意味します。付加価値も、固定資本減耗を含む総生産で表す場合には「粗」を付けて粗付加価値、固定資本減耗を含まない純生産で表す場合には「純」を付けて純付加価値と区別します。

県内純生産、県内総生産、固定資本減耗の関係は以下の式ようになります。なお、本節を通じて、括弧内は2009(平成21)年度の北海道の名目額、角括弧内は2009(平成21)暦年の47都道府県合計の名目額です。

県内純生産(生産者価格表示)
(13兆8926億円)
[381兆6521億円]

＝県内総生産(生産者価格表示)－固定資本減耗
(18兆528億円)　　　　　　(4兆1601億円)
[483兆2165億円]　　　　　[101兆5644億円]

北海道全体では、道民1人当たりの道路や港湾などの公共設備が全国平均より多いため、県内総生産に占める固定資本減耗の割合が大きくなります。2009(平成21)年度の名目値で、固定資本減耗が県内総生産に占める比率は、北海道で23.0％(＝4兆1601億円／18兆528億円)、47都道府県合計で21.0

％（＝101兆5644億円／483兆2165億円）でした。

　次に、生産・輸入品に課される税や補助金の調整があります。消費税、固定資産税、関税などは、企業にとっては生産コストであり、生産者価格を引き上げるので、要素費用表示にするためにその分を生産者価格表示の純生産から差し引きます。そして、企業が生産に利用した生産要素への費用の支払いは、生産者価格表示の純生産からそれらの税を差し引いた残りによって行います。他方、農作物への生産補助金などは、それらの作物の生産者価格を引き下げるので、要素費用表示にするためにこの分を加えます。そして、生産補助金を受け取った生産者はそこからも費用の支払いを行います。

　この調整によって、生産額が「生産者価格表示」から「要素費用表示」になります。得られた値は、「要素費用表示の県内純生産」、あるいは「県内要素所得」と呼ばれます。

　　県内純生産（要素費用表示）＝県内純生産（生産者価格表示）
　　　（12兆8762億円）　　　　　（13兆8926億円）
　　　［348兆579億円］　　　　　［381兆6521億円］

　　　　－生産・輸入品に課される税（控除）補助金
　　　　　（1兆164億円）
　　　　　［33兆5942億円］

　最後に、県外からの要素所得の純額を加えます。県内総生産や県内純生産の「内」は、都道府県という行政区域の中で発生したものであることを表していて、属地主義の概念です。しかし、県民所得の「民」という属人主義の概念に基づけば、県民（県内居住者）は県外居住者との間で生産要素の受け渡しを行い、その生産要素が産み出す賃金や財産所得の受け渡しも行っていますので、これらを加える必要があります。

　例えば、埼玉県に居住する人が東京都で仕事をしている場合、この人が東京都にある職場に労働を提供して得た賃金は、埼玉県の県民所得に「県外からの所得」として加算されます。同様に、北海道に居住する人がフランス企業に出資して株式を取得し、そこから配当金を得れば、それは北海道の道民

図1-8 県内総生産と県民所得の関係

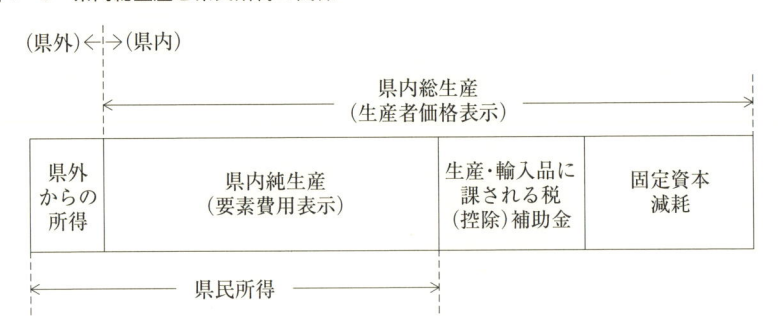

```
(県外)←→(県内)
            ┌──────────────県内総生産──────────────┐
            │          （生産者価格表示）           │
┌─────┬──────────────┬──────────┬──────┐
│県外 │              │生産・輸入品に│      │
│からの│  県内純生産  │ 課される税  │固定資本│
│所得 │ （要素費用表示）│（控除）補助金│ 減耗 │
└─────┴──────────────┴──────────┴──────┘
    └──────────県民所得──────────┘
```

所得に加算されます。

県民所得　＝　県内純生産（要素費用表示）　＋　県外からの所得（純）
（13兆437億円）　　　　（12兆8762億円）　　　　　（1675億円）
［355兆9279億円］　　　［348兆579億円］　　　　　［7兆8700億円］

　北海道の場合、2009（平成21）年度の「県外からの所得（純）」は1675億円でした。これは、内地や外国の居住者から道内居住者が受け取った要素所得の方が、道内居住者が道外居住者に支払った要素所得より1675億円多かったことを表しています。これは、道内純生産と比べると非常に小さな値です。また、47都道府県合計の7兆8700億円は、主に日本国民が海外に豊富に持つ金融資産からの収益です。

　これまで説明してきました県内総生産と県民所得の関係は、図1-8のように図示できます。なお、県民経済計算では、県内総生産については物価調整を行った実質値も掲載されていますが、県民所得は名目値のみです。

　北海道の2009（平成21）年度の道民所得は13兆437億円でした。また、同年度の北海道の推計人口（県民経済計算に掲載されている数値で、総務省統計局による5年毎の国勢調査の結果を利用した推計）は550万6737人でしたので、ここから1人当たりの道民所得は236.9万円と計算できます。

●県民所得の分配

　県民所得の構成要素は、大きく雇用者報酬、財産所得、企業所得の3項目

に大別されます。雇用者報酬は、雇用者が受け取る現金給与や、雇い主が負担する社会保険や年金基金が該当します。財産所得には、預貯金利子、配当金、役員賞与、土地賃貸料などが含まれます。企業所得は、企業の生産活動に伴って産み出され、企業内部に蓄積された利益が大部分を占めます[14]）。

県民が産み出した純付加価値は、雇用者報酬、財産所得、企業所得の3つを通じて県民に所得として分配されます。このうち、最も大きな割合を占めるのは、雇用者報酬です。日本だけでなく、多くの国や地域で、雇用者報酬は所得の3分の2かそれ以上を占めています。次いで、企業所得、財産所得の順になるのが典型的です。ただ、所得の各項目への分配率は、場所によって、あるいは年代によって変化します。この項では北海道を例に、それを確認しましょう。

図1-9には、1996（平成8）年度と2009（平成21）年度における、北海道（札幌市を除く）、札幌市、全国の1人当たり住民所得とその内訳がまとめられています。棒グラフの上の角括弧には、各地域の1人当たり名目住民所得（単位は万円）が記載されています。また、棒グラフ内の各項目にある数字は、名目住民所得のうち雇用者報酬、財産所得、企業所得の占める割合です。

各地域の1人当たり名目住民所得を1996（平成8）年度と2009（平成21）年度で比べてみますと、3地域全てで減少しています。確かに、この期間は物価も継続的に下落していたので、名目所得の減少が実質所得の減少を意味するわけではありません。しかし、県民経済計算や国民経済計算に記載されている各種デフレーターの数字から物価の下落幅を判断しますと、名目所得の下落幅ほどには大きくありません。1人当たり住民所得は、実質でも各地域で減少していたと思われます。

次に、住民所得の雇用者報酬、財産所得、企業所得への分配率を見てみましょう。1996（平成8）年度については、3地域でそれほど顕著な差はなく、雇用者報酬で70%前後、企業所得で24%前後でした。また、1996（平成8）年度から2009（平成21）年度にかけて、財産所得への分配率が減少しているのも、3地域で共通です。財産所得分配率の低下の主要な原因は、市中金

---

14) 企業所得には、家庭の帰属家賃も含まれます。

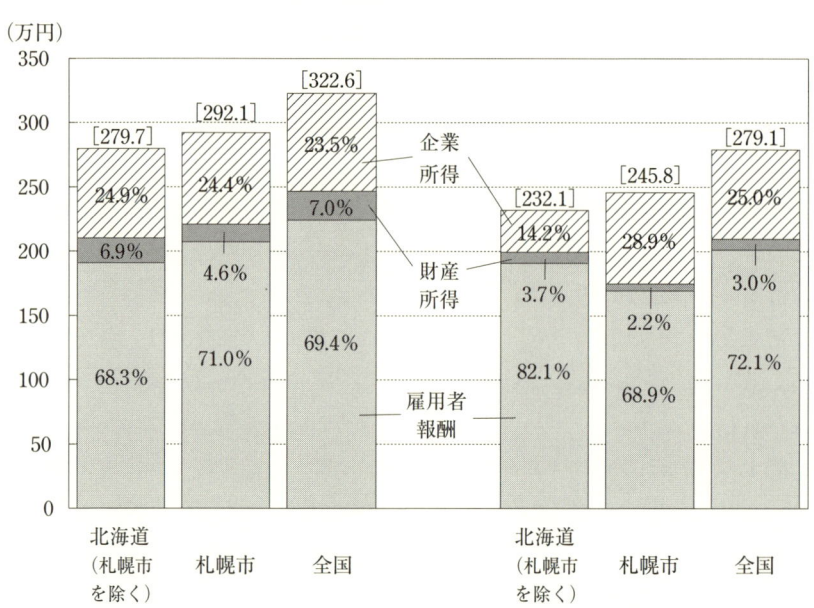

図1-9 1人当たり名目住民所得の分配構成

(万円)

	北海道（札幌市を除く）	札幌市	全国	北海道（札幌市を除く）	札幌市	全国
合計	[279.7]	[292.1]	[322.6]	[232.1]	[245.8]	[279.1]
企業所得	24.9%	24.4%	23.5%	14.2%	28.9%	25.0%
財産所得	6.9%	4.6%	7.0%	3.7%	2.2%	3.0%
雇用者報酬	68.3%	71.0%	69.4%	82.1%	68.9%	72.1%

1996（平成8）年度　　　　　　2009（平成21）年度

注：四捨五入の関係で構成項目の数値の合計が100％にならないことがあります。この点は本書の後の図でも同様です。
データ出所：図1-1と同じ資料から計算。

利の低下と、民間企業による借入金の縮小です。

　雇用者報酬と企業所得への分配率は、2時点間で地域ごとに特徴のある変化が見られます。北海道（札幌市を除く）では、雇用者報酬分配率が68.3％から82.1％まで13.8％ポイントも急増した反面、企業所得分配率は24.9％から14.2％まで10.7％ポイントも急減しています。札幌市では逆に、雇用者報酬分配率が71.0％から68.9％に低下した反面、企業所得分配率は24.4％から28.9％に上昇しています。全国では、雇用者報酬分配率が69.4％から72.1％に、企業所得分配率が23.5％から25.0％にと、財産所得分配率の減少分を吸収して共に増加しています。

　雇用者報酬分配率が、1996（平成8）年度から2009（平成21）年度にかけて、北海道（札幌市を除く）で上昇し、札幌市で低下した結果、両地域の雇

図１−10　雇用者１人当たり雇用者報酬

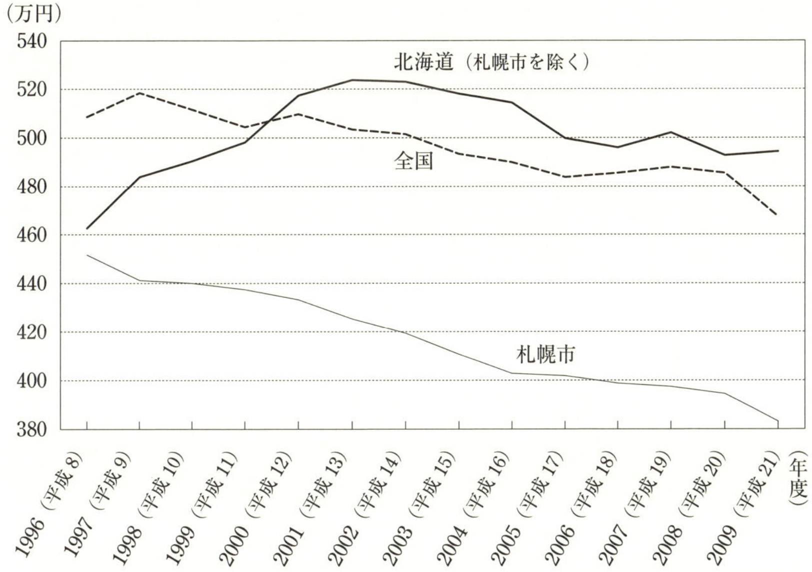

データ出所：図１−１と同じ資料から計算。

用者１人当たりの雇用者報酬は特徴的な変化を見せています。図１−10は、北海道（札幌市を除く）、札幌市、全国の雇用者１人当たりの雇用者報酬の名目値を示しています。北海道（札幌市を除く）の値は、1996（平成8）年度から2001（平成13）年度まで増加を続け、2000（平成12）年度からは常に全国の値を上回っています。

この期間中の１人当たり名目住民所得が、北海道（札幌市を除く）では常に札幌市を下回り、かつ両地域で低下傾向にあったことを考えると、これは注目すべき結果です。そしてこれは、雇用者報酬分配率が北海道（札幌市を除く）で上昇し、札幌市で低下したことに加えて、雇用者の対総人口比率が北海道（札幌市を除く）で札幌市よりも低いことや、この比率の低下幅が北海道（札幌市を除く）でより大きかったことからも説明できます。

1996（平成8）年度の雇用者の対総人口比率は、北海道（札幌市を除く）で41.3%、札幌市で45.9%と、北海道（札幌市を除く）は札幌市よりも4.6%ポ

イント低い数値でした。ちなみに、同年度の全国の値は44.1％でした。北海道の地方部では、比較的少ない雇用者によって住民所得が産み出されているのです。また、この比率は高齢化の進展により日本全国で低下傾向にありますが、地方の方が低下のペースは速く、2009（平成21）年度では北海道（札幌市を除く）で38.6％、札幌市で44.2％と、差は5.6％ポイントに開いています。ちなみに、同年度の全国の値は43.0％でした。

●都市部と地方部における所得分配の変化

　北海道（札幌市を除く）のように、企業所得分配率を減らし、それを雇用者報酬比率に付け替えることは、雇用者にとって好ましいことのように見えます。しかし、札幌圏以外の地域の現状を踏まえますと、将来は雇用者に好ましくない結果をもたらす可能性があります。それは、企業所得の縮小によって、将来の企業の投資活動や生産活動に悪影響が及び、また経済環境の悪化や予期せぬ事態に対して企業が脆弱になるからです。

　企業が事業を拡大したり、魅力的な新製品を開発したりするためには、設備投資や研究開発投資が必要です。その原資となるのが、企業所得です。企業所得の減少によってそれらの投資活動が行えなくなると、企業の成長を阻害し、雇用の確保や賃金の維持を難しくします。企業が現在の生産規模を維持するだけでも、設備の修理・更新などにある程度の投資は必要です。札幌市以外の北海道で企業所得がここまで減少すると、この地域での企業活動が将来急速に縮小する恐れがあります。

　また、企業所得が減少しますと、それは企業の資産の減少、あるいは負債の増加という形で、純資産を減少させます。そうしますと、様々なリスクに対して脆弱になり、少しのショックで倒産する可能性が高まります。景気が失速する、ライバル企業が魅力的な新製品を発売する、企業内の生産過程で事故が起こる、取引先の倒産で債権を回収できなくなるなど、企業経営には予期せぬことが不断に起こります。企業所得が非常に小さくなりますと、このような予期せぬ事象によってだけでなく、地域の人口が減少する、中小企業金融円滑化法が2013年3月末日に期限を迎えるなど、予期できる事象によっても、企業は容易に存続の危機を迎えます。

図1-11 名目住民所得の分配率の変化

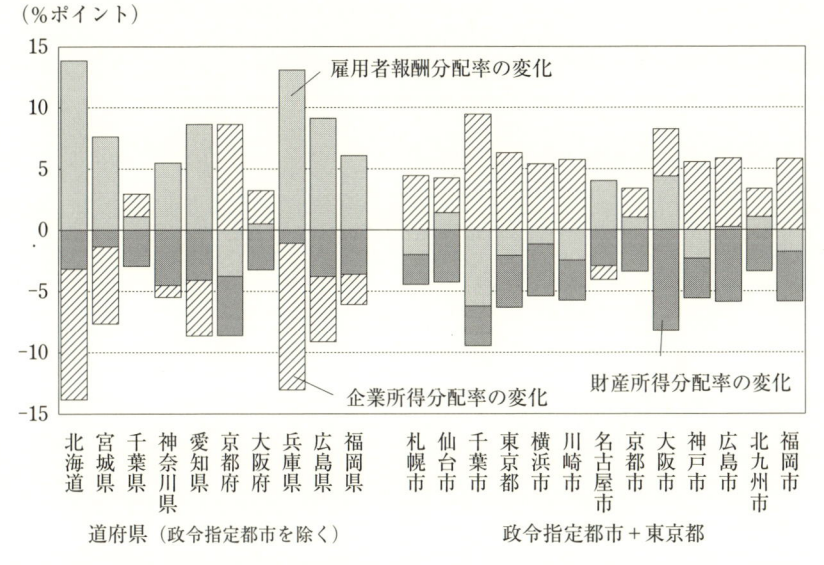

(%ポイント)

縦軸の値: 15, 10, 5, 0, -5, -10, -15

凡例:
- 雇用者報酬分配率の変化
- 企業所得分配率の変化
- 財産所得分配率の変化

横軸ラベル:
道府県(政令指定都市を除く): 北海道、宮城県、千葉県、神奈川県、愛知県、京都府、大阪府、兵庫県、広島県、福岡県

政令指定都市+東京都: 札幌市、仙台市、千葉市、東京都、横浜市、川崎市、名古屋市、京都市、大阪市、神戸市、広島市、北九州市、福岡市

データ出所:図1-1と同じ資料から計算。

　北海道(札幌市を除く)での企業所得分配率の大幅な減少は、もしかしたら、企業を取り巻く経営環境の先行きを考えた結果、企業の経営者が下した主体的な判断かも知れません。顧客が企業の存在する地域に限定され、その地域の人口が今後減少することが見込まる場合、経営者によっては企業の活動が近い将来に終わることを予期するでしょう。その場合、新たな投資を行わないのは確かに合理的です。そうだとすれば、ある地域における雇用者報酬分配率の上昇は、その地域で今後多くの企業が事業を停止することの前触れになります。

　札幌市以外の北海道のように、政令指定都市以外の地域における雇用者報酬比率の大幅な上昇と企業所得比率の大幅な低下は、他の府県でも観察されます。そのため、この現象は経済活動集積地とそれ以外の地域の違いとして、北海道だけでなく、日本の各地で起こっているのかもしれません。

　図1-11をご覧ください。この図の左側には、1996(平成8)年時点で政令指定都市があった道府県について、その県民所得から政令指定都市の市民

所得を除いた残りの所得の雇用者報酬分配率、財産所得分配率、企業所得分配率が、1996（平成8）年度と2009（平成21）年度の間でどの程度変化したかがまとめられています。例えば、札幌市を除いた北海道では、雇用者報酬比率は13.8％ポイント上昇し、企業所得比率は10.7％ポイント下落しています。他の多くの府県についても、政令指定都市以外の市町村では、雇用者報酬分配率が上昇し、企業所得分配率が低下しています。

これに対して、札幌市では雇用者報酬分配率が低下し、企業所得分配率が上昇しています。同様の現象は、千葉市、東京都、神戸市、福岡市などの全国の都市圏でも観察されます。図1-11の右側には、政令指定都市と東京都における分配率の変化がまとめられています。多くの政令指定都市で企業所得分配率が5％ポイント前後上昇し、他方雇用者報酬分配率が下落していることがわかります。

この理由としては、これら大都市に位置する比較的規模の大きい企業が、地元経済や日本経済の将来に注意深くなり、それを反映して企業所得を引き上げたことが挙げられるでしょう。業績が多少回復しても、国内経済の先行きを楽観視できず、円高のために輸出も伸び悩んでいた状況で、企業は賃金支払いを抑制することで内部留保を蓄積し、不確実性に備えようとしました。同時に企業は、投資を抑制することで借入金を返済し、自己資本比率を高めました。借入金の返済と低金利によって、企業の利子支払いは大きく減少し、それが財産所得配分率の低下につながっています[15]。

企業所得分配率が上昇しているにもかかわらず企業の投資が活発でなかった状況は、経営環境の悪化や予期せぬ事態に対する企業の守りの姿勢を反映していました。それ自体は、企業の財務体力を増し、リスク耐性を高めるこ

---

[15] 読者によっては、札幌市などの大都市圏における企業所得分配率の上昇と雇用者報酬分配率の低下は、域内の豊富な労働力を背景に、企業がパート、アルバイト、派遣・契約社員を多用して賃金を抑えた結果だと解釈するかもしれません。しかし、総務省の就業構造基本調査によりますと、雇用者のうち正規の職員や従業員が占める割合は、2002（平成14）年度では札幌市で59.3％、北海道（札幌市を除く）で60.1％とあまり差がなく、2007（平成19）年度では札幌市で56.8％、北海道（札幌市を除く）で57.7％と、同じ程度低下しています。このことから考えますと、正規・臨時といった雇用形態が主因ではないようです。

とができるので、企業にとって良い現状維持の手段でした。しかし、投資を控えてしまうと、企業の生産性の向上も新規の事業展開も望めません。企業によっては、守りの姿勢からではなく、経営能力や組織力の欠如から、魅力的な新製品、有望な新規事業、技術革新の手段を見つけることができないために、投資を手控えていたのかもしれません。これらは日本経済を停滞させ、さらに投資が手控えられるという悪循環をもたらしました。

第4節　全国と比べた1人当たり総生産・所得の推移

本節では、北海道の域内総生産や住民所得がどのような水準にあり、どのように推移しているのかを、全国を基準にして見てみます。その際、名目値だけでなく、実質値でも比較できれば良いのですが、住民所得については実質値はありません。そこで、用いる付加価値の指標は、実質域内総生産、名目域内総生産、名目住民所得の3つとなります。北海道（札幌市を除く）と札幌市では、これらの値の大小や変化に大きな違いがあることを確認します。

域内総生産や住民所得を全国と比較する際、経済規模を調整するために、これらを1人当たりの数値にします。この「1人当たり」は、通常であれば域内総人口を用います。しかし、所得の源である付加価値は、主に仕事に携わっている人によって産み出されると考えてよいでしょう。常時・臨時を問わず生産活動に従事する人である就業者の総数で域内総生産や住民所得を割ることで求めた就業者1人当たりの値の方が、生産面の動きを適切に把握できます。そこで、以下では「1人当たり」として、人口1人当たりと、就業者1人当たりの2種類の数値を検討します。

●札幌市を除く北海道の総生産・所得

図1-12は、1996（平成8）年度から2009（平成21）年度までの、北海道（札幌市を除く）の実質域内総生産、名目域内総生産、名目住民所得を示しています。図1-12-1は人口1人当たり、図1-12-2は就業者1人当たりで、いずれも全国を1とした比率です。

図1-12-1と図1-12-2を比べますと、図1-12-2の就業者1人当た

図1−12　北海道（札幌市を除く）における1人当たり総生産・所得の対全国比

図1−12−1　人口1人当たり

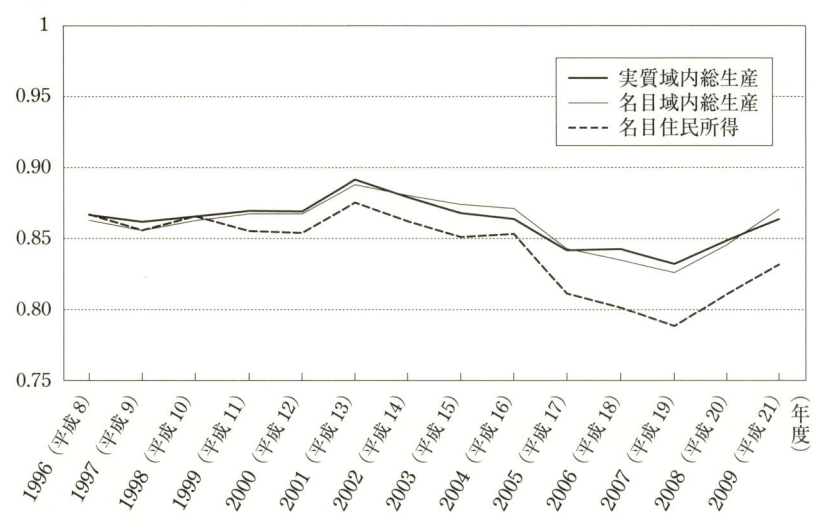

図1−12−2　就業者1人当たり

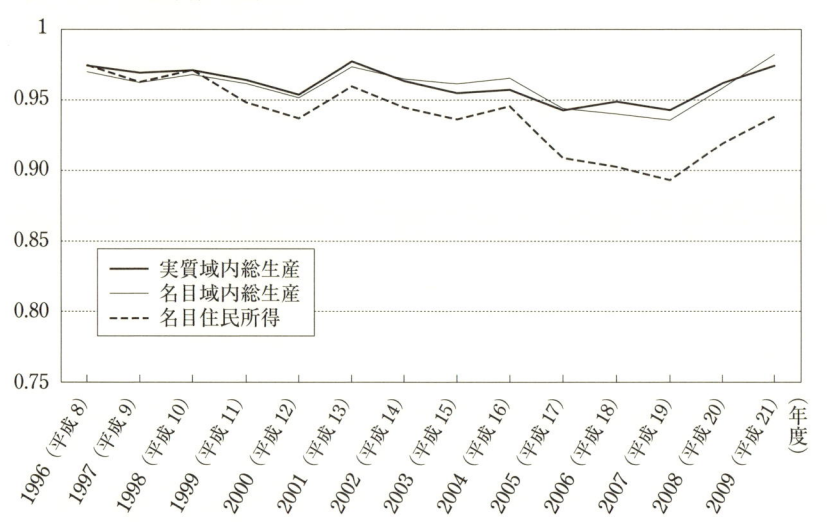

データ出所：図1−1と同じ資料から計算。

りの値が非常に高く、1に近くなっていることが目を引きます。3つの付加価値の数値のそれぞれで、就業者1人当たりの方が人口1人当たりよりも0.1ほど高くなっています。これは、域内人口に占める就業者の比率が、北海道（札幌市を除く）では全国の約0.9倍と小さいことに対応しています。例えば、1996（平成8）年では北海道（札幌市を除く）の就業者比率は0.46、全国の就業者比率は0.52で、前者の値は後者の値の約0.9倍です。

　また、どちらの図で見ても、3つの付加価値指標のどれについても、2001（平成13）年度から2007（平成19）年度まで値が減少しています。第1節で北海道全体と札幌市について確認しましたが、北海道（札幌市を除く）でもこの時期に確かに日本全国の平均との差が拡大したことがわかります。

　次に、各図で3つの付加価値指標を比べますと、図1−12−1でも図1−12−2でも、実質域内総生産と名目域内総生産はほぼ同じ動きを示しています。これは、物価の変動が、北海道（札幌市を除く）と全国平均でほぼ同じであったことを意味します。他方、名目域内総生産と名目住民所得については、毎年の変化の方向は同じであるものの、名目住民所得の方が下降時の下降幅が大きく、両者の差は年々拡大する傾向にあります。例えば、図1−12−2では、1996（平成8）年度の名目域内総生産の対全国比率は0.863、名目住民所得の対全国比率は0.867とほぼ同じ値であったものが、2007（平成19）年度ではそれぞれ0.871と0.832と、差が0.039に拡大しています。

　北海道（札幌市を除く）において、人口1人当たり、または就業者1人当たりの名目住民所得は対全国比で減少傾向にあったのに対して、実質・名目域内総生産で対応する値は比較的安定していました。これは、この地域の政府部門における固定資本減耗の増加が原因です。この時期の北海道（札幌市を除く）での固定資本減耗の増加率は、全国平均よりも顕著に高い値でした。それが、道内総生産の「見た目」を増やしていました。

　北海道の地方部では過去に大規模な公共投資が継続して行われており、それによって巨額の公的資本ストックが残されました。確かに、それによって道路や港湾等の社会資本は整備されました。しかし、資本ストックが巨額であるということは、その資本減耗分も巨額になるということです。そのため、生産面から見た域内総生産の計算において、政府サービス生産部門で域内純

生産に上乗せされる固定資本減耗の値が増え、同部門の域内総生産の「見た目」が増えたのです。これに対応して、支出面から見た域内総生産の計算において、政府の固定資本減耗が含まれる政府最終消費支出の値も増加しています。

ただ、政府の固定資本減耗は生産面や支出面の域内総生産に含まれるとしても、それは実際の生産活動の裏付けの乏しい数字です。固定資本減耗の増加そのものが生産活動を刺激するわけではありません。確かに、固定資本の老朽化による更新投資は必要で、その意義は今後の日本でさらに重要になってゆくことは明らかです。しかし、このような更新投資は支出面では公的総固定資本形成に含まれ、固定資本減耗と直接の関係はありません。巨額の固定資本減耗には域内総生産を水増しする効果があり、北海道(札幌市を除く)の総生産を見る際にはその効果を意識する必要があります。

● **民間・政府活動の市場との関わり**

ここで、県内総生産や県民所得における付加価値の評価方法や意味合いが、民間部門の活動と政府部門の活動で異なることを、「市場(しじょう)」の役割を通して確認しておきましょう。

まず、民間部門では、経済活動は主に市場を通じたものであり、付加価値の評価にあたって需要側の要因と供給側の要因の双方が勘案されます。企業側が自分たちにとって満足のゆく商品を多額の費用をかけて生産・販売したとしても、それが消費者に受け入れられなければ、付加価値にはなりません。市場の競争は厳しいものですが、企業は消費者による選択にさらされることで新商品の創意工夫や生産効率の向上が促進され、生産性の改善と付加価値の増加をもたらし、国民の福利厚生と長期の経済成長に寄与します。

ただ、そのような市場を機能させるには、様々な「制度」が必要です。法律、慣習、伝統などで形成される「制度」によって、取引する商品やサービスの価格や品質について誰でも正しい情報が得られること、契約の不履行への罰則が効力を有していること、市場が安定的に存在して取引が繰り返されることなどが守られなければなりません。商品やサービスの生産や消費が当事者に与える影響だけでなく、第三者に与える利益・不利益まで考慮できれ

ば、さらに望ましくなります。これらが整うことで、市場は商品の需給に関する正しい情報を創出し伝達するという、分権的意思決定に基づく経済活動の基盤の役目を果たせます。効率的で質の高い市場を創出することは、経済成長の要です[16]。

　市場が機能したとしても、全てを市場に任せ切りにして良いと考えている人は少数でしょう。産業部門の経済活動によって好不況の波が生まれることは避けられず、短期の経済変動は起こります。また、人々の経済見通しが同時に同方向に変化すると、経済変動は時に大規模になり、人々の生活基盤さえ脅かします。さらに、産業構造の変化が速い場合、縮小した産業から解雇された多数の労働者が失業する半面、拡大した産業では適切な人材を見つけるのに苦労するといった、労働需給のミスマッチも起こります。これらを緩和するために、政府の景気安定化政策や産業調整政策が発動されます[17]。

　次に、政府部門の活動は、県内総生産の生産面では、まず「政府サービス生産者」に表れています。政府サービス生産者とは、国民経済計算において政府部門を生産主体として見た呼び方でした。そして、その総生産は、政府部門の雇用者報酬や固定資本減耗などによって構成されました。つまり、政府サービス生産者が産み出した付加価値とみなしたものは、コスト要因、ま

---

16) 人類史において、近現代の経済成長率はそれ以前の時期と比べて格段に高くなっています。これは異常なことでも、資源の枯渇をもたらすものでもありません。人々の経済活動が適切な市場を通じて行われるようになり、商品や技術などの改善が進んだからだと捉えている人は（私だけでなく）多くいます。『星の王子さま』の有名な言葉である「大切なものは目に見えない」は、経済活動においても「市場」に当てはまります。
17) なお、市場が機能しない点については、市場を正しく機能させるために制度を改変したり、市場に代わって政府が介入したりすることが必要となります。市場を機能させるための制度の改変には、問題の特定や対応策の構築にあたって人々の英知が求められます。政府による介入で「市場の失敗」を回避するには、「政府の失敗」を起こさないことが必須です。そして、制度の改変と政府の介入のどちらが望ましい対応であるかは、問題によって、評価する人によって、判断が分かれます。例えば、ある商品を生産すると環境が悪化しますが、その商品の市場価格には環境悪化分の社会的コストが反映されておらず、そのために市場価格は社会的に見て低すぎるとします。この場合、市場を機能させるための制度の改変として、住民が生産企業に環境悪化の賠償請求を行うことを認めるものがあります。また、政府の介入としては、生産企業の利益の一部を徴収したり、環境悪化の程度に応じて税金を賦課したりして、その収入を住民に分配することがあります。どちらが望ましいかは、制度設計の巧拙や政府への信頼などに応じて変わります。

たは供給側の要因によってのみ評価したもので、市場の評価は受けていませんでした。電力料金やその他の公共料金で採用されている「総括原価方式」も同様です。そのため、例えば公務員の給与削減が行われれば、政府が産み出す付加価値はその分だけ自動的に減ることになります。

　また、もし政府が公共事業を拡大させれば、それによって各産業の生産は拡大します。特に関係の深いのは建設業で、公共事業の規模が大きいほど建設業の規模が大きくなるのは、都道府県のデータでも確認できます。政府は公共事業の拡大といった財政政策によって、市場を通じて需要を創出することができます。しかし、それが民間部門の市場取引と同じ程度の生産効率の向上や新商品の創意工夫をもたらすかについては、様々な理由から注意が必要です。確かに公共工事の入札・契約において価格は考慮されますが、市町村では指名競争入札制度の場合が多く、また地元企業を保護するための各種規定があるので、効率性の改善や経営努力の発揮とは縁遠くなりがちです。

　県内総生産の支出面から見た政府部門の活動についても同様です。政府最終消費支出については、政府サービス生産者の産出額（すなわち生産コスト）から他部門に販売した額を差し引いた部分と、家計への移転的支出から構成されています。このうち、政府が生産したサービスを自ら消費したとみなした前者は市場の評価からはほど遠く、厚生年金保険の給付金などが含まれる後者は制度と人口動態によってほぼ規定されます。また、公的総固定本形成については公共投資が大部分を占めますが、これには上記のような懸念があります。

　北海道（札幌市を除く）では、政府部門の役割が非常に高くなっています。2009（平成21）年度の生産面の数字を見ますと、政府サービス生産者の対域内総生産比率は19.6％で、全国の9.8％の2倍もありました。また、同年度の支出面では、政府最終消費支出で30.9％、公的総固定資本形成で11.1％と、全国でのそれぞれの数字である19.4％と4.2％を大きく上回っています。

　確かに、北海道の地方部では政府部門の役割が高くなることは自然でしょう。広大な面積を有していますので、その分道路や治水などの社会資本の整備や行政ネットワークの整備に費用がかかります。また、日本の平均より高齢化が進展しているので、厚生年金保険や国民保健といった社会保障基金か

らの給付分が多くなり、それが支出面の政府最終消費支出を引き上げているかもしれません。

　そもそも、効率的で質の高い市場を維持し、人々の安定的な経済社会生活を支えるために果たす政府の役割は非常に重要です。政府部門の付加価値がコスト要因によってのみ決まるからといって、その数字に全く意味がないというわけではありません。政府の活動が止まれば、民間の経済活動も大きく停滞し、付加価値は生み出せなくなります。法律・行政制度の整備とその実効性の確保、社会資本の充実、経済政策の実施など、政府の役割は重要です。

　ただ、北海道の地方部では、1人の就業者が産み出す所得は全国平均とほぼ同じであり、法律・行政制度はすでに構築され、社会資本も相当程度整備されています。そのような地域では、民間部門における創意工夫や効率改善を通じた付加価値の創出が、さらなる経済成長のエンジンとして重要性を増します。そこでは、市場の役割が大きくなります。北海道の民間経済活動が市場を通じて活発になるには、生産者が地域だけでなく、日本、あるいは世界の市場に目を向けること、政府が市場の質を高め、市場の情報創出・伝達機能を歪めないこと、そして生産者も消費者も政府も市場が発信する情報を受け入れ活用することが求められます[18]。

---

18) このようなことを書きますと、我が身を振り返らずにはいられません。私が教育・研究活動に従事しているのは私立大学です。私立大学は「対家計民間非営利サービス生産者」であり、国民経済計算で私立大学が産み出した付加価値とみなされているものは、「政府サービス生産者」と同様に、雇用者報酬などのコスト要因です。私たちの教育や研究の質や量を市場で評価した額ではありません。加えて、人々からの税収や借入が原資である補助金も直接受け取って、コストを賄っています。私の勤務する学校法人では、消費収入の約13％が国や地方公共団体からの補助金です。だからといって、「対家計民間非営利サービス生産者」の付加価値に意味がないわけではありません。多くの大学教員は、自身の活動が、地球上で現在暮らす人々に何らかの意味で良きものをもたらし、将来暮らすであろう人々に良き社会を引き渡せるよう、努力しています。そのために、良心をもって、学生の能力を伸ばすために指導に力を注ぎ、社会に求められる組織にするために学務を果たし、まだ誰も見たことがない世界を見るために研究を進め、自分を見つめ研鑽を図るために日本や世界の研究者と交流し、加えてさまざまな社会的活動にも携わります。私たちは、自身のさまざまな活動成果の意義を確信しており、また、より意義あるものになるよう努めています。

●札幌市の総生産・所得

　札幌圏以外の北海道では、域内総生産や住民所得における政府部門の役割が大きいので、前項のように国民経済計算における政府活動の評価方法を確認しました。それを終えましたところで、全国と比べた北海道の1人当たり総生産と所得に話を戻しましょう。

　図1-13は、札幌市の実質市内総生産、名目市内総生産、名目市民所得について、図1-12と同様の図を描いたものです。図1-12と大きく異なる点として、図1-13では人口1人当たりと就業者1人当たりでほとんど違いがないことがあります。そして、就業者1人当たりで見ると、3つの付加価値指標のいずれについても、分析期間中を通して、常に札幌市の方が北海道（札幌市を除く）よりも低い数値になっています。人口1人当たりでは逆に多くの年度で、札幌市の方が高い値をとっています。このような顕著な違いが出る理由は、札幌市よりも道内他地域の方が、人口の高齢化が進展し、就業者数が総人口に占める比率が顕著に低いことです[19]。

　実質市内総生産と名目市内総生産を比べますと、どちらも1996（平成8）年度から2007（平成19）年度まで対全国比の数値が減少傾向にあるものの、その減少幅は実質の方が大きくなっています。実質市内総生産の対全国比が減少していることは、札幌市内で生産された最終財の数量が全国平均と比べて少なくなっていることを表しています。また、名目市内総生産の値の方が実質市内総生産の値よりも高いことは、札幌市内で生産された商品やサービスの価格が全国平均の価格よりも下落しなかったことを表しています。この時期、物価の下落幅が大きかったのは製造業製品、特に機械製品でしたので、

---

[19] 2001（平成13）年度の住民所得を例にとりますと、札幌市の1人当たり市民所得は280.0万円、北海道（札幌市を除く）1人当たり道民所得は263.6万円で、札幌市の値は北海道（札幌市を除く）の値の1.06倍でした。しかし、その所得を産み出した就業者数が総人口に占める比率は、札幌市で51%、北海道（札幌市を除く）では46%で、札幌市の値は1.11倍でした。これは、就業者1人当たりの所得では札幌市の方が低くなり、その値は北海道（札幌市を除く）の値の0.95（＝1.06／1.11）倍になることを意味します。確かに、同年度の就業者1人あたりの所得は、札幌市で548.1万円、北海道（札幌市を除く）で575.7万円と、札幌市の方が低く、その値は北海道（札幌市を除く）の値の0.95倍でした。

図1-13 札幌市における1人当たり総生産・所得の対全国比

図1-13-1 人口1人当たり

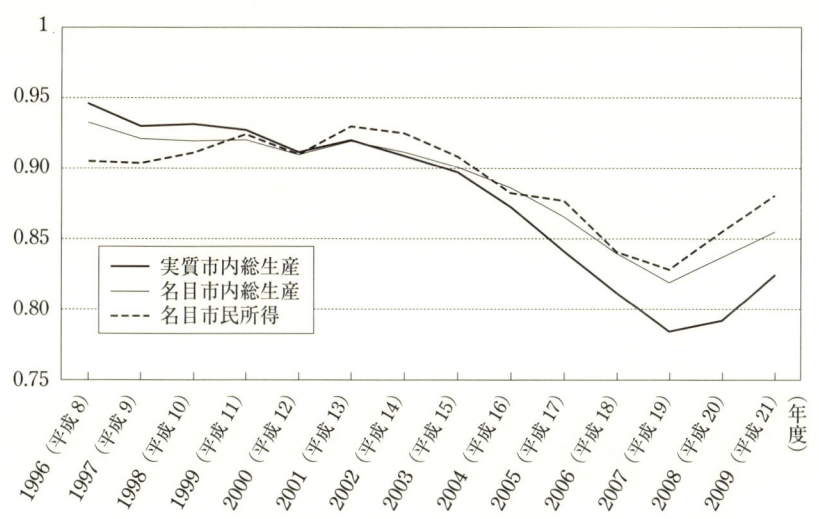

図1-13-2 就業者1人当たり

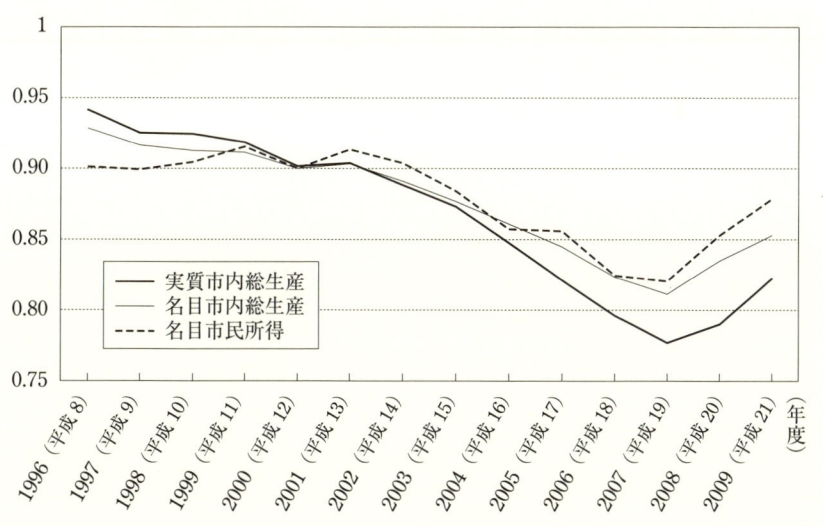

データ出所：図1-1と同じ資料から計算。

それらの生産が非常に少ない札幌市ではその影響を受けませんでした。

札幌市では、北海道（札幌市を除く）と異なり、名目市民所得は名目市民総生産ほど減少しませんでした。人口1人当たりでも、就業者1人当たりでも、名目市内総生産の対全国比は、対応する市民所得比よりも下方向に振れています。就業者1人当たりでみてみますと、1996（平成8）年度には名目市民所得の対全国比は0.901、名目市内総生産の対全国比は0.929と、後者の方が0.028大きい値でした。しかし2009（平成21）年度にはそれぞれ0.879と0.853と、後者の方が0.026小さい値になり、逆転しました。その理由は、札幌市における過去の公共投資が比較的小規模で、そのため市内の固定資本減耗の増加率が全国平均よりも低かったことによります。

札幌市の名目市民所得の対全国比は、1996（平成8）年度から2001（平成13）年度にかけては上昇傾向を示し、その後2007（平成20）年度までは大幅に下落し、その後急上昇しています。また、期初と期末を比べると、人口1人当たりでは0.905と0.881で、0.024の下落、就業者1人当たりでは0.901と0.879と、0.022の下落でした。期初と期末を比べた下落幅は、北海道（札幌市を除く）では人口1人当たりで0.035、就業者1人当たりで0.036と、札幌市の方が小さくなっています。

第5節　純生産変化の要因分解

前節では、北海道（札幌市を除く）と札幌市の人口・就業者1人当たりの総生産や所得を全国と比べることで、両地域の特徴を示しました。ただ、その変化を産業活動にさかのぼっては示していませんでした。そこで、本節では生産面に注目し、名目道内純生産の変化を、各産業における就業者数の変化と、1人当たり純生産の変化に分解することで、特徴を把握したいと思います。

● 公共投資減少と北海道経済

1990年代後半からの公共投資の大幅な減少が、北海道経済を疲弊させたことは間違いありません。図1−14には、公共投資の規模の指標として、実

図1−14 住民1人当たり実質公的総固定資本形成

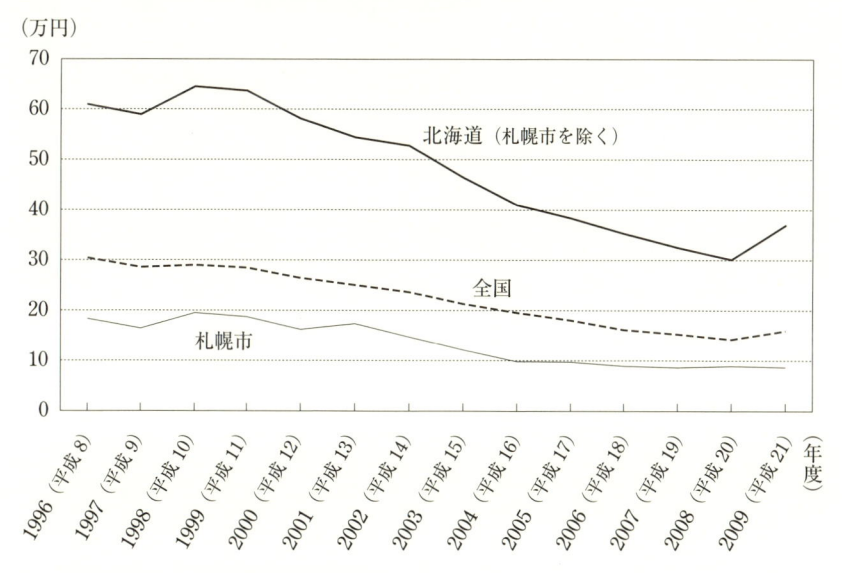

データ出所：図1−1と同じ資料から計算。

質で評価した公的総固定資本形成を域内人口で割って住民1人当たりにした数値が掲載されています。北海道（札幌市を除く）では、1990年代後半には1人当たりで年間60万円以上の公的総固定資本形成が行われていましたが、2000年代に入ってから急減し、2008（平成20）年度には年間30万円と半減しています。全国の数字でも同じ期間に約30万円から約15万円と半減していますが、域内総生産に占める公的投資の割合が高い北海道地方部では、影響はより大きくなります。

ただ、図1−13で確認しましたような札幌市における経済の停滞を、公共投資の減少のみで説明するのは難しいように思います。確かに、札幌市では公共事業の額は少ないものの、市内に道内大手ゼネコンの本社が多く置かれているため、地方部での公共工事の減少は札幌市経済にも影響を与えます。そして、公共工事の減少は、建設資材や建設機械など投資財への需要を減少させ、または建設業就業者の所得の減少を通じて各種消費財への需要も減少させるなど、経済全体に波及します。しかしそれでも、これらの負の乗数効

果が北海道地方部よりも札幌市で特に強く出る理由は、明確ではありません。この点は、後ほどもう一度検討します。

●要因分解の方法

就業者1人当たりの純生産の域内平均は、各産業での1人当たり純生産が高くなれば、あるいは域内の就業者がより高い純生産を産み出す産業に移動すれば、上昇します。このことを、以下のような式で表してみましょう。

ある地域にはn種類の産業があります。産業$i(i=1,\cdots,n)$の純生産はY_i、就業者数はL_iとすると、この地域の就業者1人当たりの平均純生産yは$y=\sum_{i=1}^{n}Y_i/\sum_{i=1}^{n}L_i$となります。この式は、産業$i$に従事する就業者数の全就業者数に占める割合を$l_i=L_i/\sum_{j=1}^{n}L_j$、産業$i$での就業者1人当たりの平均純生産を$y_i=Y_i/L_i$とすると、次の式のように変形できます。

$$y=\sum_{i=1}^{n}l_iy_i \qquad (1\text{--}1)$$

l_iやy_iが変化しますと、当然yも変化します。それぞれの変化分をΔを付けた当該変数で表しますと、以下のようになります。

$$y+\Delta y=\sum_{i=1}^{n}(l_i+\Delta l_i)(y_i+\Delta y_i) \qquad (1\text{--}2)$$

（1-2）式から（1-1）式を引くと、以下のようになります。

$$\Delta y=\sum_{i=1}^{n}(l_i\Delta y_i+y_i\Delta l_i+\Delta l_i\Delta y_i) \qquad (1\text{--}3)$$

l_iの定義から$\sum_{i=1}^{n}l_i=1$となりますので、Δl_iには$\sum_{i=1}^{n}\Delta l_i=0$という制約があります。この関係を使いますと、（1-3）式は次のように書き換えることができます。

$$\Delta y=\sum_{i=1}^{n}(l_i\Delta y_i+(y_i-y)\Delta l_i+\Delta l_i\Delta y_i) \qquad (1\text{--}4)$$

域内平均純生産の変化分Δyを生じさせる要因として、$l_i\Delta y_i$、$(y_i-y)\Delta l_i$、$\Delta l_i\Delta y_i$の3つがあります。その意味を見てみましょう。

$l_i\Delta y_i$は、産業iの平均純生産の変化分Δy_iが及ぼす影響です。Δy_iがプラスであれば$l_i\Delta y_i$はプラスになり、他の項が一定であれば、域内平均純生産は

上昇します。また、その影響は産業 i の就業者比率 l_i が大きいほど強くなります。以下ではこれを、産業生産効果と呼びます。

次に、$(y_i-y)\Delta l_i$ は、産業 i の就業者比率の変化分 Δl_i が及ぼす影響です。産業 i の平均純生産が地域全体の平均純生産より高い場合 ($y_i-y>0$)、この産業で就業者比率が上昇すれば ($\Delta l_i>0$)、$(y_i-y)\Delta l_i$ はプラスになります。他方、産業 i の平均純生産が地域全体の平均純生産より低い場合 ($y_i-y<0$) に、この産業で就業者比率が上昇してしまうと、$(y_i-y)\Delta l_i$ はマイナスになります。つまり、他の項が一定であれば、域内平均よりも純生産の低い産業から高い産業に就業者が移動することで、域内平均純生産は上昇します。以下ではこれを、労働移動効果と呼びます。

最後に、$\Delta l_i \Delta y_i$ は、就業者比率と産業平均純生産の変化分の積を表しています。就業者比率が上昇した産業で産業平均純生産が上昇すれば ($\Delta l_i>0$ かつ $\Delta y_i>0$)、または就業者比率が下落した産業で産業平均純生産が下落すれば ($\Delta l_i<0$ かつ $\Delta y_i<0$)、$\Delta l_i \Delta y_i$ はプラスになります。以下ではこれを、変化分積効果と呼びます。経済分析では、このような変化分の積の項は、微少な値なのでよく省略しますが、ここではこの項も計算しておきましょう。

●就業者1人当たり域内純生産と域内就業者比率

前項の (1-4) 式の要因分解で用いるデータは、産業 i での就業者1人当たりの平均純生産 y_i と、産業 i に従事する就業者数の全就業者数に占める割合 l_i です。ここで、北海道と全国の y_i と l_i について、本章の分析期間の期初である 1996（平成 8）年度と期末である 2009（平成 21）年度の値を紹介しましょう[20]。

純生産として、ここでは要素費用表示の名目域内純生産を用います。県民経済計算では、これは「県内要素所得」とも表現されています。実質値があればそちらの方が好ましいのですが、残念ながら名目値しかありません。デ

---

[20] 可能であれば、北海道の値を札幌市とそれ以外の北海道に分けて分析したいところです。しかし、札幌市が公開している市民経済計算には産業別の就業者数は含まれていません。そこで、ここでは北海道全体の純生産について考えることにします。

ータは、北海道と全国の名目純生産は県民経済計算から、北海道の産業別就業者数は北海道の道民経済計算から、全国の産業別就業者数は国民経済計算からです[21]。

図1-15-1には、北海道と全国の就業者1人当たり純生産が、域内平均と産業別でまとめられています。産業分類は、図1-5-1と同様の11産業です。1996（平成8）年度の北海道と全国の就業者1人当たり純生産は、それぞれ618.5万円と627.1万円でした。13年度の2009（平成21）年度には、それぞれ550.9万円と581.0万円まで低下しています。北海道の方が減少幅が大きくなっています。

ある年度の就業者1人当たりの名目純生産を見ますと、産業毎の値の高低は北海道と全国で類似しています。どちらも、農林水産業では低く、電気・ガス・水道業や金融・保険業では高くなっています。また、北海道でも全国でも、1996（平成8）年度から2009（平成21）年度にかけて、ほぼ全ての産業で就業者1人当たりの名目純生産が減少しています。特に、北海道では建設業、電気・ガス・水道業、対家計民間非営利サービス生産者、全国では鉱業と電気・ガス・水道業で、減少幅が150万円以上と大きくなっています。この2時点間で増加しているのは、北海道では農林水産業、全国では政府サービス生産者と対家計民間非営利サービス生産者のみです。

次に、図1-15-2は、北海道と全国の産業毎の就業者比率です。北海道でも全国でもサービス業の就業者比率が最も高くなっています。また、北海道でも全国でも、サービス業だけが、1996（平成8）年度から2009（平成21）年度にかけて2％ポイント以上就業者比率が増加しています。このように、サービス業の重要性はますます大きくなっています。ちなみに、2009（平成21）年度のサービス業の就業者比率は、北海道で27.9％、全国で35.9％でした。

---

21) 名目純生産と就業者数でデータ出所が異なるため、前節までの分析とやや一貫性に欠けますが、分析結果に深刻な影響は与えません。

図1−15　産業別の就業者1人当たり域内純生産と域内就業者比率

図1−15−1　就業者1人当たり域内純生産

(万円)

凡例：
- 北海道 1996(平成8)年度
- 北海道 2009(平成21)年度
- 全国 1996(平成8)年度
- 全国 2009(平成21)年度

横軸：平均、農林水産業、鉱業、製造業、建設業、電気・水道業・ガス、卸売・小売業、金融・保険業、運輸・通信業、サービス業、政府生産者サービス、対家計民間非営利サービス生産者

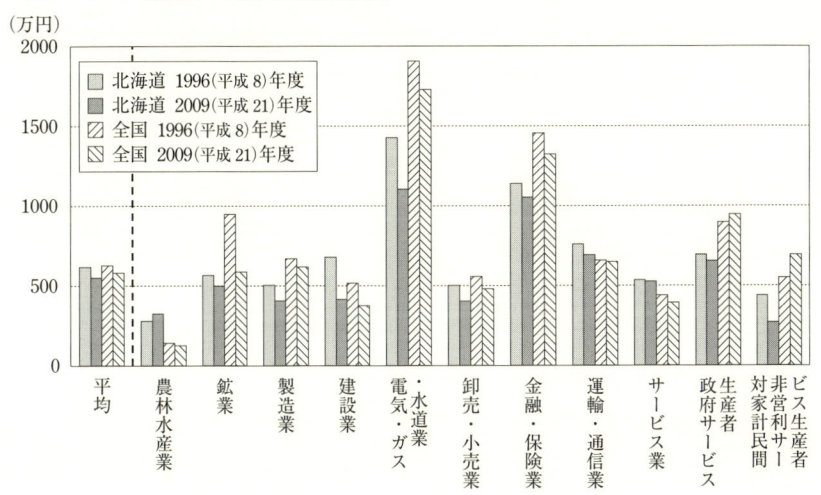

図1−15−2　域内就業者比率

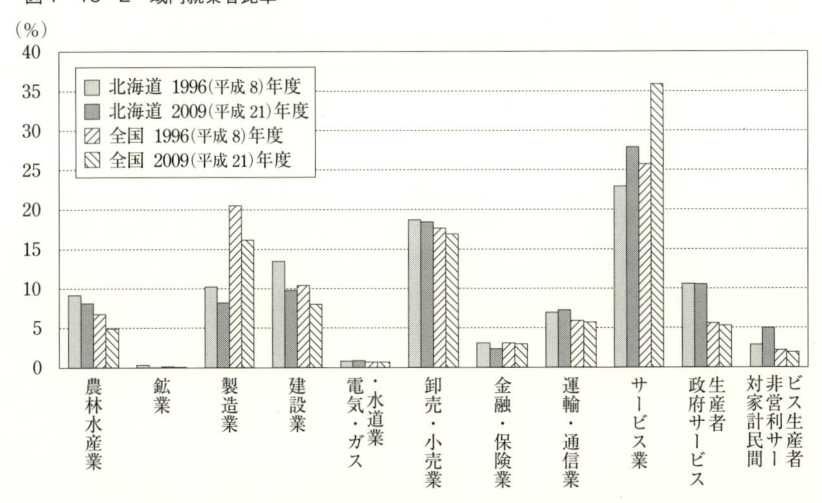

(%)

凡例：
- 北海道 1996(平成8)年度
- 北海道 2009(平成21)年度
- 全国 1996(平成8)年度
- 全国 2009(平成21)年度

横軸：農林水産業、鉱業、製造業、建設業、電気・水道業・ガス、卸売・小売業、金融・保険業、運輸・通信業、サービス業、政府生産者サービス、対家計民間非営利サービス生産者

データ出所：北海道と全国の産業別名目純生産は図1−1と同じ資料。北海道の産業別就業者数は、北海道「平成21年度道民経済計算年報」(http://www.pref.hokkaido.lg.jp/ss/skc/ksk/tgs/keisan1.htm、2013 (平成25) 年3月17日閲覧)。全国の産業別就業者数は、内閣府「2009年度国民経済計算」(http://www.esri.cao.go.jp/jp/sna/data/data_list/kakuhou/files/h21/h21_kaku_top.html、2013 (平成25) 年3月17日閲覧)。これらの数値を用いて計算しました。

●国内純生産の変化

就業者1人当たりの平均純生産 y の変化をもたらした要因を分析する（1-4）式の枠組みを用いて、全国と北海道について、純生産変化の主要な要因を抽出してみましょう。本項ではまず全国について見てみます。

分析期間は、前節の図1-12と図1-13より、3つに分けるのが良いと思われます。まず、第1期は1996（平成8）年度から2001（平成13）年度で、これは道内の1人当たり総生産や所得の対全国比が安定していた期間です。次に、第2期は2001（平成13）年度から2007（平成19）年度で、道内で1人当たり総生産や所得の対全国比が減少していた期間です。最後に、第3期は2007（平成19）年度から2009（平成21）年度で、世界金融危機や円高による日本の景気悪化が北海道では比較的軽かったことにより、これらの値が急上昇した期間です。

産業数は、図1-15-1や図1-15-2に示した11産業に不動産業を加えた12産業です。産業生産効果、労働移動効果、変化分積効果をこの12産業全てで足し合わせると、その地域の平均純生産の変化分となります[22]。

図1-16には、日本の国内純生産変化の要因分解がまとめられています。日本全国の平均では、就業者1人当たりの純生産は、第1期では8.8万円減少し、第2期では7.6万円増加し、第3期では44.9万円減少しています[23]。

純生産変化の3つの効果の大きさを見てみますと、多くの産業で産業生産効果が他の2つの効果を大きく上回っていることがわかります。産業生産効果は、製造業では第2期に21.3万円のプラス、第3期に23.9万円のマイナスと、非常に大きな振幅を示しています。建設業では、国内公共投資の減少と連動して、第1期に8.4万円のマイナス、第2期にも5.4万円のマイナスとなっています。また、卸売・小売業と金融・保険業では、第3期に8万円以上のマイナスとなっています。

労働移動効果は産業生産効果と比べると小さいですが、農林水産業やサー

---

[22] ただし、不動産業は脚注7のように帰属家賃を含むため、結果の考察は行いません。
[23] 前節までと比べますと、第1期における減少幅が小さくなっています。これは、就業者数のデータの問題と思われます。

第1章　付加価値　45

図1-16　国内名目純生産変化の要因分解

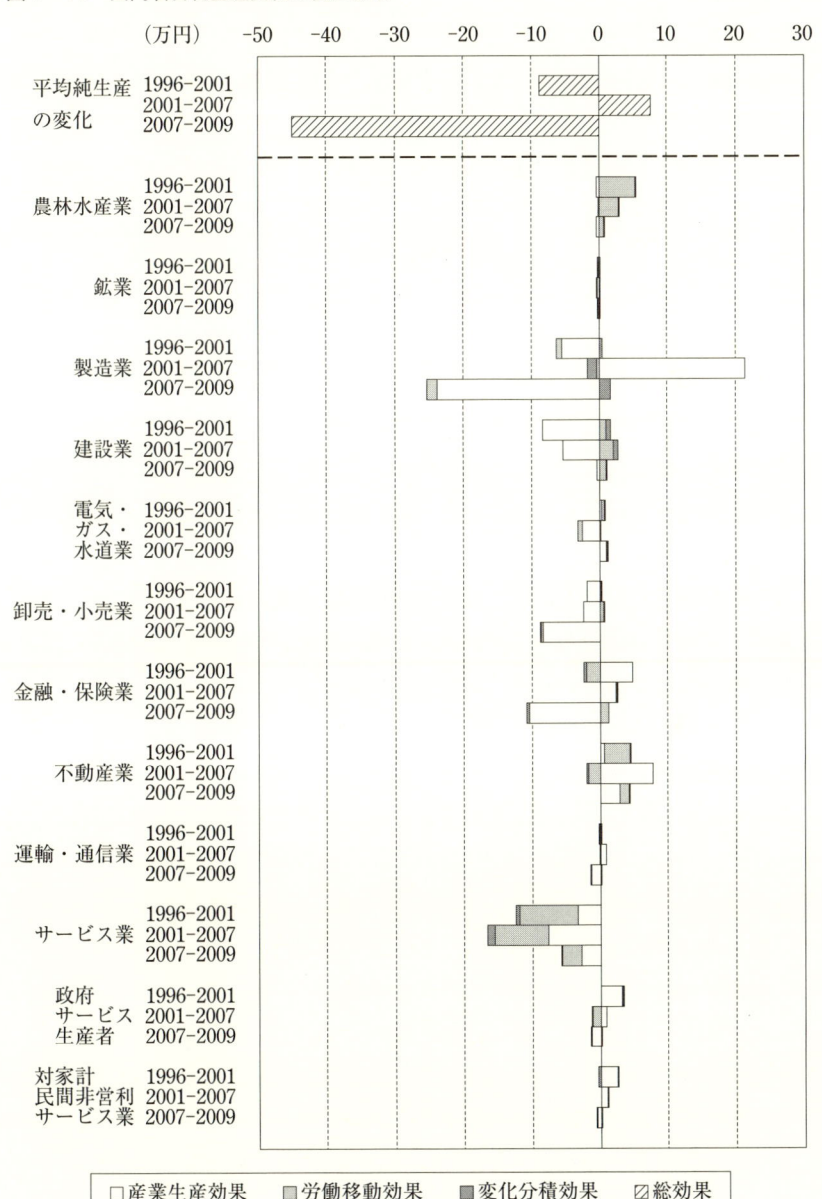

データ出所：図1-15と同じ資料から計算。

ビス業で比較的大きな数字となっています。どちらの産業でも、就業者1人当たりの純生産は国内平均純生産より低いため、労働移動効果は農林水産業では就業者数が比較的少なくなることでプラスとなり、サービス業は就業者数が比較的多くなることでマイナスとなります。

図1-5-1に示しましたように、国内総生産から見ました日本の主要な産業は、サービス業、次いで製造業です。このうち、サービス業は分析期間を通じて、産業生産効果も労働移動効果もマイナスでした。その他の産業での効果もマイナスが多く、分析期間中、日本の1人当たり名目平均純生産は低下傾向にあったと見えます。

その低下傾向の振幅を増幅させ、第2期に名目平均純生産を上昇させたのは、製造業です。製造業の産業生産効果は、第2期には大きなプラスを記録しています。第2期は実感なき経済回復といわれる時期で、日本は輸出の拡大によって景気を維持しており、その輸出品供給の大部分を占める製造業によって国内純生産を引き上げることができました。しかし、世界金融危機によって輸出が急減すると、逆に製造業の産業生産効果は大きなマイナスとなります。日本の貿易額の約8割が商品であるため、世界の景気動向が日本の生産や所得に影響を与える窓口は製造業になります。

● 道内純生産の変化

前項の国内純生産に続き、本項では道内純生産の変化の要因分解を行います。図1-17には、名目道内純生産の変化の要因分解がまとめられています。就業者1人当たりの純生産は3期間全てで減少しており、第1期で23.4万円、第2期で28.6万円、第3期で15.7万円の減少幅となっています。

北海道においても、純生産変化の3つの効果のうち、産業生産効果が圧倒的に大きくなっています。特に、建設業では第1期に16.4万円のマイナス、第2期に14.6万円のマイナスを記録しており、道内公共投資の半減が道内純生産を減少させた直接的な効果がうかがえます。

製造業の産業生産効果は、第2期に1.1万円のマイナスを記録しています。これは、全国での輸出拡大を主因とした21.3万円のプラスと対照的な値です。北海道の製造業は、海外市場や内地市場への移輸出額が比較的少なく、

第1章　付加価値　47

図1-17　道内名目純生産変化の要因分解

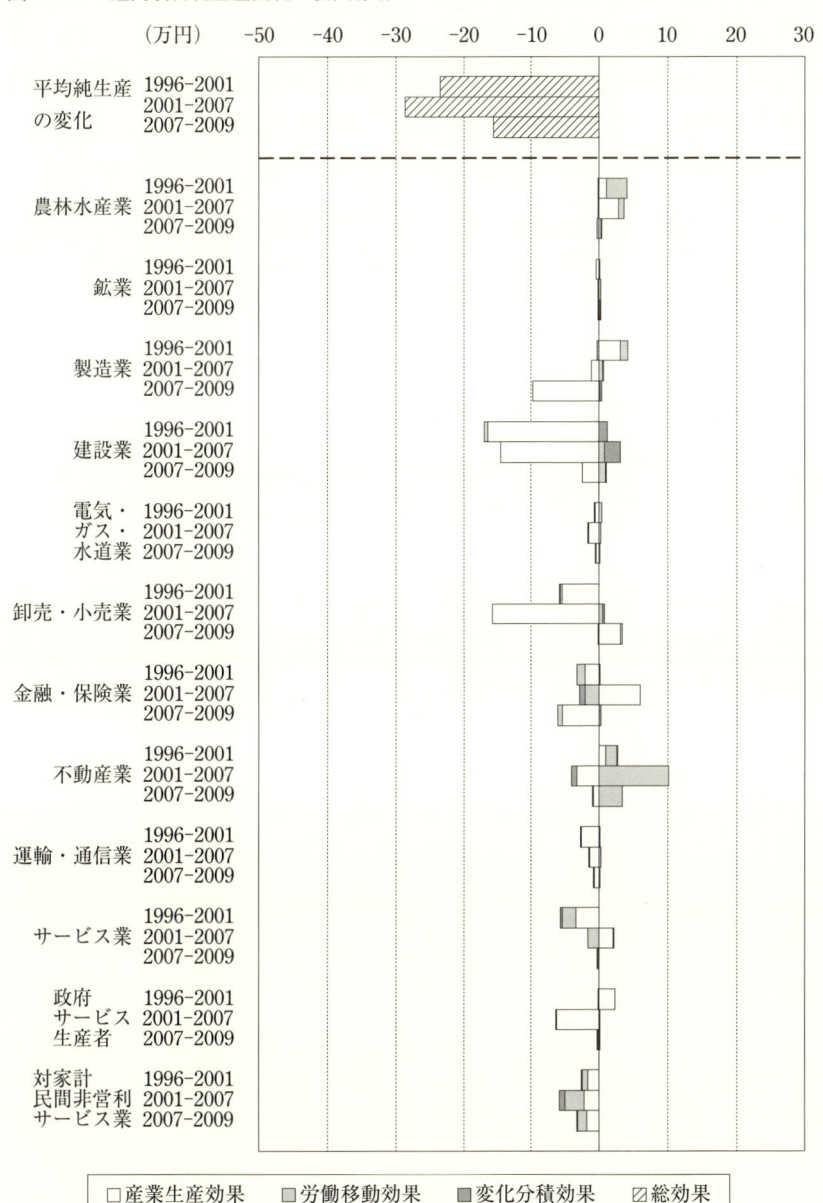

（万円）

平均純生産の変化
- 1996-2001
- 2001-2007
- 2007-2009

農林水産業
- 1996-2001
- 2001-2007
- 2007-2009

鉱業
- 1996-2001
- 2001-2007
- 2007-2009

製造業
- 1996-2001
- 2001-2007
- 2007-2009

建設業
- 1996-2001
- 2001-2007
- 2007-2009

電気・ガス・水道業
- 1996-2001
- 2001-2007
- 2007-2009

卸売・小売業
- 1996-2001
- 2001-2007
- 2007-2009

金融・保険業
- 1996-2001
- 2001-2007
- 2007-2009

不動産業
- 1996-2001
- 2001-2007
- 2007-2009

運輸・通信業
- 1996-2001
- 2001-2007
- 2007-2009

サービス業
- 1996-2001
- 2001-2007
- 2007-2009

政府サービス生産者
- 1996-2001
- 2001-2007
- 2007-2009

対家計民間非営利サービス業
- 1996-2001
- 2001-2007
- 2007-2009

□産業生産効果　□労働移動効果　■変化分積効果　▨総効果

データ出所：図1-15と同じ資料から計算。

道内市場により強く依存しているため、公共投資の減少による道内経済の停滞によって製造業の純生産もマイナスとなったのでしょう。また、この効果は第3期に9.7万円のマイナスとなっていますが、道内総生産に占める製造業の比率が小さいため、全国での値（23.9万円のマイナス）と比べると4割程度にとどまっています。

　北海道の結果の中で特に目を引くものとして、第2期における卸売・小売業の産業生産効果が15.8万円のマイナスと、大幅な減少になっていることがあります。この減少幅は、公共投資や製造業の動向だけでは説明できません。

　確かに、道内における公共投資の減少や製造業の不振は、経済活動の連鎖を経て卸売・小売業にも波及します。そして、経済産業省の商業統計によれば、道内卸売・小売業が扱う建設材料や一般機械の販売額もある程度減少しています。しかし、第1期や第3期と比べて、第2期は極端に大きなマイナスとなっています。また、同様に波及効果を受けると考えられ、かつ道内総生産に占める割合が卸売・小売業よりも高い産業であるサービス業については、マイナスの効果が観察できません。卸売・小売業の第2期には、別の要因が働いていると考えるのが自然でしょう。

　卸売・小売業の就業者1人当たりの名目純生産が第2期に大幅に減少した理由として、私の考える2つの仮説を紹介します。

　第1の仮説は、北海道における卸売業の縮小です。商業統計によりますと、2002（平成14）年から2007（平成19）年にかけて、北海道の卸売・小売業の販売額は20.2兆円から17.8兆円と2.4兆円減少していますが、そのうち卸売業は13.6兆円から11.7兆円と1.9兆円の減少で、道内卸売業の販売額の減少が主因であることがわかります[24]。そしてその背景には、道内卸売業の倒産・廃業や企業再編、そして道外卸売業との事業統合によって、道外卸売業が直接道内に販売する額が増えたことがあると思われます。

---

24) 全国で見ますと、同時期にこのような販売額の減少は起こっておりません。2002（平成14）年から2007（平成19）年にかけて、全国の卸売・小売業の販売額は548.5兆円から548.2兆円、そのうち卸売業は413.4兆円から413.5兆円となり、共にほぼ横這いです。

卸売業は、販売相手が業者であることから、多くの人々は日々の生活の中でその存在をあまり意識しないでしょう。ニュースで取り上げられることも少ないと思われます。そのためか、北海道における2000年代前半の卸売業の縮小は、道内であまり認識されていませんでした。しかし、卸売業は生産と消費を繋ぐ経済ネットワークの重要な結節点であり、その活動は消費を通じた豊かさを左右します。

　第2の仮説は、北海道居住者の消費抑制です。図1-10に示しましたように、第2期の期間中、雇用者1人当たりの年間雇用者報酬は、北海道（札幌市を除く）で約20万円、札幌市で約30万減少しました。この期間、全国では製造業の好調によって雇用者報酬はこれほど減少しませんでした。そのため、道民の生活防衛意識・倹約志向が全国と比べてより強まり、消費不況を引き起こしたというものです。この時期、道内の地方都市にあった主要百貨店が次々に閉店したことは、その象徴です[25]。

　本章第1節で見ましたように、2000年代前半に、北海道の実質総生産や1人当たり名目住民所得の成長率は、全国を下回っていました。本節の分析から、この時期の北海道の経済停滞は、次のように要因を説明することができます。

　まず基調として、公共投資の減少によって建設業で純生産が全国と比べて大幅に減少しました。そして2000年代前半には、全国では製造業が好調であったのに対して、北海道では道内卸売業の役割低下と深刻な消費減少によって道内卸売・小売業が不調になり、両地域の純生産や所得の差が拡大しました。ただ、2008（平成20）年度からの数年は、全国では製造業の純生産が急減したのに対して、北海道では海外市場との取引規模が小さかったためにその減少幅が小さくて済み、両地域の純生産や所得の差が縮小しました。

---

25) 第1期については、札幌市では第2期と同様、雇用者1人当たりの年間雇用者報酬が約30万円減少しています。そして、図1-5-1で見ましたように、卸売・小売業の比率は札幌市で特に高いので、卸売・小売業では第1期においてもマイナスの産業生産効果となりました。しかし、札幌市以外の北海道、そして北海道全体では、第1期に雇用者1人当たりの年間雇用者報酬は増加していたため、そのマイナス効果は第2期ほど深刻にはなりませんでした。

図1-17を図1-16と比べて、他に興味深いこととしまして、北海道ではサービス業が平均純生産を引き下げる効果がほとんどないことがあります。国内総生産変化の要因分解では、サービス業は第1期に合計マイナス12.5万円、第2期に合計マイナス16.7万円、第3期に合計マイナス5.8万円と、一貫して日本の平均純生産を大きく引き下げています。北海道ではそのような効果は観察されていません。北海道では全国よりも域内総生産に占めるサービス業の比率が高いので、これは心強い事実です。

　さて、道内純生産を北海道（札幌市を除く）と札幌市内に分けて、それぞれの地域で純生産の変化の要因分解を行うことも可能です。確かに、札幌市の市民経済計算には、12産業の就業者数は含まれていませんでした。しかし、私が札幌市役所のウェブサイトを通じて問い合わをしましたところ、第1次産業、第2次産業、第3次産業の就業者数は入手することができました。そこで、このデータも一般に利用可能なデータとみなして使用し、北海道（札幌市を除く）と札幌市における就業者1人当たりの名目純生産の変化について、3部門で要因分解を行いました。

　図1-18はその結果です。就業者1人当たりの純生産の変化幅は、北海道（札幌市を除く）では第1期から第3期まで、おおよそ15万円程度のマイナスと安定しています。これに対して、札幌市では第1期、第2期の減少幅が大きく、第1期で29.6万円、第2期で51.1万円のマイナスとなっています。

　建設業や製造業が含まれる第2次産業は、北海道（札幌市を除く）での各期の産業生産効果は、13万円前後のマイナスと安定しています。札幌市でのこの効果も、期によって大小はあるものの、北海道（札幌市を除く）とそれほど大きな違いはありません。

　顕著な違いを見せるのは、第3次産業です。北海道（札幌市を除く）では、第3次産業のマイナスの産業生産効果が、第1期から第3期にかけて徐々に減少しています。また、労働移動効果は各期でプラスの値となっています。これは、平均純生産の高い第3次産業に従事する就業者の比率が高くなっていることによります。これに対して、札幌市では第3次産業の産業生産効果が、第1期で22.7万円のマイナス、第2期では37.4万円の大幅なマイナスとなっています。図1-17より、このマイナスの大部分は卸売・小売業によ

第 1 章　付加価値　51

図1-18　札幌市内と市外の域内名目純生産変化の要因分解

図1-18-1　北海道（札幌市を除く）

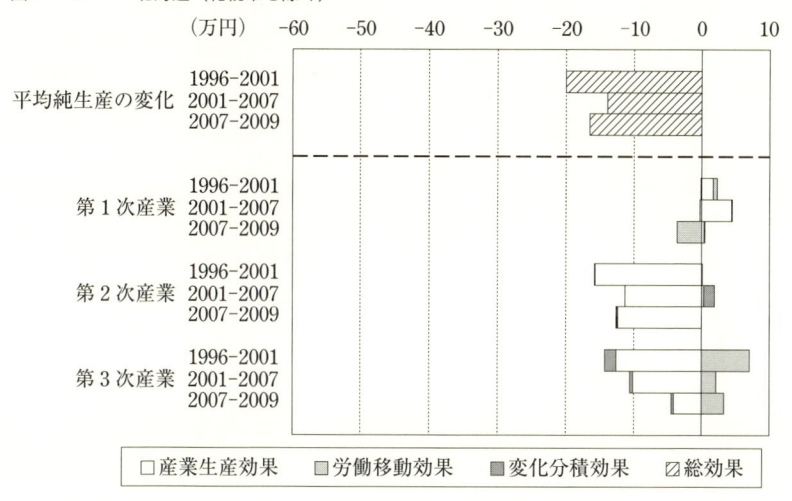

図1-18-2　札幌市

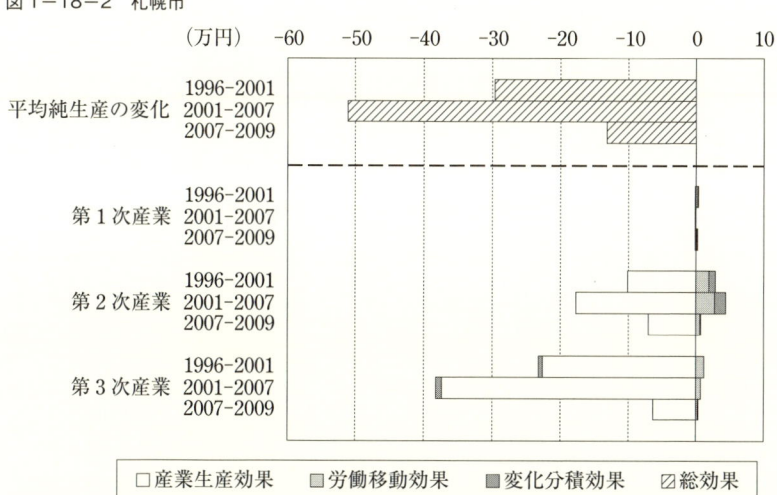

注：図1-16、図1-17の12産業のうち、農林水産業は第1次産業、鉱業、製造業、建設業は第2次産業、それ以外の産業は第3次産業となります。

データ出所：産業別名目純生産は図1-1と同じ資料。札幌市の産業別就業者数は、札幌市のご提供によります。札幌市以外の産業別就業者数は、北海道「平成21年度道民経済計算年報」(http://www.pref.hokkaido.lg.jp/ss/skc/ksk/tgs/keisan1.htm、2013（平成25）年3月17日閲覧）の値から札幌市の値を差し引いたものです。これらの数値を用いて計算しました。

るものと思われます。

　この項の終わりに、北海道と道外・国外との経済取引の意義について触れておきましょう。北海道では製造業の企業が少ないことが一因で、海外との取引は少なくなっています。そのため、道内経済は海外の経済環境の変化からあまり影響を受けません。経済の安定化の観点から、これを望ましいと思う人もいるかもしれません。図1-16と図1-17を比べますと、確かに日本全体の方が経済の振幅が大きいように見えます。

　この意見は2つの点から同意しかねます。1つは経済成長についてです。域外・国外との経済取引は優れた知識の伝播を助け、企業に創意工夫を促しますので、経済成長に有益であると考えられます。もう1つは道内経済ショックです。道外・国外との経済取引が少ないということは、道内で発生した経済変動が、域際取引を通じて域外に波及することで振幅が抑えらえる効果も期待できないということです。

第2章

所得移転

経常・資本移転による所得再分配の規模と比較

[要 旨]

　第1節　経常移転や資本移転とは、対価を伴わないで所得が他人に移る取引です。日本国内における所得再分配の規模を見る際に、これら移転取引は包括的であり有用な指標です。2009（平成21）年度では、北海道がネットで受け取った経常移転は3.8兆円、資本移転は0.7兆円でした。道民1人当たりでは、両者の合計で82万円です。

　第2節　都道府県への経常移転や資本移転は様々な要因から決まるので、それらが都道府県間の1人当たり総生産額の差を埋める役割は限定的です。これはアメリカの州においても同様です。

　第3節　国民経済でのマクロ恒等式では、各国間の所得移転は通常は規模が小さいため、貿易収支と域外に対する債権の変動はほぼ等しくなります。しかし、国内の地域経済を考える場合には、この関係には成立しません。北海道では、道外からの経常移転と資本移転の受け取りによって、経常県外収支も県外からの資本移転等もプラスになっています。それは、道内居住者が道外に保有する債権の純増に対応しています。

　第4節　県民可処分所得、県民貯蓄、貯蓄・投資バランスの変化は、北海道と他府県で同じ傾向でした。県内総生産、県民可処分所得、県内純資本形成については、ほぼ全ての道府県で減少していました。また、多くの道府県で、県民貯蓄の減少幅より県内純資本形成の減少幅の方が大きく、そのため貯蓄・投資バランスは改善しました。この改善の主要因は、政府による国債発行額の増加と、それによる県外からの経常移転の増加です。

北海道における所得の指標として、前章では主に道内総生産や道民所得という付加価値を用いました。前者は道内に存在する生産要素が産み出した粗付加価値、後者は道民が保有する生産要素から得た純付加価値です。

　しかし、北海道民の所得の源泉は、道内に存在する生産要素、あるいは道民が保有する生産要素以外にもあります。それは、主に財政を通じた所得再分配です。北海道内に存在していない、あるいは北海道に居住する人が保有していない生産要素が産み出した付加価値も、一部は例えば所得税として政府に支払われ、それが道内市町村への地方交付税として北海道の居住者が受け取ります。

　本章では、このような北海道への所得移転を考えます。まず、所得移転の定義を確認し、北海道への所得移転の規模をデータから把握します。次に、所得移転の規模を他の府県やアメリカの州と比較します。最後に、所得移転を前章で見たマクロ経済関係に加え、可処分所得と貯蓄・投資バランスの概念を提示し、都道府県のデータを紹介します。道内経済のマクロ恒等関係から導出された道外との経済取引の恒等式は、次章の域際収支の議論につながります。

第1節　経常・資本移転による所得再分配の把握

　日本国内における所得再分配の規模は、地方自治、地方分権、地方経済が議論される際に必ず言及されます。都道府県間の所得再分配でよく使われる指標は、負担として各都道府県民からの国税の納入額、受益として各都道府県にある地方公共団体への地方交付税や国庫支出金などの移転額です。しかし、この方法では中央省庁の予算執行を通じた資金の移転が対象外となってしまいます。また、より包括的な再分配の推計を行っている研究者もいますが、それには多大の労力を要します。本論では、県民経済計算にある2つの所得移転項目、経常移転と資本移転を使うことで、県内と県外の間の所得移転を包括的に把握できることを紹介します[1]。

●経常移転と資本移転

通常の経済取引では、取引主体は何かを手渡して、代わりに何かを受け取ります。商店で食べ物を購入する時、客は代金を店に渡し、代わりに商品を受け取ります。これに対して移転取引とは、対価を伴わない形で所得が他人に移る取引の総称です。現金の贈与や租税の支払などがそれに相当します。国民経済計算体系では、移転取引はその性質によって経常移転と資本移転とに二分されます。

経常移転は、移転取引のうち、所得の支払側ではそれが経常的な収入から支払われ、また所得の受取側ではそれが経常的・反復的な支出に充てられるものです。国民経済計算や県民経済計算で経常移転に該当するものとしては、利子や配当などの財産所得、損害保険の保険料や保険金、国税（所得税・法人税）、国から道や道内市町村への地方交付税、産業振興等のための補助金、義務教育費の国庫負担金、国民年金・厚生保険などの社会保障の保険料や給付金、宗教団体・労働組合・政党・私立学校などへの国庫補助、仕送りなどがあります。このうち、北海道では支払側で国税、受取側で地方交付税と国庫負担金の比重が大きくなっています。

他方、資本移転とは、移転取引のうち、所得の支払側ではそれが資産または貯蓄から賄われ、また所得の受取側ではそれが資本形成や長期的な支出の源泉となるものです。資本移転は当事者の投資や資産を直接変化させますが、消費には生産活動を通じた間接的な影響を及ぼすにとどまります。資本移転に該当するものとしては、中央政府が直轄する公共事業費、固定資本形成に係る国庫支出金、地方譲与税、国営事業負担金、相続税、贈与税などがあります。このうち北海道では、国土交通省や北海道開発局などが主に携わる「北海道開発事業費」が資本移転のかなりの部分を占めます。

---

1) 地域間の所得再分配の議論には、ある地域が他の地域からどの程度の資金を無償で受けているのか、他の地域にどの程度の資金を無償で渡しているのかという「規模」の測定と、どの程度の資金移転が望ましいのかという「基準」の設定の両面があるかと思います。本章ではこのうち「規模」についてだけを扱い、「基準」については考察の対象外とします。

● **道民経済計算における経常・資本移転**

　表2-1は、道民経済計算の「統合勘定」の中で、経常移転が記録されている「道外勘定（経常取引）」と、資本移転が記録されている「資本調達勘定（実物取引）」を、2009（平成21）年度を例に示したものです。数値は名目値です。移転取引については経済学においても議論されることが少なく、読者もどのような取引が経常移転や資本移転となるのかイメージしづらいかと思いますので、詳しく紹介します。

　まず、経常移転から見てみましょう。表2-1-1の道外勘定は、道内と道外との間の経常取引をまとめたものです。この中で、「財産所得」と「その他の経常移転」が経常移転に該当します。なお、この勘定の「支払」と「受取」は道外居住者の視点からの表現であることに注意してください。ここで、「財産所得」は投資の対価であり、所得再分配としての意味合いは薄いので、以下では「その他の経常移転」を所得再分配の指標として用いることにします。

　2009（平成21）年度では、道外から道内への「その他の経常移転」の支払は3兆8026億円、道外の道内からの「その他の経常移転」の受取は237億円であり、両者の差である「道外からのその他の経常移転（純）」は道内居住者から見て3兆7789億円の受取超過となっています。

　この経常移転の内訳を確かめるには、道民経済計算の「制度部門別所得支出勘定」が有用です。ここには、非金融法人企業、金融機関、一般政府、家計（個人企業を含む）、対家計民間非営利団体の5つの制度部門別に、「その他の経常移転」がさらに所得・富等に課される経常税、社会保障負担および給付、その他に細分化されて掲載されています。なお、一般政府は、国出先機関、道、市町村、社会保障基金から構成されます。

　これによりますと、「その他の経常移転」の支払額や受取額が最も多いのは一般政府、次に家計（個人企業を含む）です。また、支払から受取を差し引いた「他部門からのその他の経常移転（純）」の絶対額は、一般政府が圧倒的に多くなっています。道内の一般政府は、道内他部門や道外からの受取超過額が3兆7471億円にもなり、これは北海道全体の受取超過額額の99％を占めます。このことから、経常移転はほぼ全てが財政による所得移転であ

第2章 所得移転 57

表2−1 道民所得勘定における経常移転と資本移転の表章：2009（平成21）年度

表2−1−1 統合勘定：道外勘定（経常取引）
（単位 億円）

支払	69,156
財貨・サービスの移輸出	53,335
雇用者報酬（純）	54
財産所得（支払）	1,683
その他の経常移転（支払）(a)	38,026
経常道外収支	−23,942
受取	69,156
財貨・サービスの移輸入	68,858
財産所得（受取）	62
その他の経常移転（受取）(b)	237
道外からのその他の経常移転（純）(＝a−b)	37,789

表2−1−2 統合勘定：資本調達勘定（実物取引）
（単位 億円）

資産の変動	23,446
道内総固定資本形成	34,285
（控除）固定資本減耗	41,601
在庫品増加	−622
道外に対する債権の変動	31,385
貯蓄・資本移転による正味資産の変動	23,446
道民貯蓄	19,422
道外からの資本移転等（純）	7,443
（控除）統計上の不突合	3,419

データ出所：北海道「平成21年度道民経済計算年報」(http://www.pref.hokkaido.lg.jp/ss/skc/ksk/tgs/keisan1.htm、2013（平成25）年3月17日閲覧)。

るとみなして良いでしょう。

次に、資本移転は「資本調達勘定（実物取引）」の「道外からの資本移転等（純）」に表章されています。表2−1−2を見ますと、2009（平成21）年度では道内居住者は道外からネットで7443億円の資本移転を受け取ったことがわかります。この資本移転も、「制度部門別資本調達勘定（実物取引）」によって、制度部門別のネットの金額が得られます。それを見ますと、ここでも一般政府の絶対額が6917億円と突出しています。資本移転についても、その大部分が財政による所得移転です。

●北海道への経常・資本移転の推移

北海道の場合、経常移転も資本移転も、支払額よりも受取額の方が大きいので、ネットでは共にプラスです。このうち、経常移転については、札幌市の市民経済計算から札幌市のデータが得られますので、前章のように北海道全体の数値を北海道（札幌市を除く）と札幌市に分けることが可能です。ただ、資本移転については、札幌市の市民経済計算には記載されていないため、分けることができません。

図 2-1 は、北海道がネットで受け取る所得移転の名目額を、1990（平成2）年度から 2011（平成 21）年度までまとめたものです。経常移転については、道民・市民経済計算に記載されています「道外・市外からのその他の経常移転（純）」を、資本移転については道民経済計算年報の「道外からの資本移転等（純）」を用いています[2]。

　北海道全体のネットの経常移転受取額は、1990（平成 2）年度で約 2 兆円でした。その後、北海道（札幌市を除く）でも札幌市でも、受取超過幅は 1990 年代を通じて増加する傾向にありました。これは主に、北海道や道内市町村において地方財源の不足が発生し、これを補填するために地方交付税が増額されたことによります。

　経常移転の純受取額は、2000 年代前半には、北海道（札幌市を除く）では約 2.3 兆円、札幌市では約 0.8 兆円で安定していました。その後、2007（平成 19）年度に一旦減少しましたが、その後急増し、2009（平成 21）年度には北海道（札幌市を除く）では約 2.7 兆円、札幌市では約 1.1 兆円と、それぞれ過去最高を記録しています。このような変化の多くは、北海道内の一般政府に支払われる地方交付税の増減や、北海道民の支払う国税の増減で説明できます。2009（平成 21）年度の住民 1 人当たりの経常移転の純受取額は、北海道（札幌市を除く）で 75.3 万円、札幌市で 56.0 万円でした。

　資本移転は、国の予算のうち北海道に向けられる一般公共事業費である「北海道開発事業費」がその大部分を占めます[3]。北海道開発事業費は、1990 年代前半には景気対策として積み上げられましたが、その後は国庫支出金の削減によって減少傾向にあります。前述のように、2009（平成 21）年

---

2) 図 2-1 の数字は、1995（平成 7）年度と 1996（平成 8）年度の間で正確には接続しません。これは、1995（平成 7）年度までは 93SNA の平成 7 年基準の数値、1996（平成 8）年度以降は 93SNA の平成 12 年基準の数値と、体系基準年が異なることによります。しかし、本図においては、この点に留意しつつも、1990（平成 2）年度から 2009（平成 21）年度までのデータを同じ図中に示し、数字の大小を比較します。以降でも、同様の箇所を持つ図があります。

3) 例えば、2003（平成 15）年度から 2005（平成 17）年度の 3 ヵ年度について数字を見てみますと、北海道への資本移転額は、9314 億円、8505 億円、7935 億円であるのに対して、北海道開発事業費の当初予算額は、8024 億円、7683 億円、7320 億円であり、北海道開発事業費は資本移転額の 90％程度となっています。

図 2−1　北海道への経常移転と資本移転

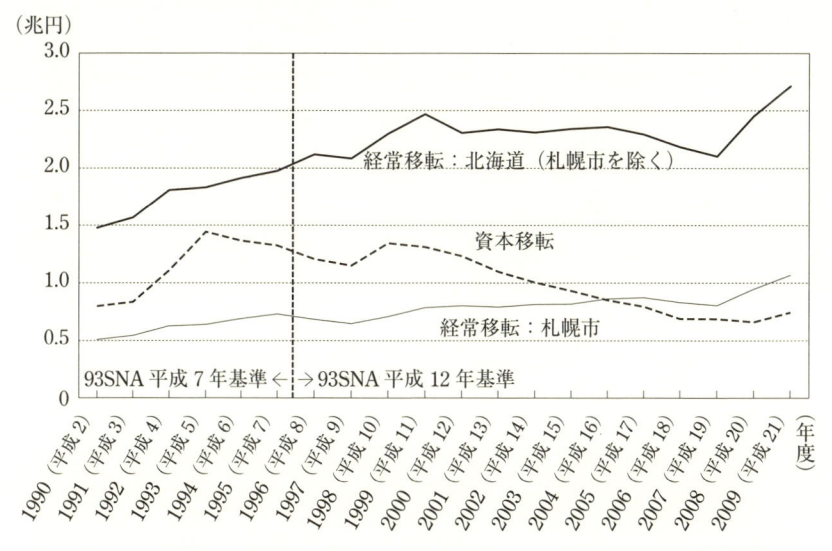

(兆円)

注：1995（平成 7）年度までは 93SNA・平成 7 年基準の推計、1996（平成 8）年度以降は 93SNA・平成 12 年基準の推計で、両者は正確には接続しません。この点は本章の後の図でも同様です。
データ出所：1990（平成 2）年度から 1995（平成 7）年度は、北海道『平成 15 年度 道民経済計算年報』、2006（平成 18）年 3 月刊、ならびに、札幌市から得たデータ。1996（平成 8）年度から 2009（平成 21）年度は、北海道「平成 21 年度道民経済計算年報」(http://www.pref.hokkaido.lg.jp/ss/skc/ksk/tgs/keisan1.htm、2013（平成 25）年 3 月 17 日閲覧）、ならびに、札幌市「市民経済計算」(http://www.city.sapporo.jp/toukei/sna/sna.html、2013（平成 25）年 3 月 29 日閲覧）。

度に北海道の居住者は道外からネットで 7443 億円の資本移転を受け取りました。道民 1 人当たりでは 13.5 万円になります。

●所得再分配の指標としての移転収支の長所と短所

　都道府県間の所得再分配の指標として経常移転と資本移転を用いる最大の長所は、それらが包括的であるということです。国庫と地方政府の間の取引だけでなく、相手が政府以外の移転取引も含みます。

　経常移転では、都道府県からの支払いとして、国の一般会計に渡る国税の他に、社会保障の保険料の納入などが記録されます。また、都道府県の受け取りとして、国の一般会計から都道府県やその市区町村に渡る地方交付税や、

私立学校や政党への国庫補助など、使途が資本形成に特定されていない資金が記録されます。他方、資本移転では、都道府県の受け取りとして、地方譲与税や一部の国庫支出金のように、使途が資本形成に特定されて都道府県や市町村に渡される資金だけでなく、国の一般会計の歳出のうち中央省庁の予算を通じて都道府県内に移転される資金も記録されます。

経常移転や資本移転による所得再分配は、そのほとんどが財政政策によるものと考えて良いでしょう。確かに経常移転には、損害保険会社による民間損害保険の保険料受取や保険金支払など、国による所得再分配政策の結果とはいえない取引も含まれています。また、社会保障制度による所得再分配のように、財政政策による所得再分配とは目的や理念が異なるものも含まれています。

しかし、各県毎の制度部門別所得支出勘定を見ますと、非生命純保険料・保険金は規模が比較的小さく、かつ社会負担および給付は各県でほぼバランスしています[4]。また、資本移転については、定義上、一般政府と他の制度部門（家計、企業等）との間だけに行われるものとされていますので、全てが政府による所得再分配で、かつ推計方法から全てが財政政策による所得再分配とみなしても差し支えありません。

財政を通じた所得再分配についての議論では、負担として各都道府県民からの国税の納入額、受益として各都道府県にある地方公共団体への地方交付税や国庫支出金などの移転額がよく使われます。しかし、この方法では中央省庁の予算執行を通じた資金の移転が対象外となってしまいます。北海道を例にしますと、国土交通省や北海道開発局が管轄する公共事業で、北海道内の資本形成に寄与する資金の道内への移転額を把握することができません。また、移転取引の取引主体の片方または両方が国庫や地方公共団体でない取引も対象外となります。例えば、道民が受け取る社会保障給付や道内の労働組合や宗教団体が受け取る国庫補助を把握することもできません。

ただし、経常移転と資本移転を使用することの短所もあります。最初に指

---

[4] ちなみに、各県で非生命純保険料・保険金の受取マイナス支払はゼロになりますが、これはそうなるように純保険料が定義されていることによります。

摘しておきたい点は、国債発行で賄われた部分について、国債を購入した経済主体の現在の負担や、将来の償還時の国民負担を考えていないことです。そのため、中央政府が国債を発行し、それによって得た資金を経常・資本移転の形で都道府県内に支払うと、その分だけ都道府県が得る所得移転額が増加します。これは、県民経済計算では国庫を都道府県と別の勘定にしているために起こります。そこで次項では、国債発行に伴う現在の負担を考慮する1つの試みとして、北海道の居住者が受け取る所得移転額から、国債の購入によって国庫に支払った金額を差し引くことを考えます。

また、資本移転のデータについては、都道府県レベルでも未整備であるという問題もあります。2013年4月末日時点では、22都府県で資本移転の数値が得られません。加えて、地方公共団体の財源格差の調整など、特定の目的や制度を通じた所得再分配の効果を考察する場合には、経常移転や資本移転は所得再分配の指標として広すぎます。さらに、都道府県によっては県民経済計算上の「統計上の不突合」の値が比較的大きく、データの精度に疑念を抱かせます。

●純所得移転額の試算

県民経済計算では、県内居住者が国債を購入しますと、それは「統合勘定」内にある「資本調達勘定（実物取引）」の「県外に対する債権の変動」に記載されます。国債購入の他にも、県外法人への投資、県外居住者への貸付、県外の不動産の購入なども、「県外に対する債権の変動」を増加させます。逆に、県外居住者が県内居住者に投資・貸付をしたり、県内の不動産を購入したりしますと、それは「県外に対する債権の変動」を減少させます。

現在、国債の購入額と比較しますと、県外への投融資などは小規模と考えられますので、ここでは「県外に対する債権の変動」を、各都道府県の居住者による国債購入額の指標とします。そして、北海道の「道外に対する債権の変動」を、政府の国債発行に伴って北海道の居住者が負う現在の負担と考えます。そこで、北海道が受け取る経常移転や資本移転の額からこの「県外に対する債権の変動」を差し引くことで、北海道がネットで受け取る所得移転額を試算できます。ただ、このような粗い方法では、北海道への純所得移

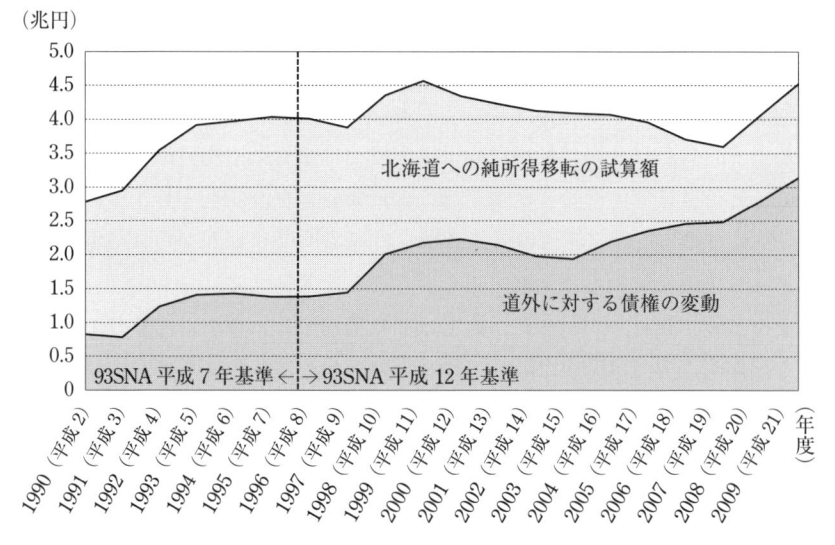

図2-2　北海道への純所得移転額

(兆円)

グラフ内ラベル：北海道への純所得移転の試算額／道外に対する債権の変動／93SNA 平成7年基準 ← → 93SNA 平成12年基準

横軸：1990（平成2）〜2009（平成21）年度

データ出所：図2-1と同じ。

転額が過少に試算されることには、留意が必要です。

　図2-2は、1990（平成2）年度から2009（平成21）の期間における、北海道の受け取る純所得移転の試算額です。北海道の受け取る経常移転額と資本移転額の合計は、図中の2本の線のうち上側に位置するものが示しています。1999（平成11）年度や2009（平成21）年度には4.5兆円を超えています。ここから、「道外に対する債権の変動」を差し引いたものが図中の「北海道への純所得移転の試算額」になります。「道外に対する債権の変動」は、1990（平成2）年度には8256億円でしたが、その後の推移は明確な増加傾向で、2009（平成21）年度には3兆1385億円となっています。

　北海道の居住者が受け取る所得移転額と購入した道外資産の差である純所得移転推計額は、1990年代は増加傾向にあり、1995（平成7）年度には2兆6527億円となっています。その後、所得移転額が伸び悩む一方、道外に対する債権の変動は増加傾向にあったため、純所得移転額は減少傾向を示し、2007（平成19）年度には1兆1126億円まで低下しています。道民1人当たりでは、1995（平成7）年度は46.6万円、2007（平成19）年度は20.1万円です。

第2節　所得再分配の規模の比較

これまで、北海道への所得再分配の規模を道民経済計算の数値を用いて考えてきましたが、他の都府県への所得再分配についてももちろん同様の方法で計算できます。そこで本節では、北海道と他の府県における所得再分配の規模を比較してみます。また、外国における地方政府への所得移転を推計できれば、比較をすることで日本の所得移転の特徴を見いだせるかもしれません。本節ではその1つの試みとして、アメリカ合衆国を例に各州の所得移転額を試算します。

●道府県間の比較

府県の所得再分配の規模に関するデータの出所は、各府県がウェブサイトを通じて公開している、2010（平成22）年度の県民経済計算です。なお、東京都は日本の首都があり、経済活動が集中し、他の道府県との比較にはなじまないと思われるため、比較対象から外しています。

都道府県間で所得再分配の規模を比較する場合、所得再分配前の都道府県の所得を考慮した方が良いでしょう。再分配前の1人当たり所得の少ない地域では、税金の納付額や社会保障の負担額が少なくなったり、社会保障の給付額が多くなったりすることで、所得移転の1人当たり受取額が多くなるという関係が予想されるからです。ただ、所得移転額は他にも様々な要因で決まるため、この関係が明瞭に観察され、所得移転が地域間の所得格差を縮小させていると結論付けられるかどうかは、データを見ないとわかりません。

図2-3には、道府県の所得再分配の規模が、2つの指標について図示されています。図2-3-1は県民1人当たりの経常移転額、図2-3-2は県民1人当たりの純所得移転試算額についてで、いずれも縦軸に示されています。横軸は県民1人当たり県内総生産額です。これは再分配を受ける前の所得の指標として用います[5]。1人当たり総生産額のより小さな県がより多くの経常移転あるいは純所得移転を受け取っているのであれば、県のデータはこれらの図上で右下がりの分布を示します。

図2-3-1の、県民1人当たりの経常移転額と県内総生産額の関係は、全46道府県のうちデータが得られた43道府県について描かれています[6]。これを見ますと、確かに両者には負の関係があるように見えますが、ばらつきが大きいため、その関係は非常に弱いと思われます。道府県への所得移転が道府県間の1人当たり総生産額の差を埋める役割は限定的なようです。図の中には回帰直線も描かれていますが、その傾きはマイナス0.19と緩やかです。北海道はこの回帰直線の上方に位置していますが、他の都府県と比べてとりたてて経常移転額が大きいといえるほどではありません。

これに対して、図2-3-2では県民1人当たりの純所得移転試算額と県内総生産額の関係を、データが得られた25道府県について描いています[7]。こちらは、サンプルサイズが小さいものの、右下がりの関係が明瞭に観察できます。回帰直線の傾きはマイナス0.75です。1人当たり県内総生産額と1人当たり純所得移転額には、より強い関係があるようです。

1人当たり純所得移転額でこのように1人当たり総生産額と明瞭なマイナスの関係が観察されるのは、経常移転や資本移転の受取額は様々な要因から決まるのに対し、国債購入額は総生産額と強いプラスの関係があるためです。1人当たり総生産額の大きい地域では1人当たり貯蓄額が多く、そのため1人当たりの国債購入額が多くなります。1人当たり県内総生産額でおおよそ340万円を境にして、それより少ない県は純所得移転を受け、それより多い県は純所得移転を提供する傾向にあります。北海道は回帰直線の上方に位置していますが、やはり他の府県と比べて顕著に多いとまではいえません。

図2-3では、総生産額と所得移転額との関連を見ましたが、他に都道府県の面積や人口構成なども所得移転額に影響を与えるでしょう。これらの要

---

5) この指標は「県民」1人当たりの「県内」総生産額ですので、埼玉県や千葉県のように、近隣県で生産に従事する県民の数が多い県で値が非常に低くなるという問題点はあります。しかし、都道府県の傾向を見る上では支障はないと判断しました。
6) 2013（平成25）年4月30日時点で、京都府、高知県、大分県のデータは得られませんでした。
7) 北海道、岩手県、宮城県、秋田県、山形県、福島県、茨城県、栃木県、群馬県、新潟県、石川県、長野県、岐阜県、静岡県、愛知県、三重県、滋賀県、大阪府、兵庫県、島根県、広島県、山口県、福岡県、鹿児島県、沖縄県の25道府県。

第 2 章 所得移転 65

図 2−3 道府県別の所得移転額：2010（平成 22）年度

図 2−3−1 1 人当たりの経常移転額

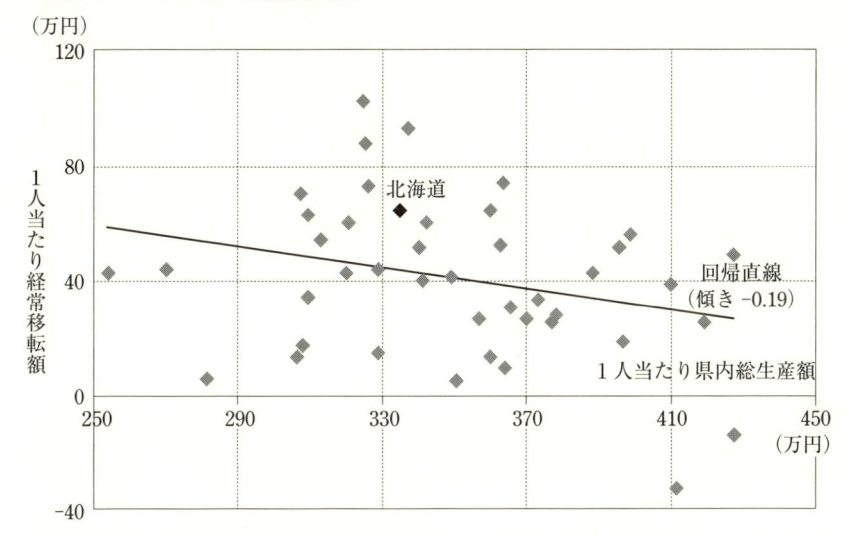

（縦軸）1 人当たり経常移転額（万円）
（横軸）1 人当たり県内総生産額（万円）

回帰直線（傾き -0.19）

図 2−3−2 1 人当たりの純所得移転の試算額

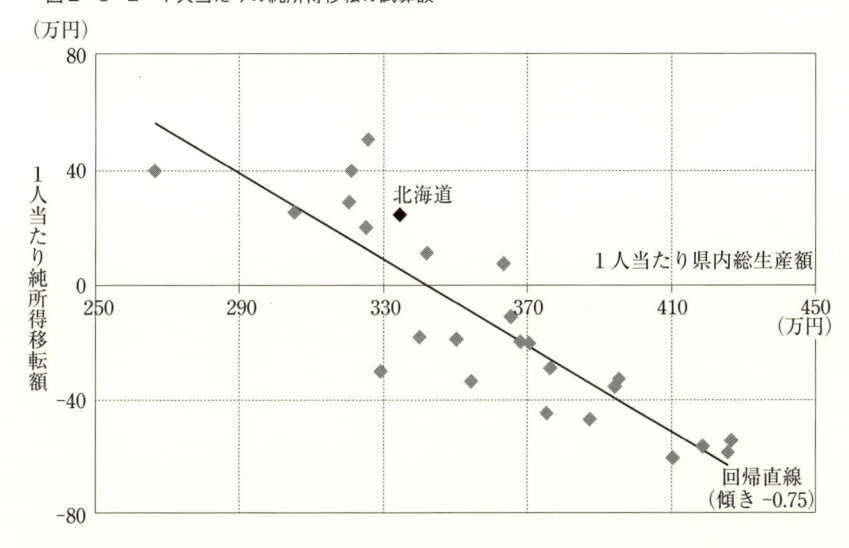

（縦軸）1 人当たり純所得移転額（万円）
（横軸）1 人当たり県内総生産額（万円）

回帰直線（傾き -0.75）

データ出所：県民経済計算の数値については各都道府県のウェブサイト（2013（平成 25）年 4 月 30 日閲覧）を、県内人口については総務省統計局「平成 22 年国勢調査」の結果を用いて作成。

図2-4 アメリカ合衆国の州別所得移転額：2010 財政年度

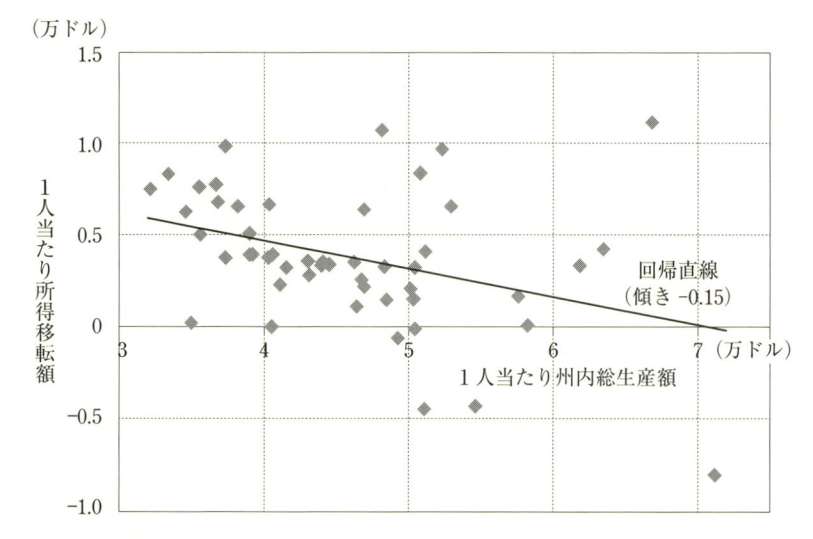

（万ドル）縦軸：1人当たり所得移転額
横軸：1人当たり州内総生産額（万ドル）
回帰直線（傾き -0.15）

データ出所：連邦政府が各州で行った支出額は、U.S. Census Bureau, *Consolidated Federal Funds Report for Fiscal Year 2010*, U.S. Government Printing Office, Washington, DC, 2011 (http://www.census.gov/prod/2011pubs/cffr-10.pdf)。連邦政府が各州から徴収した税の総額は、Financial Management Service, U.S. Department of the Treasury, *Treasury Bulletin, December 2010* (http://fms.treas.gov/bulletin/b2010_4.pdf)。各州の州内総生産額（名目値）は、Bureau of Economic Analysis, U.S. Department of Commerce ウェブサイトより (http://www.bea.gov/regional/index.htm)。各州の人口は、U.S. Census Bureau, U.S. Department of Commerce ウェブサイトより (http://www.census.gov/)。これらの URL は、いずれも 2013（平成 25）年 4 月 30 日閲覧。

因も考慮すれば、北海道の受け取る所得移転の規模は、他の都府県と比べても十分に説明のつくものです。

●アメリカ州間の所得移転額

外国における地方政府への所得移転の例として、ここではアメリカの州を取り上げます。ただ、日本の県民経済計算に該当するものは、アメリカの州レベルでは公表されていません。そこで、アメリカの州が受け取る、あるいは支払う所得移転の試算額として、連邦政府が各州で行った支出額から連邦政府が各州から徴収した税の総額を差し引いたものを用います。これは、日本では各都道府県が受け取る経常移転と資本移転の総額と類似の概念です。

図2-4は、縦軸に各州の人口1人当たりの所得移転試算額、横軸に各州の人口1人当たりの州内総生産額をとった、2010財政年度（2009年10月1日から2010年9月30日まで）における50州の散布図です。図のなかには回帰直線も描かれています。なお、コロンビア特別区のデータも得られますが、連邦政府の直轄地域であり、かつ他の州との比較にはなじまない区域のため、比較対象から外しています。

図を見ますと、回帰直線の傾きはマイナスなので、やはり1人当たり州内総生産額の低い州ほど1人当たり所得移転額は大きくなるようです。しかし、ばらつきが大きく、かつ回帰直線の傾きがマイナス0.15と緩やかであるのは、日本を例にした図2-3-1と同様です。日本でもアメリカでも、地方政府への所得移転が地域間の1人当たり総生産額の差を埋める役割は限定的なようです。

第3節　県内経済のマクロ恒等関係

この節では、前章で見た域内経済のマクロ経済関係に所得移転を加えて、北海道を例にとって、域内可処分所得や貯蓄・投資バランスを説明します。本節で域内経済のマクロ恒等関係から導出する域外との経済取引の恒等式は、次章の域際収支の議論の基礎となります。

ある国の生産や所得を分析する際には、消費、投資、移輸出、移輸入、貯蓄などのマクロ集計値による恒等式がよく用いられます。しかし、この国民経済のマクロ恒等式を地域経済に適用する際には、留意すべき点がいくつかあります。その最大の点は、所得移転の導入です。

国民経済分析のマクロ恒等式は、どのマクロ経済学の教科書でも最初の段階で説明されます。しかし、マクロ恒等式に所得移転を含めている本は、世界でも非常に少ないと思われます。それは、特に高所得国の場合、国家間の所得移転の規模は通常、国内生産に比べて非常に小さいからでしょう。しかし、一国内の地域経済を分析する場合には、財政を通じた地域間の所得移転の規模が域内生産に比べて大きくなりますので、所得移転を明示的に考察しないと理解を誤る恐れがあります。

●県民可処分所得における経常・資本移転の意味

　県民可処分所得とは、県内居住者が自分の意思で支出先を決めることができる所得です。これは、以下のように、「県内純生産（生産者価格表示）」、「県外からの所得（純）」、そして「県外からのその他の経常移転（純）」の合計と定義されます。なお、本節を通じて、括弧内は2009（平成21）年度の北海道の名目額です。

　　県民可処分所得＝県内純生産（生産者価格表示）＋県外からの所得（純）
　　（17兆8391億円）　（13兆8926億円）　　　　　　　　（1675億円）

　　　　　　　　＋県外からのその他の経常移転（純）　　（2-1）
　　　　　　　　　（3兆7789億円）

　このように、経常移転の受け取りは、県民可処分所得を（生産者価格表示での）県民所得以上に引き上げます。では、資本移転の受け取りは、この(2-1)式のどこに入っているのでしょうか。それは、「県内純生産（生産者価格表示）」の中です。「固定資本減耗」を差し引いて「県内純生産（生産者価格表示）」にする前の「県内総生産（生産者価格表示）」を支出面から見ますと、国内需要項目に総固定資本形成があります。資本移転を受け取ると、その分だけ総固定資本形成が増加します。

　経常移転と資本移転でこのように扱いが異なる理由は、移転された所得の使途指定の有無です。支出面から見た県内総生産でこれを考えましょう。県内総生産（生産者価格表示）を支出面から見ますと、以下のようになります。

　　県内総生産（生産者価格表示）
　　（18兆528億円）

　　　　　＝民間最終消費支出＋政府最終消費支出＋県内総資本形成
　　　　　　（10兆9089億円）　　（4兆9880億円）　　（3兆3663億円）

　　　　　＋財貨・サービスの移輸出－財貨・サービスの移輸入
　　　　　　（5兆3335億円）　　　　　（6兆8858億円）

$$+ 統計上の不突合 \quad\quad\quad (2\text{-}2)$$
$$(3419 億円)$$

なお、この項目立ては図1-7や表2-1-2と若干異なっています。(2-2)式内の「県内総資本形成」は、図1-7中の「民間総固定資本形成」と「公的総固定資本形成」、そして図に示していない「在庫品増加」の合計です。表2-1-2では、「民間総固定資本形成」と「公的総固定資本形成」をあわせて「道内総固定資本形成」としています。

経常移転の場合、その使途は一般に指定されません。そこで、自分の意思で支出先を決めることができる所得の増加として、「県内純生産（生産者価格表示）」に上乗せされて「県民可処分所得」に入ります[8]。これに対して、資本移転の場合、使途が投資と指定されて引き渡されます。そのため、資本移転を受け取った県では、直接効果として「県内総資本形成」が同額分だけ増加します。そのため、資本移転は「県内総生産（生産者価格表示）」の中に入るのです[9]。

図2-5と図2-6には、(2-1)式と(2-2)式を人口1人当たりにしたものを、北海道（札幌市を除く）と札幌市で、1990（平成2）年度、1995（平成7）年度、2000（平成12）年度、2005（平成17）年度、そして2009（平成21）年度の約5年間隔で示しています。

図2-5の1人当たり域内純生産については、1990（平成2）年度では北海道（札幌市を除く）で245万円、札幌市で313万円と、68万円の差がありま

---

[8] 経常移転は一般に、県内総生産を増加させる波及効果を伴います。例えば、経常移転を受け取ったある県の民間経済主体が、その一部を用いて「民間最終消費支出」を拡大すれば、それによって県内の雇用・生産が増加し、県内総生産も増加するでしょう。この場合、経常移転を受け取ることで県内総生産も増加し、結果として県民可処分所得は経常移転受取額以上に増加するでしょう。しかし、この場合でも、(2-1)式は事後的に成立します。

[9] ただし、経常移転や資本移転が県内総生産をどの程度増加させるかは、一概にはいえません。もし経常移転によって「民間最終消費支出」が間接的に増加したとしても、それで購入されたのが全て移輸入財であれば、同額だけ「財貨・サービスの移輸入」が増加し、県内総生産には何の影響も与えません。また、もし資本移転の直接効果である「県内総資本形成」の増加分が、全て県外からの工事資材の移輸入に費やされれば、同額だけ「財貨・サービスの移輸入」が増加するという形で直接効果が全て県外に漏出し、県内に間接的な波及効果は生じず、やはり県内総生産に何の影響も与えません。

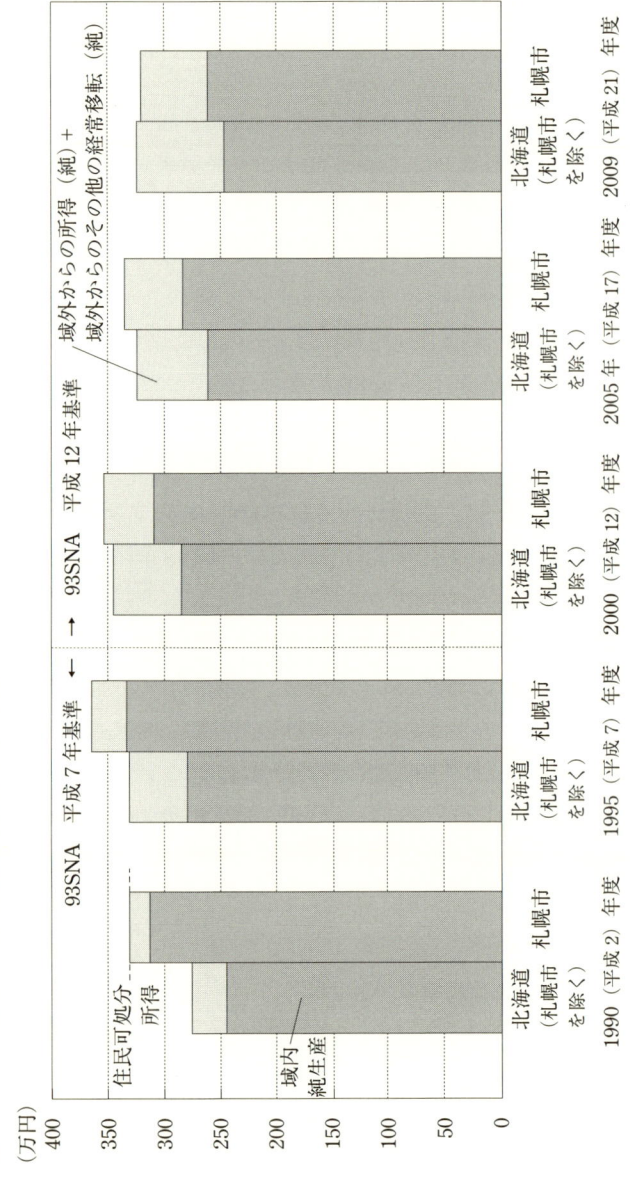

図2−5 1人当たりの域内純生産と住民可処分所得

(万円)

データ出所:図2−1と同じ。

した。しかし、2009（平成21）年度ではそれぞれ247万円と262万円と、差は15万円に縮小しています。他方、1人当たりの域外からの所得と経常移転は、常に北海道（札幌市を除く）が札幌市を上回っています。そのため、両者の合計である1人当たりの住民可処分所得は、2009（平成21）年度には北海道（札幌市を除く）が325万円と、323万円の札幌市を上回るに至りました。

図2-6については、ゼロを通る水平線より上の部分の棒グラフの高さが1人当たり域内総生産です。なお、札幌市の市民経済計算では、財貨・サービスの移輸出、財貨・サービスの移輸入、統計上の不突合をまとめた項目が立てられており、それぞれの内訳はわかりませんので、図でもこれらの合計を「移輸出（純）＋統計上の不突合」として表示しています。

1人当たり域内総生産は、北海道（札幌市を除く）でも札幌市でも、この期間に増加から低下に転じていますが、ピークの時期は異なっています。図中の5つの年度で比べますと、北海道（札幌市を除く）は2000（平成12）年度に最高額の357万円を記録しています。それに対して、札幌市はそれよりも早く、1995（平成7）年度に最高額397万に達しています。

域内総生産を支出項目別に見ますと、1995（平成7）年度以降、北海道（札幌市を除く）でも札幌市でも、「民間最終消費支出」と「政府最終消費支出」は比較的安定していま。また、「移輸出（純）＋統計上の不突合」は、北海道（札幌市を除く）では常にマイナス、札幌市では常にプラスとなっています。つまり、統計上の不突合を無視しますと、北海道（札幌市を除く）では財貨・サービスの移輸入超過、札幌市では移輸出超過となります。

「域内総資本形成」は、北海道（札幌市を除く）と札幌市でやや異なる動きを見せています。1人当たり市内総資本形成は、札幌市では1990（平成2）年度の103万円から2009（平成21）年度の42万円まで漸減しています。他方、北海道（札幌市を除く）では、1990（平成2）年度の89万円から1995（平成7）年度の125万円と一度増加し、その後は減少しています。このような増減は道外からの資本移転の増減と軌を一にしており、北海道開発事業費が主に札幌市以外の地域の資本形成に使われたことを示唆しています。

図2−6 支出側から見た1人当たり域内総生産の構成
(万円)

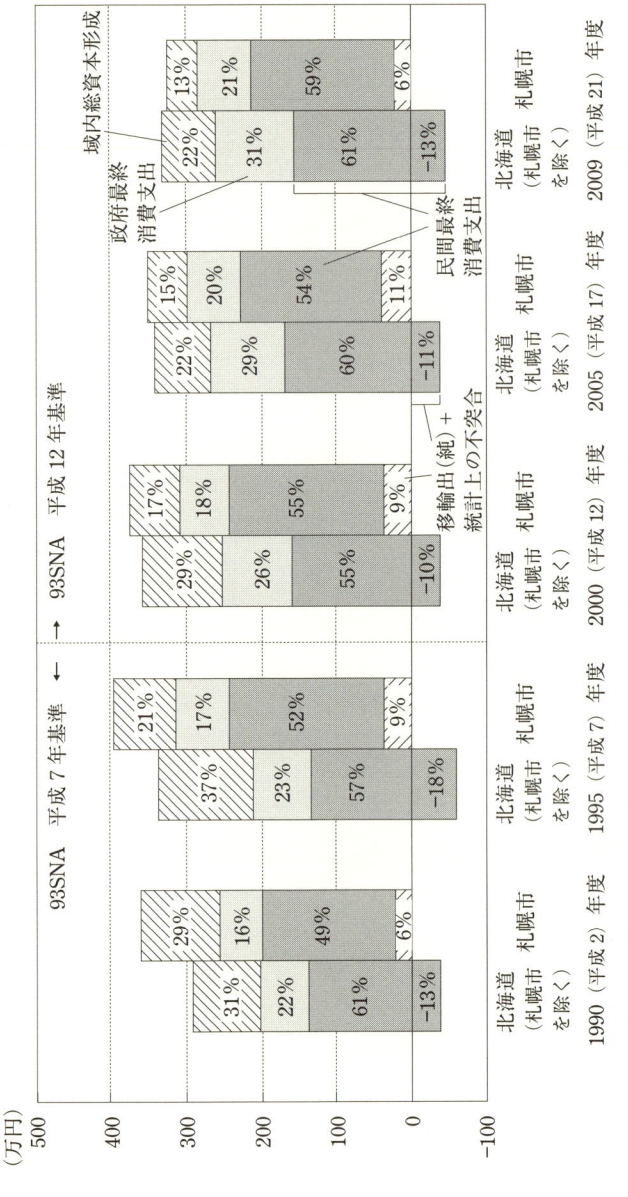

	北海道(札幌市を除く)	札幌市	北海道(札幌市を除く)	札幌市	北海道(札幌市を除く)	札幌市	北海道(札幌市を除く)	札幌市	北海道(札幌市を除く)	札幌市
域内総資本形成	31%	29%	37%	21%	29%	17%	22%	15%	22%	13%
政府最終消費支出	22%	16%	23%	17%	26%	18%	29%	20%	31%	21%
民間最終消費支出	61%	49%	57%	52%	55%	55%	60%	54%	61%	59%
移輸出(純)+統計上の不突合	−13%	6%	−18%	9%	−10%	9%	−11%	11%	−13%	6%
年度	1990(平成2)		1995(平成7)		2000(平成12)		2005(平成17)		2009(平成21)	

93SNA 平成7年基準 ← → 93SNA 平成12年基準

注:支出面の各項目にある数字は、1人当たり域内総生産に占める比率です。
データ出所:図2−1と同じ。

第2章 所得移転 73

●貯蓄・投資バランスと経常県外収支の一致

　県民所得支出勘定と県外との取引の関係をより明確に捉えるために、「県民貯蓄」、「県内純資本形成」、そして「経常県外収支」という概念を導入しましょう。まず、「県民貯蓄」とは、県民の得た可処分所得のうち、最終消費に支出した残りの部分です。式で表現すると以下のようになります。

　　県民貯蓄 ＝
　　　　（1兆9422億円）

　　県民可処分所得 － 民間最終消費支出 － 政府最終消費支出　　　(2-3)
　　　（17兆8391億円）　（10兆9089億円）　　（4兆9880億円）

この「県民貯蓄」は、表2-1-2の「道民貯蓄」と同じものです。

　次に、県内総資本形成（総固定資本形成と在庫品増加の合計）から固定資本減耗を差し引いた県内資本の純増分を、「県内純資本形成」とします。この「県内純資本形成」という用語・定義は県民経済計算にはありませんが、以下の説明を簡略化するために導入しました。

　　県内純資本形成 ＝ 県内総資本形成 － 固定資本減耗　　　(2-4)
　　　（－7939億円）　　（3兆3663億円）　（4兆1601億円）

　さらに、「経常県外収支」とは、これまでに出てきた県外との3種類の経常取引、すなわち、財貨・サービスの移輸出マイナス移輸入、雇用者報酬や財産所得の県外からの所得（純）、そして地方交付税や国庫支出金などの県外からのその他の経常移転（純）を束ねたものです。県民経済計算には、「基本勘定」の「統合勘定」に「道外勘定（経常取引）」があり、そこに「経常県外収支」が記載されています。北海道の2009（平成21）年の数値例については、表2-1-1を参照してください。

　　経常県外収支 ＝ 財貨・サービスの移輸出 － 財貨・サービスの移輸入
　　　（2兆3942億円）　　（5兆3335億円）　　　　（6兆8858億円）

　　　　＋県外からの所得（純）＋県外からのその他の経常移転（純）　(2-5)
　　　　　（1675億円）　　　　　（3兆7789億円）

このように定義された県民貯蓄、県内純資本形成、そして経常県外収支を用いますと、(2–1) 式から (2–5) 式と、県内純生産の定義（「県内純生産（生産者価格表示）」(13兆8926億円) =「県内総生産（生産者価格表示）」(18兆528億円) −「固定資本減耗」(4兆1601億円)）から、以下の関係が成り立つことがわかります。

県民貯蓄
　　(1兆9422億円)

　　　　=県内純資本形成＋経常県外収支＋統計上の不突合　　　(2–6)
　　　　　(−7939億円)　　(2兆3942億円)　(3419億円)

すなわち、統計上の不突合を無視すれば、ある期間における県民貯蓄は、その期間における県内資本の純増分と県外との経常取引の収支の和に等しくなります。ここで、(2–6) 式の右辺にある「県内純資本形成」を左辺に移行して、左辺を「県民貯蓄−県内純資本形成」とすると、これは県の貯蓄・投資バランスになります。そして、(2–6) 式は、統計上の不突合を無視すれば、この貯蓄・投資バランスが経常県外収支に等しくなることを意味しています。

　多くの県では、県民貯蓄に比べて県内の純資本形成が少なく、それはプラスの経常県外収支に対応しています。このような状態になっている最大の理由は、大幅な経常移転の受取超過です。北海道の2009（平成21）年度の名目額を例にとりますと、(2–5) 式の右辺では、ネットの経常移転額（3兆7789億円）が財貨・サービスの貿易赤字額（1兆5523億円）を大きく上回っています。また、(2–6) 式の左辺では、経常移転を受け取ることで道民可処分所得が道内純生産を上回り、道民貯蓄を引き上げています。

　図2–7には、(2–6) 式を人口1人当たりにしたものを、北海道（札幌市を除く）と札幌市で、図2–5・6と同じ期間について図示しています。「道民貯蓄」についてはゼロを通る水平線から上に向かってプラス、「域内純資本形成」と「経常域外収支＋統計上の不突合」の2つはゼロを通る水平線から下に向かってプラスとして積み上げています。(2–6) 式より、水平線の上下の棒グラフの長さは等しくなります。なお、ここでも札幌市の市民経済計

第2章 所得移転 75

図2-7 1人当たりの貯蓄・投資バランス

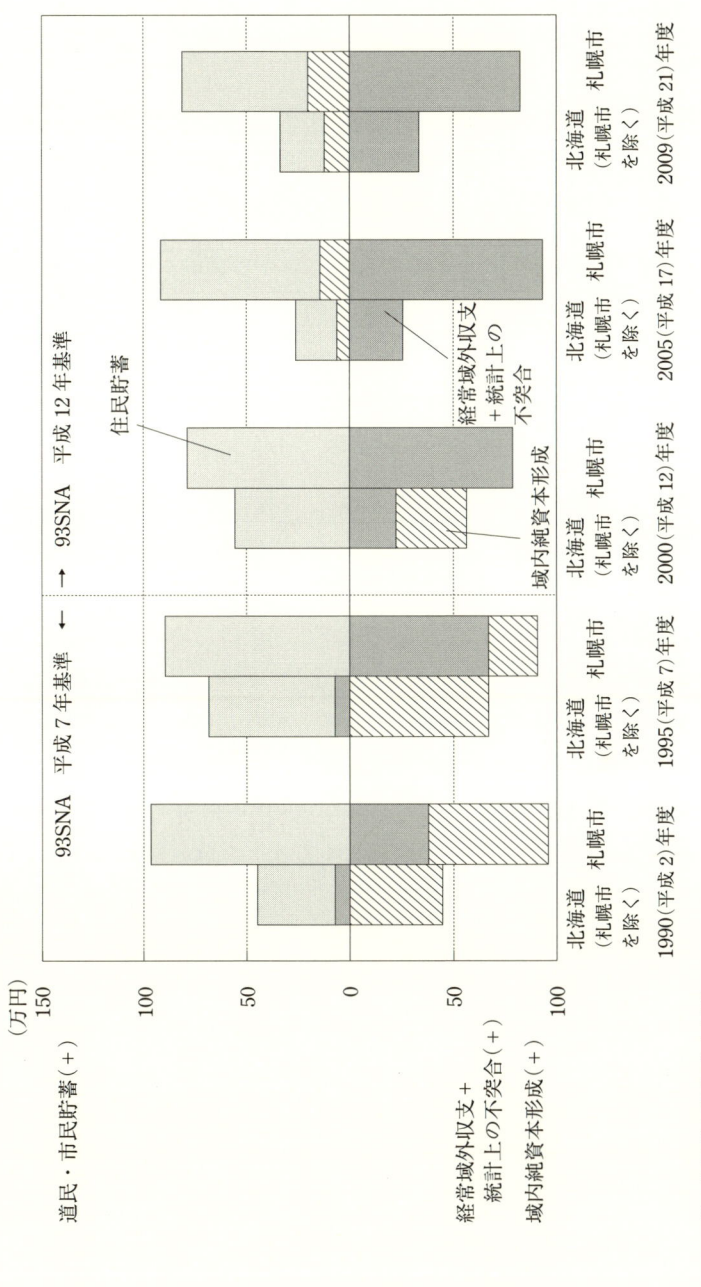

データ出所：図2-1と同じ。

算でのデータ制約上、「経常域外収支」と「統計上の不突合」がまとめられています。

まず、北海道（札幌市を除く）について見てみますと、「域内純資本形成」が1995（平成7）年度以降に減少傾向を見せていることが目を引きます。これは、北海道開発事業費に代表される資本移転額の減少に呼応しています。また、「住民貯蓄」は2000（平成12）年度から2005（平成17）年度にかけて急落しています。この期間、域内総生産は減少し、経常移転額は安定していたため、住民の可処分所得は減少していました。しかし、域内の民間・政府最終消費支出は安定していたため、貯蓄が減少したのです。なお、その後、2009（平成21）年度にかけては、経常移転額が増加したため「住民貯蓄」は減少を逃れています。

図中の3項目の数字を、1995（平成7）年度と2009（平成21）年度で比較してみますと、1人当たり「住民貯蓄」では60万円から22万円にまで低下しています。1人当たり「域内純資本形成」はさらに減少幅が大きく、67万円からマイナス12万円に急減しています。そのため、北海道（札幌市を除く）の貯蓄・投資バランスは改善傾向を示し、マイナス8万円（8万円の投資超過）からプラス33万円（33万円の貯蓄超過）にまで増加しています。これは、1人当たりの「経常域外収支＋統計上の不突合」に対応しています。

次に、札幌市について見てみますと、図中の期間を通じて、1人当たり「市民貯蓄」も1人当たり「市内純資本形成」も減少傾向にありました。1人当たり「市民貯蓄」は、1990（平成2）年度には96万円あったものが、2009（平成21）年度には61万円と、35万円も減少しています。しかし、1人当たり「市内純資本形成」の減少幅はさらに大きく、同期間、58万円からマイナス20万円と、78万円も減少しています。そのため、札幌市の貯蓄・投資バランスも改善傾向を示しています。

「域内純資本形成」は、北海道（札幌市を除く）でも札幌市でも、2005（平成17）年度にはマイナスに転化しています。これは、道内資本ストックの減少を意味し、道内の生産活動を一層の停滞・縮小に向かわせます。道内資本ストックが減少するのは、道内投資の原資となる道民貯蓄の減少が原因のように思えるかもしれません。しかし、図2-7を見ますと、道民貯蓄の減少

幅よりも道内純資本形成の減少幅の方が大きく、原資の減少が原因ではないことをがわかります。

●県外資産の購入

前項では、県の貯蓄・投資バランスは経常県外収支と等しくなることを説明しました。次に本項では、同じ貯蓄・投資バランスを資金移動の観点から解釈します。

県民経済計算には、「基本勘定」の「統合勘定」に「資本調達勘定（実物取引）」があります。北海道の2009（平成21）年の数値例については、表2－1－2を参照してください。この勘定には、域内居住者による資本形成とその資本調達が、以下の（2-7）式のように記載されています。（なお、式中の「県内純資本形成」は、すでに定義しましたように「県内総固定資本形成－固定資本減耗＋在庫品増加」です。）。この式の左辺は資本形成の場所、右辺はその資金の調達方法で、共に県内外に分かれています。

　　県内純資本形成＋県外に対する債権の変動
　　　（－7939億円）　　（3兆1385億円）

　　＝県民貯蓄＋県外からの資本移転等（純）－統計上の不突合　（2-7）
　　　（1兆9422億円）　（7443億円）　　　　　　（3419億円）

（2-7）式中の「県外に対する債権の変動」は、県内居住者が保有する県外資産・負債や県外居住者が保有する県内資産・負債を変化させる資本取引を計上する項目です。県内居住者の資産や負債が増加する取引でプラス、減少する取引でマイナスの符号となり、収支は「資産－負債」で求められます。

例えば、県内居住者が県外資産を購入すると、これらは当該県にとっては資産の増加であり、その金額が資産側にプラスで計上されます。また、県外居住者が県内資産を売却すると、これは当該県にとっては負債の減少であり、その金額が負債側にマイナスで計上されます。多くの県では、資産増加の方が負債増加よりも大きく、そのためこの項目の収支はプラス（ネットで資産増加）になっています。

ここで、(2-7) 式を以下のように変形します。

県民貯蓄 − 県内純資本形成 ＋ 県外からの資本移転等（純）
(1兆9422億円)　　(−7939億円)　　　　(7443億円)

　　　　＝ 県外に対する債権の変動 ＋ 統計上の不突合　　(2-8)
　　　　　　(3兆1385億円)　　　　　　(3419億円)

(2-8) 式の左辺は、県民貯蓄のうち、県内純資本形成に回らなかった金額を表します。左辺に「県外からの資本移転等（純）」の項目があるのは、県内純資本形成のうちこの金額分は県外からの資本移転によって賄われるからです。県民貯蓄はその分より多く余り、(2-8) 式の右辺のように県外への投資に回って県外純資産を増加させます。このように、(2-8) 式は貯蓄・投資バランスと資金移動の関連を示しています。

(2-6) 式と (2-8) 式をあわせると、以下の (2-9) 式が得られます。

経常県外収支 ＋ 県外からの資本移転等（純）
(2兆3942億円)　(7443億円)

　　　　　　　　＝ 県外に対する債権の変動　　(2-9)
　　　　　　　　　　(3兆1385億円)

この (2-9) 式は、次章で説明される域際収支統計の基礎となる関係です。詳細な検討は次章に譲りますが、北海道居住者による道外資産保有は次のようにまとめられます。北海道では1990年代中頃から「経常県外収支」はプラス（黒字）、「県外からの資本移転等（純）」は常にプラス（受取超過）であることに対応して、「県外に対する債権の変動」はプラス（純資産増加）です。この期間、道内居住者が保有する国債等の道外資産の純増分は、道内居住者が負う道外負債の純増分よりも大きく、道内居住者はネットの道外資産を積み上げていました。2009（平成21）年度には、道内居住者のネットの道外資産は3兆円強増加しています。

なお、マクロ経済学の教科書で説明されている国民経済のマクロ恒等式では、経常・資本移転や域外からの所得受取は通常考慮されていません。その

場合、(2-9) 式は、「貿易・サービス収支＝域外に対する債権の変動」となります。ただ、この関係を国内の地域に適用しますと、北海道や多くの県で「財貨・サービスの移輸出－財貨・サービスの移輸入」がマイナスであることから、これらの県の対外純負債が増加しているという誤った結論を導いてしまいます。国内の地域の域際取引では経常・資本移転の規模が非常に大きくなり、「貿易・サービス収支＝域外に対する債権の変動」は概算であっても適用できません。

第4節　マクロ経済変化の府県との比較

前節では、県内経済の可処分所得、貯蓄、経常県外収支、資本移動の関係を、経常・資本移転を軸にして確認しました。本節ではこれを用いまして、北海道経済における1990年代後半からのマクロ変数の変化を、他の府県と比較しつつ紹介します。

比較対象は、1996（平成8）年度と2009（平成21）年度におけるマクロ変数とします。これは、県民経済計算の推計方法がこの期間を通じて93SNAの平成12年基準であったため、数値の比較が可能であることによります。ただ、分析はこの2時点間の比較にとどめました。この期間を通じたマクロ変数の毎年の変化は、分析が複雑になるのを避けるため、今回は考慮しません。また、この期間では、可処分所得の算出に必要な経常移転額が東京都で不明であるため、以下の比較対象に東京都は含まれません。

●県民可処分所得の構成の変化

まず、図2-8では、県民可処分所得の変化率と (2-1) 式に示した県民可処分所得の構成要素別の寄与度が、北海道と他の府県についてまとめられています。各構成要素の寄与度は、「(2009（平成21）年度の値－1996（平成8）年度の値) ／ 1996（平成8）年度の県民可処分所得」で求めました。県民可処分所得を構成する県内純生産、県外からの所得、県外からのその他の経常移転の3項目の寄与度を全て足すと、県民可処分所得の変化率になります。

この期間、県民可処分所得は、約8割の道府県である36道府県で減少し

図 2−8 県民可処分所得の構成の変化

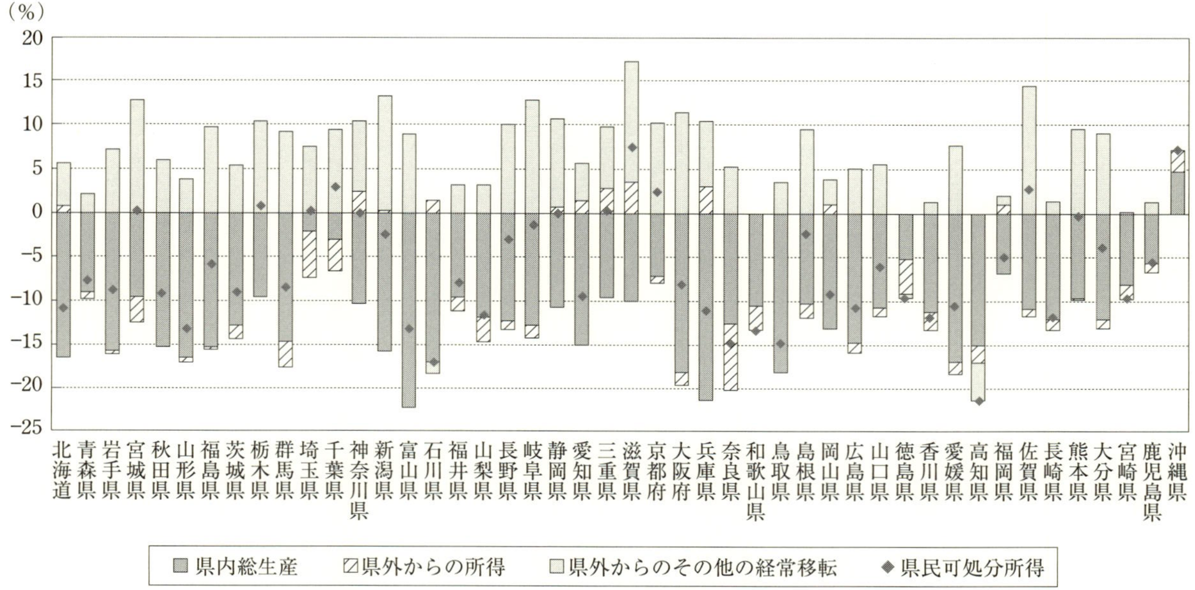

データ出所：内閣府「平成 8 年度県民経済計算」および「平成 21 年度県民経済計算」2013（平成 25）年 2 月 11 日閲覧〕
(http://www.esri.cao.go.jp/jp/sna/data/data_list/kenmin/files/files_kenmin.html, 2013（平成 25）年 2 月 11 日閲覧）。

ていました。特に、石川県では17％、高知県では21％も県民可処分所得が減少してしまいました。他方、滋賀県や沖縄県では県民可処分所得が7％以上増加しました。

県民可処分所得の変化への3項目の寄与度を見てみますと、県内総生産と県外からの経常移転で相反する動きがありました。県内総生産については、沖縄県を除く全ての道府県で減少し、マイナスの寄与度を記録していました。特に、富山県や兵庫県では、県民可処分所得の変化への寄与度がマイナス20％以上でした。他方、県外からの経常移転の受け取りは約9割の41道府県で増加し、プラスの寄与度を記録していました。ただ、多くの道府県では、経常移転の受け取りの増加幅は県内総生産の減少幅を補うほど大きくはなく、そのため約8割の道府県で県民可処分所得が減少しました。

北海道においても、多くの府県と同様、道内総生産の減少幅を相殺できるほどには道外からの経常移転の増加幅が大きくなかったため、道民可処分所得は減少しています。そして、道内総生産の寄与度（マイナス16.5％）は他の府県の寄与度の平均（マイナス11.7％）よりマイナス幅が大きく、道外からの経常移転の寄与度（4.9％）は他の府県の寄与度の平均（6.2％）よりもプラス幅が小さいため、道民可処分所得の変化率（マイナス10.9％）は他の府県の変化率の平均（マイナス6.3％）よりも減少幅が大きくなっています。ちなみに、県内総生産の減少幅は46道府県中7番目に大きく、県民可処分所得の減少幅も12番目に大きくなっています。

●県民貯蓄の変化

次に、図2-9では、(2-3)式に基づいて、県民貯蓄の変化率と、県民可処分所得、民間最終消費支出、政府最終消費支出の寄与度が示されています。県民貯蓄は、佐賀県を除いた全ての道府県で減少しました。特に、鳥取県では2009（平成21）年度の県民貯蓄がマイナスとなり、そのため県民貯蓄のマイナスの変化率が100％を超えてしまいました。その他、高知県や長崎県でも、県民貯蓄の変化率はほぼマイナス100％でした。

このような県民貯蓄の変化の要因を、(2-3)式の右辺の項目別に見てゆきましょう。まず、県民可処分所得は前述のように約8割の道府県で減少して

図2-9 県民貯蓄の変化

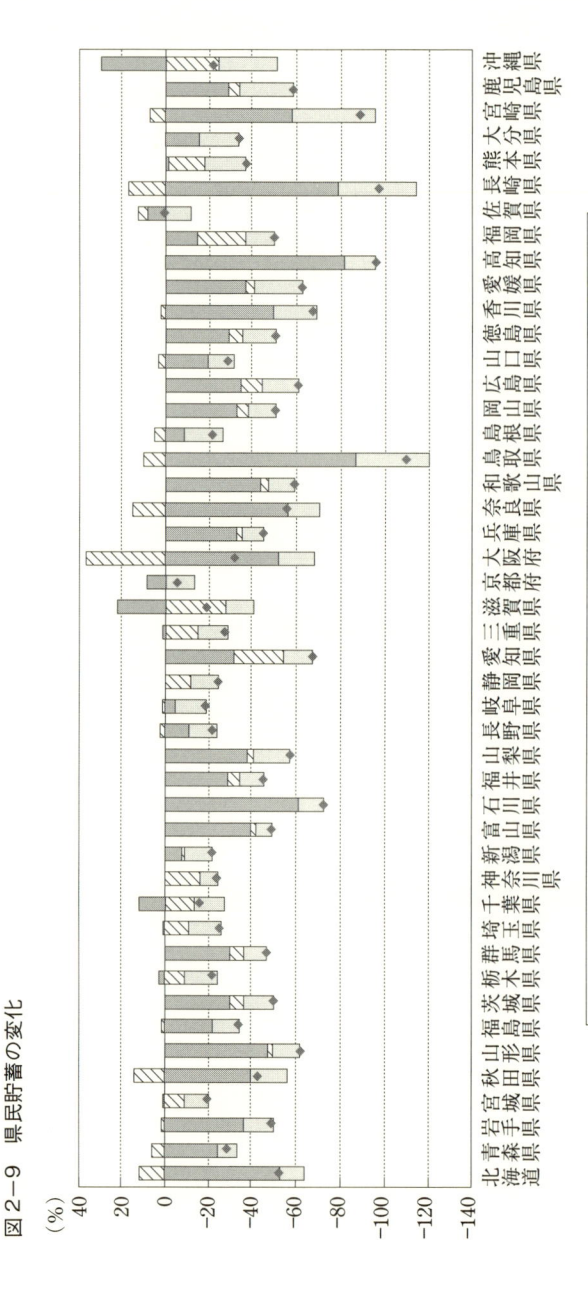

データ出所：図2-8と同じ。

おり、それらの道府県では県民貯蓄への寄与度はマイナスとなっています。次に、民間最終消費支出は約3分の2の府県で増加しており、これらの府県での寄与度はマイナスになりました。最後に、政府最終消費支出はすべての道府県で増加していますので、その寄与度はすべての道府県でマイナスになりました。

　北海道では、道民貯蓄の減少率は52.6％で、このマイナス幅は全46道府県の中で15番目でした。北海道では道民可処分所得減少による道民貯蓄へのマイナスの寄与度が非常に大きかったのですが、民間最終消費支出は減少したので寄与度はプラスになり、政府最終消費支出は増加しているものの、そのマイナスの寄与度は他の府県と比べて小さいため、それほど道民貯蓄は減少しませんでした。

●貯蓄・投資バランスの変化

　図2-10では、(2-5) 式と (2-6) 式を利用して、各道府県の貯蓄・投資バランスの変化を示しています。両式より、県民貯蓄の変化率は、図に示しました4項目、すなわち、県内純資本形成、財貨・サービスの移輸出入（純）プラス統計上の不突合、県外からの所得、県外からの経常移転の寄与度の合計と等しくなります。各項目の寄与度は、「(2009 (平成21) 年度の値 −1996 (平成8) 年度の値) ／ 1996 (平成8) 年度の県民貯蓄」で求めました。

　前述のように、県民貯蓄は佐賀県を除いたすべての道府県で減少しました。ただ、県民貯蓄の減少率よりも県内純資本形成のマイナスの寄与度が大きい県では、貯蓄・投資バランスはむしろ改善します。46道府県を見てみますと、全ての道府県で県内純資本形成が減少していました。そして、36道府県では、県内純資本形成のマイナスの寄与度の方が県民貯蓄の減少率よりも大きく、貯蓄・投資バランスは改善していました。

　貯蓄・投資バランスの改善は、財貨・サービスの移輸出入（純）プラス統計上の不突合、県外からの所得、県外からの経常移転という3つの項目の合計の増加と対応します。図2-10を見ますと、この3つの項目のうち、県外からの経常移転が多くの道府県で大きな寄与度を持っていることが目を引きます。半分以上の道府県で経常移転の寄与度は20％以上を記録していて、

図2−10 貯蓄・投資バランスの変化

凡例:
- ■ 県内純資本形成
- ☒ 財貨・サービスの移輸出入(純)＋統計上の不突合
- □ 県外からの所得
- □ 県外からのその他の経常移転
- ◆ 県民貯蓄

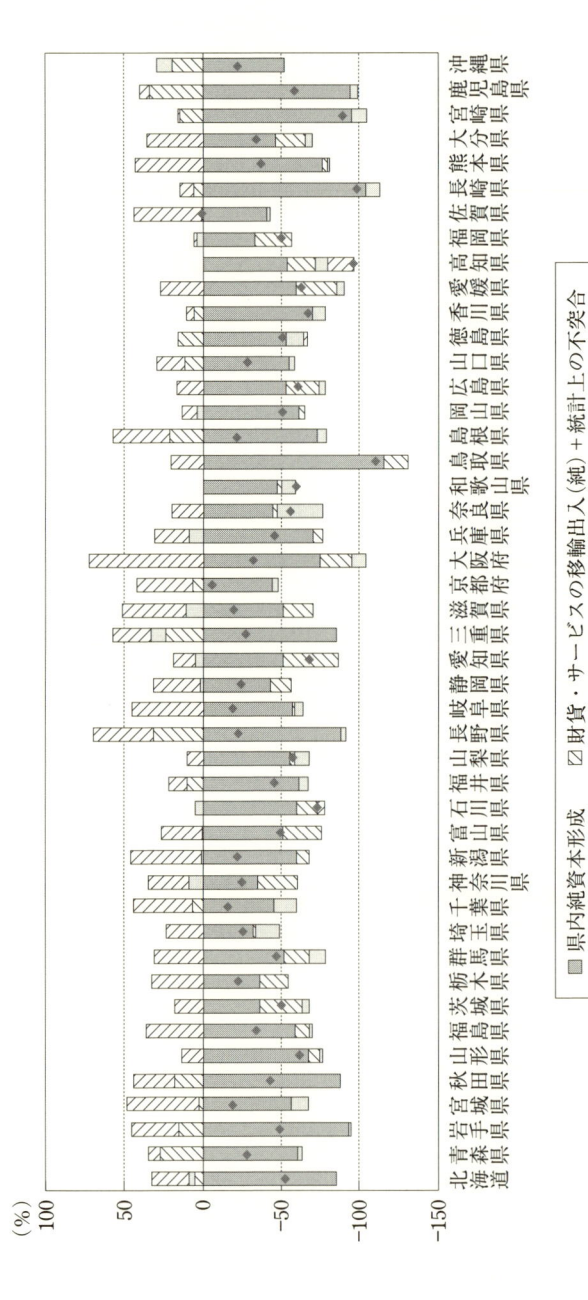

データ出所：図2−8と同じ。

寄与度がマイナスなのは4県だけでした。貯蓄・投資バランスの改善の大部分は、所得再分配政策の規模の拡大による県外からの経常移転の増加で説明できるようです。

　ここで、貯蓄・投資バランスと県外資産の増減の関係について確認しておきましょう。(2-8) 式に示しましたように、統計上の不突合が無視できれば、貯蓄・投資バランスに県外からの資本移転を加えたものは、県外に対する債権の変動と等しくなります。もし資本移転の規模がそれほど大きくなければ、ある県の貯蓄・投資バランスの正負は、県民が県外に持つ資産の増減と同じ方向を示します。

　36道府県では1996（平成8）年度から2009（平成21）年度にかけて貯蓄・投資バランスが改善していますが、それはこの期間にそれら道府県に居住する人が域外に持つ資産が増加していることを意味します。居住者は国庫からより多くの所得再分配を受けつつ、それを域内への投資には回さず、直接に、あるいは銀行預金等を通じて間接に、国債などの域外資産をより多く購入しているのです。そしてこれは、2000年代における政府による国債発行額の増加と、それを原資の一部とした都道府県への経常・資本移転の拡大に対応しています。

　なお、図2-10に示しましたように、1996（平成8）年度から2009（平成21）年度にかけて、全ての道府県で県内純資本形成が減少しました。そして、2009（平成21）年には、県内純資本形成がプラスの値を記録しているのは、わずか5県（茨城県、和歌山県、大分県、鹿児島県、沖縄県）となってしまいました。その他の道府県では、県内での投資額が資本減耗分に足りず、資本ストックが減少している状態になっています。資本ストックが減少すれば、資本を生産要素として産み出される県内総生産を押し下げる圧力が強くなります。

　北海道では道内純資本形成の寄与度が85.1％のマイナスと、46道府県中8番目に大きなマイナス幅でした。また、道民貯蓄の減少率は52.6％でしたので、差し引きで貯蓄・投資バランスの改善の寄与度は32.6％になりました。この値は道府県の中では比較的大きな値です。このプラス幅の約4分の3は、道外からの経常移転の寄与度（23.8％）に対応しています。

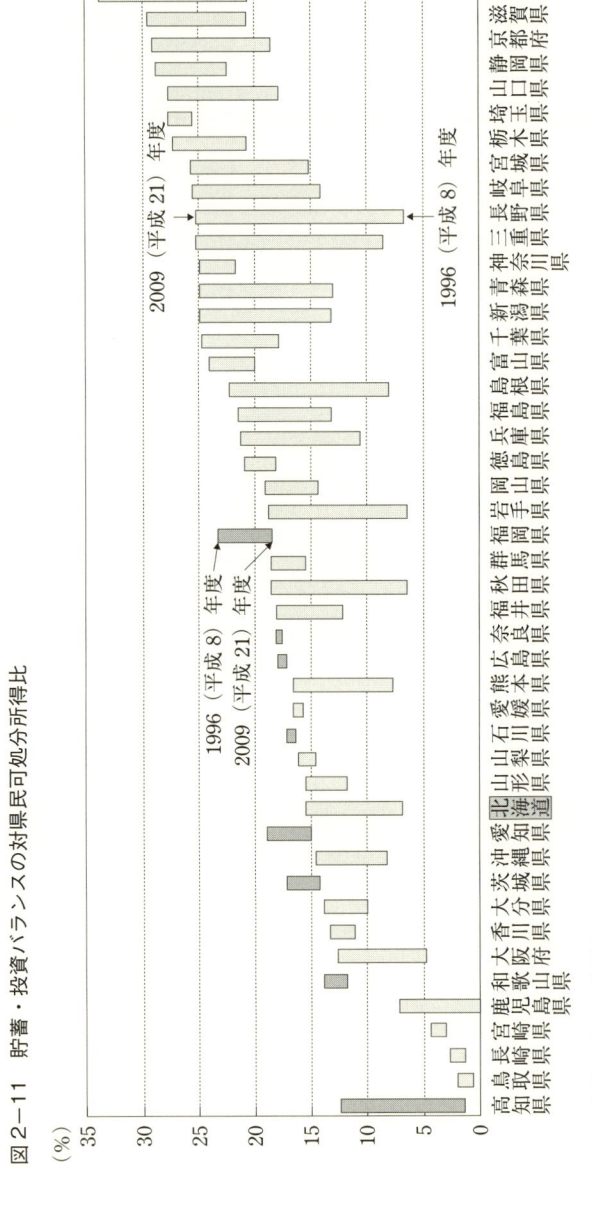

図2−11 貯蓄・投資バランスの対県民可処分所得比

データ出所:図2−8と同じ。

最後に、各県の貯蓄・投資バランスを県民可処分所得比で見たものが、図2-11です。この図では、各道府県の貯蓄・投資バランスの対県民可処分所得比について、2009（平成21）年度の数字が小さい順に左から並んでいます。

1996（平成8）年度と2009（平成21）年度の貯蓄・投資バランスの対県民可処分所得比を比較しますと、北海道を含む38道府県で2009（平成21）年度は上昇しています。これらの道府県の棒線は薄いグレーで、棒線の下は1996（平成8）年度の、上は2009（平成21）年度の値です。残る8県では2009（平成21）年の値は下落しています。これらの県の棒線は黒で、棒線の上が1996（平成8）年度の、下は2009（平成21）年度の値です。

北海道の貯蓄・投資バランスの対道民可処分所得比は、1996（平成8）年度では7.0％で、全道府県中で9番目に小さかったのですが、2009（平成21）年度では15.3％と、小さい方から13番目になっています。北海道における貯蓄・投資バランスの改善幅は、道民貯蓄や道民可処分所得との比で見ますと比較的大きいのですが、それでも経済規模に比べた貯蓄・投資バランスの黒字幅はまだ小さいようです。

本節で見てきました、北海道と他の府県でマクロ経済変数の変化を比較した結果を簡単にまとめてみましょう。この13年間の県民可処分所得、県民貯蓄、貯蓄・投資バランスの変化は、北海道と他府県で同じ傾向でした。県内総生産、県民可処分所得、県内純資本形成については、ほぼ全ての道府県で減少していました。また、多くの道府県で、県民貯蓄の減少幅より県内純資本形成の減少幅の方が大きく、そのため貯蓄・投資バランスは改善しました。このように、北海道のマクロ経済環境は府県と共通していました。ただ、北海道の場合、道内純資本形成の減少幅が非常に大きかったため、貯蓄・投資バランスの改善率は比較的高くなりました。

第3章

域際収支

国際収支統計に基づいた域際収支統計の作成と解釈

［要　旨］

　第1節　国際収支統計は国内居住者と国外居住者の間の経済取引を記録したものです。大項目として、経常収支、資本移転等収支、金融収支の3つがあります。経常収支はさらに、貿易・サービス収支、第1次所得収支、第2次所得収支の3つに分かれます。国際収支統計は複式計上の原理に基づいて記録されており、誤差脱漏が無視できるとしますと、「経常収支＋資本移転等収支＝金融収支」が恒等式として成り立ちます。

　第2節　県民経済計算の情報を用いますと、各都道府県と域外との経済取引を記録する域際収支統計も、国際収支統計に倣って作成できます。域際収支統計では、同一国家内の財政移転を含む経常・資本移転項目である第2次所得収支と資本移転等収支の規模が非常に大きくなります。

　第3節　貿易・サービス収支は、県外から得る所得と県外への投資の大小から決まります。北海道では、所得移転など道外から得る所得の方が道外への投資額より多く、そのため貿易・サービス収支は赤字になります。また、北海道の移輸出入額は他県と比べて低くなっています。なお、貿易・サービス収支が赤字なので1人当たり県内総生産が低いという因果関係はありません。

前章では、経常移転や資本移転といった所得移転を明示しながら、都道府県の生産や所得のマクロ恒等関係から域外取引に関する恒等式を導きました。本章ではそれを受け継いで、域外との経済取引をまとめた域際収支統計を作成します。

国民経済単位では、外国との経済取引をまとめた国際収支統計が存在します。都道府県の域外との経済取引についても、県民経済計算の「資本調達勘定（実物取引）」と「道外勘定（経常取引）」にまとめられています。これらの表をそのままの形で理解することも可能ですが、表の各項目を国際収支統計の項目に沿って組み替え、域際収支統計を作成することで、国レベルと地域レベルの対外経済取引を同じ枠組みで考えることができるようになります。

域際収支統計は国際収支統計の枠組みを用いますので、まず本章では国際収支統計の概要を説明します。次に、国際収支統計の考え方を基にした域際収支統計の形式を提示し、県民経済計算の項目と域際収支統計の項目の対応を説明します。最後に、北海道の域際収支統計を作成し、その特徴や値の推移を紹介します。

第1節　国際収支統計

国際収支統計とは、ある期間内における国内居住者と外国居住者の間の経済取引を、複式計上方式で体系的に記録したものです。日本では日本銀行が集計・推計を行っています。また、世界の国々の国際収支統計は、国際通貨基金（International Monetary Fund: IMF）の"Balance of Payments Statistics"で詳述されています。以下、複式計上方式をいくつかの例で確認し、国際収支統計の主要項目の意味を把握し、主要国の国際収支統計を見てみましょう。

●国際収支統計の主要項目と複式計上の原理

国際収支統計の概要を、表3-1に基づいて説明しましょう[1]。国際収支統計の大項目は、「経常収支」、「資本移転等収支」、「金融収支」の3つです。「経常収支」については、さらに「貿易・サービス収支」、「第1次所得収支」、「第2次所得収支」の3つに分かれます。表3-1では、「貿易・サービス収

支」を「貿易収支」と「サービス収支」に分け、さらに「貿易収支」については「輸出」と「輸入」も記載しています。「金融収支」についても、表3－1に記載していませんが、「直接投資」、「証券投資」、「金融派生商品」、「その他投資」、「外貨準備」の5つに分かれます。他に「誤差脱漏」という項目もあります。

経常収支の内訳項目のうち、貿易収支は商品の貿易を、サービス収支はサービスの貿易を、第1次所得収支は労働所得や利子・配当金の受け渡しを、第2次所得収支は無償資金援助や外国で働く労働者の本国送金などを、それぞれ扱います。また、資本移転等収支は、対価を求めない資産の無償取引や、土地、特許権、著作権などの非金融非生産資産の取引などを計上する項目です。さらに、金融収支には金融資産の受け払いが記載されます。この金融収支には、通貨当局の管理下にあってすぐに利用可能な対外資産である外貨準備の増減も含まれます。最後に、誤差脱漏は統計上の誤差や脱漏と思われる金額です。

国際収支統計は複式計上の原理に基づいて記録され、すべての国際取引は複式簿記のように「貸方（credit）」と「借方（debit）」に同額が記載されます[2]。当然、「貸方」の総額と「借方」の総額は等しくなります。「貸方」には、財・サービスの輸出、所得の受け取り、金融資産（対外債権）の減少、金融負債（対外債務）の増加などが記載されます。また、「借方」には財・

---

1) IMFが2008（平成20）年11月に確定した新しい国際収支マニュアルである第6版では、表記方法・計上基準・集計方法などの変更が行われました。例えば、国際収支統計の大項目が、経常収支、資本移転等収支、金融収支の3つになりました。また、対外資産の増加分がプラス、減少分がマイナスと表記されるようになりました。日本銀行によって集計・推計される日本の国際収支統計も、2014（平成26）年1月の取引計上分からこの第6版に基づくものになりました。以下の説明はこのIMF国際収支マニュアル第6版に基づくものですので、それ以前の版とは説明が異なる点があることに留意してください。IMF国際収支マニュアル第6版は、IMFのウェブサイト（http://www.imf.org/external/pubs/ft/bop/2007/bopman6.htm、2014（平成26）年1月14日閲覧）から入手可能です。また、収支項目の日本語表記は、日本銀行のウェブサイトによる説明（http://www.boj.or.jp/research/brp/ron_2013/ron131008a.htm/、2014（平成26）年1月14日閲覧）を用いました。
2)「貸方」や「借方」という言葉は、現在では「貸す」や「借りる」という意味とは関係がありません。

サービスの輸入、所得の引き渡し、金融資産（対外債権）の増加、金融負債（対外債務）の減少などが記載されます[3]。

国際収支統計では、経常収支と資本移転等収支については「貸方」と「借方」が表出され、金融収支では「資産 (assets)」と「負債 (liabilities)」、あるいは同じものですが数字の意味をより正しく反映させた表現の「資産純増 (net acquisition of financial assets)」と「負債純増 (net incurrence of liabilities)」が表出されます[4]。ここで金融収支での「資産」あるいは「資産純増」はネットでの対外資産増加分（金融資産取引の「借方－貸方」）、同じく「負債」あるいは「負債純増」はネットでの対外負債増加分（金融負債取引の「貸方－借方」）のことです[5]。

ネット収支の算出方法は、経常収支と資本移転等収支は「貸方－借方」ですが、金融収支は「資産－負債」あるいは「資産純増－負債純増」です。ただし、このネットの金融収支を「貸方」と「借方」で表現しますと、上記の定義から「借方－貸方」となります。これより、誤差脱漏を無視すれば、以下の関係が成り立つことがわかります。

　　　経常収支＋資本移転等収支＝金融収支

この恒等式は、実は前章の（2-9）式に対応するものであることを、後で改

[3) このような貸方と借方の分類は、貸方には居住者から非居住者への資産の引き渡し額を、借方には居住者の非居住者からの資産の受け取り額を記録すると解釈しても良いかもしれません。経済取引は、2者が等価と合意した2つのものを交換することですから、1つの経済取引では同額の受け取りと引き渡しが発生します。これを反映して、貸方と借方には同じ金額が記載されます。このような解釈は IMF 国際収支マニュアルには記載されていませんが、読者によっては理解の一助になるかと思われます。例えば、輸出した商品の額は貸方に記録されます。これは、商品という実物資産が自国居住者から外国居住者に引き渡されるからです。また、これに対応する自国居住者の受け取りは、外国居住者による商品代金の支払額です。代金を受け取ることは自国居住者の金融資産の増加なので借方です。国内居住者が商品を引き渡した外国居住者に負債があり、支払いを受け取る代わりにそれを負債の返済に充てる場合（金融負債の減少）でも、その負債の返済は金融資産を得た結果可能になったので、借方に記録されます。
4) 「資産純増」と「負債純増」という言葉は、私による日本語訳です。2014（平成 26）年以降に日本銀行や財務省が公表する国際収支統計では、別の訳語が使われるでしょう。
5) ただし、国際収支統計には、金融収支で「資産純増」や「負債純増」の内訳である「貸方」や「借方」は記載されていません。

表3−1　日本とその他主要国の国際収支統計：2012（平成24）年

	金額 （単位　億米ドル） 日本	対GDP比				
		日本	アメリカ	イギリス	中国	ドイツ
経常収支	609	1.0%	-2.7%	-3.8%	2.3%	7.0%
貿易収支	-535	-0.9%	-4.6%	-6.9%	3.9%	6.9%
（輸出）	(7,766)	(13.0%)	(9.6%)	(19.2%)	(24.0%)	(42.6%)
（輸入）	(-8,301)	(-13.9%)	(-14.2%)	(-26.1%)	(-20.1%)	(-35.6%)
サービス収支	-505	-0.8%	1.3%	4.5%	-1.0%	-1.0%
第1次所得収支	1,792	3.0%	1.4%	0.1%	-0.5%	2.4%
第2次所得収支	-143	-0.2%	-0.8%	-1.5%	0.0%	-1.4%
資本移転等収支	-10	0.0%	0.0%	0.2%	0.1%	0.0%
金融収支	639	1.1%	-2.7%	-3.5%	1.4%	8.8%
誤差脱漏	41	0.1%	0.0%	0.1%	-1.0%	1.8%

注：項目はIMF国際収支マニュアル第6版に基づくものです。中国のデータには香港、マカオ、
　　台湾は含みません。
データ出所：国際収支統計はInternational Monetary Fund, *Balance of Payments Statistics Yearbook*、
　　　　　　国内総生産はThe World Bank, *World Development Indicators* のデータから作成。

めて説明します。

　表3−1に記載されています日本の2012（平成24）年の国際収支統計では、貿易収支はマイナス535億ドル、サービス収支はマイナス505億ドルですので、これらの収支では「貸方（輸出）」よりも「借方（輸入）」の方が多いことがわかります。また、第1次所得収支はプラス1792億ドルで、これは日本では利子・配当金や労働所得の「貸方（受け取り）」の方が「借方（引き渡し）」よりも多いことを意味しています。さらに、金融収支はプラス639億ドルで、これは同年中における日本居住者の保有する対外「資産純増」額が、日本居住者の負う対外「負債純増」額よりもこの金額分だけ多く、ネットでは対外資産を積み増したことを表しています。

●貿易収支・サービス収支・第1次所得収支

　次に、表3−1の国際収支統計と、表3−2の複式計上の記録例を用いながら、国際収支統計の主要項目の意味と主要国の数字を見ていきましょう。この項では、第2次所得収支を除く経常収支の各項目について扱います。

　まず、貿易収支では、商品の国際取引を扱います。輸出額を貸方に、輸入

表3-2 複式計上の例

	貸方	借方	ネット収支
財・サービス	輸出	輸入	
所得	受け取り	引き渡し	
金融資産（対外債権）	減少	増加	
金融負債（対外債務）	増加	減少	
事例1：日本の電機メーカーの輸出			
貿易収支	300万ドル		＋300万ドル
金融収支		300万ドル	＋300万ドル
事例2：アメリカ国債からの利子収入			
第1次所得収支	50万ドル		＋50万ドル
金融収支		50万ドル	＋50万ドル
事例3：日本の家族への送金			
第2次所得収支	5万ドル		＋5万ドル
金融収支		5万ドル	＋5万ドル
事例4：発展途上国への無償資金援助			
資本移転等収支		200万ドル	－200万ドル
金融収支	200万ドル		－200万ドル
事例5：外国居住者との金融資産の取引			
金融収支	300万ドル	300万ドル	（変化なし）

　額を借方に計上します。表3-2の事例1は、輸出に関する複式計上の例です。この事例では、日本の電機メーカーがアメリカに300万ドル分の商品を輸出し、その代金を手形で受け取っています。日本からアメリカに輸出された商品は、貿易収支の貸方に記録されます。また、アメリカから受け取った代金相当の手形は、金融収支の借方に記録されます。ネット収支は、貿易収支ではプラス300万ドル（貸方の増加）、金融収支ではプラス300万ドル（資産の増加）です。

　表3-1には、日本、アメリカ、イギリス、中国、ドイツの2012（平成24）年の国際収支統計がまとめられています。同年の日本の商品輸出は7766億ドル、商品輸入は8301億ドルで、ネット収支は535億ドルの赤字となっています。各国の貿易収支を対国民総生産（gross domestic product: GDP）比で比較しますと、アメリカやイギリスでは赤字幅が非常に大きい反面、中国やドイツでは黒字幅が大きくなっています。また、輸出や輸入の対

GDP比を見ますと、ドイツは非常に大きく、日本やアメリカは比較的小さい値です。

次に、サービス収支では、輸送、旅行、通信、金融、特許等使用料などのサービスの国際取引を扱います。貿易収支と同様、輸出額は貸方に、輸入額は借方に計上します。

商品貿易では、目に見えるものが海路、空路、あるいは陸路で国境を越えるので、イメージしやすいでしょう。それに対して、サービス貿易は少し説明が必要かもしれません。例えば、日本居住者がパリに旅行に行く際にエールフランスを利用すれば、それは日本がフランスから輸送サービスを輸入したことになります。また、日本居住者がアメリカからバンク・オブ・アメリカを使って日本に送金をしたら、その際にバンク・オブ・アメリカに支払った手数料は日本がアメリカから輸入した金融サービスの対価です。

表3-1にありますように、2012（平成24）年では日本のサービス収支は505億ドルの赤字となっています。日本で特に赤字幅の大きな項目は旅行です。旅行サービスには、旅行者が滞在先で購入した各種旅行関連サービスが含まれます。例えば、外国旅行者が滞在先で食事をとり、ホテルに泊まり、タクシーに乗ったら、それは飲食、宿泊、現地輸送という旅行サービスを輸入したことになります。日本で旅行サービスの赤字幅が大きいのは、外国に旅行に行く日本居住者の方が、日本に旅行に来る外国居住者よりも圧倒的に多いことによります。

日本以外の国を見てみますと、対GDP比でイギリスの黒字幅が4.5%と大きいことが目につきます。これには、国際金融センターであるロンドンを抱えるイギリスが輸出する金融サービスが大きく貢献しています。

第1次所得収支では、居住者・非居住者の間の雇用者報酬や投資収益の受け渡しを扱います。これらの所得を外国から受け取ればその金額を貸方に、外国に支払えば借方に計上します。

表3-2の事例2は第1次所得収支に関するものです。日本の保険会社が、保有するアメリカ国債（財務省証券）から利子収入50万ドルを得て、これを保険会社が指定する銀行口座に振り込ませる取引です。日本がアメリカから受け取った金融資産である利子収入は、金融収支の借方に記載されます。同

時に日本は、この所得50万ドルの受け取りを、定義により第1次所得収支の貸方にも記載します[6]。ネット収支は、第1次所得収支ではプラス50万ドル（貸方の増加）、金融収支ではプラス50万ドル（資産の増加）です。

表3-1を見ますと、2012（平成24）年では日本の第一次所得収支は1792億ドルの黒字となっています。これは、外国居住者が持つ日本の債券や株式に比べて日本居住者が持つ海外の債券や株式が非常に多く、そのため海外諸国が対日投資から受け取る投資収益を日本が海外投資から受け取る投資収益が大きく上回っていることによります。また、対GDP比では3.0％で、これは表中の5カ国の中で最も大きい値です。

●第2次所得収支・資本移転等収支

第2章では、経済的価値の一方的な移転である経常・資本移転を扱いました。同様の移転取引は、海外居住者とみなされた労働者の本国送金や、政府間の無償資金援助など、外国との間でも存在します。国際収支時計ではこれらは経常・資本移転という見合い項目を利用します。経常移転は無償取引が受取国の経常支出となるもので、国際収支統計では第2次所得収支に記録されます。また、資本移転は無償取引が受取国の資本形成に貢献するもので、国際収支統計で対応する項目は資本移転等収支です。この経常・資本移転の区別は、県民経済計算と同じ定義です。

経常移転と資本移転の例をそれぞれ紹介します。まず、表3-2の事例3では、外国で長く働き、その国の居住者とみなされた日本人が日本国内に残る家族に5万ドルを送金する事例です。この場合、日本居住者は資金を外国居住者から受け取るので、金融収支の借方に5万ドルが記録され、それに対応する貸方の5万ドルは第2次所得収支に記録されます。ネット収支は、第

---

[6] 脚注3の解釈に基づきますと、この取引では日本の保険会社が引き渡したものがないと思われるかもしれません。この点は次のように解釈できます。日本居住者はアメリカ国債を購入することで、その購入金額だけでなく、購入金額分を日本国内で使用して経済的価値を産み出す機会もアメリカに引き渡しています。アメリカから振り込まれた利子50万ドルは、日本がアメリカに引き渡した資本の利用機会の評価額と考えられます。そして、第1次所得収支はこのような生産要素の利用機会の取引を記録する項目で、利用機会の引き渡しを貸方に、受け取りを借方に計上するとします。

2次所得収支ではプラス5万ドル（貸方の増加）、金融収支ではプラス5万ドル（資産の増加）です。第2次所得収支に含まれる例としては、他に個人または政府間の無償資金援助や、国際機関への拠出金などがあります。

次に、事例4では、日本政府がある発展途上国に貸し付けていた200万ドルの返済を求めないことにする事例です。日本はこの債権を放棄するので、その金額が資産の減少として金融収支の貸方に記録され、それに対応する借方の200万ドルは資本移転等収支に記録されます。ネット収支は、資本移転等収支ではマイナス200万ドル（借方の増加）、金融収支ではマイナス200万ドル（資産の減少）です。資本移転等収支に含まれる例としては、他に固定資産の所有権の移転などがあります。

先進国や経済規模の大きい国では、第2次所得収支や資本移転等収支の金額や対GDP比は、国際収支統計の中でそれほど大きくありません。それでも、表3-1には各国の特徴が表れています。例えば、イギリス、ドイツ、アメリカでは第2次所得収支のマイナス幅の対GDP比が日本や中国と比べて大きいですが、これは外国出身の労働者による郷里送金の額が大きいことによります。なお、外国からの無償資金援助や海外で働く労働者からの送金を多く受けている発展途上国では、これらの収支は比較的重要になります。

●金融収支

金融収支は、居住者と非居住者との間で行われた金融資産・負債の受け払いを計上する項目です。自国の居住者が保有する外国の金融資産としては、外国の国債、外国企業の株式・社債、外国企業への融資・貿易信用、外国からの送金などがあります。これらは、外国の居住者にとっては自国に対して負う金融負債でもあります。

これらの金融資産・負債の国際取引のうち、自国の居住者が外国に持つ金融資産を売却すれば対外金融資産の減少、外国の居住者が自国の金融資産を購入すれば対外金融負債の増加で、これらは共に貸方に記録されます。例えば、表3-2の事例4では、日本政府がある発展途上国に対して債権を放棄した200万ドルが貸方に記録されています。

また、自国の居住者が外国の金融資産を購入すれば対外金融資産の増加、

外国の居住者が自国に持つ金融資産を売却すれば対外金融負債の減少で、これらは共に借方に記録されます。例えば、表3-2の事例1では、日本の電機メーカーが輸出によって得た手形300万ドルが借方に記録されています。

なお、金融資産同士の取引では、ネットの金融収支は変化しません。表3-2の事例5でこのことを確認しましょう。事例1の続きで、アメリカから得た手形の決済が終わり、銀行口座に振り込まれた300万ドルを使って、日本の電機メーカーが関係強化のためアメリカの電機メーカーの株式を購入したとします。この取引では、日本の金融資産はアメリカの株式300万ドル分だけ増加しましたので、同額が金融収支の借方に記録されます。同時に、日本からアメリカに代金300万ドルが払い出されましたので、これは日本の金融資産の減少であり、同額が金融収支の貸方に記録されます。この結果、金融収支のネット収支には変化がありません[7]。

表3-1の金融収支を見ますと、日本は2012（平成24）年においては639億ドルのプラス（ネット資産の増加）です。資産価値の変化を考慮しなければ、この分だけ日本の居住者の対外純資産が増加しています。また、対GDP比では最もネット資産の増加が大きい国はドイツ（8.8％）、最もネット資産の減少が大きい国はイギリス（-3.5％）です。

ここで、上述の国際収支統計の恒等式「経常収支＋資本移転等収支＝金融収支」を、各国に適用してみましょう。ドイツでは金融収支は大幅なプラス（8.8％）ですが、これは経常収支、そしてその中の貿易収支の大幅なプラス（6.9％）に対応しています。ドイツには、貿易収支黒字によって得た資本を使って外国の金融資産を購入するという特徴がはっきり表れています。中国でも、経常収支と金融収支がプラスで対応していて、対外純資産を増加させ

---

7) 金融収支には、外貨準備の取引も含まれます。外貨準備とは、通貨当局（日本であれば、日本銀行と財務省）の管理下にあってすぐに利用可能な対外資産のことです。外貨準備は外貨証券や外貨預金などの形で保有されます。金融収支全体では、自国資産を売却して外貨準備を積み上げても、逆に外貨準備を切り崩して自国資産を購入しても、事例5と同じようにネット収支は変化しません。ただ、金融収支内の項目である外貨準備を見ますと、外貨準備の増減が把握できます。例えば、日本の通貨当局が円高を阻止することを目的に100万ドル相当の円売りドル買い介入を行いますと、通貨当局の購入したドルは外貨準備の借方に記録されます。

ていることがわかります[8]。

　日本もかつてはドイツのように、巨額の貿易収支黒字によって海外純資産を積み増していました。しかし、1980年代に貿易収支黒字の対GDP比が最も高くなった後は長期低下傾向をたどり、2011（平成23）年には暦年ベースでも年度ベースでも貿易収支が赤字となりました。これに伴って、金融収支の対GDP比のプラス幅も低下傾向を示しています。しかし、過去の貿易収支黒字を基にして日本の居住者が保有する対外純資産は着実に増加しており、そこから多額の投資収益を得ることができるようになっています。現在では、日本の第1次所得収支の黒字額は貿易収支の赤字額を上回るほどになっており、経常収支も金融収支もプラスを保っています。

　イギリスとアメリカは、共に経常収支と金融収支がマイナスです。両国とも、外国から借入をすることで（ネット負債の増加）国内居住者がGDP以上の支出を可能にした結果、経常収支が赤字になっています。

第2節　域際収支統計の作成

　この節では、各都道府県と域外との間の経済取引を記録する域際収支統計を、前節で見ました国際収支統計に倣って作成します。

●国際収支統計と県民経済計算の対応

　表3-3は、国際収支統計と県民経済計算の間の、各収支項目の対応表です。この表を見ながら、県民経済計算から域際収支統計を作成する方法を説明します。

　国際収支統計の「経常収支」は、県民経済計算の「県外勘定（経常取引）」にある「経常県外収支」の正負を反転させた値と対応します。正負を反転させるのは、「県外勘定（経常取引）」の「支払」と「受取」が県外居住者の視

---

[8] 中国の金融収支の内訳を見ますと、外国から多額の直接投資を受け入れていることを反映して、直接投資の収支はマイナス（対外債務の増加）となっています。対して外貨準備の収支は大幅なプラスです。これは、経常収支黒字や対内直接投資で中国の居住者が得た外貨のほぼ全てを、通貨当局が購入して外貨準備としていることを意味します。

表3-3 国際収支統計と道民経済計算の対応

国際収支統計	県民経済計算
経常収支	－経常県外収支
貿易・サービス収支	財貨・サービスの移輸出－財貨・サービスの移輸入
第1次所得収支	雇用者報酬(支払)＋財産所得(支払)－雇用者報酬(受取)－財産所得(受取)
第2次所得収支	その他の経常移転(支払)－その他の経常移転(受取)
資本移転等収支	県外からの資本移転等(純)
金融収支	県外に対する債権の変動
誤差脱漏	(金融収支－経常収支－資本移転等収支)

注：表中の「県民経済計算」にある項目名は、県民経済計算内の「資本調達勘定（実物取引）」と「県外勘定（経常取引）」のものです。

点からの表現であることによります。また、「貿易・サービス収支」では、同勘定の「財貨・サービスの移輸出」を貸方、「財貨・サービスの移輸入」を借方に記録します。なお、県民経済計算では財貨とサービスの取引は区別されていないため、域際収支統計では国際収支統計のように貿易収支とサービス収支まで細分化することはできません。

「第1次所得収支」については、県民経済計算の「県外勘定（経常取引）」にある「雇用者報酬（支払）」と「財産所得（支払）」を貸方に、「雇用者報酬（受取）」と「財産所得（受取）」を借方に記録します[9]。この勘定の「支払」と「受取」も、県外居住者の視点からの表現です。同様に、「第2次所得収支」には、県民経済計算の「県外勘定（経常取引）」にある「その他の経常移転（支払）」を貸方に、「その他の経常移転（受取）」を借方に計上します。

他方、「資本移転等収支」と「金融収支」については、県民経済計算の「資本調達勘定（実物取引）」が対応します。このうち、「資本移転等収支」には「県外からの資本移転等（純）」が、「金融収支」には「県外に対する債権の変動」が、それぞれ該当します。最後に、「誤差脱漏」は、「金融収支－経常収支－資本移転等収支」を記録します。

すでに、国際収支統計では「経常収支＋資本移転等収支＝金融収支」が恒

---

9) 道民経済計算では、「雇用者報酬（純）」として「雇用者報酬（支払）－雇用者報酬（受取）」が記載されています。

等式として成り立つことを説明しました。これより、上記のように国際収支統計と県民経済計算を対応させることで、域際収支統計においても同様の恒等式が得られることがわかります。それは、すでに前章で示した (2-9) 式です。この式を再掲しましょう。(括弧内の数字は、2010 (平成 22) 年度の北海道の名目額です。)

経常県外収支 ＋ 県外からの資本移転等 (純)
　　(2 兆 2755 億円)　　　(5670 億円)

　　　　　　　　　　　　＝県外に対する債権の変動
　　　　　　　　　　　　　　(2 兆 8426 億円)

　国際収支統計の「貿易・サービス収支」、「第 1 次所得収支」、「第 2 次所得収支」に対応する県民経済計算の項目を足し合わせますと、「道外勘定 (経常取引)」の「経常県外収支」の正負を反転させた値となります。また、国際収支統計の「資本移転等収支」と「金融収支」は、それぞれ県民経済計算の「県外からの資本移転等 (純)」と「県外に対する債権の変動」です。左辺と右辺が等しくなっていることが確認できます。

● 域際収支統計の項目別取引内容

　前項のように定義された域際収支統計の各項目にはどのような県外との取引が含まれるか、表 3-4 を用いて確認しておきましょう。

　まず、経常収支を見ますと、貿易・サービス収支では、貸方には移輸出として県外に対する商品やサービスの販売、そして県外居住者の県内での消費が、借方には移輸入として県外からの商品やサービスの購入、そして県内居住者の県外での消費が、それぞれ含まれます。

　経常収支で扱われる商品やサービスの移輸出入には、当然ながら様々な形態があります。北海道の移輸入を数例挙げますと、道内の公共工事に必要な資材を東京から買い付けて道内に運び込めば、それは東京都からの商品の移入になり、道民がタイ国際航空に乗ってバンコクに行けば、それはタイからの輸送サービスの輸入になります。また、北海道の移輸出も数例挙げますと、

表3-4　域際収支統計の項目別取引内容

項目	取引内容の例
経常収支	
貿易・サービス収支	（貸方）県外への商品・サービスの販売、県外居住者の県内での消費 （借方）県外からの商品・サービスの購入、県内居住者の県外での消費
第1次所得収支	（貸方）県外からの雇用者報酬、利子、配当、賃貸料の受取 （借方）県外への雇用者報酬、利子、配当、賃貸料の支払
第2次所得収支	（貸方）地方交付税、国庫支出金、社会保障給付、損害保険の保険金受取、私立学校への国庫補助 （借方）国税、社会保障の保険料、損害保険の保険料支払
資本移転等収支	（貸方）固定資本形成に係る国庫支出金、地方譲与税、中央政府による直轄公共事業費 （借方）国営事業負担金
金融収支	（貸方）県外からの県内資産の購入、県内からの県外資産の売却 （借方）県内からの県外資産の購入、県外からの県内資産の売却

出所：北海道「平成16年版北海道経済白書」(http://www.pref.hokkaido.lg.jp/kz/kks/ksk/tgs/hakusho.htm、2014（平成26）年4月4日閲覧）の第Ⅱ-2-5表に加筆・修正。

中国からの旅行者が小樽で飲食・宿泊すれば、それは中国への旅行サービスの輸出になり、北海道に居住するアーティストが博多でコンサートを開催して興行収入を得れば、それは福岡県への文化・興行サービスの移出になります。

　第1次所得収支では、県内居住者が県外で働いて受け取る賃金や、県民が県外に持つ財産から得られる利子・配当・賃貸料などは貸方で、県民が県外居住者に支払う賃金や、県外居住者が県内に持つ財産から得られる利子・配当・賃貸料などは借方です。

　第2次所得収支は、非生命保険取引、一般政府内の経常移転、他に分類されない経常移転で構成されます。損害保険の保険金、国から県や県内市町村への地方交付税、産業振興等のための補助金、義務教育費の国庫負担金、国民年金・厚生保険などの社会保障の給付、私立学校や労働組合への国庫補助、県外からの仕送りなどは、貸方に記録されます。また、損害保険の保険料の支払い、国税（所得税・法人税）の支払い、社会保障の保険料の支払い、県外への仕送りなどは、借方に記録されます。

　次に、資本移転等収支については、貸方として中央政府による直轄公共事

業費、固定資本形成に係る国庫支出金、地方譲与税などが、借方として国営事業負担金などが該当します。

最後に金融収支を見ますと、貸方に県外居住者による株式・債券・土地等の県内資産の購入や県内居住者による県外資産の売却が、借方には県内居住者による県外資産の購入や県外居住者による県内資産の売却が、それぞれ含まれます。各都道府県の金融収支と日本政府による公債発行額の比較から、現在、金融収支に記録される取引のうち、その大部分は県内居住者による公債の購入と考えられます。そこで、前章ではこの金融収支、またはその数値の基になっている県民経済計算の「県外に対する債権の変動」を、政府の公債発行に伴って県内居住者が負う現在の負担の指標として用いました。

ここで、国際収支統計と域際収支統計における経常・資本移転の対象について確認しておきます。国際収支統計における移転項目は、自国と外国との間で行われる財貨、サービス、金融資産などの無償取引を対象とします。具体的には、無償資金援助や国際機関への拠出などの経済的価値の一方的な受け払いが含まれます。一般に、特に先進国では、貿易・サービス収支や金融収支と比べて金額は非常に小さいものです。

これに対して、県民経済計算における経常・資本移転項目に含まれる経済取引は、その大部分が同一国家内における中央政府と地方政府の間の役割分担および財政を通じた所得再分配から、必然的に発生するものです。国が課税の便宜上地方公共団体に代わって徴税した後に地方に配分する地方譲与税、地方公共団体の財源均衡化や財源保障を目的とする地方交付税、地方の特定の事業に対する補助金である国庫支出金、中央政府の歳出によって賄われる各種公共事業、そして公的年金や医療・介護保険といった社会保障などは、国庫を通じた地方政府間の所得移転であり、域際収支統計に記載されます。そして、その金額は非常に大きくなります。

経常・資本移転項目である第2次所得収支と資本移転等収支は、域際収支統計においては同一国家内の財政移転を含み、それが大部分を占め、かつ金額が非常に大きいという点で、異なる国家間の経済取引を扱う国際収支統計における移転項目とは性質が異なります。

第3節　北海道の域際収支統計の概要

前節で検討しました域際収支統計の作成方法を基にして、この節では北海道の域際収支統計を実際に作成し、特徴と変遷を確認します。

●北海道の域際収支

表3-5には、2010（平成22）年度における北海道の域際収支統計が、金額と対道内総生産比で記載されています。あわせて、総生産額が北海道と近い値（2011（平成22）年度は18.4兆円）の県で、県民経済計算で「資本調達勘定（実物取引）」も公表しています静岡県（15.8兆円）、兵庫県（18.3兆円）、福岡県（18.0兆円）の域際収支統計も、比較のために併記しています。

北海道の数字をまず見てみますと、貿易・サービス収支については、移輸出額は6.1兆円、移輸入額は7.6兆円で、収支は1.5兆円の赤字でした。北海道居住者がこのように道外で生産される商品やサービスをより多く購入できるのは、道内居住者による最終財への支出が道内の生産を上回っているためです。このことは、第1章で図1-6を用いながら、すでに簡単にですが説明をしています。そして、道民需要が道内供給を上回るのは、道民が道外から受け取る所得が、道民による道外投資額を上回っていることによります。

もし道内外で所得の移動も資本の移動もなければ、道内における最終財の総生産と総支出は等しくなります。総生産と総支出が等しい場合、道外居住者がある金額分の道内生産物を購入すれば、道内居住者はその道内生産物を購入できず、代わりに同じ金額分の道外生産物を購入します。この時、北海道の移輸出と移輸入は等しくなります。

実際は、道内外で所得や資本の移動があります。道外からの所得については、第2次所得収支（経常移転）は3.6兆円の受け取り超過、資本移転等収支は0.6兆円の受け取り超過で、合計4.1兆円をネットの移転所得として受け取っています。これに、雇用者報酬や投資収益を扱う第1次所得収支の黒字0.2兆円をあわせると、これら道外からの純所得受け取りは4.3兆円となります。この分だけ、道民可処分所得は道内純生産を上回ります。

表 3−5 北海道と他県の比較：2010（平成22）年度

	金額（単位 億円）				対県内総生産比			
	北海道	静岡県	兵庫県	福岡県	北海道	静岡県	兵庫県	福岡県
経常収支	22,755	30,993	39,803	31,717	12.3%	19.7%	21.7%	17.6%
貿易・サービス収支	-14,813	14,642	-7,961	11,004	-8.0%	9.3%	-4.3%	6.1%
（移輸出）	(61,006)	(147,560)	(146,321)	(88,867)	(33.1%)	(93.6%)	(79.8%)	(49.3%)
（移輸入）	(75,818)	(132,918)	(154,282)	(77,863)	(41.1%)	(84.3%)	(84.1%)	(43.2%)
第1次所得収支	2,061	6,567	23,149	7,372	1.1%	4.2%	12.6%	4.1%
第2次所得収支	35,508	9,785	24,615	13,342	19.3%	6.2%	13.4%	7.4%
資本移転等収支	5,670	946	1,052	701	3.1%	0.6%	0.6%	0.4%
金融収支	28,426	31,940	42,622	31,251	15.4%	20.3%	23.2%	17.3%
誤差脱漏	0	0	1,767	-1,168	0.0%	0.0%	1.0%	-0.6%

データ出所：北海道、静岡県、兵庫県、福岡県の道民・県民経済計算ウェブサイト（平成22年度版、2014（平成26）年1月14日閲覧）。

もちろん、道民は可処分所得の全てを道内生産物の需要に回すことはしません。一部は貯蓄をして、それで道外の資産を購入します。2010（平成22）年度、北海道のネットの金融収支は2.8兆円の対外純資産増加でした。すると、道外から受け取った所得4.3兆円のうち、道外への投資に回った2.8兆円を差し引いた残りの1.5兆円だけ、道民需要が道内供給を上回ります。そのため、道民はネットで1.5兆円分だけ道外で生産された商品やサービスを購入し、貿易・サービス収支は赤字となります[10]。

　この議論から、経常・資本移転は県の域際収支を規定する主要な外部要因であることもわかります。前節ですでに述べましたように、経常・資本移転に含まれる経済取引の大部分は、中央・地方政府の役割分担や財政政策から発生するもので、県にとっては外生的です。他方、財貨やサービスの移輸出入や域際投資の規模は、主に県内外の経済動向や所得再分配の結果を反映した生産者や消費者の行動から内生的に決まります。もちろん、経済の因果関係は複雑なので、「第2次所得収支」・「資本移転等収支」と「貿易・サービス収支」・「金融収支」の間には双方向の因果関係がありますが、前者が原因で後者は結果という関係の方が強いと考えるのが自然です。時折、「貿易・サービス収支の赤字を埋め合わせるために財政移転が行われる」という言説を見聞きしますが、これは因果関係が誤っています。

　北海道の数字を静岡県、兵庫県、福岡県と比較してみますと、北海道では貿易・サービスの移輸出入額の少なさが顕著です。北海道では、道内総生産比で移輸出は30％強、移輸入は40％強です。これに対して、静岡県や兵庫県ではこれらの値が80％から90％と非常に高くなっています。福岡県でも移輸出は50％弱を記録しています。これは、北海道は経済活動の活発な地域と地理的に離れていることと、道内経済活動における製造業の規模が小さ

---

10) ここで、北海道の誤差脱漏がゼロであることに触れておきましょう。北海道では、経常収支＋資本移転等収支の値が金融収支の値と等しくなっているため、誤差脱漏はゼロとなります。これは、北海道では、金融収支に対応します「資本調達勘定（実物取引）」内の「道外に対する債権の変動」を、域際収支統計の収支がゼロになることを利用して、他の項目から間接的に推計しているためです。北海道では、誤差脱漏が金融収支に含まれているとも考えることもできます。

いことが理由です。

　地理的な位置については、静岡県は関東地方と中部地方の間に位置し、兵庫県は関西地方に属し、経済活動の活発な地域と隣接していて相互の経済取引が活発です。福岡県は北海道と同様に日本国内の経済活動の中心地から離れており、そのため移輸入額は北海道と同程度ですが、韓国や中国など近隣諸国への輸出は活発です。北海道の場合、ロシアの経済活動の中心地は遠く西方にあるため、北海道とロシアの間の経済取引は多いとはいえない状況です。

　製造業の規模については、製造業の規模の大きい地域ほど、移出入額が大きくなる傾向があります。これは、製造業製品がサービスや農産品に比べて遠隔地に運搬しやすいという特性によります。2010（平成22）年度の県内総生産に占める製造業の規模は、北海道では8％と非常に少ないのに対し、福岡県では15％、兵庫県では21％であり、各種機械工業が発達している静岡県では33％となっています。

　なお、地理的な位置と製造業の規模という要因の間には、因果関係があるかもしれません。製造業は、ある地域で企業の集積が進むと、より良い製品がより安く生産できるようになるという特性があると思われます。また、製品は輸送が容易なだけに、ある地域で生産された製品の市場価格が輸送費用によって高くなると、他の地域で生産されたより安い製品に需要を奪われてしまいます。北海道は、東京・名古屋・大阪から離れているために、道内製造業の製品がこれら大消費地であまり売り上げを伸ばせず、それが道内の企業集積を妨げ、それがさらなるコスト高をもたらしているのかもしれません。

　貿易・サービス収支については、北海道と兵庫県では赤字ですが、静岡県と福岡県では黒字です。これは前述のように、県外からの所得受取額と、県外への投資額の大小を反映しています。例えば静岡県では、第1次所得収支（0.7兆円）、第2次所得収支（1.0兆円）、資本移転等収支（0.1兆円）の合計である県外からの所得受取超過額は1.7兆円でした。これに対して、金融収支の対外純資産増加額は3.2兆円で、県外からの所得受取額以上に県外に資金が流出していました。そのため、静岡県内では最終財の供給が需要を1.5兆円だけ上回り、差額は県外にネットで供給され、同額の貿易・サービス収支黒字となりました。

なお、4つの道県全てにおいて、第2次所得収支、資本移転等収支、金融収支が全てプラスになっています。これは、中央政府から地方政府への所得再分配と、道県居住者による公債の購入を反映しています。

●北海道の域際収支の推移

図3-1には、北海道の域際収支統計の各項目を、1990（平成2）年度から2010（平成22）年度まで5年間隔で示しています。なお、ここでは移輸入と金融収支の値の正負を逆にしています。このようにしますと、各年度において横軸のゼロを基準にして棒グラフの上と下の長さは等しくなります。また、貿易・サービス収支と経常収支については、収支を把握しやすくするために折線グラフで示しています。

この図によって、各収支の5年間隔の推移を見てみましょう。ほぼ外生的に決まり、域際収支の特徴を規定する第2次所得収支と資本移転等収支については、共に受取超過基調です。そして、第2次所得収支については、受取超額の増加傾向が明瞭に観察できます。これは主に、北海道や道内市町村において地方財源の不足が発生し、これを補填するために地方交付税が増額されたことによります。また、資本移転等収支については、1995（平成7）年度までは景気対策としての北海道開発事業費の増額によって受取超額が増加しましたが、その後は減少傾向にあります。

金融収支は、1990（平成2）年度から2010（平成22）年度まで、ほぼ一貫して対外純資産増加額が拡大し、2010（平成22）年度には2.8兆円の対外純資産増加となっています。この拡大は、主に2つの要因から生じています。1点目は道内に魅力的な投資機会が乏しいと判断されていること、2点目は政府による公債発行が大規模になっていることです。

1点目は、企業経営陣が自社の経営の先行きに自信を持てず、投資に踏み切れないことを、また金融機関も道内に成長企業や成長分野を見いだせず、企業の投資を融資などによって後押しできないことを反映しています。そのため、移転所得を受け取って道内貯蓄が増えても、道内投資が停滞していることから、余った貯蓄が道外に流出してしまっています。また、2点目は、日本の公債発行額が1998（平成10）年度からほぼ毎年度30兆円を超える規

第3章 域際収支　109

図3-1　北海道の域際収支（名目）

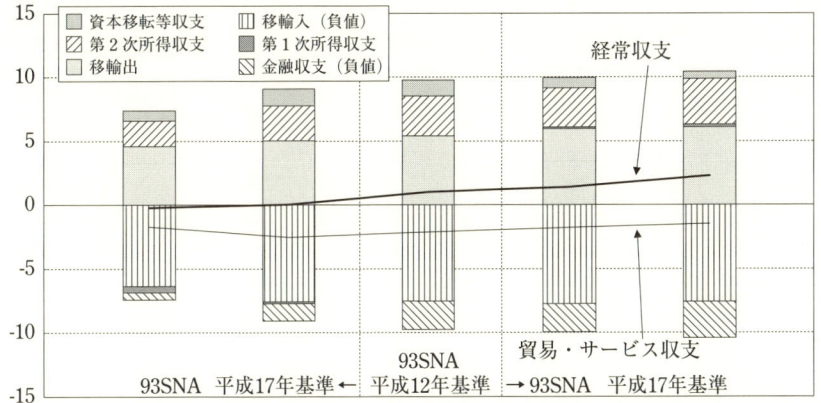

（兆円）

凡例：
- 資本移転等収支
- 第2次所得収支
- 移輸出
- 移輸入（負値）
- 第1次所得収支
- 金融収支（負値）

経常収支
貿易・サービス収支

93SNA 平成17年基準 ← 平成12年基準 → 93SNA 平成17年基準

1990（平成2）年度　1995（平成7）年度　2000（平成12）年度　2005（平成17）年度　2010（平成22）年度

データ出所：1990（平成2）年度と1995（平成7）年度は、北海道『平成15年度道民経済計算年報』、2006（平成18）年3月刊。2000（平成12）年度は、北海道『平成17年度 道民経済計算年報』、2008（平成20）年3月刊。2005（平成17）年度と2010（平成22）年度は北海道の道民経済計算ウェブサイト（http://www.pref.hokkaido.lg.jp/ss/skc/ksk/tgs/keisan.htm、2014（平成26）年1月14日閲覧）。

模となり、この公債を金融市場で消化するために道内貯蓄が用いられていることを表しています。もちろん、この両者の要因は相互に関連しています。

　道内投資の停滞は、個々の人々や組織が自分たちの立場で最善と思われる決定をした結果ではありますが、道内生産の維持・拡大という観点からは残念な事態です。

　経常・資本移転の受取超過額よりも金融収支の対外純資産増加額の方が小さいことから、貿易・サービス収支は赤字になります。しかし、この貿易・サービス収支の赤字幅は、1995（平成7）年度から縮小しています。これは、道内の消費停滞や投資減少から、道外の商品やサービスへの道民需要である移輸入が伸びなかったこと、そしてその裏返しとして対外純投資額が年々拡大し、特に道民所得の中から日本の公債の取得に向かう金額が大きくなったことを反映しています。

　最後に、経常収支については、1995（平成7）年度に黒字化し、その後は

黒字幅の拡大傾向が確認できます。これは、経常収支の構成要素であります第1次所得収支の黒字化と黒字幅の拡大、第2次所得収支の受取超過額の拡大、1995（平成7）年度以降は加えて貿易・サービス収支の赤字縮小によります。

●北海道と日本の部門別域際収支

1990（平成2）年度以降の北海道で見られました、経常収支の黒字化と黒字幅の拡大、そして金融収支の対外純資産増加幅の拡大は、道内のどの制度部門の経済行動によって主に生じたのかを確認しましたのが、図3-2です。この図は、北海道内の経済主体を、「法人企業」（県民経済計算の「非金融法人企業」と「金融機関」）、「一般政府」、「家計、個人企業、民間非営利団体」（県民経済計算の「家計（個人企業を含む）」と「対家計民間非営利団体」）の3つに分け、それぞれの部門別収支を図3-1と同じ年度について図示したものです。

図3-2において、「経常収支＋統計上の不突合」と「資本移転等収支」の2つはゼロを通る水平線から上に向かってプラス、「金融収支−統計上の不突合」はゼロを通る水平線から下に向かってプラスとして積み上げています。恒等式「経常収支＋資本移転等収支＝金融収支」より、水平線の上下の棒グラフの長さは等しくなります。なお、以下の説明では「統計上の不突合」は無視しています。

北海道の法人企業部門では、資本移転等収支の規模は小さく、他部門に対する経常収支と金融収支が対称的に動いています。1990（平成2）年度では、経常収支は赤字、金融収支は対外純資産減少でしたが、共にそれほど大きな収支額ではありませんでした。その後、経常収支の黒字額と金融収支の対外純資産増加分は急激に拡大し、2005（平成17）年度には共に2兆円を超えるほどになりました。これは、法人企業部門が貯蓄を増やし、純資本形成を大幅に減少させ、貯蓄を債務の返済や貸出に充てたことによります。この拡大傾向は、2010（平成22）年度も続いています。

次に、一般政府部門では、資本移転等収支と経常収支がほぼ対になって動いています。1990（平成2）年度から1995（平成7）年度にかけて資本移転

第3章 域際収支　111

図3-2　北海道の部門別域際収支（名目）
(兆円)

経常収支＋統計上の不突合(+)
資本移転等収支(+)
金融収支－統計上の不突合(+)

法人企業　　一般政府　　家計・個人企業・民間非営利団体

1990（平成2）年度　1995（平成7）年度　2000（平成12）年度　2005（平成17）年度　2010（平成22）年度

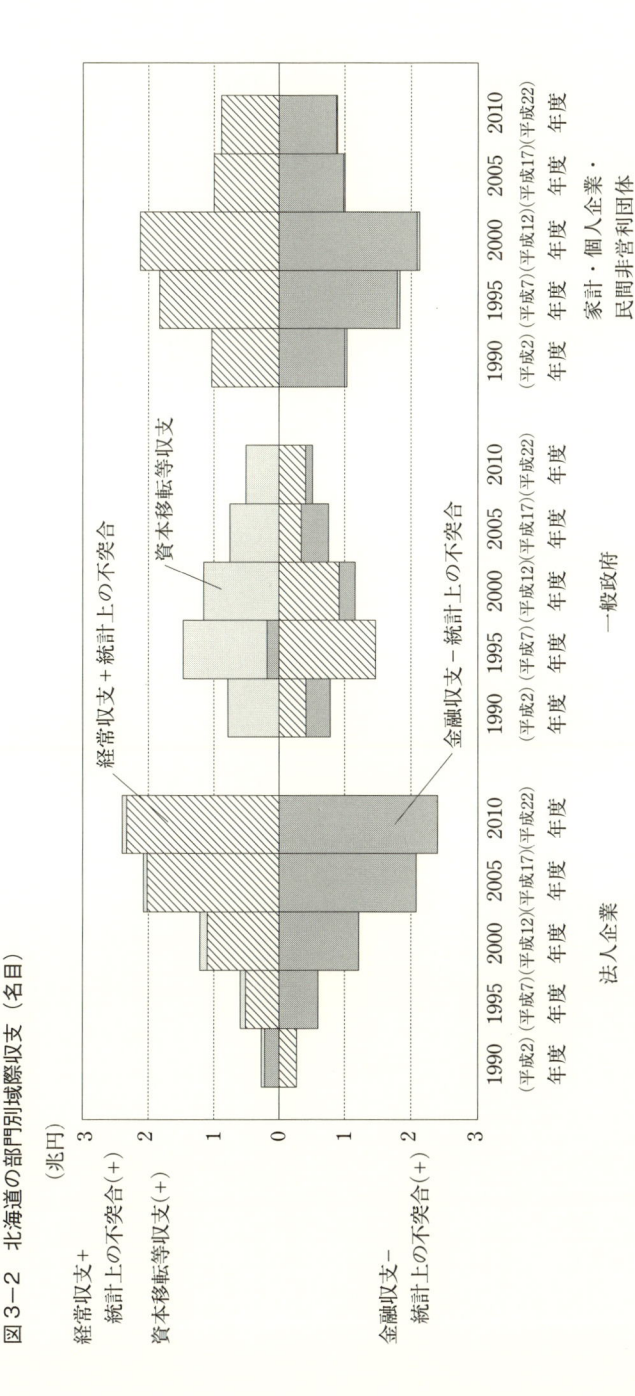

注：図中の各項目は、道民経済計算年報内の「制度部門別資本調達勘定（実物取引）」にある項目を再構成したものです。再構成の仕方は、以下の通りです。
　経常収支＋統計上の不突合＝貯蓄－道内総固定資本形成－在庫品増加＋固定資本減耗
　資本移転等収支＝資本移転（純）
　金融収支－統計上の不突合＝－土地の購入－純貸出（＋）／純借入（－）
　なお、国民経済計算と道民経済計算では、「統計上の不突合」の調整方向が異なります。ここでは、図3-3の日本の事例と比較を可能にするために、「経常収支＋統計上の不突合」と「投資収支－統計上の不突合」としています。
　1990（平成2）年度と1995（平成7）年度は93SNA・平成7年基準の推計、2000（平成12）年度は93SNA・平成12年基準の推計、2005（平成17）年度と2010（平成22）年度は93SNA・平成17年基準の推計です。
データ出所：図3-1と同じ。

等収支の受取超過額が拡大した時には、それによって道内の社会資本ストックを整備するための政府による財の購入額が増加し、一般政府部門以外に対する経常収支の赤字が拡大しました。その後、資本移転等収支の受取超過額の縮小と共に、経常収支の赤字も縮小しています。

家計・個人企業・民間非営利団体部門では、法人企業部門と同じく、資本移転等収支の規模は小さく、経常収支の黒字と金融収支の対外純資産増加が対称的に動いています。1990（平成2）年度以降、経常収支と金融収支のプラス幅は共に拡大し、2000（平成12）年度には共に2.1兆円と、この期間での最大を記録しました。その後、2010（平成22）年度にかけて、個人企業の利益の減少や、家計の賃金所得や利子収入の減少から、この部門の貯蓄は減少し、他部門への貸し出しも減少し、その結果経常収支と金融収支のプラス幅も縮小しました。

以上から、北海道の経常収支と金融収支のプラス幅の拡大は、2000（平成12）年度までは法人企業部門と家計・個人企業・民間非営利団体部門の影響を強く受けたことがわかります。また、それ以降は、法人企業部門のみが主導しました。

北海道で観察された部門別収支の動きを、ここで日本の部門別収支と比較してみましょう。それによって、両者に共通する点や相違する点が確認できます。図3-3は、日本全体の法人企業部門、一般政府部門、そして家計・個人企業・民間非営利団体部門について、図3-2と同様の図を描いたものです。長い間、日本経済では企業は貯蓄不足主体、家計は貯蓄超過主体でした。しかし現在では、企業も家計も貯蓄超過主体となり、貯蓄不足主体は一般政府のみであることがわかります。

法人企業部門を日本全体で見ますと、北海道経済と同様に経常収支・金融収支のプラス化とそのプラス幅の拡大が観察できます。しかし、法人企業の貯蓄不足主体から貯蓄超過主体への転換は、日本全体では北海道よりも激しく起こりました。日本全体での法人企業部門の経常収支は、1990（平成2）年度には35.2兆円の赤字でしたが、2010（平成22）年度には44.1兆円の黒字と、20年の間にかつての貯蓄不足額を超える貯蓄超過額を抱えるまでになりました。それに対して北海道では、1990（平成2）年度の経常収支・金

第3章 域際収支 113

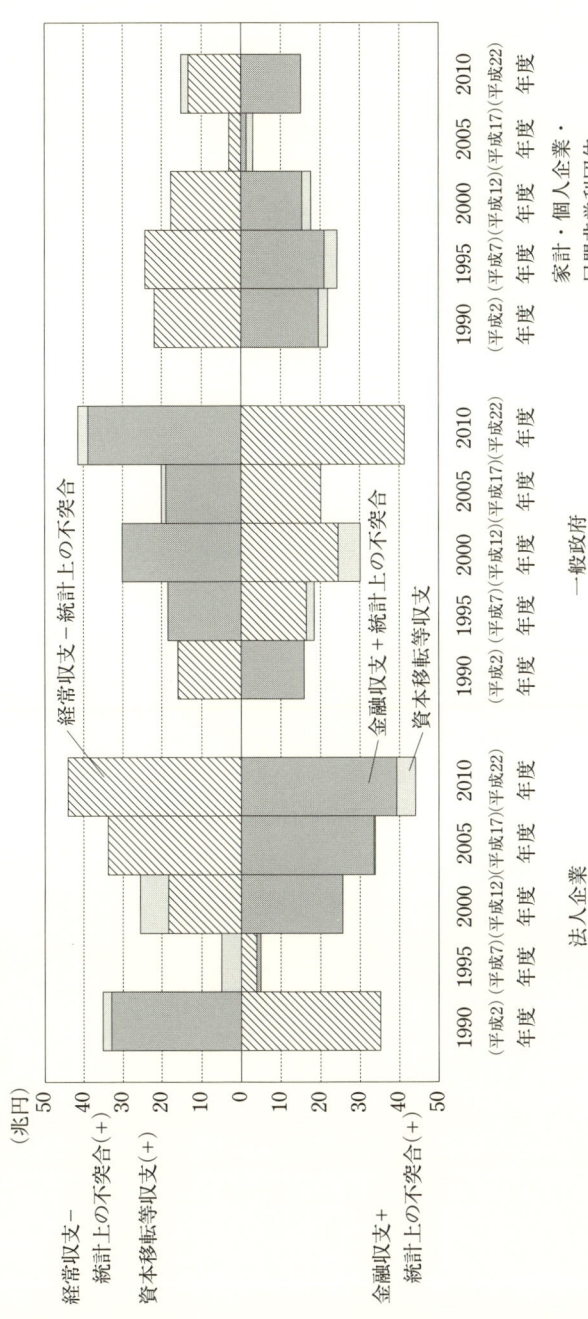

図3-3 日本の部門別国際収支（名目）

注：図中の各項目は、国民経済計算年報内の「制度部門別資本調達勘定（実物取引）」にある各項目を再構成したものです。再構成の仕方は、以下の通りです。

経常収支－統計上の不突合＝貯蓄－総固定資本形成－在庫品増加＋固定資本減耗
資本移転等収支＝資本移転
金融収支＋統計上の不突合＝－土地の購入－純貸出（＋）／純借入（－）

なお、国民経済計算と道具経済計算では、「統計上の不突合」と「投資収支＋統計上の不突合」の調整方向が異なります。ここでは、図3-2の北海道の事例と比較を可能にするために、「経常収支－統計上の不突合」と「金融収支＋統計上の不突合」としています。
1990（平成2）年度と1995（平成7）年度は93SNA・平成7年基準の推計、2000（平成12）年度は93SNA・平成12年基準の推計、2005（平成17）年度と2010（平成22）年度は93SNA・平成17年基準の推計です。

データ出所：1990（平成2）年度は［2009（平成21）年度国民経済計算確報］、1995（平成7）年度以降は［2012（平成24）年度国民経済計算確報］
(http://www.esri.cao.go.jp/jp/sna/data/data_list/kakuhou/files/files_kakuhou.html, 2014（平成26）年1月15日閲覧)。

融収支のマイナス幅はあまり大きくなく、この時点から貯蓄はほとんど不足していませんでした。

次に、一般政府部門では、1995（平成7）年度以降、金融収支の対外純負債増加と経常収支の赤字を記録しています。2010（平成22）年度には、42.3兆円もの巨額の公債発行によって、金融収支の対外純負債増加額・経常収支の赤字額が40兆円前後になっています。この歳出の一部は、経常移転として北海道内にも流入し、北海道の各部門の貯蓄超過幅を拡大させています。一般政府部門に関しては、日本全体と北海道では役割が大きく異なるため、単純に比較することはできません。

家計・個人企業・民間非営利団体部門では、北海道経済と同様、2000（平成12）年度から2005（平成17）年度にかけて経常収支・金融収支のプラス幅が急減しています。個人企業の利益の減少や、家計の賃金所得や利子収入の減少という理由も同じです。その後、2010（平成22）年度にかけては経常収支・金融収支のプラス幅が再拡大しています。これは、この部門の貯蓄の増加と投資の大幅な減少によります。

●貿易・サービス収支と県内総生産の関係

この章の最後に、域際収支における貿易・サービス収支の解釈について、貿易・サービス収支の黒字・赤字は1人当たり県内総生産の高低の原因であるという、よく見聞きする誤解を解いておきたいと思います。確かに、都道府県のデータを見ますと、1人当たり県内総生産の低い県ほど、1人当たりの貿易・サービス収支の赤字が大きくなります。しかし、両者に相関関係はあるものの、貿易・サービス収支が赤字だから県内総生産が低くなるという因果関係はありません。

貿易・サービス収支と県内総生産の相関関係は、主に2つのルートを通じて現れます。1つは県内企業の生産活動、もう1つは経常・資本移転です。

1つ目のルートである県内企業の生産活動については、県内企業が県内外の企業や個人がより多く購入する商品やサービスを生産できるようになれば、それによって県内総生産は高くなります。そして、高い所得の一部を用いて県外資産を購入し、貿易・サービス収支も黒字になります。この場合、県内

企業の生産性の高まりが県内総生産の上昇と貿易・サービス収支の改善の両方を規定するのであって、県内総生産と貿易・サービス収支の間に直接の因果関係はありません。

　2つ目のルートである経常・資本移転については、多くの県が県外から所得移転を受け取っているため、県民可処分所得が県内純生産を超えています。この時、1人当たり総生産の低い県ほど、県外からの所得移転をより多く消費に回すため、移輸入が大幅に拡大し、貿易・サービス収支の赤字幅が拡大します。これに対して、1人当たり総生産の高い県ほど、県外からの所得移転をより多く県外資産の購入に回すため、貿易・サービス収支の赤字幅はあまり拡大しません。このため、1人当たり総生産と1人当たりの貿易・サービス収支には負の相関が観察されます。

　貿易・サービス収支と県内総生産の関係を考える際には、県内の総生産を規定する諸要因が根本にあって、貿易・サービス収支はそれから表れる現象と捉えるのが適切です。よくいわれるたとえですが、前者はインフルエンザや結膜炎といった病気の原因で、後者は発熱や目やにといった症状です。解熱剤を使って発熱を抑えたり、目やにをとったりしたからといって、病気の原因のウイルスは体内に残ったままです。県内総生産の上昇のためには、貿易・サービス収支の改善という対症療法ではなく、県内生産活動の付加価値創造能力の向上という原因療法が正しい政策目標です。

　県内総生産を高めるためという理由で貿易・サービス収支の改善を目指しても、それは期待した効果をあまりもたらしません。例として、地産地消の強化を考えましょう。地域の人々にその地元で産出される商品の魅力を伝えたり、地域を知る教育的効果を狙って学校給食等で地元の食材を使用したりする段階を越えて、地域生産者の保護を狙って地産地消の広範囲に及ぶ義務付け・制度化を導入しますと、この政策によって移輸入は抑制されます。すると、以下のような帰結が考えられます。

　まず、県外産商品への需要が地産地消によって県内産のものにシフトするため、移輸入は減少します。ここで、地産地消の対象になった商品の県内生産が増加すれば、県内の労働者などの生産要素には限りがありますので、他の商品の県内生産は減少するでしょう。そして、県内生産の減少分だけ移輸

出も減少し、貿易・サービス収支もほとんど変化しないでしょう。

　また、移輸入が制限されたことによって県内供給が増加したとしても、それまで県外から安く購入していた商品が県内で新たに高コストで生産されるようになると、このような価格上昇は実質所得を引き下げる方向に働きます。もし県内で低コストで生産できるのであればこの恐れはありませんが、そもそもそうでなかったからこそ県外から購入していたのでしょう。

　もちろん、県内が不況で仕事に従事できない居住者が多くいる場合には、移輸入を制限することで、県内に一時的に雇用を創出することができるかもしれません。確かに、国家間の貿易であれば、全ての国が何らかの形の輸入制限措置を講じています。最も良く見られるものは輸入関税、輸入数量制限、輸入禁止措置です。また、ローカル・コンテント（現地調達率）規制という、現地生産において一定割合以上で現地産の部品や原材料の使用を求める規制をとる国も多くあります。これは、地産地消であれば、生産者・消費者へのアピールでなく、ルールにまで強化したものです。

　これらの輸入制限措置を、ある主権国家内の地域間取引にも導入することは、現在では想定しづらいものです[11]。そして、これらの措置を仮に都道府県に認めた場合の帰結は、容易に想像できます。ある県が移入に制限措置を講じれば、他の全ての県も同様の措置を講じたくなるでしょう。その結果、域際取引は急減し、都道府県全体として以前より所得が低くなります。そもそも、県内に雇用を創出するには、移輸入の制限といった間接的な政策ではなく、起業を容易にしたり投資を刺激したりするような直接的な政策の方が効果的です[12]。

　以上のことは、国際経済関係の歴史が教えてくれる重要な教訓です。最も痛ましい事例は、戦間期のブロック経済化です。大恐慌に際して英仏米日な

---

[11] ただ、公共事業で地元業者保護のために指名競争入札において他地域の業者を排除するなど、同様の効果を持つ制度は各地方自治体に存在します。

[12] 地産地消を県内産品のブランド力の引き上げに活用でき、消費者への訴求力が高まれば、県民の産み出す付加価値も高まり、県内総生産を引き上げます。地元産品の魅力を発掘・活用するこのような取り組みは「結果としての地産地消」であり、各地で多くの成功例があります。移輸入抑制が主目標の地産地消とは異なります。

ど主要国は自国経済圏を保護するために他地域との貿易に高関税を課し、輸入を制限しました。また、近年でも、程度は異なりますが、2008 (平成20) 年末からの世界経済危機において、多くの国で自国経済を保護する目的で、輸出入を抑制するための関税や数量制限を発動しました。その他、自国が不況になった際に輸入制限措置を講ずる事例は、枚挙にいとまがありません。

しかし、個々の国や県にとって望ましい政策であっても、全ての国や県がそれを行うと、全く望ましくない結果をもたらします。これは、経済学で「合成の誤謬(ごびゅう)」と呼ばれる事象です。戦間期のブロック経済化については、これが世界の貿易と経済を縮小させ、各国の経済状態はかえって悪化しました。そしてこれが、第二次世界大戦への道を醸成しました。また、世界経済危機における各国の輸入制限措置については、それが所期の目的を達成できたのか、それとも狙った目的を達成できなかっただけでなく、結果として世界経済全体に悪影響を及ぼしたのではないのかなど、検証すべきです。

不況の際に各国は、輸入制限などの国境措置を安易に導入する傾向があります。また、当初は緊急避難的な措置であったにもかかわらず、一度導入されると産業保護として永続しがちです。すると、特定産業に利益を提供する反面、他産業や消費者に不利益を強いることになります。そもそも、輸入制限は不況や産業の衰退といった問題の解決をもたらす直接的な手段ではありません。

ある地域の1人当たり総生産は、労働者がどれだけ高い付加価値を生み出せるかという意味での生産性にかかっており、重要な要因として資本、労働、技術があります。資本については、労働者1人当たりの設備が増加し、かつそれを労働者が存分に活用することによって、付加価値がより多く生み出され、所得も増えます。労働については、労働者が高い技能を身につけ、消費者により求められる商品をより多く供給することができれば、それによってより高い付加価値を生み出すことができるようになります。技術については、研究開発によって得られるものだけでなく、職場のノウハウや組織の運営方法なども重要です[13]。

---

13) 所得増加のための経済政策についての議論は、第4章第3節を参照してください。

2000年代を通じて、日本全体でも都道府県でも、企業の投資活動は縮小の一途をたどっていました。これでは、労働者が付加価値を産み出す能力を伸ばすことは困難でしょう。投資活動の減退によって労働者が使用できる設備が古くなり、研修によって新たな技能を身に付けることもできず、新製品開発に割ける資源が少なくなれば、個々人が創意工夫をしても、労働者の産み出す付加価値は頭打ちになってしまいます。

第4章

産業構造

生産要素から考える道内産業構造と経済政策

[要 旨]

　第1節　総生産や就業者に占める第1次産業、第2次産業、第3次産業の比率を、第2次世界大戦後の期間で見てみますと、全国においても北海道においても、共に第1次産業の比率は低下し、第3次産業の比率は上昇する傾向があります。また、北海道では全国と比べて農林水産業、鉱業・建設業、政府サービスの比率が常に高く、製造業の比率が常に低くなっています。

　第2節　北海道の産業構造において、サービス業の比率が高く、製造業の比率が低いことは、北海道の労働者1人当たりの資本量が少ないことから説明できます。サービス業の生産にはより多くの労働が必要で、製造業の生産にはより多くの資本が必要です。そのため、道内に比較的多い労働と比較的少ない資本を全て生産に用いるには、サービス業の比率が高くなります。

　第3節　1960年代に、北海道でも都府県でも、農林水産業の就業者比率が急減しました。しかし、北海道では農林水産業を退出した労働者を製造業で吸収できませんでした。これは、北海道における1人当たり資本量の増加量が都府県と比べて少なかったことによると思われます。今後、道民の所得を引き上げるには、製造業比率を高めるよりは、企業活動を活性化するための経済環境の整備と、それを通じた道内投資活動の増加が必要です。

北海道の産業構造については、総生産や就業者に占める製造業の比率が小さいことがよく指摘され、また製造業の効果的な振興策も政府・識者の話題に上ります。この章では、北海道において製造業の比率が小さい理由を、道内における貯蓄や資本の不足から説明します。また、1960年代の北海道では、全国と異なり、農林水産業を離れた労働者を製造業で雇用できませんでした。これを、北海道と全国における1人当たり資本量の増加量の差異から説明します。そして最後に、今後道民の所得を引き上げるには、製造業比率を高めるよりは、企業活動を活性化するための経済環境の整備と、それを通じた道内投資活動の増加が必要であることを述べます。

第1節　北海道の産業構造の変遷

　すでに第1章で確認しましたように、総生産の観点から北海道の産業構造を日本全国と比較しますと、農林水産業で構成される第1次産業や政府サービスが域内総生産に占める比率は高く、鉱業、製造業、建設業で構成される第2次産業が域内総生産に占める比率は低いという特徴があります。この傾向は長く続いているものなのか、また、就業者で見ても同様なのか、1950年代後半から2000年代後半までの約50年間のデータから確認します。

●総生産の産業別比率

　まず、総生産に占める各産業の比率で変遷を見てみましょう。図4－1－1と図4－1－2は、それぞれ北海道と日本全国について、域内総生産に占める第1次、第2次、第3次産業の比率を、1957（昭和32）年度から2007（平成19）年度までの50年間について図示したものです。なお、第2次産業は製造業と鉱業・建設業の、また第3次産業は民間サービスと政府サービスの内訳も示しています。

　これらの図より、北海道においても全国においても、第1次産業の比率は趨勢的に低下し、第3次産業の比率は趨勢的に増加していることがわかります[1]。他方、第2次産業の比率については、全国では1960年代まで増加してその後低下していますが、北海道では1970年代までほぼ一定と、動向に

第4章 産業構造 *121*

図4-1 北海道と日本の総生産の産業別比率：1957（昭和32）年度から2007（平成19）年度

図4-1-1 北海道の産業別比率の変遷

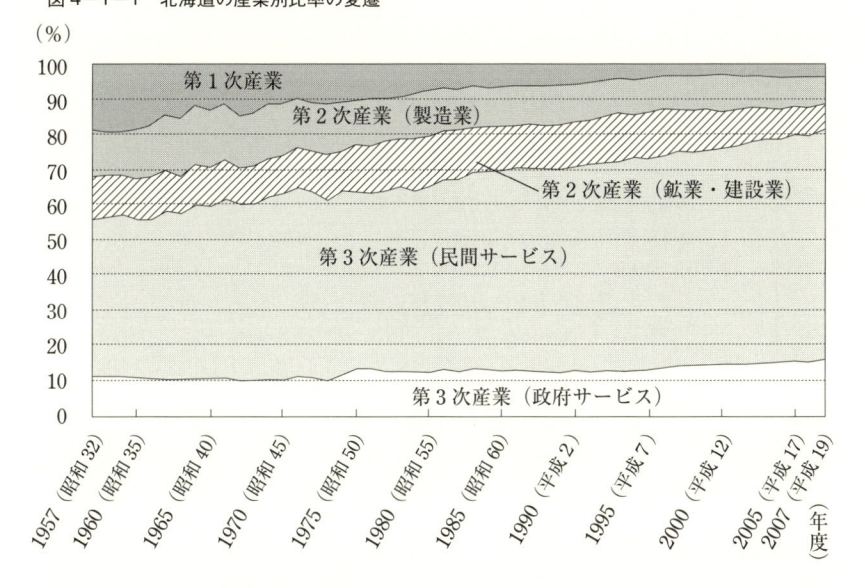

図4-1-2 日本の産業別比率の変遷

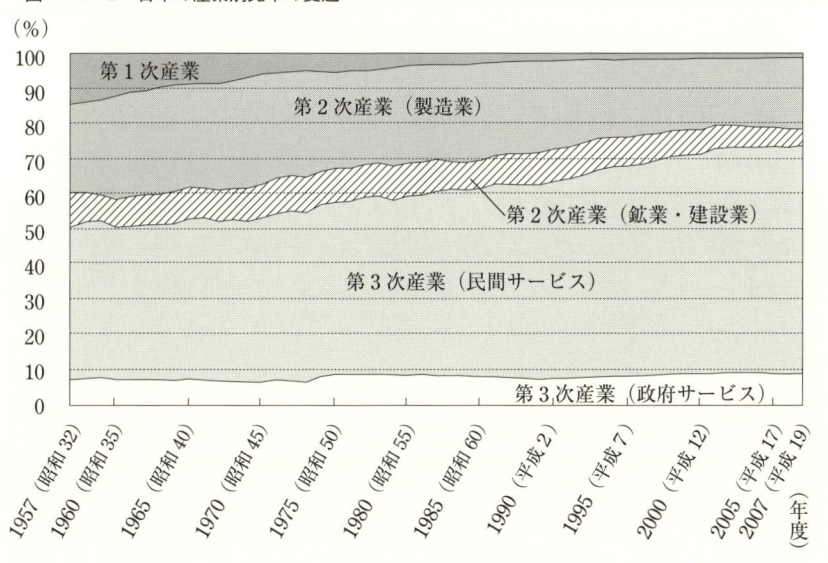

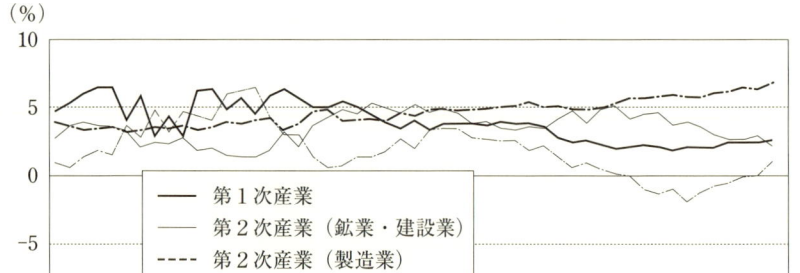

図 4-1-3 北海道と日本の産業別比率の差

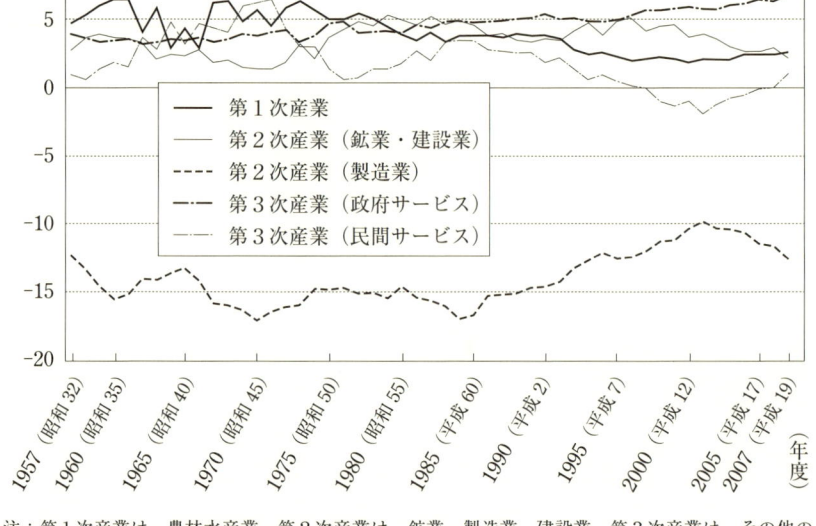

(グラフ)
― 第 1 次産業
― 第 2 次産業（鉱業・建設業）
-- 第 2 次産業（製造業）
-・- 第 3 次産業（政府サービス）
-・・- 第 3 次産業（民間サービス）

注：第 1 次産業は、農林水産業。第 2 次産業は、鉱業、製造業、建設業。第 3 次産業は、その他の産業、政府サービス、対家計民間非営利サービス。
データ出所：内閣府「県民経済計算」(http://www.esri.cao.go.jp/jp/sna/data/data_list/kenmin/files/files_kenmin.html、2014（平成 26）年 1 月 22 日閲覧)。

差が見られます。なお、政府サービスの比率については、北海道では 1990 年代から顕著に増加しています。これは、第 1 章第 4 節で述べましたように、政府部門の固定資本減耗の増加に起因しています。

次に図 4-1-3 は、北海道と日本全体の産業別比率の差を示しています。この数字がプラスであるのは、当該産業の北海道における構成比率が日本全体の比率よりも高いことを意味します。

この図を見ますと、第 1 次産業、第 2 次産業のうち鉱業・建設業、そして

---

1) 図 4-1-1 の北海道における第 1 次産業比率は、特に 1960 年代に変動が目立ちます。これは、北海道における冷害が原因です。1962（昭和 37）年からの 10 年間を例にとりますと、北海道では 1964（昭和 39）年、1965（昭和 40）年、1966（昭和 41）年、1969（昭和 44）年、1971（昭和 51）年に冷害を経験しました。農業技術の改善によって、その後は冷害の影響が限定的になりました。

第3次産業のうち政府サービスの3分類はこの50年間常にプラスで、北海道における比率が全国を上回っています。また、第3次産業のうち民間サービスは、2000（平成12）年度前後には一時マイナスとなっているものの、ほぼ全ての期間でプラスです。他方、第2次産業のうち製造業は常にマイナスで、北海道における製造業比率の小ささには構造的な原因があることを示唆しています。北海道では全国と比べて農林水産業、鉱業・建設業、政府サービスの比率が高く、製造業の比率が低いことは、すでに大正時代には観察されており、長期的・構造的な現象だといえます。

なお、図4-1-3を見ますと、北海道と全国の製造業比率の差が趨勢的に拡大した期間と縮小した期間があることがわかります。また、この製造業比率の変化と、両地域の民間サービス比率の差の変化が、対応しているように見えます。

北海道における製造業の比率が全国と比べて低下している1960年代には、逆に北海道における民間サービスの比率が全国と比べて上昇しています[2]。これは、次項で述べますように、この時期に農林水産業を離れた労働者が、全国では製造業と民間サービスで新規に雇用されたのに対して、北海道では製造業では雇用されなかったことによります。

また、1980年代以降は北海道における製造業の比率が全国と比べて上昇していますが、この時期やはり北海道における民間サービスの比率が全国と比べて低下しています[3]。この変化は、サービス産業化の進展によって日本全国の民間サービス比率が上昇し、製造業比率は低下し、共に北海道での比率に近づいたことによります。北海道は結果として内地に先んじてサービ

---

[2] 具体的な値を、北海道と全国の製造業比率の差が趨勢的に拡大した1957（昭和32）年度から1970（昭和45）年度まで期間で比べてみますと、北海道の製造業比率から日本全国の製造業比率を差し引いた値は、両時点間にマイナス12.4％ポイントからマイナス17.1％ポイントに低下している反面、北海道の民間サービス比率から日本全国の民間サービスを差し引いた値は、1.0％ポイントから6.2％ポイントに上昇しています。

[3] 脚注2と同様に、製造業比率の地域差が趨勢的に縮小した1984（昭和59）年度から2001（平成13）年度で比べてみますと、製造業比率の北海道マイナス日本全国の値は、両時点間にマイナス17.1％ポイントからマイナス9.8％ポイントに上昇している反面、民間サービス比率の北海道マイナス日本全国の比率は3.5％ポイントからマイナス1.9％ポイントに低下しています。

産業化を進め、ようやく内地が追い付いてきた、と表現できるかもしれません。

●就業者の産業別比率

次に、就業者に占める各産業の比率について、図4-1と同様に変遷を見てみましょう。図4-2-1と図4-2-2は、それぞれ北海道と日本全体の域内就業者の産業別比率を、1956（昭和31）年から2007（平成19）年まで図示したものです。また、図4-2-3は、北海道と日本全体の産業別比率の差です。産業分類は図4-1と同様です。データは、政府の統計調査である「就業構造基本調査」から求めました。「就業構造基本調査」はこの期間中、2年～5年間隔実施されました。（図4-2の横軸は調査年が等間隔に配置されていますが、調査実施年の間隔が常に等しかったわけではありません。）

これらの図より、就業者の産業別比率も、総生産の産業別比率を示した図4-1と同様の傾向が見て取れます。すなわち、北海道においても全国においても、第1次産業の比率は趨勢的に低下し、第3次産業の比率は趨勢的に増加しています。また、北海道では1960年代においても第2次産業の比率はほとんど上昇しませんでした。さらに、北海道では全国と比べて、農林水産業、鉱業・建設業、政府サービスの比率は常に上回り、製造業は常に下回っています。

ここで、農林水産業に従事していた労働者の新たな雇用先について考えてみましょう。北海道でも全国でも、図の期間を通して、第1次産業の就業者比率は低下し続けています。特に、1956（昭和31）年から1971（昭和46）年にかけては急激に低下しています[4]。

この時期、全国では国内総生産で見ても就業者で見ても、民間サービスの比率と製造業の比率が共に高まっています。すなわち、両産業では新卒の採用に加え、農林水産業から職を変えた労働者を中途採用していました。これ

---

4) この両時点の値を比べますと、北海道では第1次産業の就業者比率は44.7%から19.6%と20%を切るまでになり、就業者数は83.0万人から46.2万人と約半減しています。日本全国でも同様で、この両時点で第1次産業の就業者比率は42.0%から17.4%に、就業者数は1673.1万人から878.9万人に、それぞれ急減しています。

第4章　産業構造　125

図4−2　北海道と日本の就業者の産業別比率：1957(昭和32)年から2007(平成19)年

図4−2−1　北海道の産業別比率の変遷

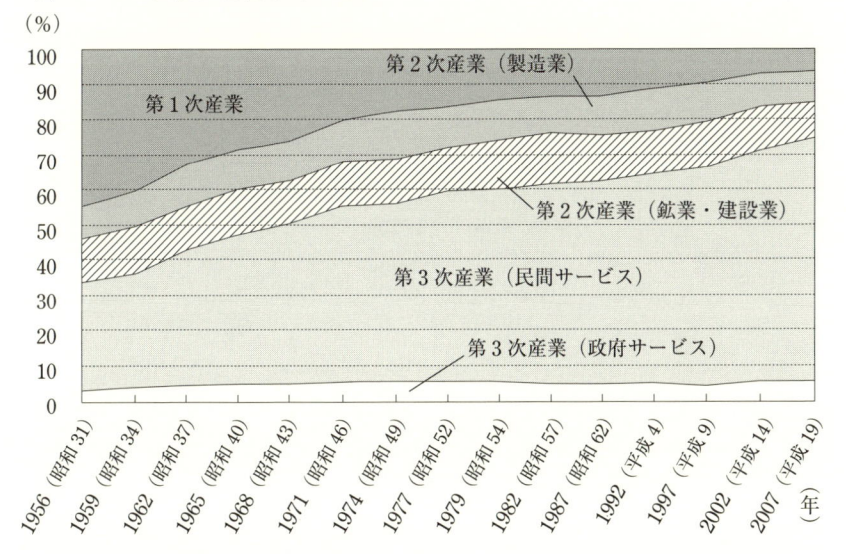

図4−2−2　日本の産業別比率の変遷

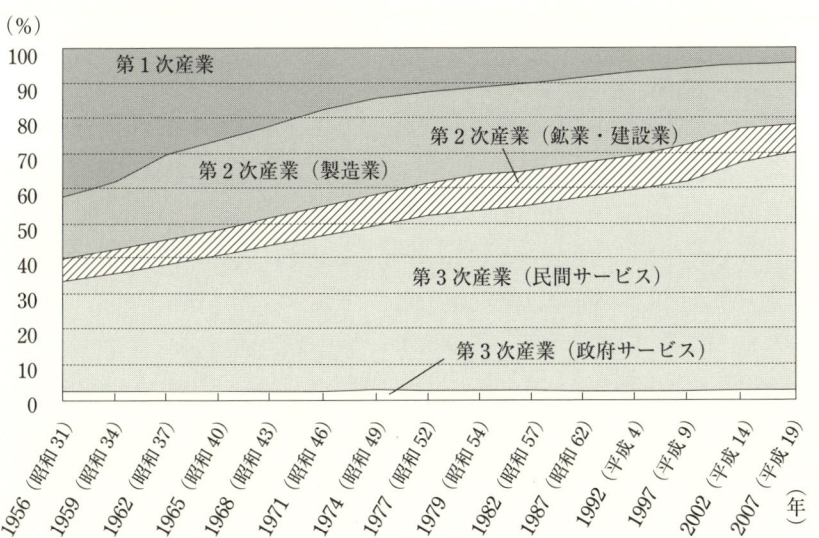

図4-2-3 北海道と日本の産業別比率の差

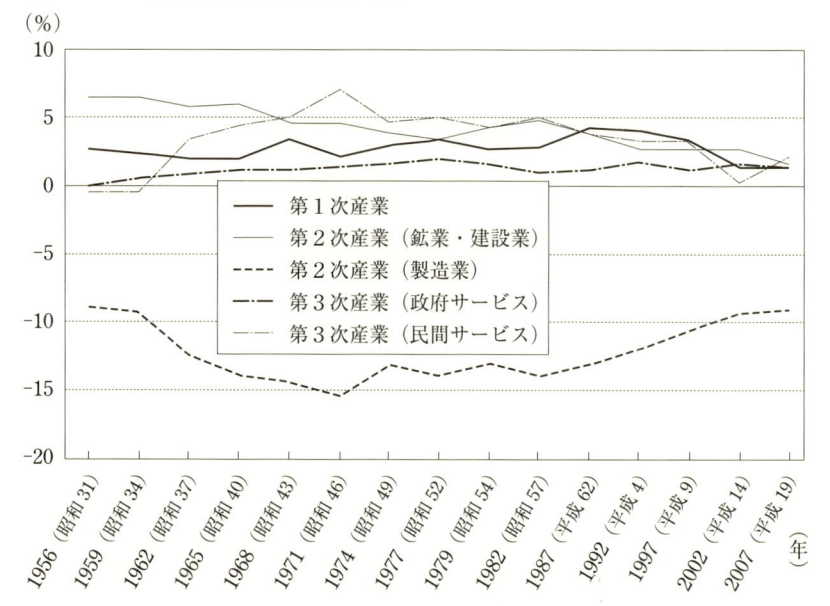

凡例:
- 第1次産業
- 第2次産業（鉱業・建設業）
- 第2次産業（製造業）
- 第3次産業（政府サービス）
- 第3次産業（民間サービス）

注：第1次産業は、農林水産業。第2次産業は、鉱業、製造業、建設業。第3次産業は、その他の産業、政府サービス、対家計民間非営利サービス。
データ出所：総理府統計局、総務庁統計局、および総務省統計局『就業構造基本調査報告』各年版。

に対して、北海道では製造業比率に変化はなく、農林水産業比率の減少幅と民間サービス比率の増加幅がほぼ等しくなっています。これは、それまで農林水産業に従事していた労働者の新たな雇用先が、北海道では民間サービスに偏っていたことを示しています。なぜ北海道では製造業が雇用を提供できなかったのかについては、第3節で検討します。

なお、図4-2を見ますと、全就業者に占める農林水産業就業者の比率は、北海道と日本全国でそれほど差がないことに気付かれると思います[5]。他方、

---

[5] 全就業者に占める農林水産業就業者の比率は、1956（昭和31）年度では北海道で44.7%、全国で42.0%と、北海道は2.7％ポイントしか全国を上回っておらず、両者の比は1.06に過ぎません。2007（平成19）年度でもそれぞれ5.5%と4.2%と、北海道の方が1.3％ポイントしか高くなく、両者の比は1.31です。北海道では水産業に従事する人が多いので、農林業に限定してみますと、その差はさらに縮まります。

図4−1の総生産での比率からでもわかりますように、北海道では全国平均と比べて農林水産業の生産が活発で、総生産に占める農林水産業の比率は全国ほどには減少していません[6]。これらより、全国と比べて北海道の農林水産業従事者の方が、この期間の1人当たりの総生産の伸びが大きいことがわかります。

1959（昭和34）年度と2007（平成19）年度のデータから、このことを確認してみましょう[7]。1959（昭和34）年度の農林水産業就業者の1人当たり名目総生産は、北海道で17.5万円、全国平均では11.5万円でした。2007（平成19）年度になると、これらの数字はそれぞれ465.7万円と211.0万円になりました。この2時点間における1人当たり名目総生産の伸びは、北海道で約27倍、全国平均で約18倍と、全国平均と比べてもともと高かった北海道の農林水産業就業者の1人当たり総生産は、さらに高くなっています。

第2節　道内の生産要素量からの説明

日本の各地域では様々な商品が生産されていますが、どの商品が他の商品と比べて比較的多く生産されているか、地域によって異なります。前節でみましたように、北海道では農業とサービス業が比較的多く、製造業が比較的少なく生産されています。それはなぜでしょうか。

国家・地域間の分業やその所得への影響を分析する貿易理論の1つであるヘクシャー＝オリーン・モデルによれば、次のことがいえます[8]。商品を生

---

[6]　総生産に占める農林水産業の比率は、1957（昭和32）年度では北海道で18.9％、全国では14.2％と、北海道は4.7％ポイント高く、両者の比は1.33です。2007（平成19）年度でもそれぞれ3.7％と1.1％と、北海道は2.6％ポイント高く、両者の比は3.36にもなっています。

[7]　なお、両年度の就業者数は、その数字の示す年の就業者と同じとします。また、1956（昭和31）年は北海道で冷害による凶作となったので、この年の数字は使用しませんでした。

[8]　ヘクシャー＝オリーン・モデルは、スウェーデンの経済学者 E. F. ヘクシャーと B. G. オリーンによって構築されたもので、1933（昭和8）年にオリーンが出版した書籍の中で詳述されています。オリーンは1977（昭和52）年にアルフレッド・ノーベル記念経済学スウェーデン国立銀行賞（ノーベル経済学賞）を受賞しました。

産するには、労働、土地、資本などの生産要素が必要です。そして、どの程度それらの生産要素を必要とするかは、商品によって異なります。北海道では他の地域と比べて1人当たりの農地が多く、1人当たりの資本が少ないので、生産に農地を必要とする農業や、製造業と比べて資本をあまり必要としないサービス業が多くなります。

このように、ヘクシャー＝オリーン・モデルは、各地域で比較的多く生産される商品を、その地域に比較的多く存在する生産要素から説明します。以下ではこの考え方を用いて、モデルの構造を確認しながら、北海道で製造業のシェアが低い理由として道民1人当たりの民間資本ストックが低いことを提示します。

● モデルの設定

まず、簡単化した設定によって分析枠組みを説明しましょう。北と南という2つの地域を考えます。北は北海道、南は都府県を想定しています。また、産業には製造業とサービス業の2種類があり、産業での生産に必要な生産要素も、労働と資本の2種類とします。労働は労働者数で表現できますが、総労働時間数を用いたり、労働の質や効率も考慮したりすれば、さらに適切な指標となります。資本は、ここでは土地、工場設備、オフィス用品、建物といった企業が所有する有形固定資産を指します。

北と南を比べると、資本も労働も域内に存在しますが、その相対的な存在量は異なります。ここでは、域内に存在する資本と労働の比率（資本／労働）、すなわち労働1単位当たりの資本量は北よりも南の方が大きいと仮定します。このことを、北は労働豊富地域、南は資本豊富地域と表現します。

なお、資本や労働は、北と南の間をほとんど移動できないとします。これはやや厳しい仮定ですが、資本の移動は有形固定資産については困難であり、労働の移動についても北海道と都府県間でそれほど多くないので、以下ではこの仮定を受け入れて議論を進めます[9]。

---

9) 確かに、労働は労働者自身で北と南の間を移動できます。資本についても、例えば北に立地する銀行が域内で集めた貯蓄を南に立地する企業に融資すれば、北から南に資本は異動します。ここでは、これらの行動は労働や資本の総量と比べて限定的であるとします。

製造業もサービス業も、生産を行うには、原材料の他に資本や労働が必要です。例えば製造業であれば、黄銅棒や電力といった原材料の他に、工場の機械や本社の建物のような資本と、工場の旋盤工や本社の経理担当者といった労働が必要です。サービス業であれば、ガソリンやパーマ剤といった原材料の他に、トラックや店舗設備のような資本と、運転手や美容師といった労働が必要です。しかし、必要とする資本と労働の比は、製造業とサービス業で異なります。

　ここで、売上額から原材料費を差し引いたものを付加価値と呼びましょう。付加価値とは、労働と資本を用いて企業が新たに産み出した経済的な価値です。1単位の付加価値を生み出すのに必要な資本と労働の投入比率を製造業とサービス業で比べますと、この資本・労働投入比率は生産形態から考えて製造業の方が大きいでしょう。このことを、製造業は資本集約的産業、サービス業は労働集約的産業と表現します。

　付加価値は、それを産み出した労働や資本に、労働提供の対価である賃金や資本提供の対価である賃貸料といった形で分配されます。なお、労働や資本は、北と南の地域間をほとんど移動することはできませんが、地域内では、製造業とサービス業の間を自由に移動したり転用したりできるとします。すると、例えば労働であれば、低い賃金を支払う産業では誰も働こうとしないでしょう。そのため、各地域内で製造業とサービス業が共に活動している時には、労働賃金や資本賃貸料は両産業で等しくなります。

　製造業やサービス業が1単位の付加価値の産出に必要とする資本や労働の量は、北と南で同じであるとします。これは、北と南で生産技術が同じであることを意味します。この時、全ての商品やサービスが両地域で自由に取引されて、その結果これらの価格が両地域で等しくなれば、両地域の労働賃金や資本賃貸料も等しくなります。

　なお、商品の価格やサービスの価格が変わり、それによって賃金や賃貸料といった生産要素価格が変わると、1単位の付加価値を産み出すのに必要な資本と労働の量、そして資本・労働投入比率も同様に変わります。例えば、賃金が相対的に高くなれば、生産者は同じ生産量を維持するにしても、労働を相対的に減らすでしょう。しかしそれでも、製造業とサービス業を比べる

表4−1 数値例

表4−1−1 1単位の付加価値を産み出すのに必要な資本と労働の量

	製造業	サービス業
資本	3	3
労働	2	4
資本・労働投入比率	3/2（資本集約的産業）	3/4（労働集約的産業）

表4−1−2 北と南に存在する資本と労働の量

	北	南
資本	60	75
労働	60	60
資本・労働賦存比率	1（労働豊富地域）	5/4（資本豊富地域）

表4−1−3 完全雇用を達成する付加価値額

	北	南
資本	10	20
労働	10	5
製造・サービス産出比率	1（サービス業が比較的多い）	4（製造業が比較的多い）

と、製造業は常に資本集約的で、サービス業は常に労働集約的であるとします。

● **数値例**

表4−1の数値例を使って検討しましょう。1単位の付加価値を産み出すのに、製造業では資本を3単位、労働を2単位必要とします。また、サービス業では資本を3単位、労働を4単位必要とします。資本・労働投入比率は、製造業では3/2、サービス業では3/4であり、製造業の方が数値が大きいので、資本集約的産業は製造業、労働集約的産業はサービス業です。

また、北には資本が60単位、労働が60単位存在し、南には資本が75単位、労働が60単位存在します。両地域の資本・労働賦存比率は、北で1、南で5/4で、南の方が数値が大きいので、北は労働豊富地域、南は資本豊

富地域となります。

　このような経済では、両地域における製造業とサービス業の付加価値産出高はどのくらいになるでしょうか。北と南で資本や労働が全て生産に使用されるような付加価値産出高を計算しますと、北で製造業が 10 単位、サービス業が 10 単位生産され、南で製造業が 20 単位、サービス業が 5 単位生産されれば、両地域で資本も労働も完全雇用となります。

　製造業とサービス業の産出高の比率を見ると、北では 1、南では 4 であり、南の方が北と比べて製造業・サービス業の産出比率が高くなります。つまり、南は製造業の産出が比較的多く、北はサービス業の産出が比較的多くなります。両国の資本・労働賦存比率にはそれほど大きな違いがないように見えますが（北で 1、南で 5/4）、それが製造業・サービス業の産出比率の大きな違い（北で 1、南で 4）を生み出します。

　以上の分析結果をまとめますと、北は労働豊富地域、南は資本豊富地域で、北では域内に豊富に存在する労働を集約的に用いるサービス業の生産が比較的多く、南では域内に豊富に存在する資本を集約的に用いる製造業の生産が比較的多くなります。このことは他の数値例でも必ず成立し、ある生産要素が比較的豊富な国はその生産要素を集約的に用いる財の生産が比較的多いことが確かめられます。

　図 4-3 は、この結果を図示したものです。まず、O_M と O_S が対角になる四角形は、北に存在する労働と資本の量を表しています。縦軸は労働量で、高さは 60 です。また、横軸は資本量で、横幅は 60 です。この北に存在する労働と資本が地域内の製造業とサービス業にそれぞれどれくらい用いられるかは、図中の点 A で決まります。

　点 A で交差する直線 $O_M M$ と直線 $O_S S$ を見てみましょう。O_M から傾き 2/3 で引かれた直線 $O_M M$ は、製造業の生産で労働と資本がどの程度用いられるかを表しています。製造業で 1 単位の付加価値を産み出すためには、資本が 3 単位、労働が 2 単位必要なので、ここでは傾き 2/3 は製造業の資本・労働投入比率（3/2）の逆数、すなわち労働・資本投入比率になっています。この線上の労働と資本の組み合わせで製造業の生産は行われ、線上を O_M から遠ざかるほど製造業の付加価値が大きくなります。

図4-3　生産量の決定

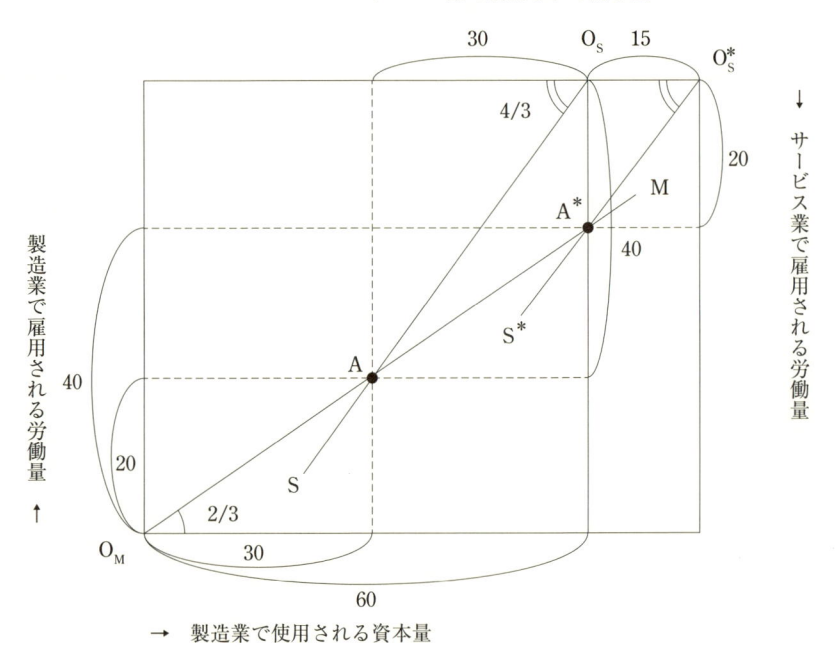

また、O_S から傾き 4/3 で引かれた直線 $O_S S$ は、サービス業の生産で労働と資本がどの程度用いられるかを表しています。サービス業で1単位の付加価値を産み出すためには、資本が3単位、労働が4単位必要なので、傾き4/3 はサービス業の労働・資本投入比率です。この線上の労働と資本の組み合わせでサービス業の生産は行われ、線上を O_S から遠ざかるほどサービス業の付加価値が大きくなります。

北において、製造業もサービス業もそれぞれ直線 $O_M M$ と直線 $O_S S$ の上で生産されていて、かつ失業や遊休資本がないのは、生産要素の各産業への配分が点 A で決まる時だけです。この時、製造業の付加価値産出高は 10 単位、サービス業の付加価値産出高は 10 単位となります。労働は、製造業で20 単位、サービス業で 40 単位雇用され、完全雇用が達成されます。資本は、製造業で 30 単位、サービス業で 30 単位雇用され、こちらも全て使用されま

す。

南についても同様に考察できます。図4-3にある、O_MとO_S^*が対角になる四角形は、南に存在する労働と資本の量を表しています。縦軸は労働量で、高さは60と、北と同じです。横軸は資本量で、横幅が75に広がっています。製造業の生産に用いられる労働と資本の組み合わせを示す直線は、北と同様、直線$O_M M$です。また、サービス業の生産に用いられる労働と資本の組み合わせを示す直線は、O_S^*を原点に描かれた傾き4/3の直線$O_S^* S^*$になります。両者の交点は点A^*です。

点A^*で生産要素の各産業への配分が決まる時、南においても労働の完全雇用と資本の完全利用が達成されます。この時、製造業の付加価値は20単位、サービス業の付加価値は5単位となります。南に60単位存在する労働は、製造業で40単位、サービス業で20単位雇用さます。また、75単位存在する資本は、製造業で60単位、サービス業で15単位雇用されます。

製造業の付加価値産出高は北の10単位から南の20単位と2倍になっていますが、それは図中の$O_M A^*$の長さが$O_M A$の長さの2倍になっていることに対応しています。同様に、サービス業の付加価値は北の10単位から南の5単位と1/2になっていますが、これは図中の$O_S^* A^*$の長さが$O_S A$の長さの1/2になっていることに対応しています。

●分析結果へのコメント

ここで、以上の分析結果にコメントを3点付け加えます。

まず1点目として、読者の中には、遊休設備や失業がないように生産量が決まるという設定に疑問を持つ人がいるかもしれません。これは、企業が生産の拡大や縮小を試みた結果、それ以上は生産量の変更が行われない状態だと理解してください。そして、完全雇用を達成する製造業とサービス業の付加価値産出高は、その地域に存在する資本と労働の量に規定され、ある1つの値に決まります。

次のケースを考えてみましょう。もし北の付加価値産出高が上の結果と若干異なり、製造業で1単位増えて11単位、サービス業で1単位減って9単位となりますと、必要となる資本は合計60単位、労働は合計58単位となり、

北に存在する労働のうち2単位分が失業します。この時、活用されていない労働者を雇用して生産活動を始めようとする、あるいは生産活動を拡大しようとする企業が現れます。

この時、その企業がサービス業であれば、サービス業の生産が1単位増加して計10単位となりますので、今度は資本が3単位、労働が2単位不足します。そこで、製造業の生産が1単位減少してそこで使われていた資本と労働をサービス業が使用することで、資本も労働も完全雇用が達成されます。その結果、北の付加価値産出高は、製造業もサービス業も10単位となります[10]。

次に2点目として、この数値例で南は北よりも資本が15単位多いが、労働の賦存量は同じであり、南の生産要素総量は北よりも多いことから、南は北よりも製造業もサービス業も共に産出が多くなるのが自然だと考える読者がいるかもしれません。しかし、南で製造業とサービス業の産出が共に増加してしまうと、域内で労働が不足してしまいます。そこで、労働の完全雇用を満たしつつ、増加した資本を生産に使うためには、南では資本集約的な財である製造業の生産を増やす必要があります。そして、製造業で新たに雇用される労働は、サービス業の生産を減少させることで提供されます。

南と北の要素賦存量や生産量を比べてみますと、南の資本・労働賦存比率は1.25で、北の1の1.25倍ですが、南の製造・サービス産出比率は4と、北の1の4倍になっています。これは、各地域でのわずかな要素賦存量比率の違いが大きな産業産出比率の違いにつながることを意味しています。多く存在する資本を使い切るために、南では資本集約的な製造業の生産が多くなり、これに伴って製造業に労働者も多く吸収されるので、逆にサービス業の生産は少なくなります。

---

[10] 同じ状況で、もし活用されていない労働を用いて生産活動を拡大しようとする企業が製造業であれば、労働と資本の完全雇用は同時には達成できません。製造業の生産は1単位増加して計12単位となりますので、労働では完全雇用が達成されますが、資本は3単位不足します。サービス業の生産を1単位減らすことでこの資本不足を補おうとすると、今度はそれまでサービス業に従事していた労働から4単位の失業が発生し、失業がかえって拡大します。これは、サービス業は労働集約的産業であり、生産を止めると労働が比較的多く遊休化するからです。

最後に3点目として、サービス業は他地域と取引しづらい非交易財産業であり、かつ北の居住者はサービスばかりを消費するわけではないので、北でのサービス業の比率はモデルほど高くなれないと考える読者もいるでしょう。

もし北と南の居住者の消費パターンに大きな相違がなく、かつサービス業の他地域との取引が製造業と同程度にまで活発になれば、この数値例で北はサービスを南に移出し、南は製造品を北に移出することになります。確かに、現実にはサービス業の他地域との取引はまだ少ないため、北でのサービス業は需要の制約から数値例ほど高くなれません。しかし、サービス業の域際取引は、商業、輸送、情報である程度行われています。これには、同じ企業の南北事務所間の取引だけでなく、異なる企業間の取引もあります。労働が比較的多い北ではサービス業の生産が比較的多いという理論的帰結は、実際にも観察されるでしょう。

● **北海道経済への適用**

北海道で総生産に占める製造業の比率が小さいことをこの枠組みで考えますと、北海道では全国平均と比べて資本・労働賦存比率が小さく、労働豊富地域であるため、労働集約的産業であるサービス業の比率が高いと推測できます。このことを県民経済計算のデータによって確認してみましょう。

資本豊富地域・労働豊富地域の指標となる労働者1人当たりの資本量は、各都道府県の民間資本ストック（製造業と非製造業の合計）を県内就業者数で割ることで求めます。また、製造業の規模については、県内総生産に占める製造業の比率を指標とします。

図4-4は、2007（平成19）年度における両者の関係を図示したものです。横軸は労働者1人当たりの資本量で、単位は万円です。縦軸は製造業比率で、単位は％です。図4-4を見ますと、両者の間には正の関係があることがわかります。これは、ヘクシャー＝オリーン・モデルの理論的帰結と同じ結果です。本書で説明したモデルは非常に単純ですが、それでも現実の経済を適切に描写しています。

北海道は図の下に位置しています。北海道の労働者1人当たりの資本額は1751万円で、これは47都道府県の額の単純平均（1885万円）よりもやや少

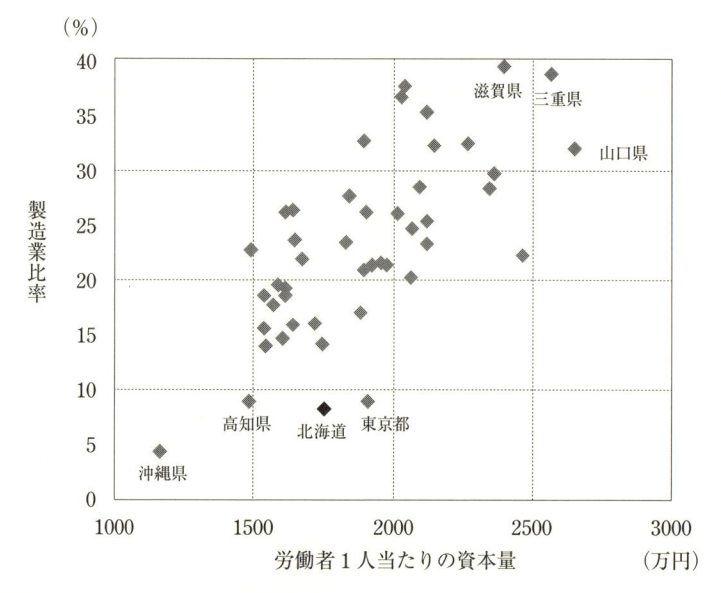

図4−4 都道府県の資本・労働比率と製造業比率：2007（平成19）年度

注：資本額は2000（平成12）暦年価格で評価されています。
データ出所：図4−1と同じ資料から計算。

ない数字です。また、県内総生産に占める製造業の比率は8.2％で、全都道府県の中で沖縄県に次いで2番目に小さい数字です。他方、図の右上には、滋賀県、三重県、山口県が位置しています。

ただ、このような「労働者1人当たりの資本量が少ない結果、製造業比率が小さくなる」という結果については、逆の因果関係、すなわち「製造業比率が小さい結果、県内で資本をそれほど必要としない」という見方をする読者もいるでしょう。確かに、このような関係もあります。そこで、県内投資の原資となる県民貯蓄と製造業の関係を見てみましょう。もちろん、県内の投資の原資は県内の貯蓄だけでなく、県外の貯蓄も金融市場や財政を通じて融通されますが、ここでは県内投資の主たる原資は県民貯蓄と考えています。

県民貯蓄としては、県民可処分所得から民間最終消費支出と政府最終消費支出を引いたものを用います。これを、1998（平成10）年度から2007（平成19）年度の10年間について、単純に足し上げます。これは、現在の資本ス

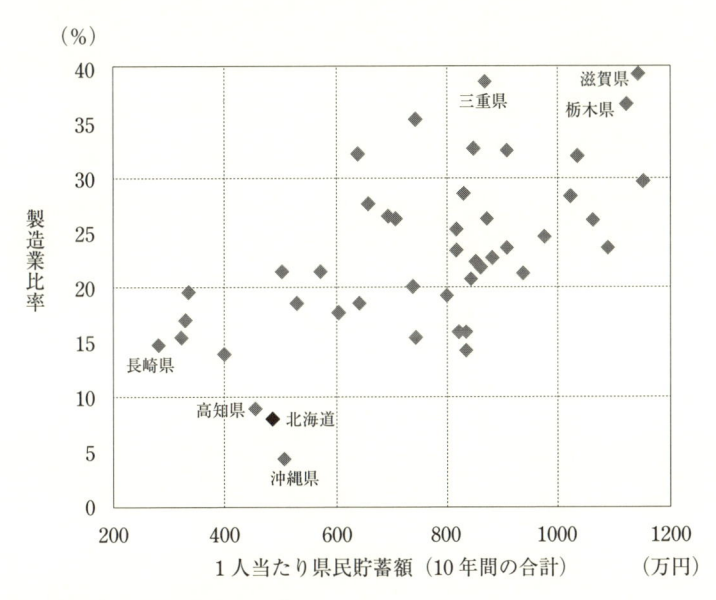

図4-5 道府県の1人当たり貯蓄と製造業比率：2007（平成19）年度

（製造業比率、縦軸：%、横軸：1人当たり県民貯蓄額（10年間の合計）万円）

ラベル付きの県：長崎県、高知県、北海道、沖縄県、三重県、滋賀県、栃木県

データ出所：図4-1と同じ資料から計算。

トックは過去の毎年度の貯蓄そして投資が積み上がったものであることを反映しています。ただ、過去10年間であることに特別な理由はありません。あくまで目安の数字です。

過去10年間の県民貯蓄を県内人口で割った1人当たり県民貯蓄額と、県内総生産に占める製造業の比率の関係を図示したものが、図4-5です[11]。この図を見ますと、1人当たり県民貯蓄額と製造業比率には、粗い正の関係がありそうです。つまり、域内で投資の原資となる貯蓄が少ない都道府県では、製造業比率が少ないといえそうです。

ただ、図の左下にある沖縄県、北海道、高知県は、確かに1人当たり県民

---

11) 東京都については可処分所得のデータが得られないため、図示されていません。また、1人当たり県民貯蓄額の計算に用いました県内人口は2005（平成17）年度のもので、これは平成17年度国勢調査に基づく数値です。

貯蓄額は小さいですが、それでも同じくらいの額の県と比べて、製造業比率が小さすぎるようにも見えます。これは、「製造業比率が小さい結果、県内で資本をそれほど必要としない」という因果関係が、これら3道県では比較的強く働いているからだと考えられます。

北海道は明治以降の本格的な開拓・開発政策で、内地への天然資源や農産物の供給基地としての役割を長く求められてきたという歴史的な経緯があります。そしてそのため、製造業が発展する契機が得られなかったという説があります。食料品やパルプ・紙のように、北海道で生産活動の活発な製造業もありますが、それらも北海道の農産物や天然資源に強く依存して企業が立地しましたので、北海道の開拓・開発政策と深く関連しています[12]。

本書では、北海道の開拓・開発政策が製造業の集積に与えた影響についての分析は行いません。しかしそれは、この側面が重要ではないからではありません。北海道で製造業の立地が少ない理由として、原材料指向の開拓・開発政策も説明力を有すると考えられます。

第3節　製造業が雇用を提供できなかった要因

すでに第1節で示しましたように、1970年代まで、北海道では総生産で見ても就業者で見ても製造業比率が上昇しませんでした。これは、この時期に全国で製造業比率が上昇していたことを考えますと、北海道の特徴を示しているといって良いでしょう。また、北海道と全国の製造業比率の地域差は民間サービス比率の地域差と対称的に変化していました。例えば1960年代には、北海道における製造業の比率が全国と比べて低下している反面、逆に北海道における民間サービスの比率が全国と比べて上昇しています。これは、

---

[12] 食料品産業は北海道で多く生産される農産物・水産物を加工するもので、北海道でこの比率が高いのは自然なことです。また、パルプ・紙産業は、道内に豊富に存在する森林資源を求めて立地しました。現在では原料に占める輸入パルプ材の比率が増えていますが、それでも道内には多くの製紙会社が立地し続けています。これは、巨大な装置を必要とする産業は、一度立地すると容易には移転しないという履歴効果が強く働いているからかもしれません。

この時期に北海道では、農林水産業を離れた労働者の多くが民間サービス産業で雇用されたことを示しています。

この節では、北海道において製造業が新たな雇用先を提供できなかった理由を検討します。その際、農林水産業を「農業」とモデル化して、第2節で説明しました理論枠組みに加えます。北海道では道内総生産に占める農林水産業の比率が高いので、第2節で説明しましたモデルを北海道経済に適用する際には、製造業とサービス業に農業も加えることでより適切な考察が可能になります。また、生産要素についても、労働と資本の他に農地も考えましょう。このような3産業3生産要素モデルの単純な例を、以下で紹介します。

● 3産業3生産要素モデル

農業の生産には、資本と労働だけでなく、農地も必要です。他方、製造業とサービス業の生産には、前述のモデルのように、資本と労働だけを必要とするとします。前節のモデルのように、各産業の生産量は生産要素が全て使われるように決まるとすると、農地は農業でしか用いられないことから、農業の総付加価値額は農地が全て農業生産に使われた場合の額になります。

各商品の価格が決まりますと、それによって資本の賃貸料、労働者の賃金、農地の地代が決まり、農業で付加価値を1単位産み出すのに必要な資本の量、労働者の数、農地の広さも決まります。このような生産要素の必要量を用いますと、農地の広さから農業の総付加価値額がわかり、あわせて農業に用いられる資本と労働の量もわかります。

前節のモデルでの北の地域に、農業を組み込んでみましょう。北に農地は10単位存在するとします。表4-2-1をご覧ください。当初の農業の生産技術では、1単位の付加価値を産み出すのに必要な労働は2単位、土地は2単位、そして資本は必要としないとします。農業の生産に資本を必要としないというのは極端な仮定ですが、これは分析を簡単にするためのもので、資本を必要とするとしても以下の議論は成り立ちます。農業生産高は農地が全て農業生産に使用されるように決まりますので、この当初の農業技術の時、表4-2-2のように農業の付加価値産出高は5単位となり、農業に従事する労働者は10単位となります。

表4-2 農業の数値例

表4-2-1 1単位の付加価値を産み出すのに必要な資本、労働、農地の量

	当初の技術 （生産技術1）	省力化 （生産技術2）	機械化 （生産技術3）
資本	0	0	1/2
労働	2	1	1
農地	2	2	1

表4-2-2 完全雇用を達成する付加価値額

	当初の技術 （生産技術1）	省力化 （生産技術2）	機械化 （生産技術3）
製造業	15	25/2	35/3
サービス業	5	15/2	20/3
農業	5	5	10

　北のサービス業と製造業は、北の労働60単位から農業に使用される労働10単位を差し引いた残り50単位を雇用して、資本60単位も用いて生産を行います。そして、サービス業の付加価値産出高が5単位、製造業の付加価値産出高が15単位の時に、資本も労働も完全に使われ、遊休設備も失業もなくなります。

　図4-6で確認してみましょう。図の意味は図4-3とほぼ同じです。横軸は北に存在する資本60単位、縦軸は北に存在する労働60単位を表しています。まず、農業の付加価値額、そして農業で用いられる資本と労働は、北に存在する農地の広さと農業の生産技術によって決まります。当初の農業の生産技術では、農地10単位が全て使用される場合、農業で使用される資本量は0単位、農業で雇用される労働量は10単位ですので、北のサービス業と製造業が使用できる残りの資本と労働の総量は、O_MとO_S^1を対角とする四角形で表わされます。サービス業の付加価値は$O_S^1 A^1$単位、製造業の付加価値は$O_M A^1$単位で表わされます。

　ここで、農業生産技術の改善策を、表4-2-1のように2種類考えてみます。1つは省力化で、より少ない労働で同じ農業付加価値を産み出すことができる改善です。ここでは、生産技術の改善により、労働1単位、農地2単位と、当初の生産技術よりも投入労働が1単位分少なくなっても、農業の付

図4-6 農業の生産技術の変化

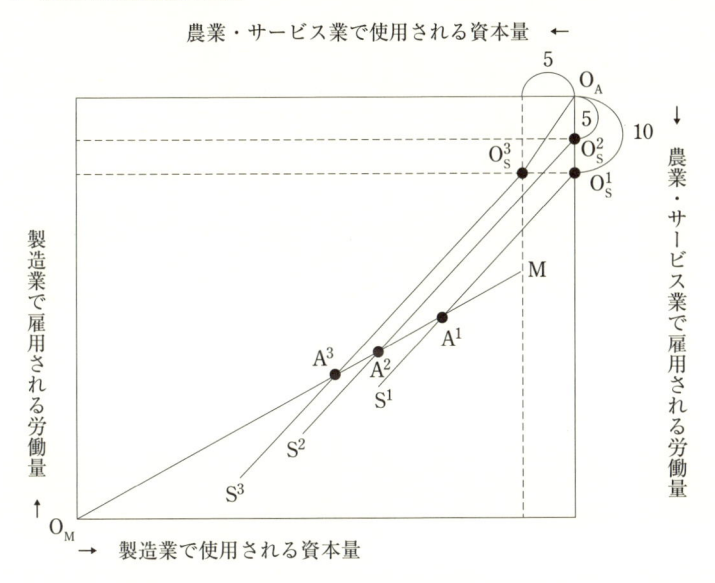

加価値1単位を産み出せるようになったとします。このような生産技術の改善は、賃金が地代に比べて高くなり、労働を多く雇用することがコスト高につながる時に農業従事者に広まるでしょう。

　もう1つは機械化で、農機具などの資本の投入によって、農地と労働の必要投入量が同じ比率だけ少なくなるような改善です。ここでは、資本を0.5単位使用することで、農地と労働の必要投入量がそれぞれ半分の1単位になっても、農業の付加価値1単位を産み出せるようになったとします。このような生産技術の改善は、資本価格が賃金や地代に比べて低下した時に農業従事者に広まるでしょう。もちろん、実際の農業技術改善では省力化と機械化の要素が共に見られますが、ここでは説明を明快にするために分けています。

　さて、農業で省力化が広まると、農地10単位が全て用いられ、農業の付加価値産出高が5単位となる時、農業に従事する労働は5単位となります。すると、図4-6に示しましたように、北のサービス業と製造業が使用できる残りの資本と労働の総量は、O_MとO_S^2を対角とする四角形で表わされます。省力化導入前と比べて、労働が$O_S^1 O_S^2$だけ5単位増えています。サービ

ス業の付加価値は $O_S^2A^2$、製造業の付加価値は O_MA^2 となります。これは省力化導入前と比べて、サービス業の付加価値は $O_S^1A^1$ から増加、製造業の付加価値は O_MA^1 から減少しています。

また、農業で機械化が広まると、農地10単位が全て用いられる時、農業の付加価値産出高は10単位、農業に投入される資本は5単位、労働は10単位となります。すると、北のサービス業と製造業が使用できる残りの資本と労働の総量は、O_M と O_S^3 を対角とする四角形で表わされます。機械化導入前と比べて、資本が $O_S^1O_S^3$ だけ5単位減っています。サービス業の付加価値は $O_S^3A^3$、製造業の付加価値は O_MA^3 となります。こちらも、機械化導入前と比べて、サービス業の付加価値額は増加、製造業の付加価値額は減少しています。

このように、農業技術の改善によって省力化あるいは機械化が図られると、サービス業の付加価値産出高は増加し、製造業の付加価値産出高は減少します。それはなぜでしょうか。省力化によって農業が雇用する労働が減少しても、機械化によって農業が使用する資本が増加しても、それによって北の製造業とサービス業が用いることのできる資本は労働と比べて相対的に減少するため、資本集約的な製造業の生産が減少するのです。この例でも、北の製造業とサービス業が用いることのできる資本と労働の比率は、当初は60/50であったものが、省力化によって60/55、機械化によって55/50と、共に低下しています。

●農業生産技術の変化

前項の検討より、もし1960年代に北海道では都府県に比べて、農業部門でより省力化（表4-2の生産技術2）や機械化（表4-2の生産技術3）が進んだのであれば、それは北海道における製造業への潜在的な縮小圧力が都府県より高かったことになります。そしてこれは、北海道において1960年代に製造業が新たな雇用先を提供できなかったことを説明できます。この仮説が正しいかどうか確認するため、北海道と都府県における農業生産技術の変化を見てみましょう。

表4-2-1に則して、農業で1単位の付加価値を産み出すのに要する農地、

労働、資本の量を求めます。図4-7は、農林省・農林水産省の統計を用いて、農業で名目付加価値1000円を産み出すのに要する経営耕地面積（単位はアール）、農業労働時間（単位は時間）、建物や農機具などの農業固定資産の名目額（単位は千円）を、1962（昭和37）年度から2007（平成19）年度について計算し、それを北海道と都府県に分けて示したものです。以下ではこれらの数値を、それぞれ農地投入係数、労働投入係数、資本投入係数と呼びます。なお、ここでは付加価値や資本の名目額を用いていますが、北海道と都府県で物価変動に大きな差がなければ、両地域の比較に支障はないと判断しました[13]。

各生産要素の投入係数を北海道と都府県で比べてみますと、農地投入係数では当然ながら北海道の方が非常に大きな値となっています。しかし、労働投入係数と資本投入係数については、あまり差がありません。また、両地域の投入係数の変化の方向は似通っています。例えば、農地投入係数については、1962（昭和37）年度には、北海道で0.96、都府県で0.32と、北海道の値は都府県の3倍でした。10年後の1972（昭和47）年には、両者の値は0.46と0.16で、北海道の値はやはり都道府県の約3倍となっています。また、労働投入係数では都府県の値の方がやや大きく、資本投入係数はほぼ同じ値です。

1960年代に、農業におけるこのような投入係数の変化が産業構造に与えた影響を、表4-2や図4-6に基づいて考えてみましょう。投入係数の比較は、主に1962（昭和37）年度と1972（昭和47）年の値で行います。

まず、農地投入係数については、この値が減少しますと、一定の農地面積と労働・資本投入係数のもと、農業労働者と農業資本が増加し、農業が産み出す付加価値が増加します。ただ、図4-7に示しましたように、1962（昭和37）年度から1972（昭和47）年の10年間で、北海道でも都府県でも農地投入係数は半分弱になっていますが、同じ期間に両地域で労働投入係数も3

---

[13] 北海道の各投入係数は、都府県の係数よりも増減が大きくなっています。この主要な理由は、脚注1でも述べました北海道における冷害です。冷害の年には付加価値が減少するため、逆に北海道の各投入係数の値は上昇しています。

図4-7 北海道と都府県における農地・労働・資本投入係数の変遷

図4-7-1 農地投入係数

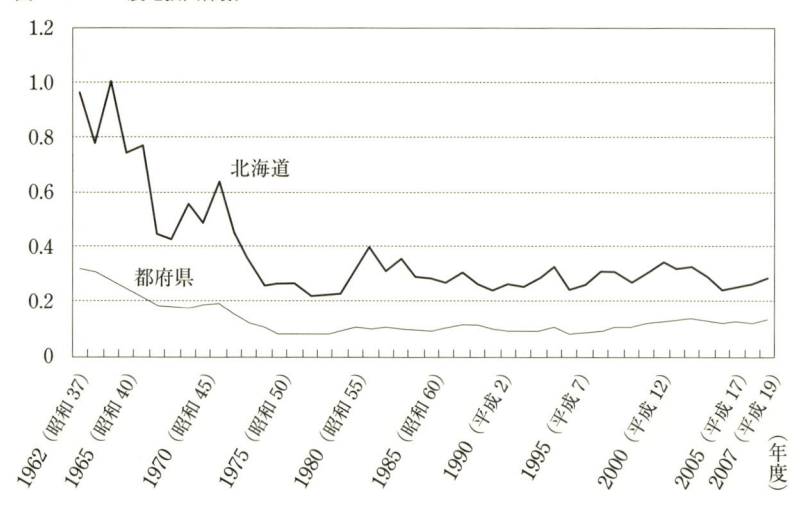

図4-7-2 労働投入係数

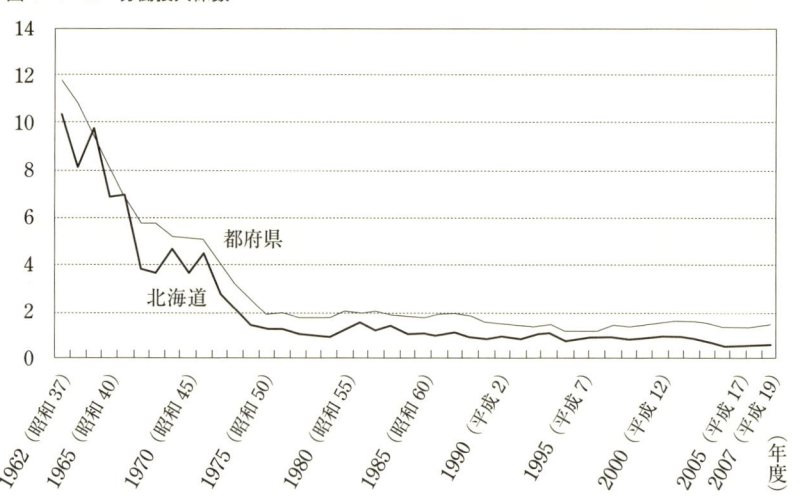

図4-7-3 資本投入係数

注：農地・労働・資本投入係数は、下記データ元にある農家1戸当たりの数値から計算しました。
　　農地投入係数＝農業付加価値（単位：千円）／経営耕地面積（単位：アール）
　　労働投入係数＝農業付加価値（単位：千円）／農業労働時間（単位：時間）
　　資本投入係数＝農業付加価値（単位：千円）／農業固定資産額（単位：千円）

データ出所：1962（昭和37）年度は、農林省農林経済局統計調査部『農家経済調査報告　第3集　農家経済価値統計』昭和37年度版、農林統計協会。1963（昭和38）年度から1965（昭和40）年度は、同部『農家経済調査報告　第2集　農家経済価値統計』各年度版、農林統計協会。1966（昭和41）年度から1970（昭和45）年度は、同部『農家経済調査報告』各年度版、農林統計協会。1971（昭和46）年度から1976（昭和51）年度は、農林省農林経済局統計情報部『同報告』各年度版、農林統計協会。1977（昭和52）年度から1994（平成6）年度は、農林水産省経済局統計情報部『同報告』各年度版、農林統計協会。1995（平成7）年度から1998（平成10）年度は、同部『農業経営統計調査報告　農業経営動向統計』各年度版、農林統計協会。1999（平成11）年度から2001（平成13）年度は、農林水産省大臣官房統計情報部『同統計』各年度版、農林統計協会。2002（平成14）年度と2003（平成15）年度は、農林水産省大臣官房統計部『同統計』各年度版、農林統計協会。2004（平成16）年度から2007（平成19）年度は、農林水産省大臣官房統計部『農業経営統計調査報告　経営形態別経営統計（個別経営）』各年度版、農林統計協会。

分の1近くに低下し、農業労働者総数は実際には増加しませんでした。他方、資本投入係数はやや増加しており、実際に農業資本総額は増加しました。

次に、労働投入係数については、上述のように北海道でも都府県でも大きく、かつ比例的に減少しました。農業の省力化（表4-2の生産技術2）は、北海道だけでなく、全国で観察される現象だったことがわかります。そしてその結果、図4-2で確認しましたように、農業に従事する労働者の全労働者に占める比率は、北海道でも日本全国でも同様に低下してきました。

図4-6の分析を用いますと、資本量と労働量が一定のもとで、このような農業部門の省力化が起これば、労働集約的産業であるサービスの付加価値は増加し、資本集約的産業である製造業の付加価値は減少します。もちろん、経済を長期的に観察する場合には、蓄積された資本の総量や人口の変化も考慮に入れなければなりません。しかしそれでも、農林水産業従事者の減少は、サービス部門を拡大させ製造業部門を縮小させる潜在的な圧力となります[14]。

最後に、資本投入係数については、北海道と都府県でほぼ同じ値で、かつ1960年代を通じて共に上昇傾向にありました。農業の機械化（表4-2の生産技術3）も、北海道だけでなく、全国で観察される現象だったことがわかります。そして、農業部門で使用される資本が増加しますと、労働集約的産業であるサービスの付加価値は増加し、資本集約的産業である製造業の付加価値は減少します。

1960年代に観察されました農業における労働投入係数の急減は、表4-2の省力化（生産技術2）といえます。また、資本投入係数の増加は、表4-2の機械化（生産技術3）を示しています。これらは共に、製造業を縮小させ

---

[14] 第1次産業に従事する労働者の比率が減少しているのは、農林水産業の技術進歩が理由ではなく、農産物の相対価格の低迷によって農林水産業で生計を立てることをあきらめた人が多くなり、農林水産業の生産そのものが減少したという側面もあります。確かに、主要作物である米も小麦も、北海道でも全国でも、収穫量のピークは昭和40年代でした。農業生産が減少すれば、農業に従事する労働だけでなく、農業に使用される資本の総量も減少します。これは、例えば図4-6で、$O_A O_S^3$ が短くなる場合です。しかし、農業の資本・労働投入比率はサービスの資本・労働投入比率より小さいと考えられますため、これによってもやはり製造業からサービスに資本と労働は移ります。

る効果を有します。しかし、労働・資本投入係数の変化は、北海道と都府県でほぼ同じでした。これは、北海道において1960年代に製造業が新たな雇用先を提供できなかった理由を、農業部門の投入係数の変化から説明するのは難しいことを意味します。

図4-6をもう1度見てみましょう。図4-6の縦の長さの労働量と、横の長さの資本量が、北海道と都府県にある労働・資本量を共に示しているとします。両地域で省力化が同程度でしたので、それを表4-2の生産技術1から生産技術2への変化とすれば、製造業の付加価値の減少分は両地域で共にA^1A^2となります。北海道で特に製造業の付加価値に減少圧力が大きかったことは説明できません。また、表4-2の機械化（生産技術3）を考えても、やはり両地域で機械化が同程度でしたので、製造業の付加価値の減少分は両地域で共にA^1A^3となります。図4-6の横の長さ（資本量）が地域毎に異なっていても、A^1A^2やA^1A^3の長さは同じです。

● 資本量の増加

私は、北海道において1960年代に製造業が農業部門からの労働者を吸収できなかった理由として、北海道における1人当たり資本量の増加量が都府県を下回ったという仮説を提示します。

図4-8は、この仮説を図示したものです。図の見方は図4-6と同様です。当初、北海道と都府県に存在する労働と資本の量は、それぞれO_MとO_Aが対角になる四角形と、O_MとO_A^*が対角になる四角形で表されます。都府県の労働量は当然北海道より多いですが、ここでは都府県の労働・資本量を表す四角形を縮小して、労働量を示す縦の長さが北海道と等しくなるようにしています。北海道は労働豊富地域、都府県は資本豊富地域なので、縦の長さを揃えると、1人当たり資本量の指標となる横の長さが北海道では短くなります。

製造業の生産技術は直線$O_M M^1$として、またサービス業の生産技術は直線$O_S^1 S^1$と直線$O_S^{*1} S^{*1}$として表されます。両地域の農業の生産技術は、表4-2-1の生産技術1のように、資本を必要としないものであったとします。両地域で農業に従事する労働者の全労働者に占める比率は等しく、当初は北

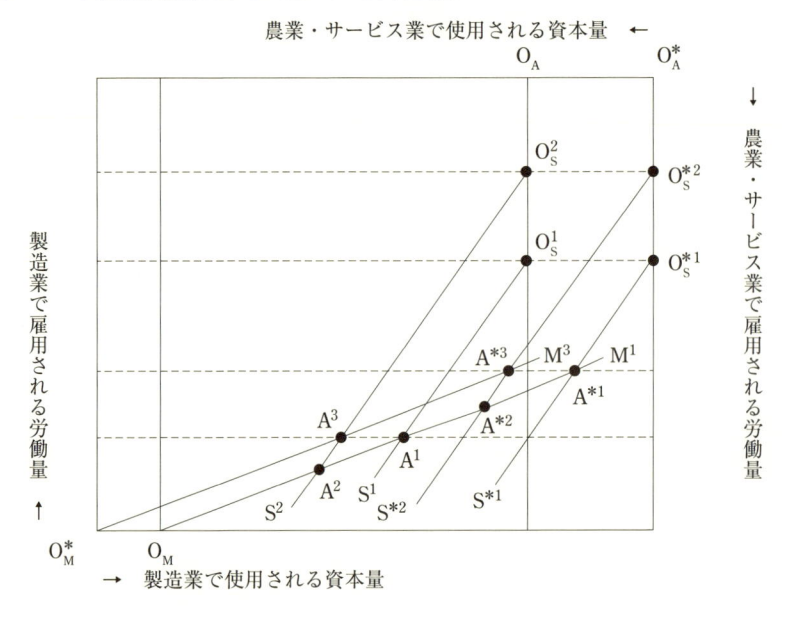

図4-8 製造業雇用者比率を一定にする資本量増加

海道では $O_A O_S^1$、都府県では $O_A^* O_S^{*1}$ の労働者が農業に従事しています。この時、製造業が産出する付加価値は、北海道で $O_M A^1$、都府県で $O_M A^{*1}$ となります。

ここで、両地域で表4-2-1の生産技術2のような省力化が同じ程度で進行し、両地域で農業に従事している労働者がそれぞれ $O_A O_S^2$ と $O_A^* O_S^{*2}$ まで減少したとします。すると、失業や遊休設備がないように生産量の調整が行われた結果、製造業が産出する付加価値は、北海道で $O_M A^2$、都府県で $O_M A^{*2}$ と、それぞれ減少します。減少幅は両地域で等しく、北海道で $A^1 A^2$、都府県で $A^{*1} A^{*2}$ です。

この時、もし北海道と都府県で労働者1人当たりの資本量が同じ額だけ増加し、北海道と都府県の両地域で資本量が $O_M^* O_M$ だけ増加したとしますと、製造業が産出する付加価値は、北海道で $O_M^* A^3$、都府県で $O_M^* A^{*3}$ となります。この状態では、農業技術の省力化と資本量の増加が起こる前の状態を各地域で比べて、製造業付加価値（北海道で $O_M A^1$、都府県で $O_M A^{*1}$）は等しく、

全労働量に占める製造業雇用者比率も等しくなります。つまり、両地域における資本量の1人当たり増加量が等しければ、両地域で製造業が新たに雇用できる労働者の全労働者に占める比率も等しくなります。

　しかし、この状態は北海道における資本量の増加「率」が都府県を上回らないと実現できません。もともと北海道は労働豊富地域、都府県は資本豊富地域でしたので、両地域における資本の増加「率」が等しければ、1人当たりの資本の増加「量」は都府県の方が大きくなります。農業部門から労働者が多数退出した1960年代、北海道の資本増加「率」はもしかしたら内地と同じかそれ以上だったかもしれませんが、おそらく1人当たりの資本増加「量」は内地よりも少なかったのでしょう。そのため、北海道ではサービス業部門で労働者をより多く吸収することになったのだと私は判断します。

　図4-2に示されていますように、1950年代から1970年代中頃まで、北海道では都府県とほぼ同じペースで農林水産業労働者比率が低下しました。そして、農村部から都市部、特に札幌市に人口が移動し、都市部で労働集約的なサービス産業が発展することで、急激に増加した人口を労働者として吸収しました。図4-1-3や図4-2-3を見ますと、この時期に北海道の民間サービスが域内総生産や域内就業者に占める比率が全国のそれらの比率を上回り、差が拡大していることが分かります。

　ただ、「北海道において1960年代に製造業が農業部門からの労働者を吸収できなかったのは、北海道における1人当たり資本量の増加量が都府県を下回ったから」という仮説をデータによって検証するには、より詳細な分析が必要になります。なぜなら、本章で用いました分析枠組みでは、生産要素の存在量の変化が産業構造に与える影響を、他の様々な要因を「一定」として検討しているからです。時系列的な変化を追う場合、「一定」と仮定していた様々な外部経済環境も変化します。そのため、産業構造の変化のうち、生産要素の存在量の変化によって引き起こされた部分だけを抽出するには、より発展した分析手法を用いる必要があります。そのため、本章ではこの仮説の検証までは行いませんでした。

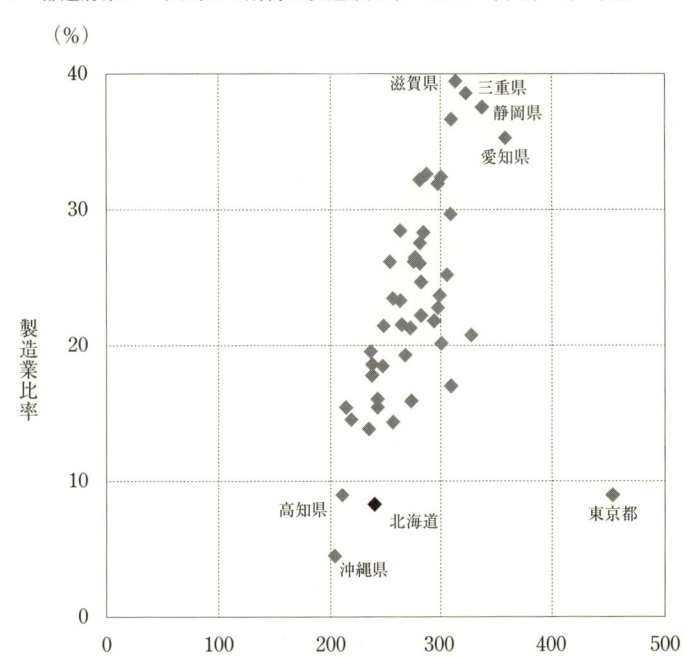

図4-9　都道府県の1人当たり所得と製造業比率：2007（平成19）年度

（図：散布図。横軸「1人当たり県民所得（万円）」0〜500、縦軸「製造業比率（%）」0〜40。ラベル付きの点：滋賀県、三重県、静岡県、愛知県、高知県、北海道、沖縄県、東京都。）

データ出所：図4-1と同じ資料から計算。

●製造業と所得の関係

　本章では、北海道経済に占める製造業の割合が低い理由を、ヘクシャー＝オリーン・モデルより北海道の1人当たり資本量が都府県よりも少ないためであることを示しました。また、北海道における1人当たり資本量の増加量が都府県を下回ったため、北海道では農業部門から退出した労働者を製造業部門で吸収できなかったという仮説を提示しました。

　では、そもそも、北海道経済に占める製造業の割合を高める必要はあるのでしょうか。日本の都道府県で、1人当たり所得と県内総生産に占める製造業の比率の関係を図示してみますと、図4-9のように両者には正の相関関係が見えます。この図から、「製造業比率が高まれば所得が増える」という因果関係を読み取る人は、道内における製造業の育成を主張するでしょう。

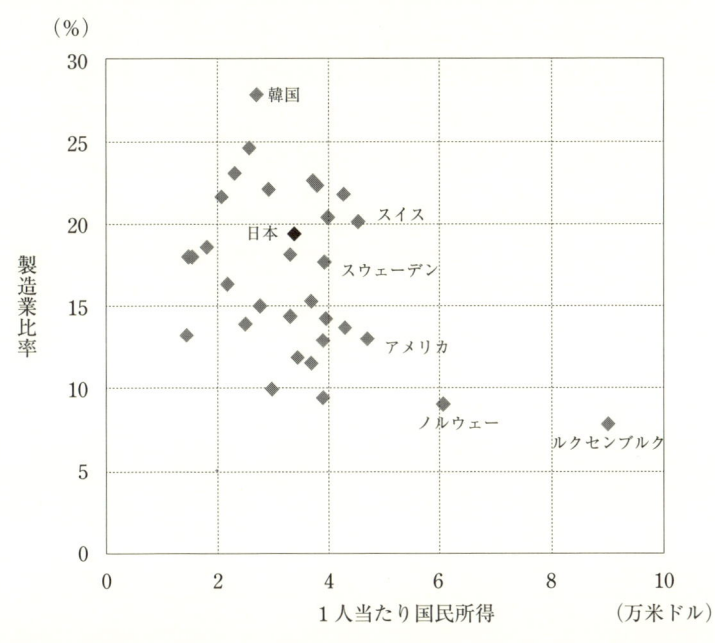

図4−10　OECD加盟国の1人当たり所得と製造業比率：2008（平成20）年

（縦軸：製造業比率（％）、横軸：1人当たり国民所得（万米ドル）。韓国、日本、スイス、スウェーデン、アメリカ、ノルウェー、ルクセンブルクなどがプロットされている散布図）

注：各国の現地通貨建て所得から米ドル建て所得への換算に、OECDによる購買力平価を用いています。
データ出所：OECD iLibrary (http://www.oecd-ilibrary.org/、2014（平成26）年4月5日閲覧）。

　しかし、製造業比率と1人当たり県民所得に因果関係はありません。むしろ、1人当たり所得は、技術の水準や効率性の程度に加えて、労働者が利用できる資本などの生産要素の量によって決まります。そしてまた、労働者1人当たりの資本が多い都道府県では、ヘクシャー＝オリーン・モデルから製造業比率が高くなります。つまり、労働者1人当たりの資本が原因で、1人当たり所得と製造業比率は共にその結果なのです。製造業があるから1人当たり所得が高くなるのではなく、労働者1人1人が使用できる資本などの生産要素の量が多いから、製造業比率が高まりますし、所得が高くなります。
　日本国内の各地域の比較ではなく、日本と各国との比較をしてみますと、製造業比率と所得に因果関係がないことが、よりはっきりとわかります。図4−10は、経済協力開発機構（Organisation for Economic Co-operation and

Development: OECD) 加盟国の 2008 年の 1 人当たり国民所得と、同年の国内総生産に占める製造業の比率を、2010 年末における OECD 加盟国 34 カ国のうち、2008 年の製造業比率が得られなかったカナダとニュージーランドを除いた 32 カ国について図示したものです。これを見ますと、OECD 加盟国では製造業比率と 1 人当たり国民所得に相関はありません。これは、各産業の生産技術が各国で大きく異なっていることも意味しています。

確かに、日本でも世界でも、経済発展のある段階においては、製造業が生産要素の質の高さや量の豊富さを活用して、付加価値を産み出す原動力となりました。しかし、今では他の産業、農林水産業やサービス産業においても、技術革新が進んでそれらを活用することが容易になっています。日本のみならず世界の経済で製造業の比率が縮小傾向にある中で、北海道で製造業の拡充を目指すのは、時宜にかなっていないとも考えられます。

● **所得増加のための経済政策**

付加価値を産み出す根源は、労働、資本、生産技術、経営能力などであって、産業ではありません。このことから、所得を増やすためには、経済環境を整える以下のような地味な努力を息長く続けることが必要です。

まず、マクロ経済の面では、マクロ経済環境を安定的にして、人々が長期的な視野を持って経済活動ができるようにします。例えば、適切な金融政策と財政政策によって、物価水準を安定させ、過度の景気変動を抑えます。法令の解釈を明確にしたり、恣意的な法令の改廃を避けたりすることも、経済活動に関わる規制への人々の予見性を高めます。このようなマクロ経済政策の安定化は、主に中央政府と中央銀行が担う経済政策です。

次に、労働の面では、人々がさまざまな業種で積極的に経済活動を行えるよう支援し、起業や廃業を容易にする制度を整えることも重要です。これには、起業・廃業に伴う労働者の移動を容易にするため、労働者が新しい仕事を見つけること、新しく雇用されること、新しい技能を習得することを支援する制度の充実も不可欠です。

これらも、主に中央政府が担うものですが、北海道の地方公共団体も政策を付加できます。例えば、比較的大きな自治体であれば、創業を支援するた

めの財団法人を設立したり専門職員を育成したりすることができるでしょう。また、企業には新規雇用に補助金を付与すること、そして労働者には道内で居住地が変わるような転職や職場で新たに必要とされる技能の習得などについて、雇用保険でカバーされない部分に、金銭的支援を行うことも検討に値します。

　加えて、北海道の女性に就業機会をより多く提供したり、北海道の青年により高い教育を受けてもらったりすることも重要です。北海道では女性の就業率や高校卒業者の大学・短大進学率が低く、これらの引き上げが望まれます。女性を経済活動の場で活用していないことは、北海道企業の経営方針や労働環境の硬直性を反映しているように思えます。また、教育については、将来様々な業務を遂行したり、起業したり、新たな技能を身につけたりするための柔軟性を涵養するのに役立ちます。採用側には女性労働力の、高校生には高等教育の、意義や魅力を理解してもらうことが必要です。それらに要する費用の補助や奨学金の拡充も考えられます。

　さらに、情報伝達の面では、各地の生産者間、あるいは生産者と消費者の間の情報交流を促進することも、重要な経済政策です。これによって、新たな生産技術の導入が進んだり、企業組織の能力を高める経営スタイルが伝わったり、魅力的な新製品・サービスが生まれたり、域外への販売が増加したりすることが期待できます。情報集積は一般に都市部に偏りますが、情報技術を活用して、地方部においても情報伝達の恩恵を享受することはできます。

　情報伝達のコーディネーターやトランスレーターの役割は、北海道の地方公共団体だけでなく、民間経済主体も大きく貢献できます。例えば、道内の地域金融機関は、地域企業の創業・新事業支援機能の強化によってこれに資することができます。また、卸売・小売業も、多様な道内生産者の情報を消費者に発信する重要な役割を担っています。

　北海道では、道外資産の活用という面から、道外との人の移動を活発にすることも、道内で産み出す付加価値の増加につながるでしょう。北海道で生まれた人が、若い時に北海道を離れ、内地や外国で過ごし、そこで学び働いた過程で身につけた知識や技能や人脈を持って北海道に戻れば、それは北海道の経済を活性化します。このような北海道出身者のＵターンやＪターン

だけでなく、内地出身者や外国出身者の北海道へのIターン、北海道出身で道外に暮らす人たちや北海道に愛着を持つ道外居住者との連携も、同様の効果をもたらしてくれます。

　道外を経験した人は、北海道の強みや比較優位を客観的に見ることができます。そして、その人が道外で得た知識を北海道の経済活動に活かす方法を考案でき、そのために必要な改善点を理解しているでしょう。道民はあまり道外に出たがらないと言われます。確かに、高等教育機関への進学者のうち、同じ県内に進学する人の割合は、北海道では比較的高くなっています。そこで、北海道の地方政府や企業は、域外で育まれた多様な人的資産を活かすことを心がけるべきです。例えば、道内への就職や居住の支援、道外からの社員採用の拡大、多様性を許容する企業文化の育成、道内出身の道外大学進学者や道外出身の道内大学進学者への奨学金、日本・世界各地に存在する北海道人会との連携強化などです。

　上記の政策によって、道内企業がビジネスチャンスから利益を産み出す能力を高められれば、道内の民間投資活動も増加します。それは、労働者の技能の向上、生産設備の充実、高い技術の開発につながり、それがさらに企業活動を活性化します。第3章で見ましたように、現在、道内の貯蓄の相当部分は道外に投資されています。それらを道内の投資に向かわせるためには、まずはリスクとリターンの両面を考慮して魅力的と思える投資機会を道内に多く創り出す必要があります。

　労働者や資本や技術を使って何を生産するかは、個々の企業の意思決定と経済活動の結果です。北海道は、東京・名古屋・大阪といった日本における産業集積地・大消費地から離れているという地理的な条件から、製造業の立地に向いていないという説もあります。もしこの説が正しければ、北海道の企業活動の活性化によって、北海道は農産物やサービスをより多く全国に提供することになるでしょう。確かにサービスは、商品に比べると遠隔地と取引しづらいものです。しかし、情報通信技術の進展は、コールセンターやデータセンターを道内に置き、そのサービスを道外企業に提供したりするような、サービス移輸出の拡大を後押しします。道内において民間投資が活発化すれば、北海道で資本集約的・技術集約的な農業やサービス業が勃興する可

能性が高まります。

　このような経済環境の整備の他に、中央・地方政府が特定の産業を育成することを目指すこともあります。例えば、医療・健康・介護、自然エネルギー、生命科学などは、日本だけでなく多くの先進国で、今後の国民の福祉増進と経済発展に重要であると認識されています。ここで、もし医療・健康・介護に従事する個々の企業による研究開発の成果が、企業相互のスピルオーバーから社会全体で増幅し、それがさらに新しい産業の芽を育むのであれば、政府による産業育成政策は重要になります。個々の企業に委ねていると、研究開発投資の水準は自社の利益への貢献から決まるため、社会的に望ましい水準よりも小さくなってしまうでしょう。

　また、北海道では、食料品製造業や観光関連産業が有望だと目されています。そして、食料品や観光資源を、道内全体で、または道内のそれぞれの地域で1つの総体としてブランド化し、そのマネジメントを有効に行うことができれば、消費者への訴求力は高まります。しかし、これを個々の企業で行うことは難しいでしょう。また、行えたとしても、その結果高まった地域ブランドの価値に他の企業はフリーライドできるので、そのような試みは過少になってしないます。

　この時、もし関連業界・企業全体が協力して、ブランドを構築し、道外各地域の人々がブランドに求めるものを発見し、メッセージやストーリーを消費者と共有し、食品生産物や観光資源といった各要素の連携を強め、それを季節の変化に応じて消費者に提案できれば、結果として地域全体が得る金銭的・非金銭的利益はより大きくなるでしょう。北海道の地方政府は、そのような民間企業による協力体制の構築を呼びかけ、協議の運営を支援し、観光や輸送を支援する交通インフラを整備することで、地域ブランドの創出を後押しできます。

　ただ、単に補助金を与えたり税率を軽減したり協議会を設置したりするだけでは、所期の結果は得られません。個々の企業の利益や期待を一時的に高めるだけで終わってしまいます。中央・地方政府の支援策が功を奏するためには、期待された成果を挙げたかどうかの判断を適切かつ明確な基準で行うこと、成果を挙げられなかった場合には育成政策を打ち切ること、市場の働

きを歪める程度をできる限り抑えること、産業育成政策の目的・手段・成果の説明責任を政策担当者が果たすこと、などが重要です[15]。

---

15) ここで述べました中央・地方政府の産業育成政策の具体例としては、例えば特定地域における規制緩和や財政支援を用いて、産業育成や地域活性化を図る経済特区があります。例えば、2011（平成23）年に始まりました総合特別区域制度では、北海道では国家戦略総合特区として北海道フード・コンプレックス国際戦略総合特区が、地域活性化総合特区として札幌コンテンツ特区（札幌市）と森林総合産業特区（下川町）が認定されています。このうち札幌コンテンツ特区は規制の特例措置を、森林総合産業特区は財政上の支援措置を、比較的多く利用しています。これらの特区の申請書や計画書には、事業計画やスケジュールだけでなく、数値目標も設定されています。また、事業の評価も行われます。これらの特区の成果を、私は注目しています。

第5章

産業連関

産業連関表から見る道内外の産業・地域関係

[要 旨]

　第1節　取引基本表より、産業間の投入・産出関係を把握できます。また、逆行列係数表より、最終需要の変化が各産業の生産額に及ぼす影響を計算できます。さらに、付加価値係数を用いますと、生産額の変化が付加価値に及ぼす影響も得られます。北海道では、道内産品への最終需要増加1単位当たりの生産誘発効果が最も高いのは第2次産業ですが、その粗付加価値誘発効果が最も高いのは第3次産業です。

　第2節　道外との取引に着目しますと、北海道の産業のうち、道外最終需要が大きく、かつ道外最終需要増加1単位当たりの道内生産誘発効果と道内粗付加価値誘発効果が共に大きいものは、農業や農産品加工業です。また、道内の地域間の生産連関を見ますと、道央とその他地域がハブ＆スポーク構造になっていることがわかります。最後に、道内公共事業予算が減少すると、道内生産額は総額でその1.56倍だけ減少すると推計されます。

これまでの章で、北海道における各産業の総生産やその割合を見る中で、産業間の関係まではあまり立ち入りませんでした。しかし、例えば北海道開発事業費の減少や北海道新幹線の建設が、道内の各産業にどの程度の影響を与えたのかを分析するには、建設業に与える直接的な影響だけでなく、建設業に資材を納入する製造業などへの間接的な影響も考慮しなければなりません。

　このような生産プロセスの産業連関を分析する方法として世界で広く用いられているものに、産業連関表があります。産業連関表は、日本では国レベルはもとより、地域レベル、都道府県レベルでも構築されています。各都道府県のウェブサイトを見ますと、分析に必要なさまざまな表が提供されており、産業の数も100以上に細分化され、経済波及効果を手軽に分析できるファイルもダウンロードできます。日本は世界の中で産業連関分析が最も普及している国と思われます。

　本章では、北海道の産業連関構造を産業連関表を用いて説明します。まず、北海道の取引基本表を用いて、産業間の投入・産出関係を把握します。次に、外生的な最終需要の変化が各産業の産出高に与える影響を、産業連関表から計算する方法を説明します。最後に、これらの知識を用いて、北海道の産業連関・地域連関の特徴を観察したり、道外からの経済ショックが道内の各産業の産出高や粗付加価値にどのような影響を与えるか推計したりします。

第1節　3部門モデルによる北海道産業連関表

　本節では、北海道の産業を3分類した産業連関表を用いて、この分析道具の構造と使用法を確認します。使用する産業連関表の元データは、国土交通省北海道開発局が作成しました平成21年延長北海道産業連関表で、この数値を、第1次産業、第2次産業、第3次産業の3部門表に組み替えました。

●取引基本表の見方

　産業連関分析にはさまざまな表を用いますが、その土台は取引基本表です。取引基本表とは、各産業で生産に用いた商品やサービスの供給元と、各産業

表5−1 北海道の2009（平成21）年産業連関表：3部門モデルの取引基本表

(単位　億円)

		中間需要			最終需要			(控除)	(控除)	道内生産額
		第1次産業	第2次産業	第3次産業	道内最終需要	移出	輸出	移入	輸入	
中間投入	第1次産業	2,768	7,705	619	2,289	6,733	45	-1,692	-1,278	17,190
	第2次産業	4,075	29,154	22,356	53,365	27,912	1,638	-37,682	-17,697	83,121
	第3次産業	2,042	16,169	47,093	143,957	20,922	1,348	-21,555	-1,522	208,453
粗付加価値		8,305	30,093	138,386						
道内生産額		17,190	83,121	208,453						

データ出所：国土交通省北海道開発局「平成21年延長北海道産業連関表」(http://www.hkd.mlit.go.jp/topics/toukei/renkanhyo/h21_renkan.html、2013（平成25）年8月15日閲覧）。

で生産した商品やサービスの需要先を、表の形にまとめたものです。表5−1は、北海道の2009（平成21）年における3部門での取引基本表です。なお、取引基本表には別の形式のものもありますが、本章ではこの形式で説明を行います。この表の意味を理解するため、第1次産業を例にとって、まず数字を横に見ていきます。

「第1次産業」の行の右端には、「道内生産額」として「17,190（億円）」と記載されています。これが北海道の第1次産業（農林水産業）の総供給額です。

北海道で供給された1兆7190億円の農林水産品は、誰かが需要しています。このうち、「中間需要」に記載されている数字は、道内で商品やサービスを生産するのに原材料として使用された農林水産品の金額です。この項目の意味を確認しましょう。なお、各産業の「中間需要」には道内産品だけでなく、道外産品も含まれていることに注意してください。

中間需要の「第1次産業」には「2,768（億円）」と記載されています。これは、道内で農林水産品を生産する原材料として購入された農林水産品の金額です。例として、乳牛を育てるために購入した飼料があります。獣医業や青果物共同選果場などの農業サービスも第1次産業ですので、酪農家が獣医に支払った診察料や、農家が支払った共同選果場の利用料もここに含まれます。

中間需要の「第2次産業」には「7,705（億円）」と記載されています。これは、道内の鉱業、製造業、建設業が生産のために購入した農林水産品の金額です。食品製造業が原材料として農産品を購入したり、木製品製造業が材料として木材を購入したりするのがその例です。

中間需要の「第3次産業」には「619（億円）」と記載されています。他の産業による需要と比べて額は小さいですが、道内のサービス業が活動のために購入する農林水産品はあります。例として、宿泊業や飲食業がそこで提供する食事のために購入する農林水産品があります。

中間需要は、道内での生産活動に原材料として使用される道内・道外産農林水産品でした。道内の農産品需要にはこの他にも、道内居住者によって日々の食事などのために購入されるものもあります。これらは「道内最終需要」と呼ばれます。表5-1では、この金額が「2,289（億円）」となっています。なお、「道内最終需要」でも、道内産品と道外産品が共に記録されています。「中間需要」と「道内最終需要」の合計である道内需要は、道内産品の指名買いである「道内産品への需要」ではなく、道外産品の購入も含む「道内での需要」なのです。

以上は道内での第1次産業への需要ですが、当然道外でも第1次産業への需要はあります。北海道から国内他地域に「移出」、あるいは日本国外に「輸出」される農林水産品は、それぞれ「6,733（億円）」と「45（億円）」です。「移出」と「輸出」を合計した道外需要は道内産品の指名買いである点は、「中間需要」と「道内最終需要」を合計した道内需要と異なります。

最後に、北海道の国内他地域からの「移入」、あるいは日本国外からの「輸入」は、それぞれ金額にマイナスを付けて「－1,692（億円）」と「－1,278（億円）」と記録されています。これらは、道内での中間・最終需要として、道外から購入されたものです。道内における農林水産物の中間需要と最終需要は合計1兆3381億円（＝2,768＋7,705＋619＋2,289）ですので、そのうち5分の1強（22.2％）の2970億円（＝1,692＋1,278）は道外産が占めていることになります[1]。

これら「第1次産業」の行の数字を全て足し合わせると、右端の「17,190（億円）」になります。以上の説明は、道内で生産された農林水産品が何にど

のくらい需要されたのかという観点からでした。

次に、第1次産業の列の数字を縦に見ることで、道内で農林水産品を生産するのに何をどれくらい投入したのかという投入構成を把握できます。

「第1次産業」の列の一番下には、「17,190（億円）」と記載されています。この金額が北海道の第1次産業の総供給額で、「第1次産業」の行の右端と同じ金額になっています。

この1兆7190億円の農林水産品を道内で生産するために原材料として用いられた投入要素は、第1次産業からが「2,768（億円）」、第2次産業からが「4,075（億円）」、第3次産業からが「2,042（億円）」です。農林水産品の生産に用いられる第2次産業産品としては、農業機械、肥料、農薬、漁船、漁船の燃料など、第3次産業製品としては電力、商業サービス、輸送サービス、機械・設備の修理などがあります。

他に、生産のために人を雇えば、その人に賃金を支払う必要があります。また、機械や設備を使えば、それらが摩耗・損傷しますので、その分を資本減耗として償却する必要があります。営業利益も手元に残ります。これらは、第1次産業の生産額から中間投入を差し引いた残りの部分で、第1次産業を道内で生産することで新たに経済に付加された価値の部分です。これが「粗付加価値」で、表では「8,305（億円）」と記載されています。第1章では、この付加価値を所得の源泉として検討しました。

このように、取引基本表を用いますと、ある産品が何に需要されたのかが行を横に見ることで、ある産品の生産に何が用いられたのかが列を縦に見る

---

1) 読者の中には、北海道の品目別・分野別の輸出入額を調べる際に、税関のウェブサイトを利用する人がいるかもしれません。税関のウェブサイトには、函館税関の貿易統計として、北海道貿易の概況が掲載されています。この貿易統計の値は、産業連関表の値とかなり異なります。それは、税関貿易統計と産業連関表には、取引対象と記録地点の2点で大きな違いがあるためです。取引対象については、税関の貿易統計では有形の商品のみであるのに対して、産業連関表では第3次産業まで含みます。また、記録地点については、税関の貿易統計では北海道の港であり、そこで通関手続きが行われた物品が記録の対象となるのに対して、産業連関表では北海道内であり、北海道の居住者が生産に使用したり消費したりした物品が記録の対象となります。北海道の居住者が生産して国外に引き渡す、あるいは北海道の居住者が生産や消費のために国外から受け取る商品やサービスのうち、道外の港を通って外国と取引されるものも多いことに留意する必要があります。

ことで、それぞれ把握できます。

●**国内各地域の域外取引**

ここで、ある地域における域外との取引の大きさを、取引基本表から計算できる2つの指標で見てみましょう。指標の1つ目は域内生産額と比べた域外取引の大きさで、2つ目は域内需要に占める移輸入の大きさです。この2つを、経済産業省の平成17年地域間産業連関表の2005（平成17）年の数値を用いて、国内9地域（北海道、東北、関東、中部、近畿、中国、四国、九州、沖縄）について計算します。

まず、域内生産額と比べた域外取引の大きさです。表5-1を使いますと、2009（平成21）年の北海道における、道内生産額と比べた道外取引の大きさを求めることができます。3産業の合計で見ますと、2009（平成21）年度の移出額は5兆5567億円（＝6,733＋27,912＋20,922）、道内生産額は30兆8764億円（＝17,190＋83,121＋208,453）で、移出額の対道内生産額比率は18.0％となります。同様の計算から、輸出額の比率は1.0％、移入額の比率は19.7％、輸入額の比率は6.6％と求められます。北海道の輸出額の比率は非常に小さくなっています。

図5-1は、同様の計算を2005（平成17）年の国内9地域について行うことで求めました、各地域の域内生産額と比べた移輸出入の比率です。これを見ますと、移出入については、関東、近畿、中国以外の6地域では、移出よりも移入のほうが大きくなっています。かつ、移出入収支（移出マイナス移入）は、本社機能の集積地域である関東・中部・関西から地理的に離れるほどマイナス幅が大きくなる傾向が見えます。また、輸出入については、輸入に比べて輸出の方が、各地域の数字の違いが大きくなっています。輸出比率は中部で12.3％と高い半面、北海道で1.1％、沖縄で2.2％と非常に低くなっています。

北海道の輸出入収支（輸出マイナス輸入）はマイナス6.2％で、全9地域の中で最もマイナス幅が大きくなっています。北海道の経済は外国の景気拡大や円安などによる輸出拡大のプラスの影響を直接にはほとんど受けず、むしろ円安による輸入物価高騰のマイナスの影響をより強く受けるといわれてい

第 5 章 産業連関

図 5−1 全国 9 地域の域外取引比率：2005（平成 17）年

移出（+）
輸出（+）
移出入収支（+）
輸出入収支（+）

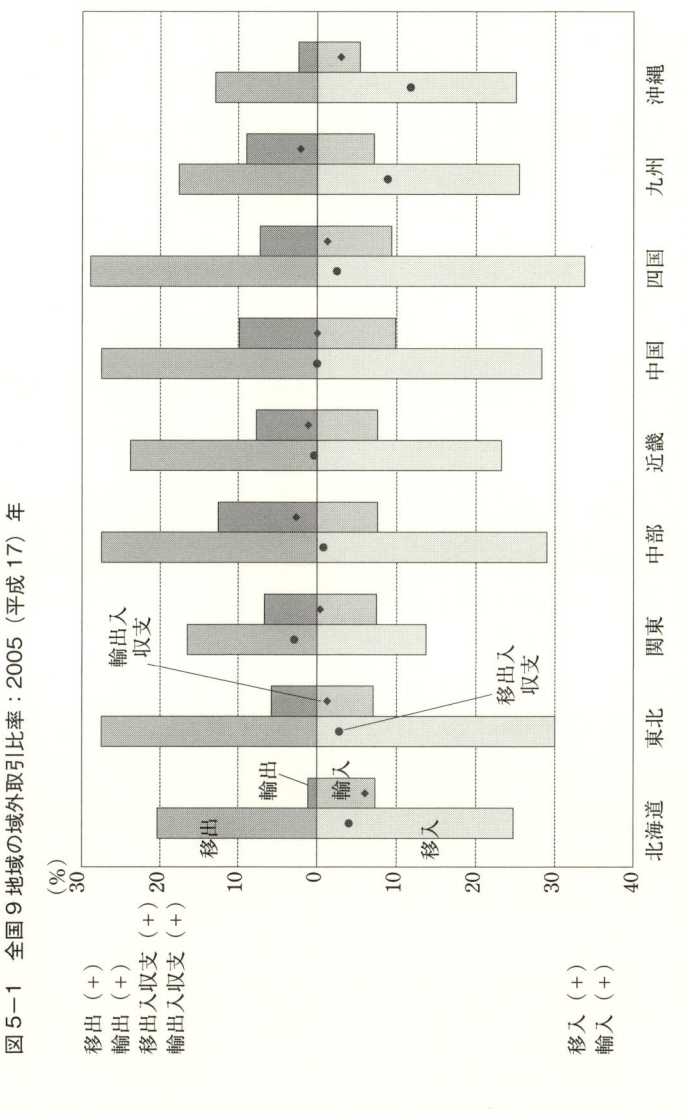

移入（+）
輸入（+）

データ出所：経済産業省［平成 17 年地域間産業連関表］（http://www.meti.go.jp/statistics/tyo/tiikiio/result/result_02.html, 2013（平成 25）年 8 月 15 日閲覧）。

ますが、それはこのような数字からも確認できます。

次に、域内需要に占める移輸入の大きさです。表5-1を使いますと、2009（平成21）年の北海道における、道内需要に占める移輸入の大きさを求めることができます。第1次産業では、前述のように、道内の中間需要と最終需要を合計した道内需要は1兆3381億円、移輸入額は2970億円で、移輸入額の対道内需要比率は22.2％となります。これは、道内で生産のため、あるいは消費のために購入される農林水産品のうち、5分の1強は道外で生産されたものであることを意味しています。同様の計算を行いますと、北海道の第2次産業では50.8％、第3次産業では11.0％となります。

図5-2は、2005（平成17）年の国内9地域における各産業別の移輸入比率です。ほぼ全ての地域で、第2次産業の移輸入比率が最も高く、次いで第1次産業、最も低いのが第3次産業という順序になっています。このことからも、製造品はその性質から遠隔地と取引がしやすく、製造業では地域をまたいだ生産・取引ネットワークが構築されていることがわかります。他方、サービス業では多くの場合、供給者と需要者が同じ時間に同じ場所にいる必要があるため、移輸入比率は低くなっています。第1次産業については、北海道では大規模生産農家が多いこともあり、移輸入比率は21.6％と9地域間で最も低くなっています。

●最終需要増加の生産への波及効果

表5-1に戻って、産業間の投入産出関係を考察しましょう。例えば、北海道において第1次産業の道内生産額が1億円増えた時に、各産業からの中間投入はどの程度変化するでしょうか。表5-1の取引基本表を少し加工することによって、この問題が考えやすくなります。

取引基本表における第1次産業を縦に見ると、道内生産額1兆7190億円に対して、第2次産業からの中間需要は4075億円で、両者の比率は0.237（＝4,075/17,190）です。また、第3次産業からの中間需要は2042億円で、道内生産額との比率は0.119（＝2,042/17,190）です。これらの関係が変化しないとすれば、第1次産業の生産が1億円増加した場合、第2次産業と第3次産業からの中間需要はそれぞれ2370万円と1190万円増加するでしょう。

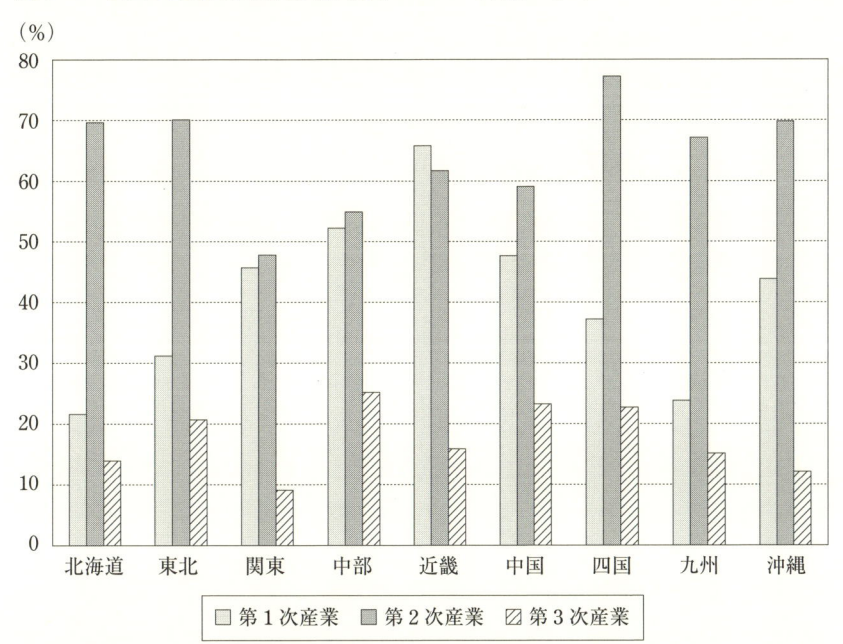

図 5-2　全国 9 地域の産業別移輸入比率：2005（平成 17）年

□ 第 1 次産業　■ 第 2 次産業　▨ 第 3 次産業

データ出所：図 5-1 と同じ資料から計算。

　このような類推を使って、ある産業において 1 単位の生産を行う時に必要となる中間需要の単位、すなわち投入係数を計算します。それぞれの産業の縦の中間投入額と粗付加価値を、産業の生産額で割ることで投入係数と付加価値係数が得られます。表 5-1 から算出される 2009（平成 21）年の北海道における投入係数と付加価値係数は、表 5-2 にまとめられています。

　また、表 5-3 には表 5-1 から得られる北海道における各産業の移輸入係数がまとめられています。前述のように、2009（平成 21）年の北海道では、第 1 次産業の道内中間・最終需要 1 兆 3381 億円のうち移輸入額が 2970 億円を占めていましたので、移輸入係数は 0.222（＝2,970/13,381）となります。同様の計算から、第 2 次産業の移輸入係数は 0.508、第 3 次産業の移輸入係数は 0.110 となります。

　この投入係数と移輸入係数を使うと、産業間の因果的な連鎖を観察するこ

表5-2　北海道3部門モデルの投入係数と付加価値係数

	第1次産業	第2次産業	第3次産業
第1次産業	0.161	0.093	0.003
第2次産業	0.237	0.351	0.107
第3次産業	0.119	0.195	0.226
粗付加価値	0.483	0.362	0.664

データ出所：表5-1から計算。

表5-3　北海道3部門モデルの移輸入係数

第1次産業	0.222
第2次産業	0.508
第3次産業	0.110

データ出所：表5-1から計算。

とができます。例えば、何らかの理由から、道外で北海道産農産物に対する需要が1億円だけ増え、これに対応して道内で第1次産業従事者が生産を1億円増やしたとします。すると、道内で第1次産業の生産を1億円増やすために、中間投入向け需要が追加的に発生します。その金額は、表5-2より、第1次産業で1610万円（＝1億円×0.161）、第2次産業で2370万円（＝1億円×0.237）、第3次産業で1190万円（＝1億円×0.119）です。

3つの産業全てで中間投入向けの需要が発生しますが、そのうち表5-3の移輸入係数の分だけは、道外産品に回ります。ここで、ある産業の移輸入係数は、道内需要のどの項目（各産業での中間需要と道内最終需要）においても同じであるとします。すると、道内産品に中間需要として向かう金額は、第1次産業では1253万円（＝1610万円×（1−0.222））、第2次産業では1166万円（＝2370万円×（1−0.508））、第3次産業では1059万円（＝1190万円×（1−0.110））となります。

このプロセスはさらに続きます。第1次産業の生産に用いる中間投入向けの生産が道内の第1次産業で1253万円、第2次産業で1166万円、第3次産業で1059万円、それぞれ増加しますと、これらの生産に用いる中間投入向けの需要がさらに増加します。この連鎖反応は、段階を経るごとに影響力を弱めつつも、続いてゆきます。

●生産と粗付加価値に及ぼす影響

前項で見ました連鎖反応の総効果は求め方がやや面倒ですので、計算の説明は本章末の補論に委ねました。その結果は、表5-4を参照してください。

表5-4　北海道3部門モデルの逆行列係数表

供給部門＼需要部門	第1次産業	第2次産業	第3次産業
第1次産業	1.158	0.103	0.010
第2次産業	0.175	1.241	0.082
第3次産業	0.192	0.283	1.271
計	1.525	1.627	1.363

データ出所：表5-1から計算。

　これは逆行列係数表というもので、各産業の道内産品への最終需要が1単位増加した時に、各産業の道内生産が最終的にどの程度誘発されるのかを示したものです[2]。

　例えば、「需要部門」の「第1次産業」の列を見てみますと、これは道内で生産された第1次産業産品への最終需要が1単位増加した時に、「供給部門」の第1次産業から第3次産業までで道内生産が最終的に何単位誘発されるかを示したものです。表5-4の「第1次産業」の列を上から見ますと、第1次産業の生産増加は1.158単位、第2次産業の生産増加は0.175単位、第3次産業0.192単位となることがわかります。最も下の行は3産業の合計で、道内全体で生産が1.525単位増加することを意味しています。最終需要が1単位増加した時にある地域の生産全体に及ぼす効果を、以下では「生産誘発効果」と呼ぶことにします[3]。

　第2次産業と第3次産業の道内産品への最終需要が1単位増加した時の生産誘発額も、それぞれ表5-4の「需要部門」における「第2次産業」と「第3次産業」の列の係数を見ることでわかります。第2次産業の道内産品への最終需要が1単位増加すると、道内経済への生産誘発額は第1次産業で0.103単位、第2次産業で1.241単位、第3次産業で0.283単位で合計の生産誘発効果は1.627単位です。また、第3次産業の道内産品への最終需要

---

[2] 以下では「逆行列係数」という言葉がどこから出てきたのかを説明せずに使い続けます。「逆行列」の意味については、本章補論を参照してください。

[3] 「生産誘発効果」という用語は、別の文献では異なる意味で用いることもある点に留意してください。

が1単位増加すると、生産誘発額は第1次産業で0.010単位、第2次産業で0.082単位、第3次産業で1.271単位、合計の生産誘発効果は1.363単位です。

表5-4より、道内生産物への最終需要増加の生産誘発効果は第2次産業が最も高く（1.627）、第3次産業が最も低い（1.363）ことから、北海道は第2次産業をより育成したほうが良いのではと考える読者がいるかもしれません。しかし、異なる視点から見ますと、そうとも言えなくなります。

逆行列係数表から直接わかりますのは、道内で生産された産品への最終需要が1単位増加した時の、道内生産への総誘発効果です。道内最終需要が1単位増加した時ではありません。表5-1のような取引基本表の形式では、道外と道内の最終需要増加が道内産品への需要増加に与える大きさは異なります。同じ「最終需要」という言葉を使っていますが、道内居住者の最終需要は道内産品の指名買いではない一方、道外居住者の最終需要は道内産品の指名買いであるからです。

具体的に示しましょう。表5-1に記録されています「移出」と「輸出」は、道内産品への道外居住者の需要を表しています。もし道外の居住者が最終需要のために北海道から商品やサービスをより多く購入したいと思った場合、その需要増加分は当然全て道内産品に向けられます。すなわち、表5-1の「移出」あるいは「輸出」は、100％道内産品向けとなります。

これに対して、同じく表5-1に記録されています「道内最終需要」は、道内に居住する人の最終需要で、そこには道内産品への需要と道外産品への需要が共に含まれています。この表では、第1次産業の移輸入係数は0.222ですので、もしこの係数が最終需要にも当てはまるのであれば、道内における第1次産業への最終需要の増加分のうち、77.8％が道内産品向けとなります。

表5-5は、このように道内最終需要増加が一部道外に漏出することを考慮した係数を掲載しています。「需要増加1単位当たりの生産誘発効果」の「道外最終需要」は、表5-4の逆行列係数表の「計」を再掲したもので、道内生産全体への誘発効果を示しています。これらの値に「1−移輸入係数」を産業毎に乗じたものが、「需要増加1単位当たりの生産誘発効果」の「道内最終需要」になります。

表5-5 北海道3部門モデルにおける生産誘発効果と粗付加価値誘発効果

		第1次産業	第2次産業	第3次産業
需要増加1単位当たりの生産誘発効果	道外最終需要	1.525	1.627	1.363
	道内最終需要	1.186	0.800	1.213
需要増加1単位当たりの粗付加価値誘発効果	道外最終需要	0.750	0.687	0.879
	道内最終需要	0.584	0.338	0.782

データ出所：表5-1から計算。

　例えば、第1次産業産品への道内最終需要が1単位増加したとします。第1次産業の移輸入係数0.222ですので、増加した道内最終需要1単位のうち道内産品に向かう需要は0.778単位となります。そこで、「道外最終需要」の「需要増加1単位当たりの生産誘発効果」1.525に0.778を乗じた1.186が「道内最終需要」の「需要増加1単位当たりの生産誘発効果」になります。

　各産業が有する「生産誘発効果」の大小は、「道内最終需要」では「道外最終需要」と逆になり、第3次産業が最も高く（1.213）、第2次産業が最も低く（0.800）なります。これは、第3次産業の移輸入係数が小さいため、道内居住者による第3次産業への需要増加が道外にあまり漏出しないことによります。

　また、表5-5の「需要増加1単位当たりの粗付加価値誘発効果」にありますように、粗付加価値の誘発効果を見ても、3産業の中で第3次産業は最も高く、第2次産業は最も低くなっています。この「粗付加価値誘発効果」は、最終需要の1単位の増加がある地域の粗付加価値全体に及ぼす効果です[4]。

　「粗付加価値誘発効果」は次のように計算されたものです。例えば、「道外最終需要」の「第1次産業」は0.750です。道内第1次産業産品に対する道外最終需要が1単位増加すると、表5-4の逆行列係数表より、各産業への生産誘発効果は、第1次産業で1.158、第2次産業で0.175、第3次産業で

---

[4] 「粗付加価値誘発効果」という用語も、別の文献では異なる意味で用いることもある点、留意してください。

0.192 となります。この生産の増加は粗付加価値も増加させます。表5-2の付加価値係数を用いますと、第1次産業で増加した生産 1.158 のうち 0.483 を粗付加価値が占めているので、第1次産業の粗付加価値増加分は 0.559 (= 1.158 × 0.483) となります。同様に、第2次産業と第3次産業の粗付加価値増加分は、それぞれ 0.063 (= 0.175 × 0.362) と 0.127 (= 0.192 × 0.664) となり、3産業の合計は 0.750 となります。

また、「道内最終需要」の「第1次産業」は 0.584 ですが、これは「道外最終需要」の 0.750 に「1 - 第1次産業移輸入係数 (0.222)」を乗じて得られます。

粗付加価値誘発効果が第3次産業で高く、第2次産業で低いのは、付加価値係数の影響です。第3次産業は付加価値係数が高く、他の産業と比べて粗付加価値が売り上げに占める割合が高いので、生産増加が所得増加に大きく貢献します[5]。

第2節　北海道の産業・地域連関

前節では産業連関表の基本構造や使用方法を把握しました。それを受けて本節では、これらの知識を用いて北海道の産業・地域連関に関する3つのテーマを論じます。すなわち、より細かい産業分類を用いて各産業の生産誘発効果と粗付加価値誘発効果を比較すること、北海道内6地域間の生産連関を見ること、そして道内公共事業額の減少が及ぼす影響を推計することです。最後に、産業連関分析を利用する際の留意点をお伝えします。

---

[5] 粗付加価値が増加し、道内居住者の所得が増加すれば、道内居住者は商品やサービスをより多く購入するようになりますので、これが道内最終需要をさらに押し上げるでしょう。ここではこのような最終需要の追加的な増加が生産に与える影響は考察しませんが、工夫をすると需要増加の波及効果も考慮に入れてモデルを拡張することはできます。都道府県のウェブサイトで提供されています、産業連関分析の「経済波及効果分析支援ツール」といった資料や、産業連関表を利用した経済波及効果の試算事例では、この所得増加による最終需要の誘発を「二次波及効果」と表現しています。

第5章 産業連関　171

図5-3　道外最終需要の規模と需要増加1単位当たりの生産誘発効果

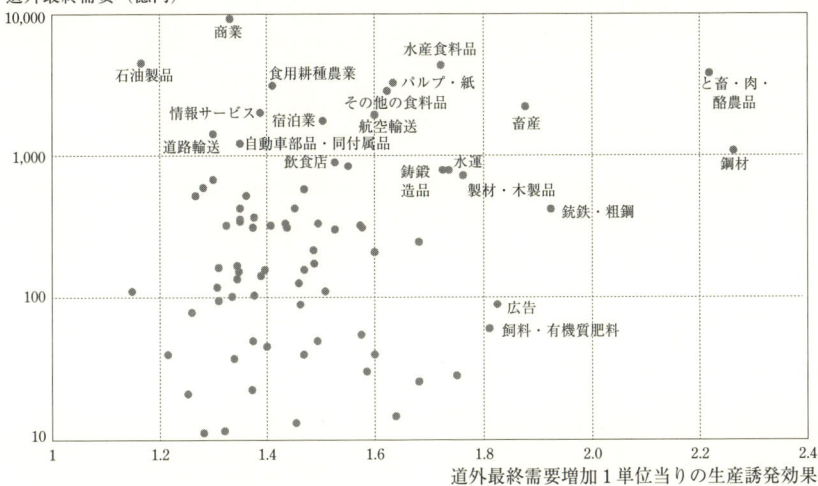

道外最終需要（億円）

[散布図：横軸「道外最終需要増加1単位当りの生産誘発効果」（1〜2.4）、縦軸「道外最終需要（億円）」（10〜10,000、対数スケール）。主なラベル：石油製品、商業、水産食料品、と畜・肉・酪農品、食用耕種農業、パルプ・紙、情報サービス、宿泊業、その他の食料品、畜産、道路輸送、自動車部品・同付属品、航空輸送、鋼材、飲食店、鋳鍛造品、水運、製材・木製品、銑鉄・粗鋼、広告、飼料・有機質肥料]

データ出所：表5-1と同じ資料から計算。

●生産誘発効果と粗付加価値誘発効果の産業別比較

　前述の表5-5は、道外最終需要と道内最終需要について、需要増加1単位当たりの生産誘発効果と粗付加価値誘発効果を、北海道3部門モデルから計算した結果を示しています。本項では、同様の計算を、北海道の産業連関表で最も細分化された産業分類である109部門で行い、産業連関上の産業特性を詳細に検討することにします。データは本章第1節と同様、国土交通省北海道開発局の平成21年延長北海道産業連関表を用います。

　まず、図5-3は、109産業それぞれについて道外最終需要増加1単位当たりの道内生産誘発効果を計算し、それを各産業の道外最終需要との散布図にしたものです[6]。道外最終需要との散布図にしましたのは、生産誘発額の大きさも把握したかったためです。2つの産業で生産誘発効果が同程度であ

---

[6] 図5-3と図5-5で、「分類不明」、「住宅賃貸料（帰属家賃）」、ならびに道外最終需要が10億円未満の産業は図示していません。また、図5-3から図5-6までの縦軸の道外最終需要はスケールが対数です。

図5-4 道内最終需要の規模と需要増加1単位当たりの生産誘発効果

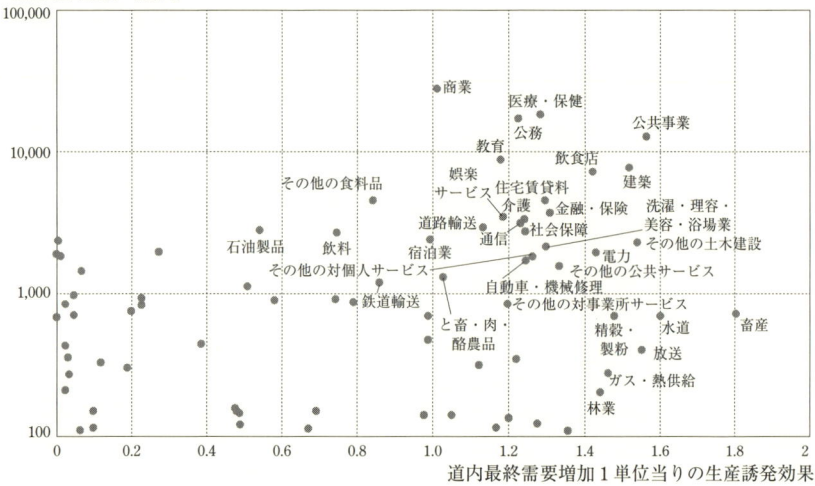

[散布図: 横軸「道内最終需要増加1単位当りの生産誘発効果」(0〜2)、縦軸「道内最終需要(億円)」(100〜100,000)。主な産業のプロット: 商業、医療・保健、公務、公共事業、教育、飲食店、その他の食料品、娯楽サービス、住宅賃貸料、建築、介護、金融・保険、洗濯・理容・美容・浴場業、石油製品、飲料、道路輸送、宿泊業、通信、社会保障、その他の土木建設、その他の対個人サービス、電力、その他の公共サービス、鉄道輸送、自動車・機械修理、その他の事業所サービス、と畜・肉・酪農品、精穀・製粉、水道、畜産、ガス・熱供給、放送、林業など]

データ出所: 表5-1と同じ資料から計算。

れば、道外最終需要の多い産業の方が生産誘発額が多くなります。

図5-3を見ますと、道外最終需要が大きく(道外最終需要が2000億円以上)、かつその道内生産誘発効果の高い産業(係数が1.6以上)として、「と畜・肉・酪農品」、「畜産」、「水産食料品」、「その他食料品」といった、農業・農産品加工業が図の右上に位置しています。農産品・食料品において「北海道産」の訴求力・ブランド力は日本一と思われますので、商品企画・販売の工夫によってさらに道外需要を積み上げることが可能です。また、これらは「6次産業化」に適している産業でもあります。他にも、「鋼材」や「銑鉄・粗鋼」といった鉄鋼関連産業も生産誘発効果が高くなっています。

図の左上、道外最終需要が1000億円を超えている産業をいくつか見てみますと、「宿泊業」や「航空輸送」は生産誘発効果が1.5から1.6と、中程度の値です。また、「商業」や「情報サービス」は道外最終需要が高いですが、生産誘発効果はあまり高くありません。「石油製品」の道内生産誘発効果は低いですが(1.165)、これは原材料の大部分を道外に依存していることによります。

図5−5　道外最終需要の規模と需要増加1単位当たりの粗付加価値誘発効果

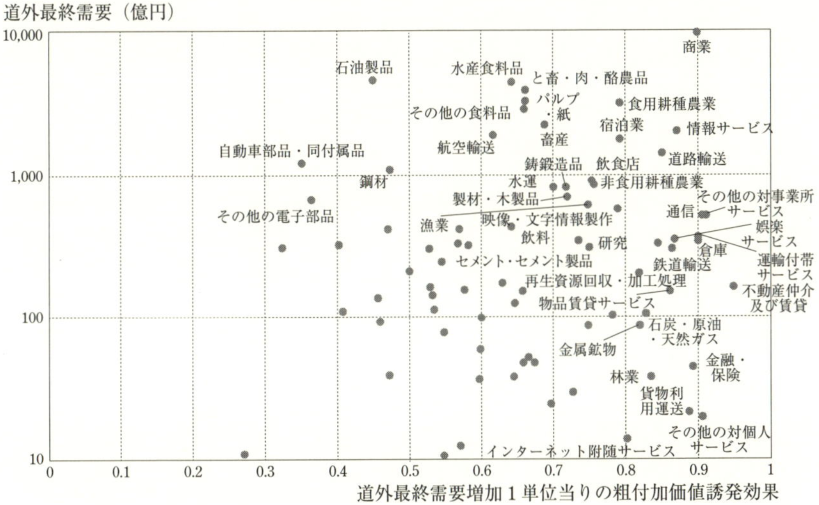

データ出所：表5−1と同じ資料から計算。

次に、図5−4は、道内最終需要増加1単位当たりの道内生産誘発効果と道内最終需要の散布図です[7)]。道内最終需要の場合、一部は道外から提供される商品やサービスに向かいますので、その道外への需要の漏出が少ない第3次産業で生産誘発効果が高くなります。事実、図5−4でも、右上には「医療・保険」、「公務」、「公共事業」、「建築」といった公共サービス・公共事業系の産業が位置しています。他に、「商業」、「教育」、「飲食店」も、道内最終需要が多く、かつ生産誘発効果の高い産業です。

図5−5は、道外最終需要増加1単位当たりの道内粗付加価値誘発効果と道外最終需要の散布図です。図5−3と比較しますと、各種サービス業がより右に位置しています。これは、第3次産業は生産額に占める粗付加価値の割合が大きく、粗付加価値誘発効果が大きくなることによります。

最も右上に位置しているのは「商業」です。道外居住者が道内産品を購入

7）図5−4と図5−6で、「分類不明」、「住宅賃貸料（帰属家賃）」、ならびに道内最終需要が100億円未満の産業は図示していません。

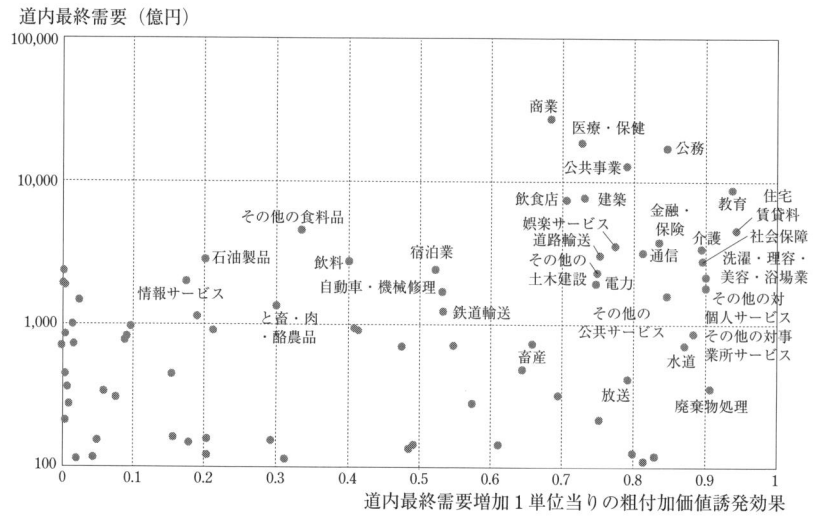

図5-6 道内最終需要の規模と需要増加1単位当たりの粗付加価値誘発効果

道内最終需要(億円)

[散布図：横軸「道内最終需要増加1単位当りの粗付加価値誘発効果」(0〜1)、縦軸「道内最終需要(億円)」(100〜100,000)。プロットされている主な産業：商業、医療・保健、公務、公共事業、飲食店、建築、教育、住宅賃貸料、金融・保険、娯楽サービス、道路輸送、その他の土木建設、通信、電力、介護、社会保障、洗濯・理容、美容・浴場業、その他の食料品、石油製品、飲料、宿泊業、自動車・機械修理、情報サービス、と畜・肉・酪農品、鉄道輸送、その他の対個人サービス、その他の公共サービス、その他の対事業所サービス、畜産、水道、放送、廃棄物処理]

データ出所：表5-1と同じ資料から計算。

する際に道内卸売・小売業者を利用したり、観光で道内を訪れて物品を購入したり、内地の百貨店で開催される北海道物産展で購入したりすることを通じて、道外居住者は北海道の「商業」を利用します。

同じく、右上方には「水産食料品」、「と畜・肉・酪農品」、「その他の食料品」、「畜産」、「食用耕種農業」といった農業・農産品加工業の一群が位置しています。道外居住者が購入する道内産の商品・サービスのうち、これら農産品が占める割合は大きく、道外需要を道内付加価値につなげています。もちろん、これらの産業は北海道の移輸出超過です。

「情報サービス」も右上方にあります。2009（平成21）年におけるこれらの企業のサービスへの道外需要は1992億円、情報サービス業の粗付加価値誘発係数は0.869なので、道外需要が道内付加価値を1700億円強創出したことがわかります。ただ、同年のデータでは、「情報サービス」は北海道の移輸入超過です。札幌市にはソフトウェア業や情報処理・提供サービス業が集積しており、道外からの受注もありますが、北海道全体としては、道外からの情報サービス購入額の方が多くなっています。

これら商業、農業・農産品加工業、情報サービスは、2011（平成23）年に始まりました総合特別区域制度において、北海道フード・コンプレックス国際戦略総合特区や札幌コンテンツ特区が対象とする産業です。付加価値誘発効果の観点からは、これらの経済特区は適切な対象を選んでいます。北海道における特区の成果に、私は注目しています。

最後に、図5-6は、道内最終需要増加1単位当たりの道内粗付加価値誘発効果と道内最終需要の散布図です。分布は図5-4と似ており、各種サービスが右上に位置しています。その中でも、「公務」、「教育」、「住宅賃貸料」、「介護」、「社会保障」といった、付加価値係数の高い産業がより右側に位置しています。他方、図5-5と比べますと、移輸入係数の高い「情報サービス」、「と畜・肉・酪農品」、「その他の食料品」は左にシフトしています。

●北海道内6地域間の生産連関

国土交通省北海道開発局は、北海道内を6地域（道央、道南、道北、オホーツク、十勝、釧路・根室）に分けた各地域でも産業連関表を作成しています。その地域別産業連関表では、産業は最大65部門にまで細分化されています。これを用いますと、各地域の特徴や地域間の産業連関が詳細に把握できます。ただ、それを本書で展開するには非常に大きな表を掲載する必要がありますので、この項では大胆に各地域の産業を1部門に集約し、6地域間の生産連関を観察するにとどめます。

表5-6は、表5-1の取引基本表に似せて産業を集約した、2005（平成17）年の北海道内6地域の産業連関表です。表5-1と同様、地域毎の行を横に見ますと、その地域で生産されたものがどの地域に移出されているかがわかります。また、地域毎の列を縦に見ますと、その地域の中間需要あるいは最終需要を満たすためにどの地域からいくら移入したかがわかります。

留意していただきたいのは、「輸入・道外移入」の扱いです。地域間の取引額には輸出入額や道外移出入額は計上されていません。しかし、中間需要・最終需要のうち同じ地域から購入される部分については、「輸入・道外移入」の金額も含まれています。

例えば、表5-6の「中間投入」の「道央」の列を横に見ますと、「中間需

表 5-6 北海道内 6 地域の 2005（平成 17）年産業連関表

(単位：億円)

		中間需要						域内最終需要						輸出・道外移出	輸入・道外移入	域内生産額
		道央	道南	道北	オホーツク	十勝	釧路・根室	道央	道南	道北	オホーツク	十勝	釧路・根室			
中間投入	道央	81,443	2,136	2,845	1,683	1,721	1,574	130,736	1,812	2,441	1,277	1,217	916	38,091	-60,851	207,040
	道南	1,003	9,036	117	71	120	116	859	16,749	97	38	97	63	5,037	-6,639	26,764
	道北	1,485	127	11,464	183	102	122	1,195	51	24,874	121	72	30	5,968	-8,489	37,306
	オホーツク	661	45	200	6,793	174	499	657	35	159	11,252	107	258	4,734	-4,621	20,954
	十勝	817	92	271	230	7,530	377	790	74	175	164	12,594	219	4,548	-4,967	22,914
	釧路・根室	654	89	237	450	431	8,785	534	56	176	242	249	12,633	5,925	-5,602	24,859
粗付加価値		120,977	15,237	22,172	11,545	12,837	13,387									
域内生産額		207,040	26,764	37,306	20,954	22,914	24,859									

注：「平成 17 年北海道内地域間産業連関表」には、「中間投入」に生産活動の副産物である「金属屑」があります。この表では便宜上全て「粗付加価値」に加えています。「金属屑」は小額なので、このような取り扱いは以下の分析結果に影響を与えません。
データ出所：国土交通省北海道開発局「平成 17 年北海道内地域間産業連関表」(http://www.hkd.mlit.go.jp/topics/toukei/renkanhyo/h17_renkan3.html、2013（平成 25 年）年 8 月 15 日閲覧)。

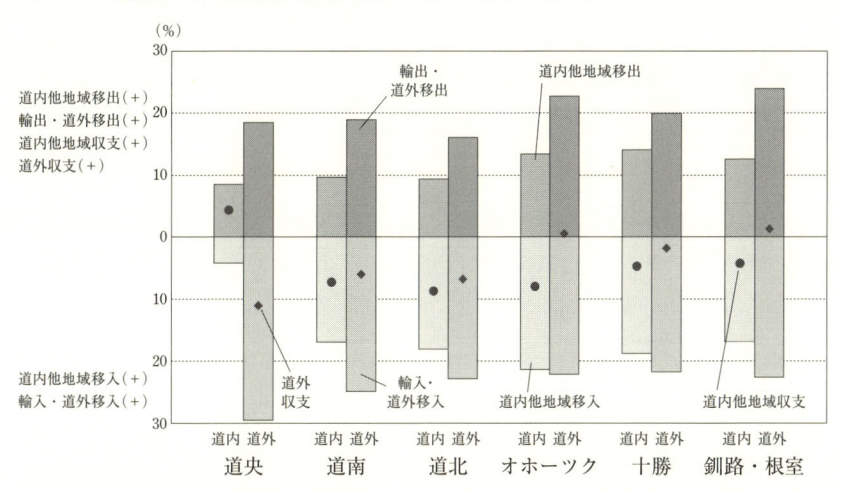

図 5-7　北海道内 6 地域の域外取引比率：2005（平成 17）年

道内他地域移出（+）
輸出・道外移出（+）
道内他地域収支（+）
道外収支（+）

道内他地域移入（+）
輸入・道外移入（+）

データ出所：表 5-6 と同じ資料から計算。

要」の「道央」が「81,443（億円）」、「域内最終需要」の「道央」が「130,736（億円）」となっていますが、両者の合計の 21 兆 2179 億円の中には「輸入・道外移入」の「−60,851（億円）」も含まれています。これより、道央地域の移輸入係数は 0.287（=60,851/212,179）と計算できます。後述の表 5-9 の移輸入係数は、他地域についても同様に計算して求めたものです。

次に図 5-7 は、図 5-1 と同様に、道内 6 地域の域外取引の対域内生産額比率をまとめたものです。このうち道央は、6 地域の中で道内他地域との取引額そのものは最も多いのですが、域内生産額比率で見ますと移出でも移入でも最も低くなっています。そして、道内他地域との移出入収支は道央でプラス、他の 5 地域でマイナスとなっています。他方、道外取引の収支については、道央はマイナス 11％と大幅なマイナスとなっています。道央は道外から商品やサービスを多く購入し、それを加工して道内に流通させるという、北海道における中継加工地域の役割を担っていることがわかります。

道内 6 地域は、道外との取引の特徴から 2 つに分けられます。1 つは、道央、道南、道北で、これらの地域では輸出・道外移出の対域内生産額比は比較的小さく（3 地域の単純平均で 17.7％）、道外収支は赤字です（平均でマイナ

表 5-7　北海道内 6 地域モデルの投入係数と付加価値係数

	道央	道南	道北	オホーツク	十勝	釧路・根室
道央	0.393	0.080	0.076	0.080	0.075	0.063
道南	0.005	0.338	0.003	0.003	0.005	0.005
道北	0.007	0.005	0.307	0.009	0.004	0.005
オホーツク	0.003	0.002	0.005	0.324	0.008	0.020
十勝	0.004	0.003	0.007	0.011	0.329	0.015
釧路・根室	0.003	0.003	0.006	0.021	0.019	0.353
粗付加価値	0.584	0.569	0.594	0.551	0.560	0.539

データ出所：表 5-6 と同じ資料から計算。

表 5-8　北海道内 6 地域モデルの移輸入係数

道央	0.287
道南	0.257
道北	0.234
オホーツク	0.256
十勝	0.247
釧路・根室	0.262

データ出所：表 5-6 と同じ資料から計算。

ス7.9％）。もう1つは、オホーツク、十勝、釧路・根室で、これらの地域では輸出・道外移出の対域内生産額比は比較的大きく（平均で22.1％）、道外収支はおおよそバランスしています。なお、この3地域は、道内他地域移出の比率も比較的大きくなっています（平均で13.3％）。

　道東地域は、域内生産のうち域外需要に依存する割合が道内で比較的高く、特に農産品や食料品の移出の多さが道外収支のバランスに貢献しています。このことから道東地域では、日本全体で景気が回復すれば、域内で生産された農産品や食料品への域外最終需要が増加することを通じて域内にも波及する影響が、他地域よりも強く働くと考えられます。他方、道央、道南、道北は、域内生産のうち域内需要に依存する割合が道内で比較的高くなっています。

　さて、表5-6より、逆行列係数表を作成しましょう。投入係数と付加価

表5-9　北海道内6地域モデルの逆行列係数表

供給地域＼需要地域	道央	道南	道北	オホーツク	十勝	釧路・根室
道央	1.392	0.107	0.101	0.109	0.103	0.090
道南	0.007	1.335	0.005	0.005	0.008	0.007
道北	0.010	0.007	1.309	0.013	0.007	0.008
オホーツク	0.005	0.003	0.007	1.319	0.011	0.027
十勝	0.006	0.005	0.010	0.016	1.330	0.021
釧路・根室	0.005	0.005	0.009	0.029	0.026	1.354
計	1.424	1.462	1.441	1.490	1.483	1.507

データ出所：表5-6と同じ資料から計算。

値係数は表5-7、移輸入係数は表5-8のようになり、これらから求めた逆行列係数表は表5-9のとおりです。

　表5-9の係数表を見ますと、供給地域と需要地域が同じ地域の場合の係数は1.3から1.4です（最大は道央の1.392、最小は道北の1.309）。他方、供給地域と需要地域が異なる場合、その係数は非常に小さくなりますが、「供給地域」が「道央」の場合は0.1前後と比較的高い係数を有しています。これは、道央以外の5地域での生産には、道央から供給される各種サービスや石油製品が必要であることによります。このように、道内の生産連関は、道央を中心として、その他5地域と繋がっているというハブ＆スポーク構造が明確で、道央以外の5地域間相互の生産連関はあまりありません。

　また、この表の列和の「計」は各地域で産出された商品やサービスへの需要が1単位増加した時の道内への生産誘発効果です。生産誘発効果は釧路・根室が最も高く（1.507）、道央が最も低いですが（1.424）、差はそれほど大きくはありません。粗付加価値誘発効果も計算しましたが、最も高い道北（0.854）と最も低い釧路・根室（0.817）でそれほど差がなかったため、表で示すことはしませんでした。

●道内公共事業予算減少の影響

　産業連関表を用いた分析でよく行われるのは、あるイベントや経済政策による最終需要の変化が域内生産や付加価値に及ぼす影響の推計でしょう。

表5-10　道内公共投資減少額の道内他産業生産への波及額

		「公共事業」列の逆行列係数	公共事業減少額（6000億円）の波及額（億円）
1	その他の対事業所サービス	0.073	436.24
2	セメント・セメント製品	0.060	361.06
3	商業	0.050	302.91
4	金融・保険	0.043	257.93
5	非金属鉱物	0.036	215.25
6	自動車・機械修理	0.033	196.35
7	道路輸送	0.032	190.00
8	物品賃貸サービス	0.031	185.91
9	通信	0.025	147.27
10	建設・建築用金属製品	0.019	114.09
11	石油製品	0.013	77.18
12	電力	0.013	75.29
13	不動産仲介及び賃貸	0.010	58.94
14	石炭製品	0.009	51.47
15	建設補修	0.008	48.75
16	鋼材	0.007	42.32
17	広告・調査・情報サービス	0.007	42.18
18	研究	0.007	42.14
19	プラスチック製品	0.007	39.78
20	その他の金属製品	0.006	33.99
	内生部門計	1.559	9354.97

注：「分類不明」と「住宅賃貸料（帰属家賃）」の2産業は、産業別順位表からは除いています。
データ出所：国土交通省北海道開発局「平成12年北海道産業連関表」から計算
　　　　　（http://www.hkd.mlit.go.jp/topics/toukei/renkanhyo/h12_renkan.html、2013（平成25）年8月15日閲覧）。

　ここではその一例として、北海道における公共事業額の減少を扱います。
　2000（平成12）年の北海道産業連関表と2009（平成21）年の延長北海道産業連関表を比べますと、「公共事業」部門の道内生産額が、1兆8988億円から1兆2998億円に約6000億円減少しています。この公共事業額の減少が道内各産業に及ぼす影響は、逆行列係数表の公共事業の列を見ることでわかります。

表 5-11　道内公共投資減少額の道内他産業生産への影響率

		公共事業減少額 (6000億円)の 波及額(億円)	2000(平成12)年 道内生産額と 比べた割合
1	非金属鉱物	215.25	19.9%
2	セメント・セメント製品	361.06	15.5%
3	石炭製品	51.47	15.5%
4	建設・建築用金属製品	114.09	6.1%
5	物品賃貸サービス	185.91	4.8%
6	その他の対事業所サービス	436.24	4.5%
7	その他の窯業・土石製品	14.10	4.2%
8	プラスチック製品	39.78	4.2%
9	その他の鉄鋼製品	7.54	3.8%
10	貨物運送取扱	7.64	3.7%
11	鋼材	42.32	3.5%
12	自動車・機械修理	196.35	3.4%
13	その他の金属製品	33.99	3.4%
14	合成樹脂	0.74	3.2%
15	銑鉄・粗鋼	30.53	2.6%
16	ゴム製品	3.60	2.3%
17	道路輸送	190.00	2.1%
18	金融・保険	257.93	2.0%
19	通信	147.27	1.9%
20	倉庫	13.48	1.8%
	内生部門計	9354.97	2.7%

注:「分類不明」と「住宅賃貸料(帰属家賃)」の2産業は、産業別順位表からは除いています。
データ出所:表5-10と同じ資料から計算。

　ここでは、2000(平成12)年の105部門北海道産業連関表を用いて、その影響を確認しましょう。国土交通省北海道開発局が提供する北海道産業連関表には逆行列係数表も含まれていますので、読者は逆行列係数表の「公共事業」の列の数値をそのまま用いることができます。

　表5-10は、同年の逆行列係数表における「公共事業」列の逆行列係数が大きい順に、産業を並べたものです。この表には、上位20産業の逆行列係数と、その係数に6000(億円)を掛けて推計した波及額を掲載しています。なお、「公共事業」の逆行列係数は1.000ですが、これは順位表からは除い

ています。最も逆行列係数が大きいのは「その他の対事業所サービス」で、逆行列係数は0.073、波及額は436億円です。その後に、「セメント・セメント製品」、「商業」、「金融・保険」、「非金属鉱物」が続きます。内生部門計では、生産誘発効果は1.559、波及総額は9355億円(「公共事業」自身の6000億円も含む)です。

表5-11は、公共事業減少額の他産業への波及額を、その産業の2000(平成12)年における道内生産額と比べた割合(「影響率」)が高い順に、産業を並べたものです。なお、「公共事業」自身はこの表からも除いています。最も影響率が高いのは、「非金属鉱物」です。2000(平成12)年における「非金属鉱物」の道内生産額は1083億円でしたので、215億円という公共事業予算削減の波及額は生産額の20%に及ぶという推計です。その後に、「セメント・セメント製品」、「石炭製品」、「建設・建築用金属製品」、「物品賃貸サービス」が続きます。内生部門計では、影響率は2.7%でした。

このような計算をさらに進めて、付加価値係数から道内粗付加価値の減少額を推計することなどもできますが、ここでは省略します。また、このような推計は、2000(平成12)年における投入係数が公共事業予算減少後も変わらないなどの仮定に依存していることは、言うまでもありません。それでも、得られた推計結果はおおよそ妥当なものでしょう。

● CGEモデルと比較した産業連関分析の短所

本章で見てきました産業連関表は、日本であれば都道府県レベルでも構築されており、北海道では道内6地域についても存在しています。また、各産業の最終需要が変化した時に域内生産や雇用に与える影響を分析するツールも、各都道府県がウェブサイトを通じて提供しています。このように、経済の外的環境や政策の変化が地域経済の生産や付加価値に与える影響を、多くの人が産業連関表によって分析できる環境は整っています。

しかし、各国政府が政策変更の経済的影響を推計する際に、産業連関分析が使われる場面は減ってきています。例えば日本政府は、RTAの影響を試算するにあたって、これまで計算可能な一般均衡(Computable General Equilibrium: CGE)モデルを多く用いてきました。日本政府はRTAの交渉開

始を決定する前に、相手国との共同研究会を開催しますが、そこでは協定締結の効果をCGEモデルによって推計していました。また、2013（平成25）年3月15日に内閣府から発表されましたTPPの影響試算も、その一部はCGEモデルによるものです。

CGEモデルとは、経済活動全体で需給が一致する状況（「一般均衡」）についてのモデルを生産者と消費者の最適化行動に基づいて構築し、現実経済を反映するデータを組み入れたものです。生産と需要についての各種パラメーターを与えることで、具体的な政策の経済的な影響を試算できます。CGEモデルのパッケージとして世界で最も使われているのはGTAP（Global Trade Analysis Project）モデルで、前述の日本政府による推計でも使用されています[8]。GTAPモデルは世界経済全体を包括したもので、最新のバージョンでは世界経済を129カ国・地域と57産業に区分しています。

国レベルの政策評価で産業連関表が使われる場面が減っている理由を、ここではCGEモデルとの比較から3点提示します。

まず1点目として、産業連関分析では生産要素の供給制約を考慮していません。本章の分析では、ある産業で需要が増加すると、生産者はそれを満たすように供給を増加させています。しかし、生産に必要な技能を有する人手や生産に不可欠な資本設備が不足することもあります。物理的にも、その地域に存在する人口や土地以上に両者を使って生産を行うことはできません。

次に2点目として、価格の影響を考慮していません。例えば、ある商品への需要が強くなり、価格が上昇すれば、一部の消費者はその商品を購入することをあきらめ、代わりに類似しているがより安価な商品を購入するようになります。また、労働需給が逼迫して賃金が上昇すれば、生産者は省力的な技術を採用して雇用者数を減らすよう試みます。このような、商品・サービス価格や生産要素価格がもたらす消費財間や生産要素間の代替関係は、産業連関表では捨象されています。

8）GTAPはアメリカのパーデュー大学を拠点とするプロジェクトです。下記URLではデータやプログラムが一般に販売され、研究成果や各種資料も閲覧可能となっています（https://www.gtap.agecon.purdue.edu/default.asp、2014（平成26）年1月17日閲覧）。

最後に3点目として、国民の消費から得られる満足度を考慮していません。産業連関表は、生産活動における産業間の相互依存関係を分析するには優れたツールですが、その視点は多分に生産面重視です。人々の満足度にとって重要な実質所得の増加分は直接にはわからず、人々が各商品・サービスの購入額をどのように決めるのかも不明で、人々が消費活動から得られる満足度を測定することもできません。CGEモデルでは、消費者行動もモデル化しているので、消費者の満足度の変化も推計できます。

もちろん、産業連関分析の方が優れている点もあります。まず、産業連関表は日本であれば都道府県レベル・地域レベルでの整備が進んでいますので、ある外的経済環境の変化がある地域の経済に与える影響を分析する際に使用することができます。これに対して、GTAPモデルのようなCGEモデルで、一般の人が使用でき、かつ一国内の州や都道府県レベルまで地域を分割したものは、まだ開発されておりません。そのため、北海道経済の分析でCGEモデルを用いることは困難です。

加えて、CGEモデルは複雑なため、構造を理解し、適切に推計を行い、結果を正しく解釈するには、経済学の進んだ知識が求められます。産業連関分析は、データ整備が地域レベルで進んでおり、計算過程も把握しやすいので、ある地域における産業間の相互依存関係を学ぶのに良いツールかと思います。もちろん、読者のみなさんが北海道経済の分析に産業連関表を使用する際にには、前述の3つの点にも留意していただきたく思います。

補論　生産誘発額の導出方法

この補論では、本章の分析で用いました逆行列を導出し、その係数の意味を確認します。なお、その際、行列の知識を使用します。

●波及効果の具体例

ある産業で生じた最終需要の増加は、その産業の生産を増加させるだけでなく、投入係数を通じて他の産業の生産活動にも波及します。この過程を、表5-1の取引基本表を用いて、第1次産業の道内生産物への道内・道外最

終需要が1億円増加した例で少し丁寧に見てみましょう。

なお、この波及効果の考察にあたって、分析がより複雑になるのを避けるためにいくつかの仮定を置きます。まず、投入係数や移輸入係数は一定とします。そして、ある産業の移輸入係数は、道内需要のどの項目（各産業での中間需要と道内最終需要）においても同じであるとします。また、北海道の粗付加価値（＝道内総生産）の増加による需要の増加も考慮しません。さらに、道外から道内への波及効果は考慮しません。これは、北海道が道外からの移輸入を増やせば道外での生産は増えますが、その中間投入に必要な道内産品への需要が増加し、それが北海道の移輸出を増やすことまでは考えないということです。

直接効果：第1次産業の道内生産物への最終需要が1億円増加した場合、まず、道内の第1次産業の生産を1億円増加させる必要があります。

第1次波及効果：第1次産業の生産を1億円増加させるために必要な中間需要の増加額は、表5-2から、第1次産業が1610万円、第2次産業が2370万円、第3次産業が1190万円です。そして、第1次産業の中間需要の増加額1610万円のうち、道内の第1次産業に向かう需要は1253万円（＝1610万円×（1−0.222））です。同様に、第2次産業と第3次産業の中間需要の増加額のうち道内のそれぞれの産業に向かう金額は、1166万円（＝2370万円×（1−0.508））と1059万円（＝1190万円×（1−0.110））です。

第2次波及効果：第1次生産波及で発生した中間投入の増加額に対応するため、各産業は生産を増やし、従ってさらに中間投入を増加させます。

第1次産業：生産額をさらに1253万円増加させるために必要となる追加的な中間需要として、道内第1次産業向け需要が157万円（＝1253万円×0.161×（1−0.222））、道内第2次産業向け需要が146万円（＝1253万円×0.237×（1−0.508））、道内第3次産業向け需要が133万円（＝1253万円×0.119×（1−0.110））だけ、それぞれ増加します。

第2次産業：生産額を1166万円増加させるために必要となる中間需要として、道内第1次産業向け需要が84万円（＝1166万円×0.093×

(1−0.222))、道内第2次産業向け需要が201万円（=1166万円×0.351×（1−0.508))、道内第3次産業向け需要が202万円（=1166万円×0.195×（1−0.110))だけ、それぞれ増加します。

第3次産業：生産額を1059万円増加させるために必要となる中間需要として、道内第1次産業向け需要が2万円（=1059万円×0.003×（1−0.222))、道内第2次産業向け需要が56万円（=1059万円×0.107×（1−0.508))、道内第3次産業向け需要が213万円（=1059万円×0.226×（1−0.110))だけ、それぞれ増加します。

これら3産業の第2次波及効果を合計しますと、道内第1次産業では243万円、道内第2次産業では403万円、道内第3次産業では548万円だけ増加します。

第3次波及効果以降：第2次波及効果で追加的に発生した中間需要が、さらに第3次、そして第4次と、投入係数と移輸入係数を介して生産波及効果を次々に及ぼします。ただ、この波及効果は次数が高くなるほど小さくなります。

● **行列による生産誘発額の計算**

前項のような直接・波及効果の合計である生産誘発額を、行列によって計算してみましょう。なお、ここでの説明方法は、多くのテキストや解説書に記載されている需給均衡式を用いるものとは異なりますが、結果はもちろん同じです[9]。

Fを道内生産物への最終需要増加額の列ベクトルで、${}^tF=(f_1, f_2, f_3)$とします。ここでf_i ($i=1, 2, 3$) は道内第i次産業への最終需要の増加額です。また、Aを投入係数表の行列

$$A = \begin{pmatrix} a_{11} & a_{12} & a_{13} \\ a_{21} & a_{22} & a_{23} \\ a_{31} & a_{32} & a_{33} \end{pmatrix}$$

---

9) 需給均衡式を用いる説明は、脚注11を参照してください。

とします。a_{ij} (i, j = 1, 2, 3) は第i次産業から第j次産業への中間投入の係数です。さらに、Mを移輸入係数を要素とする対角行列

$$M = \begin{pmatrix} m_1 & 0 & 0 \\ 0 & m_2 & 0 \\ 0 & 0 & m_3 \end{pmatrix}$$

とします。m_i (i = 1, 2, 3) は第i次産業の移輸入係数で、「第i次産業の移輸入額／第i次産業の道内中間・最終需要額」です。

前項の設定では、道内第1次産業への最終需要が1（単位は億円）増加した場合を考えていますので、${}^tF = (1, 0, 0)$ です。です。また、投入係数行列と移輸入行列は、それぞれ表5-2と表5-3より、

$$A = \begin{pmatrix} 0.161 & 0.093 & 0.003 \\ 0.237 & 0.351 & 0.107 \\ 0.119 & 0.195 & 0.226 \end{pmatrix}, \quad M = \begin{pmatrix} 0.222 & 0 & 0 \\ 0 & 0.508 & 0 \\ 0 & 0 & 0.110 \end{pmatrix}$$

です。

この数値例で、道内第1次産業への最終需要の増加から第2次波及効果までの各段階の効果を計算してみると、以下のようになります。ここで、Iは単位行列です。

直接効果：$F = \begin{pmatrix} 1 \\ 0 \\ 0 \end{pmatrix}$

第1次波及効果：$(I-M)AF$

$$= \left[\begin{pmatrix} 1 & 0 & 0 \\ 0 & 1 & 0 \\ 0 & 0 & 1 \end{pmatrix} - \begin{pmatrix} 0.222 & 0 & 0 \\ 0 & 0.508 & 0 \\ 0 & 0 & 0.110 \end{pmatrix} \right] \begin{pmatrix} 0.161 & 0.093 & 0.003 \\ 0.237 & 0.351 & 0.107 \\ 0.119 & 0.195 & 0.226 \end{pmatrix} \begin{pmatrix} 1 \\ 0 \\ 0 \end{pmatrix}$$

$$= \begin{pmatrix} 0.1253 \\ 0.1166 \\ 0.1059 \end{pmatrix}$$

第2次波及効果：$(I-M)A[(I-M)AF] = [(I-M)A]^2 F$

$$= \left[\begin{pmatrix} 1 & 0 & 0 \\ 0 & 1 & 0 \\ 0 & 0 & 1 \end{pmatrix} - \begin{pmatrix} 0.222 & 0 & 0 \\ 0 & 0.508 & 0 \\ 0 & 0 & 0.110 \end{pmatrix} \right] \begin{pmatrix} 0.161 & 0.093 & 0.003 \\ 0.237 & 0.351 & 0.107 \\ 0.119 & 0.195 & 0.226 \end{pmatrix} \begin{pmatrix} 0.1253 \\ 0.1166 \\ 0.1059 \end{pmatrix}$$

$$= \begin{pmatrix} 0.0244 \\ 0.0403 \\ 0.0548 \end{pmatrix}$$

段階を追うごとに、波及効果が小さくなっていることがわかります。

このような波及効果を無限先まで考え、その効果の総和である生産誘発額 X を式で表すと、以下のようになります[10]。

$$X = F + (I-M)AF + [(I-M)A]^2 F + [(I-M)A]^3 F + [(I-M)A]^4 F \cdots$$
$$= \sum_{i=0}^{\infty} [(I-M)A]^i F = [I-(I-M)A]^{-1} F \tag{5-1}$$

ここで X は道内生産物への生産誘発額の列ベクトルで、${}^t X = (x_1, x_2, x_3)$ とします。x_i（i = 1, 2, 3）は第 i 次産業の生産誘発額です。(5-1) 式より、生産誘発額ベクトル X は、逆行列 $[I-(I-M)A]^{-1}$ と道内生産物への最終需要増加額ベクトル F の積から求められます[11]。

ここで、F に関して留意していただきたい点があります。それは、本章第

---

10) (5-1) 式の計算に際して、行列 $(I-M)A$ の等比級数 $\sum_{i=0}^{\infty} [(I-M)A]^i$ が収束することを仮定しますと、

$$[I-(I-M)A] \sum_{i=0}^{\infty} [(I-M)A]^i = \sum_{i=0}^{\infty} [(I-M)A]^i - \sum_{i=1}^{\infty} [(I-M)A]^i = I$$

より $\sum_{i=0}^{\infty} [(I-M)A]^i = [I-(I-M)A]^{-1}$ となることを利用しています。上記の数値例では、$\sum_{i=0}^{\infty} [(I-M)A]^i$ は収束します。

1節で説明しましたように、道外と道内の最終需要増加が道内産品への需要増加に与える大きさは異なるということです。行列で表しますと、F_Dを表5-1の取引基本表における「道内最終消費」の増加額の列ベクトル ${}^t F_D = (f_{D1}, f_{D2}, f_{D3})$、$F_E$ は同じく「移出＋輸出」の増加額の列ベクトル ${}^t F_E = (f_{E1}, f_{E2}, f_{E3})$ として、次のようになります。

$$F = (I-M)F_D + F_E = \left[\begin{pmatrix} 1 & 0 & 0 \\ 0 & 1 & 0 \\ 0 & 0 & 1 \end{pmatrix} - \begin{pmatrix} m_1 & 0 & 0 \\ 0 & m_2 & 0 \\ 0 & 0 & m_3 \end{pmatrix}\right]\begin{pmatrix} f_{D1} \\ f_{D2} \\ f_{D3} \end{pmatrix} + \begin{pmatrix} f_{E1} \\ f_{E2} \\ f_{E3} \end{pmatrix}$$

F_D に $I-M$ がかかっていますのは、「道内最終消費」の増加額のうち M の割合だけ道外に需要が漏出し、道内産品に向かう需要は $I-M$ の割合であることを考慮するためです。

●逆行列係数の意味

(5-1) 式の逆行列 $[I-(I-M)A]^{-1}$ の各要素は、逆行列係数と呼ばれています。表5-1に基づく上記の数値例を用いますと、

$$I-(I-M)A = \begin{pmatrix} 0.875 & -0.072 & -0.002 \\ -0.117 & 0.827 & -0.053 \\ -0.106 & -0.174 & 0.799 \end{pmatrix}$$

より、$[I-(I-M)A]^{-1}$ は

$$[I-(I-M)A]^{-1} = \begin{pmatrix} 1.158 & 0.103 & 0.010 \\ 0.175 & 1.241 & 0.082 \\ 0.192 & 0.283 & 1.271 \end{pmatrix}$$

---

11) 需給均衡式を用いる説明では、次のようになります。表5-1を横に見ますと、道内生産物への最終需要増加額ベクトル F とそれによる生産誘発額ベクトル X は、$AX+F-MAX = X$ という関係を満たさなければなりません。ここで、MAX は北海道の移輸入額で、需要増加の一部が道外に漏出することを示しています。この式を X について整理しますと、$X = [I-(I-M)A]^{-1}F$ が得られます。

と求まります。これらの係数を表にしたものが、表5-4の逆行列係数表です。

　究極的な生産波及の大きさは、逆行列係数（$[I-(I-M)A]^{-1}$の各要素）と道内生産物への最終需要の増加分（Fの各要素）の積から求められます。例えば、第1次産業の道内産品への道内あるいは道外での最終需要が1億円増加したとします。これは、表5-1で第1次産業への「道内最終需要」が1.285億円（$=1/(1-0.222)$）増加した場合、または「移出」あるいは「輸出」が1億円増加した場合に相当します。この時、以下の結果から、道内の第1次産業の生産は1.158億円、第2次産業の生産は0.175億円、第3次産業の生産は0.192億円、合計1.525億円だけ増加することがわかります。

$$X=[I-(I-M)A]^{-1}F=\begin{pmatrix} 1.158 & 0.103 & 0.010 \\ 0.175 & 1.241 & 0.082 \\ 0.192 & 0.283 & 1.271 \end{pmatrix}\begin{pmatrix} 1 \\ 0 \\ 0 \end{pmatrix}=\begin{pmatrix} 1.158 \\ 0.175 \\ 0.192 \end{pmatrix}$$

　つまり、第1次産業の道内産品への最終需要が1単位増加した時の各産業への生産誘発額は、逆行列$[I-(I-M)A]^{-1}$の第1列を縦に見ることでわかります。経済全体の総効果は、第1列の係数を合計することで得られます。第2次産業と第3次産業の道内産品への最終需要が1単位増加した時の各産業への生産誘発額も、それぞれ逆行列の第2列と第3列の係数を見ることでわかります。

　このように、逆行列は産業連関分析において非常に重要で、公表されている産業連関表にはほとんどの場合逆行列係数表も添付されています。本章で紹介しました様々な計算でも、この逆行列の係数を用いています。

第6章

生産性
財務諸表を用いた道内外企業の全要素生産性の計算

[要　旨]

　第1節　企業の生産性には、労働生産性にも、全要素生産性にも、それぞれ計算方法がいくつかあります。全要素生産性の方が、労働や資本といった投入要素全ての貢献を考慮できるので、望ましい計算方法です。

　第2節　生産性指数を用いて全要素生産性を計算しますと、北海道企業の生産性は総じて全国平均を下回っています。産業構造を調整しますと、1990年代については全国と北海道で生産性はほぼ等しくなりますが、2000年代中頃には北海道は全国を大きく下回ります。これは主に、小売業、商社、建設業、サービス業によるものです。この結果は、第1章で確認しました、北海道や札幌市の総生産の変化と整合的です。

これまでの章で、ある地域の1人当たり所得を増加させるには、その地域の生産性を向上させることが重要であることに、何度か触れてきました。この章では、付加価値を生み出す主体である企業の生産性はどのように計測できるのか、検討します。まず生産性の計測方法をいくつか説明し、次にその中の1つの方法を使って日本の比較的大きな一般企業の生産性を計測し、北海道に本社を置く企業と他の企業との生産性を比較します。

　生産性とは、企業が従業員や資本設備などを用いて付加価値を産み出す力です。当然、ある地域で活動する企業の生産性は、その地域のマクロの経済環境と密接に関わっています。北海道については、第1章第1節で確認しましたように、2000年代の中頃、2002（平成14）年度から2007（平成19）年度にかけて、実質道内総生産や名目道民所得の成長率は全国よりも低くなっています。北海道企業と全企業の平均生産性を比較しても、同様の結果が得られることが予想されます。その意味で、本章の分析は第1章を補完するものです。第1章はマクロの視点、本章はミクロの視点です。

　ただ、マクロの第1章とミクロの本章で結果が大きく相違する点も出てきます。それは、生産性を日本国内の全ての生産主体について個々に計測することができないため、かつ適切に計測するために必要なデータが得られないことがあるためです。その顕著な例として、本章で計測した生産性指数の上昇率が非常に高いことがあります。後述のように、これは分析対象企業が比較的大きな3000社程度に限られていること、分析対象期間では企業は従業員を削減することで生産性を引き上げていたこと、アルバイトやパートなどの臨時従業員の分析上の扱いが適切でないことなどによります。読者はそのような分析上の限界にも留意してください[1]。

---

1) なお、本章では生産性の計測方法とその実例を示しますが、企業が生産性を高めるためにとるべき経営判断については立ち入りません。生産主体によるイノベーションの実現は私たちの暮らしや所得にとって非常に重要ですが、それを促進するための方策を企業の視点から検討することは本書の範囲を超えます。

第1節　生産性の計測方法

　生産性とは、生産活動におけるインプット（投入）に対するアウトプット（産出）の比率で、生産活動の効率性を表します。この比率が高い場合、同じインプットでより大きなアウトプットを得ることを意味しますので、生産性が高い、あるいは生産性が良いといわれます。しかし、何をインプットとして、何をアウトプットとするかで、様々な計算あります。そこで、北海道に本店があり、2012（平成24）年度に札幌証券取引所に上場していた企業から、製造業企業として食品製造業の日糧製パン株式会社、サービス業として小売業の株式会社ダイイチを取り上げ、2社の経営数値を例に生産性の計算方法を説明してみましょう。

●労働と資本への付加価値の分配

　表6–1は、日糧製パンの2011（平成23）年3月期決算と、ダイイチの2011（平成23）年9月期決算における、各会社単独の経営数値です。データは、日経NEEDSから得ています。なお、この表では、生産活動のインプットを労働と資本の2種類としています。労働者数は、従業員と臨時従業員の総計です。また、資本額は、建物、機械、工具、土地などの評価額です。

　企業が産み出した付加価値は、その価値を産み出すために使われた生産要素、ここでは労働と資本、にその貢献分に応じて分配されるとします。表6–1の例では、日糧製パンが2010（平成22）年4月1日からの1年間で創出した付加価値59億円のうち、労働者には給与の支払いや福利厚生費として51億円を支払っています。残りの8億円は、借りている土地や建物の賃貸料、減耗した資本を補うための費用、営業利益などであり、これらは生産に必要な資本設備を調達する費用と考え、資本への分配とします。

　なぜ営業利益を資本への分配と考えるかについては、追加的な説明が必要かもしれません。まず、営業利益からは株主への配当金が支払われますが、これは株主が提供した資本に対する付加価値の分配です。また、これらを支払った残りは内部留保となりますが、これは次年度以降の企業投資の原資と

表6-1　日糧製パンとダイイチの経営数値：2011（平成23）年中の決算期の数字

（金額の単位は百万円、労働者数の単位は人）

	売上高	原材料費	付加価値	付加価値の分配		労働者数	資本額
				労働へ	資本へ		
日糧製パン	17,482	11,620	5,862	5,109	753	1,532	7,698
ダイイチ	27,888	23,401	4,487	2,930	1,557	1,102	8,603

注：労働に分配される付加価値は、「製造原価」に含まれる「労務費・福利厚生費」と、「販売費および一般管理費」に含まれる「人件費・福利厚生費」の合計です。資本に分配される付加価値は、「営業利益」、「製造原価」に含まれる「減価償却費」・「賃借料」・「租税公課」、「販売費および一般管理費」に含まれる「減価償却費」・「賃借料」、「租税公課」の合計です。原材料費は、売上高から労働と資本に分配される付加価値を除いたものと定義し、損益計算書上の項目である「原材料費」とは異なります。労働者数は、「期末従業員数」と「平均臨時従業員数」の合計です。資本額は、「リース債権及びリース投資資産」、「償却対象有形固定資産」、「土地・その他非償却対象有形固定資産」の合計です。
データ出所：日経NEEDSの一般企業財務データ。

なり、多くはいつか資本となると考えれば、内部留保も資本への分配とみなせるでしょう[2]。

●労働生産性の計算

生産性の指標として最も頻繁に用いられるのは、おそらく労働生産性でしょう。労働生産性は、労働1単位（労働者1人や労働時間1時間など）をインプット、売上高や付加価値額をアウトプットとするものです。インプットを労働のみと仮定するため、計算は非常に簡単です。

日糧製パンとダイイチの2011（平成23）年中の決算期における数字を例にとると、臨時雇用者を含んだ労働者数をインプット、売上高をアウトプットとすると、労働生産性は以下のようになります。この場合、ダイイチの労働生産性は日糧製パンの約2.2倍となります。

　　　労働生産性（労働者1人当たり売上高）＝売上高／労働者数
　　　日糧製パン　1141万円（＝17,482百万円／1,532人）

---

[2] 本文では売上高から付加価値を引いた残りを原材料費と定義していますが、ここでの原材料費は、損益計算書上の項目である「原材料費」とは異なる概念であることに注意してください。また、付加価値の計算方法は、表6-1で用いたもの以外にもいくつかあります。

ダイイチ　　　2531万円（= 27,888百万円／1,102人）

しかし、売上高をアウトプットとすると、輸送機械や運輸のように大規模な資本設備を用いて多額の製品やサービスを供給したり、小売業や商社のように大量の商品を調達・販売することで従業員の生計のための商業マージンを得たりしている企業では、労働生産性が高くなります。これは、労働が新たに生み出した経済的価値を計測するには不適切です。そこで、アウトプットとして売上高から原材料費を除いた付加価値額を用いてみましょう。すると、以下のようになり、両企業の労働生産性はほぼ同じ値となります。

労働生産性（労働者1人当たり付加価値）＝付加価値／労働者数
日糧製パン　　383万円（= 5,862百万円／1,532人）
ダイイチ　　　407万円（= 4,487百万円／1,102人）

●生産関数を用いた全要素生産性の計算

労働生産性は計算しやすい反面、労働以外の生産要素による売上高や付加価値への貢献を考慮していないという問題があります。そのため、機械設備を多く用いる企業では、それら資本の貢献分も労働の貢献分とみなされてしまい、労働生産性が過大に推計されてしまいます。

そこで次に、インプットとして全ての生産要素を考慮した生産性を考えます。これは全要素生産性（Total Factor Productivity: TFP）と呼ばれます。TFPを計算する際に使用するインプットとアウトプットは、主に2つの組み合わせが用いられます。1つは、インプットとして労働、資本、原材料、アウトプットとして売上高を用いるものです。

$$\text{TFP(売上高ベース)} = 付加価値／全要素（労働、資本、原材料）投入量 \quad (6\text{-}1)$$

もう1つは、インプットとして労働と資本、アウトプットとして付加価値を用いるものです。

$$\text{TFP(付加価値ベース)} = 付加価値／全要素（労働、資本）投入量 \quad (6\text{-}2)$$

ここでは、後者の組み合わせ、すなわちインプットとして労働と資本を、アウトプットとして付加価値を用いる例で計算方法を紹介します。

(6-2) 式右辺の分母にある「全要素投入量」は労働と資本で構成されますが、具体的にどのように計算をして求めればよいでしょうか。労働と資本がそれぞれ1%増加しても、それが付加価値を増加させる割合は異なりますし、そもそも労働と資本は全く異なるものですので、生産要素を単純に足し合わせることは不適切です。

TFPの計測方法としては、生産関数の推定と、生産性指数の計算という2つの手段がとられますが、この2つは全要素投入量の計算方法の違いです。このうち、生産関数を用いる方法は、インプットとアウトプットの関係を生産関数という数式で表し、アウトプットのうちインプットで説明できない部分をTFPとみなすものです。ここでは、生産関数を次のように定義してみましょう。これはコブ＝ダグラス型と呼ばれるものです。説明は省きますが、その便利な性質からよく用いられるものです。

$$付加価値 = TFP \times 労働量^a \times 資本量^{1-a} \quad (6\text{-}3)$$

(6-3) 式を用いますと、(6-2) 式の「全要素投入量」は「労働量^a×資本量$^{1-a}$」で求められます。付加価値、労働量、資本量は企業データから得られますので、これらのデータを使って生産関数を推定することで、aの値を得ることができます。そうすれば、TFPも計算できます。

例えば、労働量として臨時雇用者を含んだ労働者数、資本量として建物、機械、工具、土地などの評価額を用い、これらの数字と付加価値より、全ての企業のデータから、$a = 2/3$という推計値を得たとします[3]。すると、日糧製パンとダイイチの2011（平成23）年中の決算期におけるTFPは以下のようになります（ここでも、労働者数の単位は人、付加価値と資本額の単位は百万円です）。

---

[3] インプットとしての労働や資本は、労働であれば技能、性別、学歴など、資本であれば建物、機械設備、特許などで細分化することもできます。しかしここでは、そのような細分化までは行わないことにします。

TFP（全要素生産性：仮の数字）＝付加価値／（労働者数$^{2/3}$×資本額$^{1/3}$）
日糧製パン　2.23　（＝5,862／（1,532$^{2/3}$×7,698$^{1/3}$））
ダイイチ　　2.05　（＝4,487／（1,102$^{2/3}$×8,603$^{1/3}$））

　ただし、これは仮の係数値（a = 2/3）を用いた仮のTFPであることに留意してください。また、ダイイチは損益計算書上の賃借料が多額なことから、営業のために借りている土地や建物が多いと予想されます。これらも資本に加えれば、ダイイチのTFPはこの数字よりも低下します。さらに、TFPは労働以外の生産要素も考慮していますので、TFPが高いことは労働者個人の能力が高いためであるとは限りません。

●**生産性指数を用いた全要素生産性の計算**
　次に、生産性指数を用いる方法を見てみましょう。生産性指数の計算方法もいくつかありますが、本章で採用するものは、分析対象企業が年によって入れ替わることを許しつつ、複数の企業を複数年にわたって分析するのに適した方法です。
　ある年におけるTFPだけを分析する場合、複数の企業のTFPを同時に評価するには、この分析対象年における平均的企業のTFPとの差を見るのが有用でしょう。しかし、この方法ですと、ある企業のTFPを異なる年について比較・評価することができません。それは、平均的企業のTFPが年と共に変化するからです。
　そこで、複数の企業のTFPを複数年にわたって分析するために、評価基準年を設けて、分析対象年におけるある企業のTFPを、評価基準年から分析対象年までの平均的企業のTFPの変化と、分析対象年におけるこの企業と平均的企業のTFPの差の合計で表現することにします。このように、異なる企業や異なる年のTFPの評価に共通の基準を置くことで、相互に比較できるようになります。なお、平均的企業としては、分析目的に応じて、全企業の平均を使うことも、同一産業の企業の平均を使うこともできます。
　図6-1をご覧ください。横軸は年を、縦軸はTFP（対数値）を表しています。また、分析基準年は1990（平成2）年とし、この時の平均的企業の

図6−1　生産性指数の説明

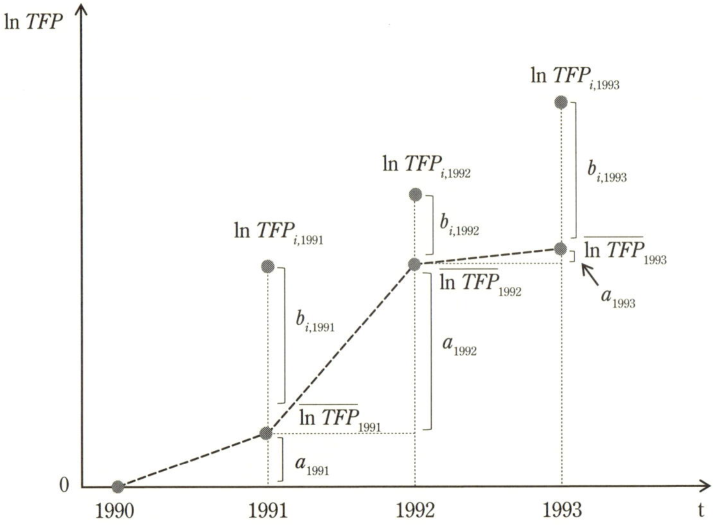
ln TFP
ln TFP_{i,1993}
ln TFP_{i,1992}
b_{i,1993}
ln TFP_{i,1991}
b_{i,1992}
ln TFP_{1993}
ln TFP_{1992}
a_{1993}
b_{i,1991}
a_{1992}
ln TFP_{1991}
a_{1991}
0
1990
1991
1992
1993
t

TFP 対数値を 0、すなわち TFP そのものでは 1 としています。図中に点で描かれた $\ln TFP_{i,t}$ は、t 年におけるある企業 i の TFP の対数値です。この $\ln TFP_{i,t}$ は、t 年における平均的企業の TFP 対数値（$\overline{\ln TFP_t}$）の前年からの変化である a_t を、基準時点から t 年まで合計したものと、t 年における $\overline{\ln TFP_t}$ と $\ln TFP_{i,t}$ の差である $b_{i,t}$ を合わせることで表現できます。例えば、企業 i の 1991（平成 3）年における TFP 対数値は $a_{1991}+b_{i,1991}$、1992 年における TFP 対数値は $a_{1991}+a_{1992}+b_{i,1992}$ となります。このようにして、任意の企業の任意の時点の TFP を、基準時点の平均的企業の TFP との比較の形で表現できるようになります。

図 6−1 の例では、もし 1991（平成 3）年と 1992（平成 4）年それぞれで、企業 i の TFP を平均的企業の差から求めると、$b_{i,1991}$ よりも $b_{i,1992}$ の方が小さいことから、企業 i の TFP は低下したと判断されてしまうかもしれません。しかし、1991（平成 3）年から 1992（平成 4）年にかけて、平均的企業の TFP 対数値は a_{1992} だけ上昇しているので、実際には企業 i の TFP 対数値は $a_{1992}+b_{i,1992}-b_{i,1991}$ だけ上昇したと判断できます。

生産関数を推定する方法にも、生産性指数を計算する方法にも、それぞれに長所と短所があります。本章ではTFPの計測方法として、生産性指数を用いることにします。その理由は、生産関数の推定には統計学・計量経済学の知識が追加で必要になることです[4]。ただ、生産性指数の計算もやや複雑であるため、具体的な計算式は本章の最後の補論に委ねます。生産性指数の計算方法に関心のない方は飛ばしていただいて結構です。

次節以降では、1990（平成2）事業年度から2010（平成22）事業年度までの主要企業のデータから各企業の生産性指数を計算し、北海道に本社を置く企業のTFPが、都府県の企業のTFPとどのように異なるかを見てみます。その際、ある企業のTFPを求める際に参照する平均的企業としては、全企業の平均を用いたものだけでなく、産業による特性の差を考慮するために、その企業と同一の産業に属する企業の平均を用いたものも扱います。

第2節　北海道企業の生産性

この節では、前節で説明しました生産性指数を用いまして、日本国内の企業の生産性を計算し、都道府県別に比較します。あわせて、分析方法や結果についての留意点についても述べます。分析の結果、全国と北海道の生産性は、1990年代と2000年代の2度、両者の差が拡大・縮小するプロセスを経験していたことがわかりました。これは、第1章のマクロの視点と整合的な結果です。

●データの概要

生産性の計算に用いる企業データは、日経NEEDS一般企業財務データから得ました。銀行、証券会社、保険会社は含みません。日経NEEDSがカバーしている企業は、上場企業など、有価証券報告書を提出する企業に限られます。そのため、本章の計算結果が各都道府県に存在する全企業の生産性を

---

[4] 統計学や計量経済学は現在では経済学部の基本科目で、多くの計算は各種ソフトウェアで容易に行えます。ただ、本書では統計学や計量経済学の知識をほとんど用いずに執筆しています。そのため、生産関数の推定は行いませんでした。

正確に反映しているわけではありません。しかしそれでも、おおよその傾向を掴むことはできるでしょう。

分析期間は、1990（平成2）事業年度から2010（平成22）事業年度までの20年です。1990（平成2）事業年度を評価基準年として、1991（平成3）事業年度以降の企業の生産性指数を計算します。なお、その際、物価の変動は考慮せず、名目値で計算をしました。長期のデータを扱う場合、物価の変動を調整し、できれば商品やサービスの品質向上も考慮して分析を行うことが当然望ましいのですが、これらはやや専門的な操作を必要とするため、ここでは行いませんでした。

生産要素としては、労働と資本を考えます。労働については労働者数をそのまま用い、労働時間は考慮しませんでした。また、特に留意が必要な点として、本分析では労働者数として従業員数のみを用いました[5]。資本については、日経NEEDSの一般企業財務データから得られます、「リース債権およびリース投資資産」（改正リース会計基準適用後）、「償却対象有形固定資産」、「土地・その他非償却対象有形固定資産」の合計を資本額として使用しました。すなわち、資本には、ここでは企業が所有する建物、機械装置、工具だけでなく、土地も含まれるとします[6]。

各事業年度において日経NEEDSから財務データが得られる一般企業は、約3700社から約4700社です。しかし、全ての企業を分析対象とすることはできません。企業によっては、分析に必要なデータが欠損していたり、他の会社の株式を多数保有して支配する持株会社の色彩が強かったり、有価証券報告書から得られる労働者数や資本額が経済分析で求められる数値と大きく

---

5) 前節の表6-1では、労働者数は従業員数と臨時従業員数の合計を定義していました。しかし、日経NEEDSで臨時従業員数の情報が得られるのは、2010（平成22）年3月期決算からです。そこで、ここでは従業員数を労働者数として、臨時従業員の多い企業は本章補論で説明する基準を用いて分析対象から外しました。

6) なお、設備や土地のような有形資本だけでなく、技術、ブランド、ノウハウ、デジタル化された情報といった無形資本もありますが、ここでは話を単純にするため、資本は有形資本に限定します。また、企業が賃借している土地や建物も生産に用いられていることから、本来は資本に入れるべきですが、それらの価値は財務諸表からはわからないので、ここでは考慮しません。ただし、後述の補論の基準から貸借している土地・建物の多いと判断される企業は、分析対象から外しました。

異なっていたりします。これらを除くと、分析対象となった企業は、多い年度で約3000社、少ない年度で約2400社となりました。(本章の最後の補論では、分析対象企業の選別方法を説明しています。)

分析対象となった企業が商業登記上の本店を置いている都道府県を見ますと、全体の40%弱の企業が東京都に本店を置き、次いで大阪府に13%程度、愛知県に7%程度となっています。県内総生産が国内総生産に占める割合よりも、大都市圏の比率が高くなっています。北海道に本店登記のある企業数の全分析対象企業数に占める割合は、1999（平成11）事業年度で最大の2.4%（69社）、2010（平成22）事業年度で最小の1.4%（34社）でした。なお、北海道の企業は、全国と比べて、食品、商社、小売業、サービス業の比率が高くなっています[7]。

企業別に計算しました生産性は、本店登記のある都道府県別で、主に活動する産業別で、そして全体で集計されます。集計に際しては、企業の従業員数で加重平均をしました。そのため、都道府県別・産業別の生産性指数には、従業員数の多い企業の生産性がより強く反映されています。また、東京都、大阪府、愛知県に本店を置く企業は従業員数の多い企業が多いため、全国平均の生産性指数にはこれらの企業の影響が企業数以上に現れます。

●全国と北海道の生産性指数の推移

図6-2は、1990（平成2）事業年度の平均的企業の生産性指数を対数値で0、すなわち生産性指数そのものでは1とした時の、全国と北海道の生産性指数の推移を示しています。

全国平均の生産性は、上下を繰り返しつつも、2006（平成18）事業年度まで上昇を続け、同年度に1.42まで達しています。ただ、その後は円高と世界金融危機の影響で低下し、2009（平成21）事業年度には1.18を記録しています。北海道企業の生産性も、1991（平成3）事業年度の0.93から2003

---

[7] 分析対象企業全体での業種別・本社所在地別の企業数・従業員数分布、および北海道に本社を置く企業の業種別企業数・従業員数分布については、参考として分析中盤の2000（平成12）事業年度のものを、本章補論の表6-補に掲載しています。

図6-2 北海道と全国平均の生産性指数の推移

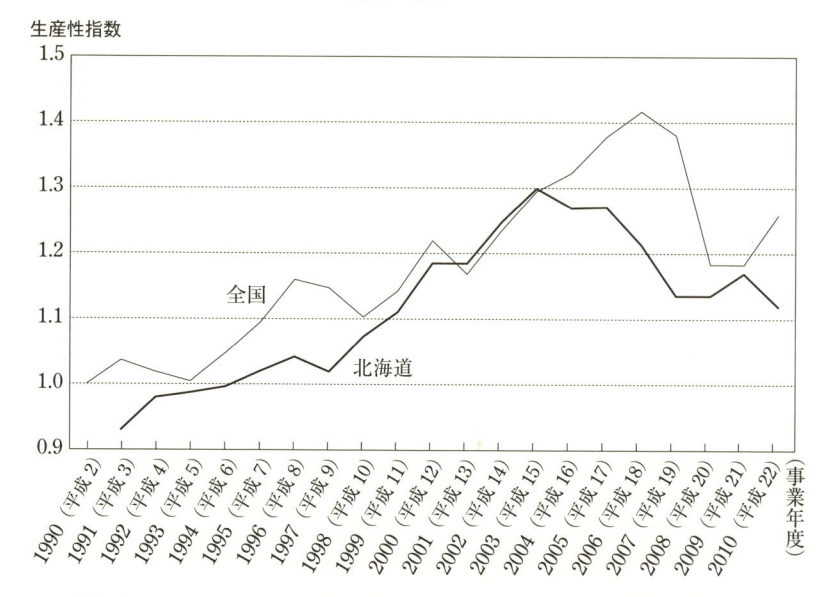

生産性指数

データ出所：日経NEEDSの一般企業財務データを用いた筆者の計算。

（平成15）事業年度の1.30まで上昇しましたが、その後は減少傾向に転じ、2010（平成22）事業年度には1.12まで低下しています。北海道企業の生産性は総じて全国平均を下回っていますが、2001（平成13）事業年度から2003（平成15）事業年度の3年間は全国平均を上回っていました。

分析期間中に観察されたこのような生産性の上昇は、多くの読者の実感と異なるかと思います。その主な理由は、生産性の上昇が従業者数の減少や資本の抑制によるもので、大企業に偏って起こったことでしょう。この間、分析対象企業の平均付加価値は減少傾向にありましたが、企業が従業員を削減したり投資を抑制したりすることで労働や資本を大幅に減らしたため、結果として生産性はむしろ上昇しました。分析対象は上場企業などの大企業が多く、これらの会社は従業員を子会社に出向・転籍させたり、工場を海外に移したりすることで、これを実現させたと思われます。

また、臨時従業員を考慮していないため、臨時従業員による貢献分の増加

が生産性の上昇として現れているかもしれません。臨時従業員が多いと考えられる企業は本章補論の方法で分析対象から外していますが、データ内の企業から外す割合は毎年一定としているため、多くの企業で臨時従業員の割合が増加する傾向にあれば、分析対象に残った企業においても臨時従業員の貢献分は年々増加します。

　日本の生産性を産業ベースでより厳密に推計した他のいくつかの研究成果では、生産性は図6-2ほどには上昇していません。本稿の生産性の推計値は、広く入手できるデータを用いて、国内のごく一部の企業について後述の計算方法をそのまま適用することで得たものである点は、留意してください。

　ただ、この計算結果が全く意味のないものであるということもありません。全国の企業を同じ基準で分析していますので、地域間の比較はある程度可能です。例えば、図6-2を見ますと、分析期間の20年の間に、全国と北海道の間で生産性の差が拡大・縮小するプロセスを2度経験していることがわかります。1度目は1994（平成6）事業年度から1998（平成10）事業年度にかけて、2度目は2004（平成16）事業年度から2009（平成21）事業年度にかけてです。

　この計算結果は、第1章第5節で見た名目道内純生産の変化と整合的です。1990年代中頃の、北海道企業の生産性上昇の1度目の停滞には、道内の公共投資の減少が強く効いています。また、2000年代中頃の2度目の停滞には、公共投資の減少に加えて、道内における卸売・小売業の生産減少もありました。2002年2月からの日本の景気回復は輸出主導の景気回復で、製造業が牽引役でしたが、道内には製造業が発達していないため、その恩恵はほとんど受けられませんでした。しかしそのため、北海道は2008年の世界金融危機と円高の影響が軽微で、生産性指数が全国と再び並びました。

　なお、北海道のような生産性指数の推移は、日本企業の本社機能集積地域ではない県に共通するものではありません。図6-3は、全国との生産性指数の差、すなわち、図6-1の$b_{i,t}$を、北海道、東京都、愛知県、大阪府、福岡県について図示したものです。東京都、愛知県、大阪府は日本の本社機能集積地域として選びました。また、福岡県は北海道と分析対象企業数がほぼ同じであることから選びました。

図6-3 北海道と4都府県の生産性指数の全国平均との差

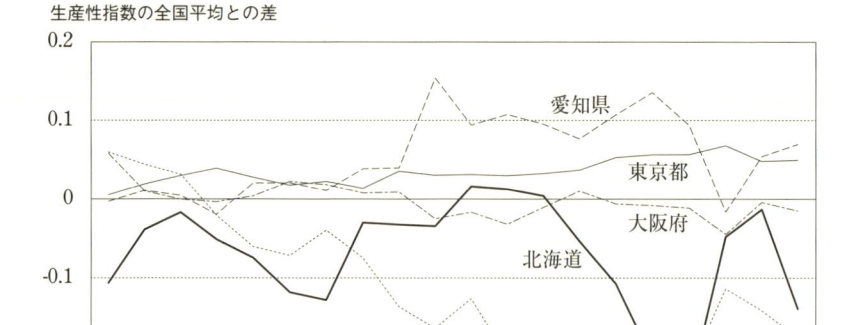

データ出所：図6-2と同じ。

　福岡県の生産性の伸びは、1990年代を通じて全国平均の生産性の伸びを下回り、1994（平成6）事業年度には全国平均を下回りました。また、2000年代に入っても、福岡県と全国平均の生産性の差は縮小していません。これは、北海道とは大きく異なる動きです。

　なお、東京都の生産性指数は全国平均よりもやや高く、大阪府の生産性指数は全国平均の前後で、共に安定的に推移しています。また、愛知県の生産性指数は2000年代前半に全国平均より0.1ポイント程度高くなっていますが、これはこの地域の製造業がこの時期に活況を呈していたことを反映しています。

●産業調整をした場合の生産性指数の推移

　読者の中には、北海道の生産性指数の推移は、北海道の産業構造に影響を受けているのではないかと考える人もいるでしょう。確かに、評価基準年である1990（平成2）事業年度の時点で、全産業の平均生産性よりも低い生産

図6-4 4産業の生産性指数の全産業平均との差

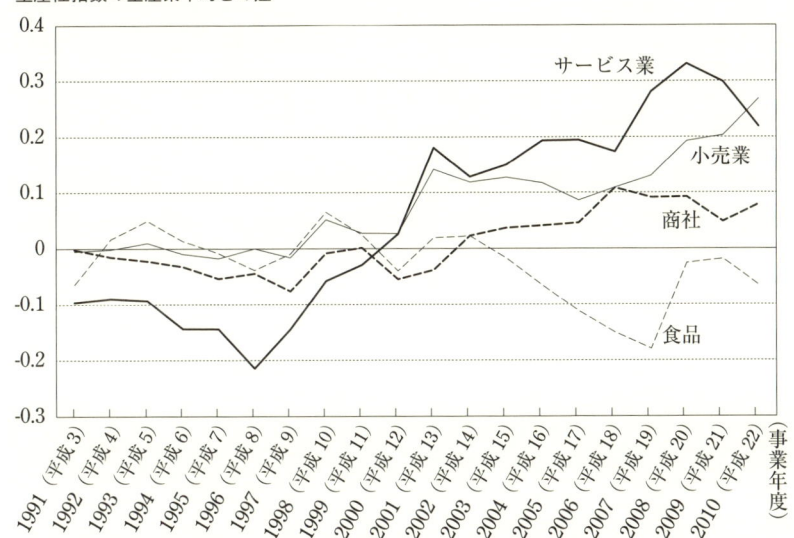

生産性指数の全産業平均との差

データ出所：図6-2と同じ。

性をもつ産業が北海道に多ければ、そのような産業構造は北海道の生産性を押し下げる要因になります。また、図6-2や図6-3に示しました生産性指数は、計算の基準となる平均的企業を全産業の平均としましたが、ある企業の生産性を計算する際に用いる平均的企業をその企業の属する産業の平均とすると、値は変わってきます。

図6-4には、北海道の企業が比較的多く活動している食品、商社、小売業、サービス業について、これらの産業と全産業平均の生産性指数の差を見たものです。それぞれに異なる動きを示していますので、何らかの産業調整を行いますと、図6-2や図6-3の結果が変わる可能性があります[8]。

ここで、次のような産業調整を行います。まず、ある企業の生産性指数の

---

[8] 図6-4では、1990年代後半からサービス業や小売業の生産性指数が上昇する傾向を示していますが、これは前述のような従業員の抑制と臨時従業員の増加、または無形資本の増加を反映している可能性があることを、改めて指摘しておきます。

図6-5 北海道と全国平均の産業調整後生産性指数の推移

データ出所：図6-2と同じ。

計算に際して基準となる平均的企業を、全企業の平均ではなく、その企業と同じ産業に属する企業の平均とします。そして、各産業で想定される平均的企業について、1990（平成2）事業年度の生産性指数をそれぞれ1とします。設定した産業の数は33です。

このような調整をした結果を、図6-2と同様の形で示しましたのが、図6-5です。図6-2の産業調整前の値と比較しますと、北海道の産業調整後の生産性指数はややなだらかになり、かつ1990年代では値が最大で約0.1だけ高くなっています。他方、全国の産業調整済生産性指数は、1990年代は産業調整前の生産性指数とそれほどの違いはありませんが、2000年代に入ると調整前よりも最大で約0.09だけ高くなっています。

産業調整後の全国と北海道の生産性指数を比較しますと、2002（平成14）事業年度までは大小が入れ替わりながらもほぼ等しく推移していました。しかし、2003（平成15）事業年度以降は、全国と北海道の生産性指数の差が産業調整によってむしろ拡大しました。これは、産業調整をした後でも、2000

図6-6 北海道と全国平均の産業調整後産業別生産性指数の推移

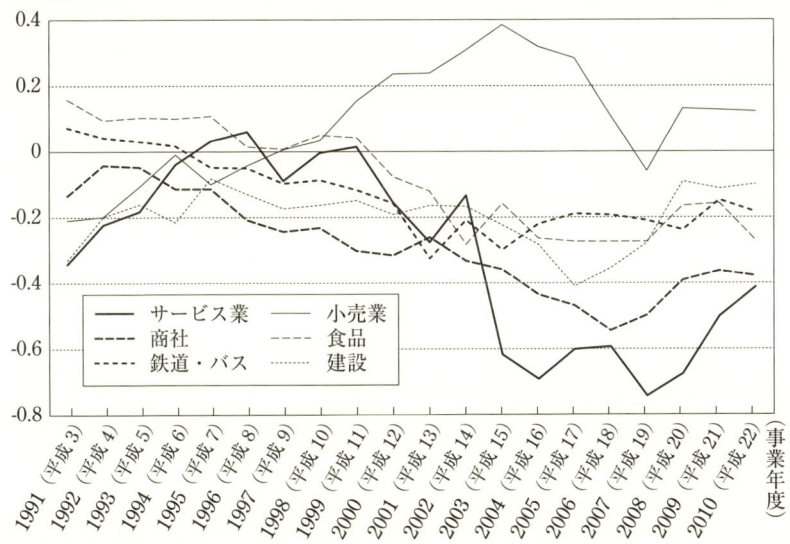

北海道の生産性指数の全国平均との差

凡例：サービス業、小売業、商社、食品、鉄道・バス、建設

データ出所：図6-2と同じ。

年代において北海道の企業が生産性を上昇させる力は弱かったという特徴は変わらないことを示します。

続いて、図6-6では、産業調整後を施した後の生産性指数を産業別に見て、北海道と全国平均の差を図示しました[9]。例えば、食品の1991（平成3）事業年度の値は0.16ですが、これは食品産業の生産性を北海道に本社を置く企業の平均と全国平均で比較して、北海道企業の方が0.16だけ高かったことを意味します。この図には、食品の他にも、建設、商社、小売業、鉄道・バス、サービス業での生産性の差が描かれています。これら6産業は、北海道に本社を置く分析対象企業が分析対象期間中に常に複数存在していた

---

9) これら6産業には、確かに北海道企業が分析期間中を通じて常に複数存在していますが、企業数は少なく、かつ企業の入れ替わりもあります。そのため、1つの企業がデータセットから外れる、あるいはデータセットに加わるだけで、産業別生産性指数の値が大きく変わることがある点には、留意する必要があります。

ことから選ばれました[10]。

図6-6を見ますと、図6-5で2003（平成15）事業年度以降に北海道の生産性が全国を大きく下回ったのは、小売業、商社、建設業、サービス業という、北海道の経済に占める比率の高い産業で、北海道企業の生産性が全国平均と比べて急減したことが主な理由であることがわかります。上場企業データを用いたこのような生産性分析の結果は、第1章の主要な結果である、2000年代の北海道における総生産や所得の伸び悩みは建設・流通が主因であったこと、そして同時期の札幌市において第3次産業の純生産が急減したことと整合的です[11]。

ただ、サービス業については、本章の分析では北海道の産業別生産性指数が全国平均と比べて急減したものの、第1章の図1―17ではサービス業が北海道の平均純生産を引き下げる効果はほとんどなく、両者に差があります。これは、本章の分析で使用した北海道のサービス業企業が北海道全体のサービス業の動向を反映していないことによるかもしれません。

● **北海道経済における外資系企業の意義**

本章を終える前に、北海道経済における外資系企業の意義について触れておきます。世界の中で日本は、そして日本の中で北海道は、外資系企業があまり活動していない地域です。私は、北海道でより多くの外資系企業が活動してくれることは、北海道企業の生産性の上昇に役立つと考えています。

第4章第3節で述べましたように、道外との人や知識や技術の交流の拡大は、北海道の企業に付加価値を産み出しやすい経済環境を提供するでしょう。

---

10) ここでは北海道と日本全国の産業別の生産性格差を、本項で説明した方法による産業調整を行った後の生産性指数で計算しました。ただ、このような産業調整を行わない生産性指数を用いても、同様の図は描けます。

11) 2000年代前半、北海道の企業が生産性を上昇させる力は、全国平均と比べて弱かったという本節の結果は、道内公共事業の削減など、北海道の企業にとって外生的な要因も強く効いているでしょう。このようにマクロ経済環境が個々の企業の生産性に影響を与える一方、個々の企業の活動が停滞することでマクロ経済環境は悪化します。この双方向の因果関係のどちらが強いのかを検討することは、興味深い分析対象ではありますが、ここでは行いません。

日本で活動する外資系企業は、一般に国内日系企業よりも生産性が高いという調査研究は多くあります。また、ある外資系企業の高い生産性は、その周辺に立地する国内日系企業に波及するとも考えられています。そこで、もしRTAなどの国際通商交渉によって対内直接投資の環境が整備されれば、北海道に外資系企業を積極的に誘致することで、道内の雇用機会が増加し、外国から多様な技術、ブランド、ビジネスモデル、経営方法などがもたらされ、所得の増加に繋がるでしょう。

ただ、日本の対内直接投資残高はGDPの約4％と、諸外国と比べて非常に少なく、かつその少ない対内直接投資が東京に集中しています。このことを確認してみましょう。

国際的な資本移動は、大きく間接投資と直接投資に分かれます。間接投資と直接投資の違いは、端的に言えば、経営への介入の有無です。

間接投資とは、利子や配当金の収入といったインカム・ゲインや、債券、株式、その他の金融商品の価格上昇によるキャピタル・ゲインの取得を目的に、外国の債券、株式、その他の金融商品を購入することです。間接投資の場合、株式を購入した企業の収益率を高めるために、投資者が企業の経営に介入することは通常行われません。投資者は収益を上げるために、配当金、利子、証券価格、経営状況、業界見通しといった、市場で共有・標準化されている情報を基に売買を行います。また、投資者の収益評価の時間的視野も金融商品の保有期間も比較的短く、そのため間接投資は時に「逃げ足の速い資金」といわれます。

これに対して直接投資は、外国で企業活動を行うことを目的として子会社を設立したり、経営に強い影響を与えるために外国の会社の株式を買い取ったりすることです。そして、投資の受入側との間で、経営能力、生産技術、ブランド、ノウハウといった経営資源の移転や財・サービスの取引を効率的に行うために、投資側が受入企業の経営に介入します。当然、投資先企業の発行済株式の相当の割合を保有することが必要になります。IMF国際収支マニュアル第6版の定義では、投資先企業の議決権の10％以上を保有した場合に直接投資となります。多国籍企業の国際展開や、投資受入による国内経済活性化を考える場合には、直接投資の動向が重要になります。

図 6－7　主要 OECD 諸国における対内直接投資残高の対 GDP 比率：2010（平成 22）年

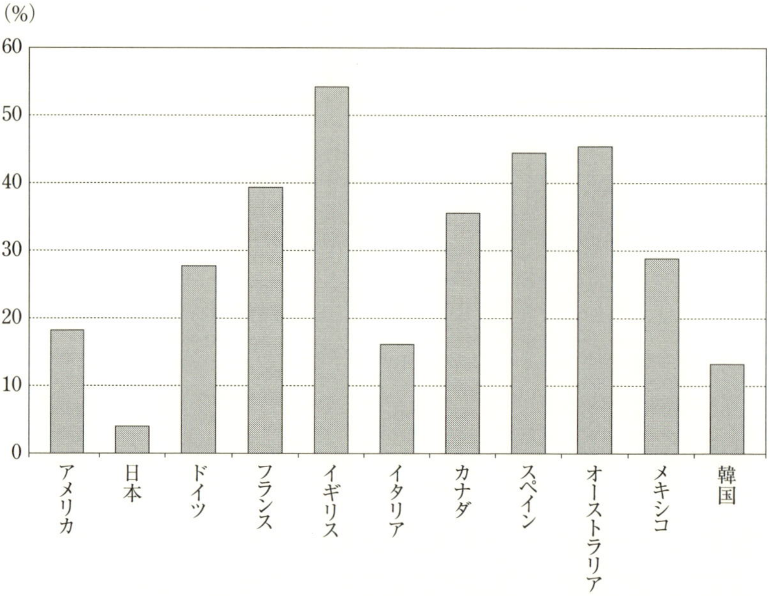
(%)
60
50
40
30
20
10
0
アメリカ
日本
ドイツ
フランス
イギリス
イタリア
カナダ
スペイン
オーストラリア
メキシコ
韓国

データ出所：対内直接投資残高は International Monetary Fund, *Balance of Payments Statistics Yearbook*、GDP は The World Bank, *World Development Indicators* のデータから作成。

日本への直接投資額は、日本の経済規模で評価すると非常に小さな値です。日本における対内直接投資残高の対 GDP 比率は、2010（平成 22）年の値で 3.9％しかなく、これは OECD 加盟国 34 カ国の中で最小です。図 6－7 には、OECD 加盟国のうち、2010（平成 22）年の GDP が 1 兆ドル以上であった 11 カ国について、対内直接投資残高の対 GDP 比率を掲載しています。横軸の国々は、GDP の大きい順に左から並べています。一般に、GDP が大きい国ではこの比率は小さくなる傾向がありますが、それでも日本の数値の少なさは特異です。

日本の対内直接投資残高が少ないことは、地理的・文化的・経済的要因から説明のつくものかもしれません。日本は欧米諸国から地理的に離れていて、日本語は他に公用語として使用している国はなく、日本では人件費や税負担などのビジネスコストも高いと言われています。しかし、外国からの直接投

資の受け入れには経済活性化へのメリットがあり、また対内直接投資阻害要因の中には政府や企業の努力によって取り除けるものもありますので、日本への対内直接投資増加を目指すことは間違っていません。

また、図6-8は、日本に立地する外資系企業の都道府県別の分布を示しています。経済産業省による外資系企業動向調査の2011（平成23）年度実績によりますと、有効回答企業数3194社（製造業555社、非製造業2639社）のうち、東京都が2154社と7割弱を占めています。図6-8は、東京都の他に、立地企業数が100社を超えている神奈川県（316社）と大阪府（188社）を除いた44道府県について、製造業・非製造業別に企業数を示しています。

東京都に立地する外資系企業の数は突出しています。これは、外資系企業を通じた外国との経済交流の果実を東京がほぼ独占し、それ以外の地域には間接的な効果しか及んでいないことを示唆しています。北海道に立地する外資系企業は10社で、その全てが非製造業です。北海道と総生産額がほぼ同じで、表3-5でも比較対象とした静岡県、兵庫県、福岡県の外資系企業数は、静岡県26社、兵庫県86社、福岡県25社と、いずれも北海道を大きく上回っています[12]。

北海道にも外資系企業が立地し、同時に北海道に本社を置く企業が海外に事業を展開すれば、北海道が首都東京を飛び越えて外国と直接繋がります。

---

12) 図6-8では外資系企業の立地の分布を示しましたが、外資系企業の事業所や常用雇用者で同様の分布を見ますと、都道府県間の差は縮小します。外資系企業動向調査の2009（平成21）年度実績には、外資系企業の事業所数と常用雇用者数が都道府県別に掲載されています。両者の数字を東京都と北海道で比較しますと、事業所数は、東京都で7645事業所、北海道で555事業所で、東京都は北海道の約14倍です。また、常用雇用者数は、東京都で15.5万人、北海道で0.8万人で、東京都は北海道の約19倍です。同年度の外資系企業数では、東京都は北海道の300倍（東京都で2100社、北海道で7社）なので、事業所数や常用雇用者数では都道府県間の差は縮小しています。しかしそれでも、東京都の総生産は北海道の総生産の5倍弱であることを考えますと、北海道では道内経済における外資系企業の存在がまだ小さいと思われます。また、静岡県、兵庫県、福岡県と比較しましても、事業所数では北海道は静岡県に次いで少ない値で、常用雇用者数では北海道は4道県の中で最も少ない値です。福岡県は両者の値が4道県の中で最も多く、事業所数は826事業所で北海道の約1.5倍、常用雇用者数は1.7万人で北海道の約2.1倍です。福岡県は北海道と比べて外国との経済取引が活発であるという違いはあるものの、北海道においても外資系企業の本社や事業所の立地を増やすことは可能と思われます。

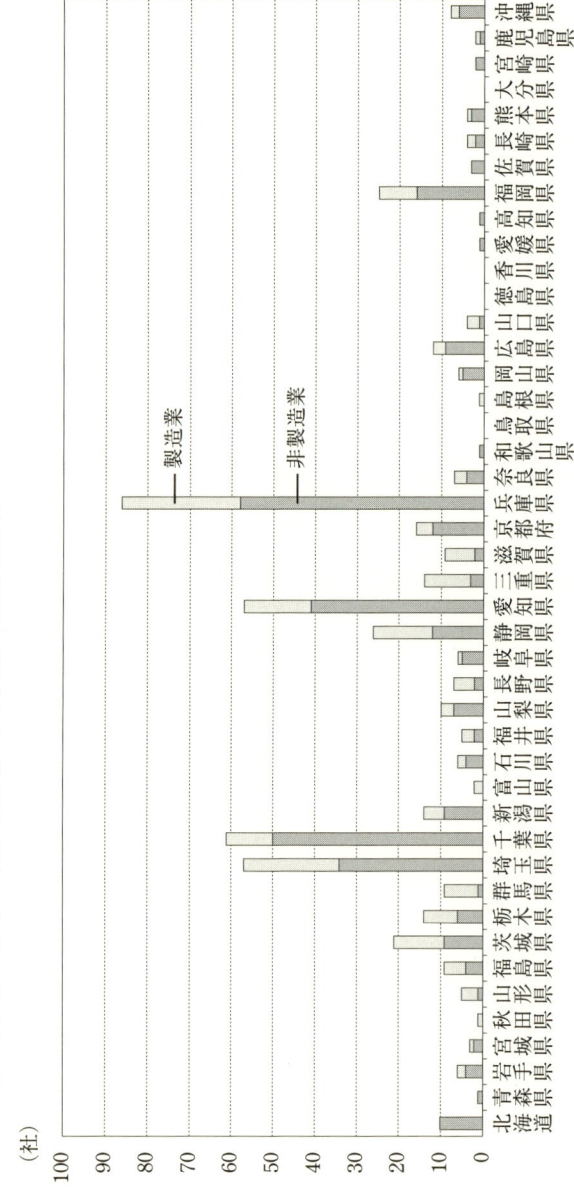

図6－8 都道府県別の外資系企業数（東京都、神奈川県、大阪府を除く）

注：東京都、神奈川県、大阪府の外資系企業数は100社以上で、図には示しませんでした。これら3都府県の製造業・非製造業別企業数は、以下の通りです。
東京都：製造業238社、非製造業1916社。神奈川県：製造業84社、非製造業232社（平成23（2011）年度実績）。大阪府：製造業31社、非製造業157社。
データ出所：経済産業省、外資系企業動向調査、第46回調査結果概要速報（平成26）年3月9日閲覧。
(http://www.meti.go.jp/statistics/tyo/gaisikei/result/result_46.html、2014（平成26）年3月9日閲覧)。

それは、北海道にとって新たな付加価値の源泉となります。北海道の地方政府が、外資系企業の受け入れ支援策を充実させ、誘致に成功することを期待しています。

補論　分析方法の詳細

この補論では、本章の分析で用いました生産性指数の計算方法とその実際の手順について、やや詳しく説明します。

●生産性指数の計算式

第1節で説明しました生産性指数のうち、t年における平均的企業のTFP対数値の前年からの変化分であるa_tと、t年における平均的企業のTFP対数値と企業iのTFP対数値の差分である$b_{i,t}$は、それぞれ以下の式で計算されます。なお、生産要素としては資本と労働の2つを考えています。

$$a_t = \overline{\ln Y_t} - \overline{\ln Y_{t-1}}$$

$$- \left[\frac{1}{2}\left(\overline{w_{K,t}} + \overline{w_{K,t-1}}\right)\left(\overline{\ln K_t} - \overline{\ln K_{t-1}}\right) + \frac{1}{2}\left(\overline{w_{L,t}} + \overline{w_{L,t-1}}\right)\left(\overline{\ln L_t} - \overline{\ln L_{t-1}}\right) \right]$$

$$b_{i,t} = \ln Y_{i,t} - \overline{\ln Y_t}$$

$$- \left[\frac{1}{2}\left(w_{K,i,t} + \overline{w_{K,t}}\right)\left(\ln K_{i,t} - \overline{\ln K_t}\right) + \frac{1}{2}\left(w_{L,i,t} + \overline{w_{L,t}}\right)\left(\ln L_{i,t} - \overline{\ln L_t}\right) \right]$$

式中の記号の意味は以下の通りです。$\overline{\ln Y_t}$と$\overline{\ln Y_{t-1}}$はt時点とt−1時点での平均的企業の付加価値の対数値、$\ln Y_{i,t}$はt時点での企業iの付加価値の対数値、$\overline{\ln K_t}$と$\overline{\ln K_{t-1}}$はt時点とt−1時点での平均的企業の資本投入量の対数値、$\ln K_{i,t}$はt時点での企業iの資本投入量の対数値、$\overline{\ln L_t}$と$\overline{\ln L_{t-1}}$はt時点とt−1時点での平均的企業の労働投入量の対数値、$\ln L_{i,t}$はt時点での企業iの労働投入量の対数値、$\overline{w_{K,t}}$と$\overline{w_{K,t-1}}$はt時点とt−1時点での平均的企業の生産コストに占める資本への支払額のシェア、$w_{K,i,t}$はt時点での企

業 i の生産コストに占める資本への支払額のシェア、$\overline{w_{L,t}}$ と $\overline{w_{L,t-1}}$ は t 時点と t−1 時点での平均的企業の生産コストに占める労働への支払額のシェア、$w_{L,i,t}$ は t 時点での企業 i の生産コストに占める労働への支払額のシェアです。

a_t と $b_{i,t}$ を使うと、基準年を t = 0 とした時の、企業 i の t = T 年における TFP である $TFP_{i,T}$ は次のように表現できます。

$$\ln TFP_{i,T} = \sum_{t=1}^{T} a_t + b_{i,T}$$

● 平均的企業の生産性指数の計算方法

前述の、t 年における平均的企業の TFP 対数値の前年からの変化分である a_t を計算するには、t 年と t−1 年について、平均的企業の付加価値対数値、労働対数値、資本対数値、資本シェア、労働シェアを求める必要があります。ここで、平均的企業の両年におけるこれらの値は、同年の全分析対象企業でのこれらの値を単純平均することで求めました。例えば、$\overline{\ln Y_t}$ については、全分析対象企業数を N として、$\overline{\ln Y_t} = \sum_i \ln Y_{i,t} / N$ となります。

なお、a_t の計算は、t 年と t−1 年の企業データセットを接続して行います。このデータセットは、後述の分析対象企業の選択を接続データセット全体について行った後のものなので、データセットに含まれている企業は t 年と t−1 年のどちらも分析対象となります。そのため、a_t の計算に必要な数値は、t 年のものと t−1 年のものが同一の企業群から計算されます。また、a_t と a_{t+1} の計算に用いる企業群は異なってきます。

● 財務諸表と事業年度に関する留意点

企業の財務データの利用に際して、連結財務諸表と単体財務諸表の選択、そして事業年度の割り振りについては、次のようにしました。

まず、連結と単体については、本分析では単体財務諸表を選択しました。単体を選んだ理由は主に 2 つあります。1 つは、連結財務諸表を用いると、さまざまな事業を行う連結子会社も含まれてしまい、企業をある産業の生産単位として捕らえられなくなると判断したことです。もう 1 つは、連結財務諸表では、生産性指数の計算に必要なデータが一部得られないことです。

ただ、単体財務諸表の場合、持株会社の扱いに注意しなければなりません。持株会社の色彩が強い企業を分析対象から外す方法は次項で説明します。

次に、事業年度の割り振りについては、ある年の決算期で発表された財務データは、前年の事業年度としました。例えば、2011（平成23）暦年中が決算期の財務データは、全て2010（平成22）事業年度としています。

確かに、このような機械的な割り振りに適さない事例もあります。例えば、日経NEEDSからは2011（平成23）年に公表された財務データが4111社分入手できます。このうち、1割弱の360社は決算月が12月ですので、これらの企業が2011（平成23）年12月決算期で公表した財務データを2010（平成22）事業年度と呼ぶのは実態に合いません。ただ、決算月が2011年の上半期であるのは、8割以上の3364社（うち2797社は決算月が3月）ですので、このような簡単なルールで事業年度を定めても、問題は少ないと思われます。

●分析対象企業の選択

日経NEEDSから財務データが得られる企業のうち、以下の7基準に該当する企業を削除します。この作業は、隣接する2事業年度の企業データを接続した後で行います。そのため、例えば1990（平成2）事業年度プラス1991（平成3）事業年度の企業データセットと、1991（平成3）事業年度プラス1992（平成4）事業年度の企業データセットでは、分析対象として残った企業は異なります。

1. 従業員数や償却対象有形固定資産が0または欠損値である企業。
2. 付加価値が0以下の企業。
3. 付加価値に占める資本コストあるいは労働コストの割合が0以下または1以上の企業。
4. 決算期や産業分類が変更になった企業。
5. 「営業利益／従業員数」比率が、財務データが得られた全企業のうち上位10％の企業。
6. 「労働に分配される付加価値／従業員数」比率が、財務データが得られた全企業のうち上位10％の企業。

7.「賃借料／資本額」比率が、財務データが得られた全企業のうち上位
　　　　10％の企業。

　このうち、基準5については、持株会社を削除するものです。企業名に「ホールディングス」がついている企業を削除するという方法もあります。しかし、ここではそのような表記上の基準を採用せず、「営業利益／従業員数」比率が高いという持株会社の特徴を用いて、持株会社の色彩の強い企業を特定しました。

　基準6については、臨時従業員数が多い企業を削除するものです。臨時従業員数の値が得られないため、パートやアルバイトの比率の多い企業では、データセット上の労働投入量が実際よりも過少になります。このような企業をそのまま分析にかけますと、異常に高い生産性を示してしまいます。そこで、「製造原価」に含まれる「労務費・福利厚生費」と「販売費および一般管理費」に含まれる「人件費・福利厚生費」を用いて、これらの合計である「労働に分配される付加価値」を従業員数で割った値が高い企業を、臨時従業員が多い企業とみなし、分析対象から外しました[13]。

　最後に、基準7については、賃貸で利用している土地や建物が多い企業を削除するものです。そのような企業では、貸借対照表の資産項目だけを資本として用いると、資本投入量が実際よりも過少になります。そこで、「製造原価」と「販売費および一般管理費」に含まれる「賃借料」を用いて、これを資本額で割った値が高い企業を、賃貸の土地や建物が多い企業とみなしました。

　もちろん、基準5、6、7は、持株会社、労働、資本の検討にあたって満足できる指標ではなく、改善の余地が大きいものです。ここでは本書の性格から、簡明な基準にとどめました。

---

13) なお、日経NEEDSでも、2010（平成22）年3月期決算からは臨時従業員数の情報が得られます。しかし、日経NEEDSが依拠する有価証券報告書では、臨時従業員が従業員数の10％以上いる場合に臨時従業員数の記載が求められますので、全ての企業について臨時従業員数が得られるわけではありません。

第 6 章 生産性　217

●ソースコード

　生産性指数の計算には、各種統計ソフトウェアを利用することになります。私は Stata を用いました。私が使用しました生産性指数計算用ソースコードは以下の通りです。なお、コード中で使用しているデータ名と日経 NEEDS の一般企業財務データとの対応関係は、次の項で紹介します。

* 日経 NEEDS から得られるデータセットを事業年度毎に「1990e.dta」から「2010e.dta」まで作成し、あらかじめ日経会社コードでソートをかけておきます（「sort frim_id」）。

```
use 1990e
gen sum_a_1990 = 0
gen sum_a_1990_ind = 0
save 1990, replace
clear
log using TFP.log, replace
```

* 隣接する 2 年分を結合したデータセットを、1990–1991 年データセットから 2009–2010 年データセットまで作成し、それぞれで以下の計算を繰り返します。

```
forvalues x = 1991/2010 {
local y = `x'-1
use `y'
sort firm_id
merge firm_id using `x'e
```

* 業種や本社所在地が不明の企業、決算期が変更になった企業、産業分類が変更になった企業、ならびにデータが重複している企業を削除します。なお、産業分類は、日経 NEEDS では 6 桁で提供されますが、これを上位 3 桁の 33 部門にします。

```
drop if ind_code_`x' == .
drop if heads_code_`x' == .
drop if ind_code_`y' == .
drop if heads_code_`y' == .
gen str3 term_m_`x' = substr(term_`x', 1, 3)
gen str3 term_m_`y' = substr(term_`y', 1, 3)
drop if term_m_`x'!= term_m_`y'
```

```
gen ind_3code_`x' = floor(ind_code_`x'/1000)
gen ind_3code_`y' = floor(ind_code_`y'/1000)
drop if ind_3code_`x'!= ind_3code_`y'
duplicates drop
```

*欠損値を0に置き換えた後、Y、L、K、Wl、Wk を作成します。

```
mvencode lab_costs1_`x' dep1_`x' lease1_`x' tax1_`x' profit_`x' lab_costs2_`x' dep2_`x'
    lease2_`x' tax2_`x' labor_`x' capital1_`x' capital2_`x' land_`x' lab_costs1_`y' dep1_`y'
    lease1_`y' tax1_`y' profit_`y' lab_costs2_`y' dep2_`y' lease2_`y' tax2_`y' labor_`y'
    capital1_`y' capital2_`y' land_`y', mv(0) override
gen Y_`x' = lab_costs1_`x'+ dep1_`x'+ lease1_`x'+ tax1_`x'+ profit_`x'+ lab_costs2_`x'+
    dep2_`x'+ lease2_`x'+ tax2_`x'
gen L_`x' = labor_`x'
gen K_`x' = capital1_`x' + capital2_`x' + land_`x'
gen Kc_`x' = capital1_`x' + capital2_`x'
gen Wl_`x' = (lab_costs1_`x'+ lab_costs2_`x') / Y_`x'
gen Wk_`x' = (dep1_`x'+ lease1_`x'+ tax1_`x'+ profit_`x'+ dep2_`x'+ lease2_`x'+
    tax2_`x') / Y_`x'
gen Y_`y' = lab_costs1_`y'+ dep1_`y'+ lease1_`y'+ tax1_`y'+ profit_`y'+ lab_costs2_`y'+
    dep2_`y'+ lease2_`y'+ tax2_`y'
gen L_`y' = labor_`y'
gen K_`y' = capital1_`y' + capital2_`y' + land_`y'
gen Kc_`y' = capital1_`y' + capital2_`y'
gen Wl_`y' = (lab_costs1_`y'+ lab_costs2_`y') / Y_`y'
gen Wk_`y' = (dep1_`y'+ lease1_`y'+ tax1_`y'+ profit_`y'+ dep2_`y'+ lease2_`y'+
    tax2_`y') / Y_`y'
```

*従業員数が0以下、償却対象有形固定資本が0以下、付加価値が0以下、資本・労働コストシェアが0以下または1以上の企業を削除します。

```
drop if L_`x' <= 0
drop if Kc_`x' <= 0
drop if Y_`x' <= 0
drop if Wl_`x' <= 0
drop if Wl_`x' >= 1
drop if Wk_`x' >= 0
drop if Wk_`x' >= 1
```

```
drop if L_`y' <= 0
drop if Kc_`y' <= 0
drop if Y_`y' <= 0
drop if Wl_`y' <= 0
drop if Wl_`y' >= 1
drop if Wk_`y' <= 0
drop if Wk_`y' >= 1
```

*sum_a_`y' と sum_a_`y'_ind が空欄の企業に、対応する値をコピーします。sum_a_`y'_ind の場合、産業が同じ企業のものをコピーすることに注意。
```
egen sum_a_`y's = mean(sum_a_`y')
replace sum_a_`y' = sum_a_`y's if sum_a_`y' == .
egen sum_a_`y's_ind = mean(sum_a_`y'_ind), by(ind_3code_`x')
replace sum_a_`y'_ind = sum_a_`y's_ind if sum_a_`y'_ind == .
drop sum_a_`y's sum_a_`y's_ind
```

*各企業について、Y、L、K の対数をとります。
```
gen lnY_`x' = log(Y_`x')
gen lnL_`x' = log(L_`x')
gen lnK_`x' = log(K_`x')
gen lnY_`y' = log(Y_`y')
gen lnL_`y' = log(L_`y')
gen lnK_`y' = log(K_`y')
```

*「営業利益／従業員数」が上位 10％の企業、「労働に分配される付加価値／従業員数」が上位 10％の企業、そして「賃借料／資本額」の上位 10％の企業を削除します。2 年分を接続したデータセットで、両年について行います。
```
gen p_L_`x' = (profit_`x' / L_`x')
xtile p_L_`x'_t = p_L_`x', nq(100)
gen p_L_`y' = (profit_`y' / L_`y')
xtile p_L_`y'_t = p_L_`y', nq(100)
gen w_L_`x' = (lab_costs1_`x' + lab_costs2_`x') / L_`x'
xtile w_L_`x'_t = w_L_`x', nq(100)
gen w_L_`y' = (lab_costs1_`y' + lab_costs2_`y') / L_`y'
xtile w_L_`y'_t = w_L_`y', nq(100)
gen l_K_`x' = (lease1_`x' + lease2_`x') / K_`x'
```

```
xtile l_K_`x'_t = l_K_`x', nq(100)
gen l_K_`y' = (lease1_`y' + lease2_`y') / K_`y'
xtile l_K_`y'_t = l_K_`y', nq(100)
drop if p_L_`x'_t >= 91
drop if p_L_`y'_t >= 91
drop if w_L_`x'_t >= 91
drop if w_L_`y'_t >= 91
drop if l_K_`x'_t >= 91
drop if l_K_`y'_t >= 91
```

*分析対象として残った企業全体についての基本統計量と、都道府県・産業で集計した企業数、従業員数、付加価値、北海道の企業に限定した産業毎の企業数、従業員、付加価値を確認します。（表6－補－2、表6－補－3で使用）

```
sum
table heads_code_`x', c(N L_`x' sum L_`x' sum Y_`x')
table ind_3code_`x', c(N L_`x' sum L_`x' sum Y_`x')
table ind_3code_`x', c(N L_`x' sum L_`x' sum Y_`x'), if heads_code_`x' == 1
```

*各事業年度について、平均的企業のlnY、lnL、lnK、Wl、Wkを計算します。
```
egen lnY_`x'_m = mean(lnY_`x')
egen lnL_`x'_m = mean(lnL_`x')
egen lnK_`x'_m = mean(lnK_`x')
egen Wl_`x'_m = mean(Wl_`x')
egen Wk_`x'_m = mean(Wk_`x')
egen lnY_`y'_m = mean(lnY_`y')
egen lnL_`y'_m = mean(lnL_`y')
egen lnK_`y'_m = mean(lnK_`y')
egen Wl_`y'_m = mean(Wl_`y')
egen Wk_`y'_m = mean(Wk_`y')
```

*平均的企業のTFPの前年からの変化を計算します（本文中の a_t）。
```
gen dif_lnY_`y'_`x'_m = lnY_`x'_m - lnY_`y'_m
gen dif_lnL_`y'_`x'_m = lnL_`x'_m - lnL_`y'_m
gen dif_lnK_`y'_`x'_m = lnK_`x'_m - lnK_`y'_m
gen sum_Wl_`y'_`x'_m = Wl_`x'_m + Wl_`y'_m
gen sum_Wk_`y'_`x'_m = Wk_`x'_m + Wk_`y'_m
```

第6章 生産性 *221*

```
gen a_`x' = dif_lnY_`y'_`x'_m - ((1/2) * sum_Wk_`y'_`x'_m * dif_lnK_`y'_`x'_m +
    (1/2) * sum_Wl_`y'_`x'_m * dif_lnL_`y'_`x'_m)
```

*データセット2年目について、各企業のTFPを平均的企業との差から計算します（本文中の $b_{i,t}$）。

```
gen dif_lnY_`x' = lnY_`x' - lnY_`x'_m
gen dif_lnL_`x' = lnL_`x' - lnL_`x'_m
gen dif_lnK_`x' = lnK_`x' - lnK_`x'_m
gen sum_Wl_`x' = Wl_`x' + Wl_`x'_m
gen sum_Wk_`x' = Wk_`x' + Wk_`x'_m
gen b_`x' = dif_lnY_`x' - ((1/2) * sum_Wk_`x' * dif_lnK_`x' + (1/2) * sum_Wl_`x' *
    dif_lnL_`x')
```

*各企業のデータセット2年目のTFPを、1990年の平均的企業のTFPを1と基準化して計算します。

```
gen sum_a_`x' = sum_a_`y' + a_`x'
gen TFP_1990_`x' = exp(sum_a_`x' + b_`x')
sort heads_code_`x'
```

*TFPの平均と標準偏差（図6-2、図6-3で使用）
```
tabstat TFP_1990_`x' [weight = L_`x'] , statistics(mean sd)
```

*県別のTFP平均・標準偏差（図6-2、図6-3で使用）
```
table heads_code_`x' [weight = L_`x'] , c(mean TFP_1990_`x' sd TFP_1990_`x')
```

*産業別のTFP平均・標準偏差（図6-4で使用）
```
table ind_3code_`x' [weight = L_`x'] , c(mean TFP_1990_`x' sd TFP_1990_`x')
```

*北海道企業に限定した産業別のTFP平均
```
table ind_3code_`x' [weight = L_`x'] , c(mean TFP_1990_`x'), if heads_code_`x' == 1
```

*産業調整を行います。lnY、lnL、lnK、Wl、Wkについて、業種別に平均値を出します。
```
egen lnY_`x'_m_ind = mean(lnY_`x'), by(ind_3code_`x')
egen lnL_`x'_m_ind = mean(lnL_`x'), by(ind_3code_`x')
egen lnK_`x'_m_ind = mean(lnK_`x'), by(ind_3code_`x')
```

```
egen Wk_`x'_m_ind = mean(Wk_`x'), by(ind_3code_`x')
egen Wl_`x'_m_ind = mean(Wl_`x'), by(ind_3code_`x')
egen lnY_`y'_m_ind = mean(lnY_`y'), by(ind_3code_`y')
egen lnL_`y'_m_ind = mean(lnL_`y'), by(ind_3code_`y')
egen lnK_`y'_m_ind = mean(lnK_`y'), by(ind_3code_`y')
egen Wk_`y'_m_ind = mean(Wk_`y'), by(ind_3code_`y')
egen Wl_`y'_m_ind = mean(Wl_`y'), by(ind_3code_`y')
```

*平均的企業の産業調整済み TFP の前年からの変化を計算します（本文中の a_t）。
```
gen dif_lnY_`y'_`x'_m_ind = lnY_`x'_m_ind - lnY_`y'_m_ind
gen dif_lnL_`y'_`x'_m_ind = lnL_`x'_m_ind - lnL_`y'_m_ind
gen dif_lnK_`y'_`x'_m_ind = lnK_`x'_m_ind - lnK_`y'_m_ind
en sum_Wk_`y'_`x'_m_ind = Wk_`x'_m_ind + Wk_`y'_m_ind
gen sum_Wl_`y'_`x'_m_ind = Wl_`x'_m_ind + Wl_`y'_m_ind
gen a_`x'_ind = dif_lnY_`y'_`x'_m_ind - ((1/2) * sum_Wk_`y'_`x'_m_ind *
   dif_lnK_`y'_`x'_m_ind + (1/2) * sum_Wl_`y'_`x'_m_ind * dif_lnL_`y'_`x'_m_ind)
```

*データセット 2 年目について、企業の lnY、lnL、lnK、Wl、Wk と、それらの平均値との差を計算します。
```
gen dif_lnY_`x'_ind = lnY_`x' - lnY_`x'_m_ind
gen dif_lnL_`x'_ind = lnL_`x' - lnL_`x'_m_ind
gen dif_lnK_`x'_ind = lnK_`x' - lnK_`x'_m_ind
gen sum_Wk_`x'_ind = Wk_`x' + Wk_`x'_m_ind
gen sum_Wl_`x'_ind = Wl_`x' + Wl_`x'_m_ind
```

*データセット 2 年目について、各企業の TFP を産業調整済み平均的企業との差から計算します（本文中の $b_{i,t}$）。
```
gen b_`x'_ind = dif_lnY_`x'_ind - ((1/2) * sum_Wk_`x'_ind * dif_lnK_`x'_ind +
   (1/2) * sum_Wl_`x'_ind * dif_lnL_`x'_ind)
```

*各企業のデータセット 2 年目の TFP を、1990 年の産業調整済み平均的企業の TFP を 1 と基準化して計算します。
```
gen sum_a_`x'_ind = sum_a_`y'_ind + a_`x'_ind
gen TFP_1990_`x'_ind = exp(sum_a_`x'_ind + b_`x'_ind)
sort ind_3code_`x'
```

*産業調整済み TFP の平均と標準偏差（図 6-5 で使用）
tabstat TFP_1990_`x'_ind [weight = L_`x'], statistics(mean sd)

*県別の産業調整済み TFP 平均・標準偏差（図 6-5 で使用）
table heads_code_`x' [weight = L_`x'], c(mean TFP_1990_`x'_ind sd
　TFP_1990_`x'_ind)

*産業別の産業調整済み TFP 平均・標準偏差（図 6-6 で使用）
table ind_3code_`x' [weight = L_`x'], c(mean TFP_1990_`x'_ind sd
　TFP_1990_`x'_ind)

*北海道企業に限定した産業別の産業調整済み TFP 平均（図 6-6 で使用）
table ind_3code_`x' [weight = L_`x'], c(mean TFP_1990_`x'_ind), if
　heads_code_`x' == 1

*firm_id、sum_a_`x'、sum_a_`x'_ind を残して、`x'e.dta と firm_id で接続して、新たに `x'.dta として保存します。
save `x'TFP, replace
keep firm_id sum_a_`x' sum_a_`x'_ind
sort firm_id
merge firm_id using `x'e
drop _merge
save `x', replace
clear
}

*これまで作成された各年度の .dta ファイルは、計算過程の確認の際に使います。
log close

●日経 NEEDS 一般企業財務データの利用項目

　前項のソースコード中で使用しているデータ項目名と、日経 NEEDS の一般企業財務データ項目との対応関係は、以下の表 6-補-1 の通りです。日経 NEEDS からは、データの得られる全企業について表 6-補-1 の項目を保存して、項目名をソースコード用に変更し、1990 年から 2010 年までの事

業年度別にStata用データセットを作成します。

また、表6-補-2には日経NEEDS内の日経業種コードと産業の対応、そして表6-補-3には同じく本社所在地コードと都道府県の対応関係がまとめられています。あわせて、参考資料として、分析期間の中盤である2000（平成12）事業年度における分析対象企業数・従業員数の分布を、全体の業種別・本社所在地別、および北海道に本社を置く企業の業種別について記載しています。

表6-補　日経NEEDS一般企業財務データの利用項目

表6-補-1　日経NEEDS一般企業財務データとソースコードの項目対応表

日経NEEDS		ソースコード
	日経会社コード	firm_id
	決算期	term_****
【ヘッダー項目】		
R022	日経業種：コード	ind_code_****
R024	本社所在地：コード	heads_code_****
【製造原価明細（期首からの累計期間）】		
K038	労務費・福利厚生費［累計］	lab_costs1_****
K043	（減価償却費）［累計］	dep1_****
K044	（賃借料）［累計］	lease1_****
K045	（租税公課）［累計］	tax1_****
【損益計算書（期首からの累計期間）】		
D029	営業利益［累計］	profit_****
【製造原価明細（期首からの累計期間）】		
K075	【販管費】人件費・福利厚生費［累計］	lab_costs2_****
K077	【販管費】減価償却費［累計］	dep2_****
K079	【販管費】賃借料［累計］	lease2_****
K080	【販管費】租税公課［累計］	tax2_****
【その他項目】		
H021	期末従業員数	labor_****
【貸借対照表（資産）】		
B027	リース債権及びリース投資資産	capital1_****
B064	償却対象有形固定資産	capital2_****
B075	土地・その他非償却対象有形固定資産	land_****

注：ソースコードの「****」には、事業年度が入ります。
　　日経NEEDS項目名は、2013（平成25）年8月15日時点のものです。

表6-補-2　日経業種コードと産業の対応表

日経業種コード	産業	参考：2000（平成12）事業年度における分布							
		企業数分布(全国)		従業員数分布(全国)		企業数分布(北海道)		従業員数分布(北海道)	
		企業数 (合計:3001社)	全体に占める割合	従業員数 (合計:378万人弱)	全体に占める割合	企業数 (合計:70社)	全体に占める割合	従業員数 (合計:4万人弱)	全体に占める割合
101	食品	130	4.3%	113,464	3.0%	6	10.0%	3,185	8.4%
103	繊維	61	2.0%	61,582	1.6%				
105	パルプ・紙	36	1.2%	40,266	1.1%				
107	化学工業	209	7.0%	185,890	4.9%	3	5.0%	1,434	3.8%
109	医薬品	42	1.4%	59,750	1.6%				
111	石油	5	0.2%	1,477	0.0%				
113	ゴム	26	0.9%	28,743	0.8%				
115	窯業	78	2.6%	74,600	2.0%				
117	鉄鋼業	57	1.9%	77,489	2.1%	1	1.7%	197	0.5%
119	非鉄・金属製品	151	5.0%	146,841	3.9%	1	1.7%	247	0.7%
121	機械	219	7.3%	247,320	6.5%				
123	電気機器	265	8.8%	663,187	17.5%				
125	造船	7	0.2%	21,868	0.6%				
127	自動車・同部品	95	3.2%	321,167	8.5%				
129	その他輸送機器	19	0.6%	18,011	0.5%				
131	精密機械	47	1.6%	54,994	1.5%				
133	その他製造業	123	4.1%	119,069	3.2%	1	1.7%	236	0.6%
235	水産	10	0.3%	4,124	0.1%				
237	鉱業	6	0.2%	2,760	0.1%				
241	建設	215	7.2%	305,566	8.1%	7	11.7%	3,246	8.6%
243	商社	330	11.0%	198,155	5.2%	10	16.7%	5,167	13.7%
245	小売業	195	6.5%	206,390	5.5%	17	28.3%	9,120	24.1%
252	その他金融業	23	0.8%	22,343	0.6%	3	5.0%	3,582	9.5%
253	不動産	59	2.0%	21,890	0.6%	3	5.0%	1,125	3.0%
255	鉄道・バス	61	2.0%	196,764	5.2%	2	3.3%	2,207	5.8%
257	陸運	48	1.6%	241,107	6.4%	1	1.7%	1,007	2.7%
259	海運	10	0.3%	4,436	0.1%	1	1.7%	593	1.6%
261	空運	4	0.1%	22,327	0.6%				
263	倉庫・輸送関連	44	1.5%	21,515	0.6%				
265	通信	26	0.9%	17,916	0.5%	1	1.7%	92	0.2%
267	電力	1	0.0%	215	0.0%				
269	ガス	18	0.6%	11,620	0.3%	1	1.7%	920	2.4%
271	サービス業	381	12.7%	266,524	7.1%	12	20.0%	5,494	14.5%

表6-補-3　本社所在地コードと都道府県の対応表

本社所在地コード	都道府県	参考：2000（平成12）事業年度における分布			
		企業数分布		従業員数分布	
		企業数(合計：3001社)	全体に占める割合	従業員数(合計：378万人弱)	全体に占める割合
1	北海道	70	2.3%	37,852	1.0%
2	青森	9	0.3%	3,430	0.1%
3	岩手	3	0.1%	2,628	0.1%
4	宮城	30	1.0%	27,432	0.7%
5	秋田	2	0.1%	245	0.0%
6	山形	8	0.3%	9,129	0.2%
7	福島	13	0.4%	6,253	0.2%
8	茨城	22	0.7%	9,370	0.2%
9	栃木	23	0.8%	16,924	0.4%
10	群馬	27	0.9%	21,462	0.6%
11	埼玉	77	2.6%	48,551	1.3%
12	千葉	38	1.3%	19,869	0.5%
13	東京	1,140	38.0%	1,769,635	46.8%
14	神奈川	169	5.6%	221,828	5.9%
15	新潟	40	1.3%	29,292	0.8%
16	富山	34	1.1%	33,239	0.9%
17	石川	26	0.9%	13,790	0.4%
18	福井	17	0.6%	13,106	0.3%
19	山梨	10	0.3%	4,210	0.1%
20	長野	33	1.1%	25,547	0.7%
21	岐阜	36	1.2%	32,013	0.8%
22	静岡	77	2.6%	67,946	1.8%
23	愛知	216	7.2%	333,386	8.8%
24	三重	22	0.7%	13,382	0.4%
25	滋賀	10	0.3%	11,915	0.3%
26	京都	58	1.9%	62,906	1.7%
27	大阪	400	13.3%	578,802	15.3%
28	兵庫	123	4.1%	106,169	2.8%
29	奈良	8	0.3%	5,140	0.1%
30	和歌山	7	0.2%	5,251	0.1%
31	鳥取	5	0.2%	3,938	0.1%
32	島根	2	0.1%	2,066	0.1%
33	岡山	20	0.7%	20,230	0.5%
34	広島	49	1.6%	66,469	1.8%
35	山口	13	0.4%	14,386	0.4%
36	徳島	3	0.1%	457	0.0%
37	香川	15	0.5%	11,527	0.3%
38	愛媛	15	0.5%	17,739	0.5%
39	高知	7	0.2%	2,695	0.1%
40	福岡	70	2.3%	83,068	2.2%
41	佐賀	4	0.1%	1,885	0.0%
42	長崎	3	0.1%	3,188	0.1%
43	熊本	11	0.4%	7,257	0.2%
44	大分	8	0.3%	4,352	0.1%
45	宮崎	8	0.3%	2,571	0.1%
46	鹿児島	15	0.5%	6,593	0.2%
47	沖縄	5	0.2%	247	0.0%

データ出所：日経NEEDSの一般企業財務データ。

第7章

国際貿易

輸入制限の経済分析と米・生乳取引への応用

[要　旨]

　第1節　貿易政策の部分均衡分析によれば、国内生産を保護することを目的に、国際貿易を関税や数量制限で制限する政策から、国際貿易を自由化しつつ国内生産に補助金を供与する政策に転換することで、国内生産量は維持することができ、消費者余剰は増加し、生産者余剰は一定に保たれ、かつ国内の総余剰は増加します。ただし、産業保護を発動すべきか、輸入関税から生産補助金に転換できるかは、検討すべき点が多く存在します。

　第2節　日本の米市場を例に、米の輸入制限を撤廃することによる余剰の変化を推計したところ、総余剰の増加分の推計値は、最小で6934億円、最大で1兆440億円となりました。日本国民1人当たりでは、前者のケースで5400円、後者のケースで8200円の増加となります。また、生産補助金と生産目標設定によって国内生産量を維持しても、貿易の利益は十分得られます。さらに、北海道の居住者に限定しても、総余剰は増加しました。

　第3節　日本の生乳市場を例に、牛乳や乳製品の国際貿易や域際貿易の障壁を撤廃することによる、北海道の酪農生産者の生乳販売収入額の変化を推計しました。乳製品の国際貿易の自由化によって仮に日本国内の乳製品向け生乳市場が消滅しても、単価の高い飲用乳向け生乳を北海道から都府県により多く移出できれば、北海道の生乳販売額はむしろ増加する可能性があります。生乳の域際貿易の自由化は日本国民の総余剰を増加させます。

国際貿易の論点について、北海道の居住者が現在最も敏感になっているのは、TPPです。特に、TPPの締結によって日本が農産品の輸入制限措置を緩和・撤廃し、輸入が増大し、道内農林水産業の生産が激減することを危惧しています。

　TPPが国内農林水産物の生産に与える影響について、内閣官房が2013（平成25）年3月に公表した試算では、貿易障壁が瞬時に撤廃され、政府が何も対策を講じなかった場合、3.0兆円の減少となっています。2005（平成17）年の国の産業連関表による農林水産業生産額13兆1546億円で評価しますと、この減少額は生産額の23％に相当します。他方、TPPが道内生産に与える影響については、例えば北海道農政部が内閣官房の試算結果の公表を受けて、農産物12品目の産出額が4931億円減少すると試算しています。2009（平成21）年の延長北海道産業連関表による道の農畜産物生産額1兆2863億円で評価しますと、この減少額は生産額の37％に相当し、日本の農林水産業全体での23％よりも高い率です。

　農産品の輸入自由化は北海道民にとって好ましくないものなのでしょうか。現状の農産品の輸入制限措置は道内農業支援策として優れたものなのでしょうか。本章では、貿易から見る北海道経済として、農産物の国際・域際貿易を取り上げます。

　まず、第1節で、上記の問題意識を検討する道具として用いる部分均衡分析の枠組みを説明します。そして、農業生産保護のためには間接・水際政策である輸入関税よりも、直接支払いの生産補助金のほうが望ましいことを導きます。

　次に、貿易自由化の対象となる具体的な農産物として、道内生産額の大きい米と生乳を取り上げます。第2節は米を事例にした分析で、生産保護政策によって国内生産を維持しつつ、貿易自由化の利益を得ることができること、北海道に限定しても生産保護・貿易障壁の撤廃による総余剰はプラスになることを説明します。第3節は生乳を事例にした分析で、仮に内閣官房の試算のシナリオ通りになれば、道内酪農家の生乳生産額はむしろ上昇することを示します。これに関連して、内閣官房や北海道農政部による生産減少額の試算は、現在の国内生産者保護措置まで全て消えてしまうことを想定した過大

なものであることにも触れます。

　農業生産支援策の全廃は、現実的なものでも妥当なものでもありません。しかし、輸入制限措置より望ましい農業生産支援策はいくつも存在します。

第1節　貿易政策の余剰分析

　国際貿易は、取引される商品やサービスの価格、生産量、消費量、貿易量、消費者の満足、生産者の利潤などに影響を与えます。本節では、農産品の輸入自由化の影響を分析するために用います、基本的な概念や用語と分析枠組みを紹介します。

　国際貿易論の伝統的な研究対象は、貿易活動や貿易政策がもたらす資源配分効果と厚生効果です。資源配分効果とは、貿易によって労働や資本などの生産要素がどのように配分され、貿易財の供給量や需要量がどのように変化するのかを扱います。また、厚生効果とは、貿易によって人々の満足度がどのように変化するのかを扱います。本節では、まず資源配分効果と厚生効果を説明し、次に輸入関税と生産補助金の効果を確認します。

●資源配分効果

　図による説明を行う前に、本節の基本分析で用います経済学の概念や用語を少し説明します。

　経済学では、ある1つの市場のみにおける経済取引を取り上げて分析を行うことを「部分均衡分析」、全ての市場の相互の関連を考慮する分析を「一般均衡分析」といいます。本章では、ある特定の商品（第2節では米、第3節では生乳）の取引だけを考える部分均衡分析を用います。

　市場で需要と供給が一致している状態を「市場均衡」と呼びます。また、市場が均衡するような価格を「均衡価格」といいます。もちろん、経済は常に均衡しているわけではありません。一時的に需給が一致していない時に、市場メカニズムによって経済が均衡に達する場合、その均衡は安定的であるといいます。以下では、そのような均衡を想定します。均衡が達成されている状態を分析することには、経済の定常状態を知る意味があります。

国際経済学での「大国」「小国」という言葉は、一般の用法と異なっています。世界市場の中である国の経済取引のシェアが小さい場合、その国の輸出量や輸入量の変化は国際価格にほとんど影響を与えません。ある国の貿易取引量の変化が国際価格にまったく影響を与えない場合、その国は「小国」と呼ばれます。小国は、国際市場で決まっている一定の国際価格で輸出や輸入を行うことができます。他方、世界市場の中である国の経済取引のシェアが大きく、その国の貿易取引量の変化が国際価格に影響を与える場合、その国は「大国」と呼ばれます。

　さて、図7-1には、ある国におけるある商品――仮に米としましょう――の国内需要曲線Dと国内供給曲線Sが描かれています。この市場の閉鎖経済と自由貿易での均衡を比較します[1]。ここで、この国は小国とします。そして、以下、本節の分析を通じて、小国のケースのみを扱います。第2節で扱います米のように、この仮定が不適切な場合もありますが、小国のケースでは分析が比較的容易になることから、このようにしました。大国のケースは、第8章第1節で扱います。

　まず、閉鎖経済の場合、外国との取引がないため、均衡では国内需要と国内供給が一致しなくてはなりません。したがって、閉鎖経済下の均衡点は国内需要曲線Dと国内供給曲線Sが交差する点Eになり、その時の均衡価格はP^cです。

　次に、自由貿易の場合、小国にとっては米の国際価格は一定で所与となります。ここではこの国際価格をP^*と表示しています。自由貿易の下で、国際取引に関税や保険料や輸送費がかからないとすると、この小国の居住者は国際価格P^*で米が自由に取引でき、消費量や生産量をP^*という価格から決定します。この時、国内消費はX^*、国内生産はY^*となり、国内生産者から

---

1) 国際的な経済取引が行われるような経済は、「開放経済」といいます。特に、国際的な取引に対して何らの政策や規制が行われず、自由に取引が行われる状態を、「自由貿易」といいます。これに対して、国際的な経済取引が一切行われず、国内の市場でのみ取引が行われる経済を「閉鎖経済」といいます。「閉鎖経済」は現代社会ではもはや仮想的な存在でしょうが、一部の財についてはその国の制度あるいは政策などによって国際的に取引されない場合もあります。例えば、過去に日本は米の輸入を事実上禁止していました。その場合には、米という商品だけを考えると日本は閉鎖経済にあったといえます。

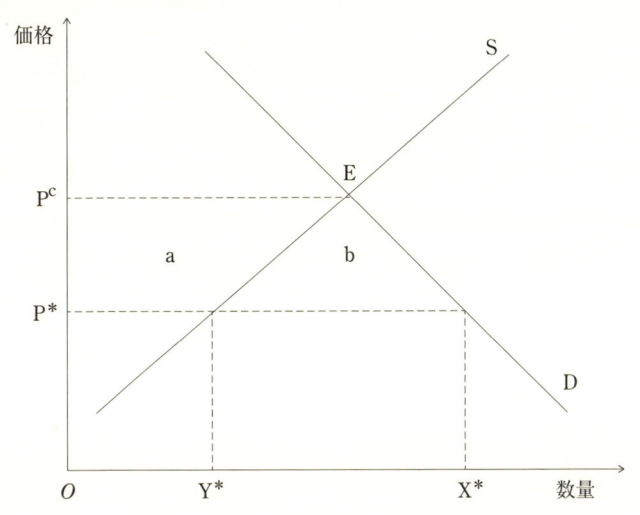

図7-1 閉鎖経済と自由貿易の均衡

の米の供給で満たされない国内消費者の米の超過需要を国外生産者からの供給によって満たすため、この国は $X^* - Y^*$ 分を輸入します。これが自由貿易の時の均衡です。なお、もし P^* の方が P^0 よりも高ければ、均衡においてこの国は米を輸出します。

● 厚生効果

閉鎖経済から自由貿易に状況が変わることで人々の経済厚生がどのように変わるかを、消費者余剰と生産者余剰の概念を用いて観察します。

まず、消費者余剰とは、ある財を購入した消費者が、その財に対して最大限支払ってもよいと思っていた金額から実際に支払った金額を差し引いた値を、その財を購入した消費者全てについて合計したものです。例えば、ある消費者がある銘柄の米1kgに対して最大700円支払っても良いと思っているとします。この銘柄の米が1kg400円で販売されていれば、この米1kgの購入によって生じる消費者余剰は300円です。この消費者余剰300円は、消費者が米1kgから得た純便益です。

消費者余剰は、需要曲線を用いて表すことができます。需要曲線は、縦軸

図7-2 消費者余剰

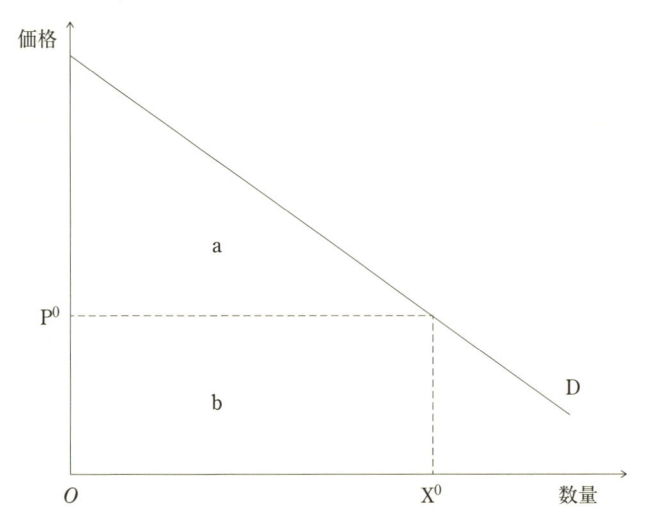

```
価格
 |\
 | \
 |  \      a
 |   \
P⁰|----\---------
 |     \
 |  b   \       D
 |       \
 |_____→
O        X⁰    数量
```

の価格が与えられた時の横軸の需要の大きさを表しています。この関係を逆に見ますと、横軸の数量が与えられた時の縦軸の価格がわかります。この価格は、この数量から1単位追加的に消費する場合に得る満足度の評価額に等しくなります。すなわち、この消費者が追加的な1単位に最大限支払っても良いと思う金額になります。

図7-2で、需要量がX^0、価格がP^0の時、需要量X^0単位の最後の1単位を購入する人が消費することで得られる満足度の評価額はP^0です。需要量X^0単位の最初の1単位に消費者が最大限支払っても良いと思っていた金額、その次の1単位に消費者が最大限支払っても良いと思っていた金額、と続け、これをX^0まで全て足し合わせますと、図7-2の需要曲線Dの下方の面積分a+bになります。一方、価格P^0でX^0単位まで消費した時の実際の支払額は面積分bとなりますので、この場合の消費者余剰は面積分aとなります。

消費者余剰、すなわち消費から得られる満足度という概念は、本書ではここで初めて現れました。しかし、経済学の概念としては、これは極めて重要な、真っ先に学ぶべきものの1つです。経済学の定義の1つに、人々がどの

ように資源の使用を選択するか学ぶというものがあります[2]。消費者も、限られた所得をいかに使用して最大の満足を得られるか考えて行動しています。社会全体の経済厚生を高めるには、限られた生産要素からより多くの実質所得を産みだすこと、そしてその実質所得を用いて購入した商品やサービスからより大きな満足度を得ることが必要です[3]。

次に、生産者余剰とは、ある財を生産することで生産者が得た収入から生産に要した可変費用を差し引いたものを、その財を生産した生産者全てについて合計したものです。

生産者余剰は、供給曲線を用いて示すことができます。ある数量における供給曲線の高さは、その財をこの数量から1単位追加的に生産する場合に要する追加的な可変費用、すなわち限界費用を表しています。生産者にとっては、追加的に生産した財が少なくともこの限界費用に等しい価格で販売できなければ、追加的な生産を行わないからです。

図7-3には、生産数量が増加するごとに限界費用が増加するように供給曲線Sが描かれています。いまこの財がP^0でY^0まで供給されているとすると、生産者の収入は面積分a+bで表すことができます。また、供給曲線の高さは限界費用に等しいので、Y^0まで供給した時の可変費用の総額は、生産量が0からY^0までの限界費用を全て足し合わせたもの、すなわち面積分bとなります。したがって、この場合の生産者余剰は面積分aで表されます。

余剰の概念を用いて、貿易によって経済厚生がどのように変化するかを確認しましょう。図7-1において、米の市場が閉鎖経済から自由貿易に移ることで、価格はP^cからP^*に下落し、消費者余剰はa+bの面積分だけ増加し、生産者余剰はaの面積分だけ減少します。その結果、この国の余剰は全体としては面積分bだけ増加します。

---

[2] これはアメリカ経済学会のウェブサイトにある説明です。("Economics is the study of how people choose to use resources." http://www.aeaweb.org/students/WhatIsEconomics.php、2014（平成26）年1月17日閲覧。）
[3] なお、所得の分配という側面にはここでは立ち入りませんが、これも個々人の経済厚生には決定的に重要です。経済政策に関する論争は、既存の所得分配を変える際に特に苛烈になります。

図7-3 生産者余剰

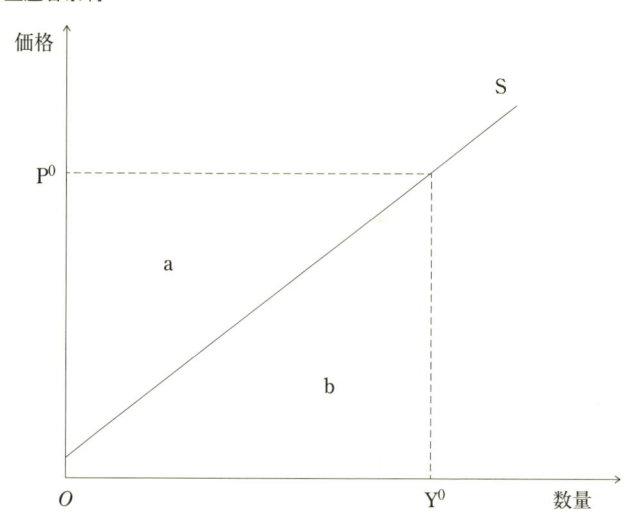

　貿易を行うことによって生じる経済厚生の増加を貿易利益といいます。国内の経済主体を消費者と生産者に分けて考えますと、貿易の自由化は全ての経済主体にとって望ましいわけではありません。図7-1の米の事例では、国内の米の消費者は貿易によって利益を得て、米の生産者は損失を被ります。しかし、消費者余剰と生産者余剰の合計である総余剰は貿易により増加しています。そのため、貿易によって利益を得た消費者から損失を被った生産者に適当な所得の再分配を行うことによって、全ての経済主体の利益を高めることもできます。この意味で、経済全体から見ると貿易の自由化は望ましいものです。

　この議論の裏側には、重要な仮定があります。それは、米の生産に携わらなくなった生産要素は、別の商品やサービスの生産活動に新たに用いられるということです。もし、図7-1で閉鎖経済から自由貿易に移り、米の生産量が減少したことで雇用されなくなった労働者がそのまま失業してしまうと、経済全体としての貿易利益の一部が損なわれ、場合によっては失業の不利益が貿易の利益を上回ることも起こります。労働移動の必要性については、後ほど改めて議論します[4]。

● 輸入関税と生産補助金の効果

次に、この項では輸入関税と生産補助金という政策の資源配分効果と厚生効果を比較します。小国の仮定は継続します。そして、国内の生産量を増加させるには、どちらの政策の方が望ましいか確認します。

政府が、何らかの理由から、図7-1における自由貿易の時の米の生産量Y^*は少なすぎると判断したとします。そして、米に輸入関税を課したとします。輸入関税が課されると、国内市場の価格は、生産者にとっても消費者にとっても、等しく上昇します。ここでは、輸入量1単位当たりに課される関税額は、輸入量全てで等しく、tとします[5]。

この輸入関税によって、米の国内価格が図7-4の国際価格P^*から$P'=P^*+t$に上昇すると、生産者も消費者もこの新たな価格で生産や消費を決めるので、生産量はY^*からY'に増加し、消費量はX^*からX'に減少します。輸入量は、X^*-Y^*から$X'-Y'$に減少します。なお、この国は米の国際市場では小国なので、輸入量が変化しても、米の国際価格P^*は変化しません。

この小国の経済厚生が関税の賦課によってどのように変化するか、確認します。国内価格の上昇のため、消費者余剰は減少します。その減少分は、図7-4の面積分$a+b+c+d$です。他方、生産者余剰は増加します。その増加分は、面積分aです。さらに、新たに関税収入も加わります。輸入量は$X'-Y'$で、輸入量1単位当たり関税収入がtなので、関税収入は面積分cです。関税収入は政府の税収であり、最終的には何らかの形で国民に移転するので、これは総余剰に加える必要があります。これらの増減を合計しますと、関税賦課による経済厚生の変化は、面積分$b+d$のマイナスになります。

余剰の減少分$b+d$の意味をみてみましょう。余剰の減少分bは、関税賦課で生産量$Y'-Y^*$の部分が、外国の効率的な生産者から国内の非効率的な

---

4) 図7-1では、閉鎖経済の均衡価格P^cよりも自由貿易の均衡価格P^*の方が低い場合を図示しています。P^cよりもP^*の方が高い場合は、この国はこの商品を輸出し、消費者余剰は減少し、生産者余剰は増加し、総余剰も増加します。

5) 輸入相手国の違いや、輸入数量の大小によって、輸入量1単位当たりの関税が異なるとは想定しません。TPPのようなRTAは加盟国に対してのみ貿易制限を引き下げるものですので、その効果を分析するためには第8章第1節で紹介する別の設定が必要となります。

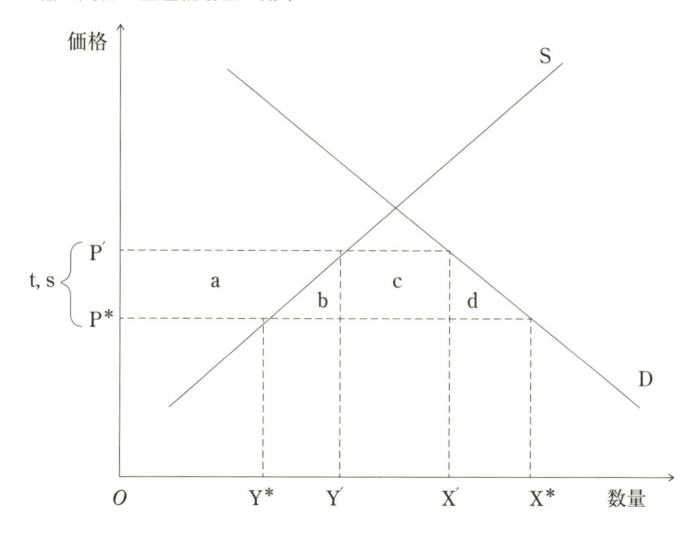

図7-4　輸入関税と生産補助金の効果

生産者に代替され、そのために増加した可変費用です。また、減少分dは、消費量X^*-X'の部分から得られていた消費者余剰です。消費者価格の上昇によって、X^*-X'の部分は、その消費から得る満足度よりも価格の方が高くなり、そのために消費されなくなりました。面積分dはそれによって放棄された消費者余剰です[6]。

国内の生産を増加させる政策としては、他に生産補助金もあります。生産補助金とは、生産者に対して生産量に応じて補助金を支払うものです。生産者にとっては、1単位の生産・販売から得られる収入が増加するので、生産量を増加させます。ここでも、生産量1単位当たりに支払われる補助金は、生産量全てで等しく、図7-4のsとします。

自由貿易の時と比較して、生産補助金が支給されても、消費者は引き続き外国から国際価格P^*で米を輸入できますので、消費者価格はP^*で変化せず、

---
[6] 輸入関税tの代わりに、輸入数量を$X'-Y'$に制限するような措置を発動しても、この国で米の需給が一致する国内価格はP'まで上昇し、同じ資源配分効果と厚生効果が得られます。このような輸入数量制限は輸入割当といい、日本では主に魚介類や水産加工品で設定されています。

消費量はX^*のままです。国内生産者は、国内消費者に価格P^*で販売しなければなりません。販売価格がP^*を上回れば誰も国内生産者から購入せず、販売価格がP^*を下回れば逆に供給不足となるからです。しかし、生産1単位当たり補助金sを支給されるので、限界費用が生産者価格$P'=P^*+s$まで高くなっても生産を行えます。そのため、生産量はY^*からY'に増加します。

　生産補助金による経済厚生の変化を確認しましょう。消費者余剰は不変です。これは、消費者にとっての米の価格や消費量が変わらないためです。他方、生産者余剰は、生産補助金によって生産者価格がP'に上昇するので、面積分aだけ増加します。さらに、生産補助金の総支出額も考慮しなければなりません。生産量Y'に、生産量1単位当たり補助金をsだけ支給するので、その総額は面積分a+bとなります。これは生産者の収入にはなりますが、その原資は国民からの税収や借入ですので、国民の間の所得移転です。そこで、国全体の余剰を考える際には、面積分a+bは差し引く必要があります。合計しますと、生産補助金による経済厚生の変化は、面積分bのマイナスになります。

　上記のケースで、輸入関税でも生産補助金でも、国内生産はY'まで増加しています。しかし、経済厚生のマイナス分は、生産補助金の方が面積分dだけ小さくなっています。つまり、生産補助金の方が、国内生産増加という政策目標を、輸入関税よりも少ない歪みで実現しています。これは、生産補助金では消費者の消費量決定に歪みをもたらさないことによります。国内生産増加という政策目標のためには、間接・水際政策である輸入関税よりも直接支払いの生産補助金の方が優れているという重要な結果です。

●産業保護の発動に関する留意点

　前項では、国内生産を増やす政策として、輸入関税や生産補助金を検討しました。しかし、そもそも、国内生産量を政策によって増加させることは正当化できるものでしょうか。貿易の利益を損ねてでも国内生産を保護した方が良い理由として、是認できそうなものの例とその留意点を、以下に4つ挙げます。

　1点目として、市場の失敗に基づく議論があります。ある産業で生産が増

加すると、それが他の産業や人々に好ましい影響を与えるにもかかわらず、その影響を市場で評価できないために、その産業の生産が最適な水準より少なくなるというものです。

例えば、農業保護を求める次のような意見があります。農業は水循環を制御し、人間活動の環境への負荷を緩和し、土地空間を保全するなど、農産物を生産するだけではない多面的な機能があるにもかかわらず、その社会的ベネフィットの価値が市場で評価されていないため、国内農産品の価格が社会全体から見て適切な価格よりも低くなり、生産が過少になっているというものです。

ただ、この場合、最適な保護水準を決めるのは至難の業であることに注意が必要です。市場で評価できなかった価値を正しく評価する適切な代替策がないことが多いためです。

2点目として、幼稚産業保護論というものもあります。将来は成長することが期待されながらも、現在はまだ外国からの輸入品に対抗できず、自由貿易を行えば縮小してしまうような産業を幼稚産業といいます。おそらく全ての国で、このような産業を保護によって育成し、「成人」を迎えさせることを目指す政策をとったことがあるでしょう。経済学でも、この保護策が是認されるような様々な状況が説明されています。

幼稚産業保護論は、これを正当化できる状況を理論的に説明できても、それを実際の政策として行うには多くの困難が伴います。将来大きく成長する「幼児」は誰か、どのような根拠からある「幼児」が他の「幼児」よりも手厚い保護を受けることになるのか、保護の必要な時期はいつからいつまでなのか、これらを決めるにあたって、政策当局は様々な利害関係者からの圧力を受け続け、結果として社会全体としては不適切な保護策がとられかねません。これまでの幼稚産業保護政策を振り返り、選ばれた「幼児」が無事「成人」し、かつ保護に見合うだけの成長を遂げたのか、検証する必要があります。

また、かつての日本のように、経済成長のモデルを他国から学べ、競争相手の背中を見ながら走れる状況であれば、どの「幼児」が成長して親孝行をしてくれるのか、ある程度予想できます。しかし、現在の日本のように、他

の先進国と肩を並べて走っている状況では、将来成長する幼稚産業の選択と育成は、以前よりも難しくなっています。

3点目として、政府支援策の他国との差異、あるいは国際競争環境の激変への対応措置もあるでしょう。

政府支援策の他国との差異については、例えば補助金政策があります。アメリカやEUが農産物の生産に直接補助金を供与しているのに対し、日本でもし農業に何も保護措置をとらなければ、日本にはアメリカやEUから非常に安い農産品が輸入され、国内の農家は打撃を受けます。確かに、日本の消費者にとっては、外国の負担によって食料がより安く入手できるのでありがたいという見方もできます。しかし、日本の生産者にとっては、政府支援策の違いによって競争環境が不利化しているので、そのような状況は不当と感じるでしょう。この時、日本は国内生産を保護し、輸入量を減らすことで、生産者の利益を回復できます。

さらに、このような対抗措置を講じることで、将来の国際通商交渉において、日本と外国が双方歩み寄るスペースを作ることができます。外国が農産品への生産補助金を削減し、日本も生産保護措置を削減するという交渉結果が得られれば、農産品の各国における生産量や各国間の貿易量をあまり変えずに、保護による余剰減少分を両国で小さくすることができます。

国際競争環境の激変への対応措置については、例えばセーフガードがあります。セーフガードとは、予期しない状況の変化によって、ある商品の輸入が急増した際に、輸入関税や輸入数量制限によって当該商品の輸入を制限する措置のことです。これは、正当な貿易措置としてWTOでも認められています。

ただ、日本はセーフガードを正式にはまだ発動していません。WTOで認められている他の貿易救済措置であるアンチダンピング（不当廉売への対抗措置）や相殺関税（相手国の供与する補助金を相殺するための関税）も、発動は非常に抑制的です。これらの対抗措置の乱発は好ましくありませんが、日本の生産者は必要に応じてこれらの措置を政府により求めても良いと思います。

最後に4点目として、国家安全保障という側面が挙げられることがあります。例えば、おそらく全ての国で、軍が使用する物品（兵器、情報通信機器、

携帯品など）の調達を可能な限り国内生産者に限定し、外国業者の工作活動によって自国の国防体制が脅かされないようにしています。同様に、おそらく全ての国で、エネルギー、運輸、通信など公共性の高い特定産業で外国企業の活動を制限しています。日本の農業であれば、食料自給率をある程度確保することが、有事の際に自国の主権と国民の生活を守ることにつながるといわれます。

　国家安全保障という理由は、国家の独立を維持するうえで重要です。ただ、国家安全保障の範囲、意味のある国内生産保護の範囲の特定は、非常に難しく、時に政治的圧力から決まります。また、日本の食料自給率であれば、外国と戦争状態に陥りエネルギーの輸入が途絶えれば食料の生産・流通も滞る、緊急時には食料自給率はエネルギー自給率より比較的容易に引き上げられる、通常時にはむしろ各種ショックへの耐性を高めるために輸入相手国・輸入品目の多様化を促進しておく方が良い、という意見もあります。

　なお、国内産業を外国との競争から守るため、雇用を守るためというのは、残念ながら産業保護を正当化する理由にはなりません。それは、より良い経済社会になるための技術革新や構造変化を阻害するからです。

　産業や製品の衰退は貿易だけが原因ではありません。私が子供の頃と比べても、産業構造は大きく変わりました。コンビニエンスストア、コンピューター、インターネットが爆発的に普及しました。他方、例えば、家族で七五三の写真を撮った近所の写真館も、フィルムの現像を依頼していた近所のカメラ屋さんもなくなりました。私の実家は小さな精肉店でしたが、私は後を継がず、両親は店をたたみました。福島県中通りの祖父母の家では、かつては稲作・畑作以外に養蚕や小規模の酪農や養鶏も営んでいました。子供の頃、夏休みや冬休みの長期滞在の時には、生き物に囲まれた生活を楽しみました。今は昔の話です。

　日々の競争や発明は、私たちの生活を絶えず、そして時に急激に、変化させます。私のゼミで学んだ卒業生が従事する仕事の中には、私が子供の頃には世の中に存在していなかったものも多数あります。また、変化を予想することは困難です。未来を描くSF映画の中で登場人物が使う様々な物は、えてして現在私たちが目にしているものを高機能化しただけにすぎません。私

たちの大部分は、自分の経験を延長することでしか未来を予想できないのかもしれません。

　産業構造の変化は時に冷酷ですが、それを止めることはできません。それは、人々が便利さや豊かさを求めた結果だからです。私は、懐かしい思い出のある近所の写真館やカメラ屋さんがなくなったことを残念に思っていますが、私自身はといえば、安価で優れたデジタルカメラを手にして以来、それらのお店に行かなくなっていました。また、私が絹の価値を理解できないためでしょうか、お蚕様がつくってくれた絹の製品は手元にほとんどありません。

　しかし、経済の変化は、新しい選択肢を私たちに提示し、私たちがより望ましいと思う生き方を選び取る機会を与えてくれます。より良い社会になるためには、挑戦者による創造的破壊が必要で、それを受け入れる制度が不可欠です。制度は人によって支えられますから、これは私たち自身の、変化を受け入れる気概によって支えられます。働く場で変化を受け入れ、それを自分のために活用するには、個々人が新しい技術を吸収する意志や能力を保ち、新しい仕事に従事できる能力を涵養することが大切です。

　確かに、全ての新しい選択肢、全ての変化が好ましいものではありません。しかし、「良い変化」と「悪い変化」を峻別しようとしても、人々の立場や利害や価値観の相違からそれは困難です。誰しも、自分の生活基盤は守りたく、かつ自分の生活はより快適に便利にしたいと思っています。そうであれば、人々の選択は生産者と消費者が交わる市場に基本的に委ねるのが良いと思います。市場は万能ではありませんが、経済活動において市場より優れた分権的意思決定機構は今のところ見つけられません[7]。

　もちろん、経済環境の変化があまりに急激・大規模なために、またはある地域に集中的に起こるために、その激変緩和措置が必要な場合はあります。しかし、その目標は緩和であって、産業や業種や雇用の維持ではありません。衰退産業とその雇用をそのまま守るより、別の産業、別の業種、別の職場で

[7) 市場を機能させるための制度の役割や市場が機能しない場合への対応については、第1章第4節を参照してください。

労働者が働くことを支援する政策をとる方が、すなわち、職を守るよりも人を守る方が、経済全体にとって望ましいことです。

個々人にとって、職を変わること、会社を変わること、住む土地を変わることは、大きなストレスになります。次の職があるかどうか、次の仕事が続くかどうか、新たに直面する不確実性は日々の生活を不安にさせます。失業期間が長引くと、能力の形成が妨げられ、それがさらに失業を長期化させるという悪循環に陥りがちです。労働・雇用政策や社会保障政策によって、速やかな転職が労働者自身にとっても好ましい結果になるよう、私たちは努めるべきです。

●輸入関税と生産補助金の選択に関する留意点

国内生産を増やす政策として、経済厚生の観点からは、輸入関税よりも生産補助金の方が好ましいことをすでに見ました。本節では、実際の政策選択に関しては、輸入関税から生産補助金への切り替えが、時に容易ではないことを説明します。ここではその主要な理由を4点にまとめました。

1点目として、輸入関税と生産補助金では、財政におけるお金の流れが違うことがあります。輸入関税は政府の歳入増加であるのに対して、生産補助金は政府の歳出増加です。多くの発展途上国は、一般に政府の国内徴税基盤が脆弱です。国によっては、国内に中央政府の実効支配が及ばない地域やグループがあります。そのような国では、比較的徴収しやすい貿易税は、政府の歳入を支える重要な租税です。生産補助金を支給しようとしても、それに充てる歳入が確保できなければ、経済厚生上は望ましいとしても実行できません。

先進国では、輸入関税の政府歳入確保という役割は非常に小さくなっています。日本では、2013（平成25）年度の一般会計歳入予算において、関税収入は0.9兆円です。これは、租税および印紙収入（43.1兆円）の2.1%、歳入総額（92.6兆円）の1.0%です。しかし、日本政府の累積債務がGDPの2倍を超えるまでになった現在、国家予算の中で小さな割合の関税であっても、それを生産補助金に切り替え、関税に代わる税収源を確保するのは難しいかもしれません[8]。

2点目として、関税の方が発動が比較的容易なことがあります。日本では、そして多くの国では、関税率の引き上げも生産補助金の導入も、国会の可決を必要とします。生産補助金の導入の場合、歳出の増加となり、かつ国内全域で政策を実行に移すための制度設計も求められますから、立案や審議は慎重になりますし、時には予算の裏付けも求められるでしょう。それに対して、関税率の引き上げは歳入の増加となり、かつ水際措置で基本的には関税担当部署のみで対応できるので、可決までの政策決定過程を比較的障害なく進みます。輸入の急増に直面して、輸入制限措置を濫用しているとみなされている国も多くあります。

3点目として、産業保護の受益額・負担額が明確になり、行政の関与も強まることから、生産補助金への転換に対して生産者側が消極的になるかもしれません。関税の場合、税率はわかりますが、それによって国内価格がいくら上昇したか、消費者が負担した金額は総額いくらになったか、生産者の収入はいくら増えたのか、などは、何らかの推計を行わないとわかりません。これに対して、生産補助金の場合は生産者に移転された金額が決算から直接読み取れます。そのため、納税者の負担意識が強くなり、産業保護の妥当性をより厳しく評価することになるでしょう。行政側もそれに応じて、補助金の成果を国民に示すために、生産者側に補助金の成果を説明させたり、統計資料を整備したり、生産活動に介入したりします[9]。

4点目として、導入した生産補助金が将来WTOで削減対象になる可能性、そしてWTO協定に基づく外国の対抗措置を招く可能性があります。WTOのラウンドでは生産補助金についても議論の対象となっており、WTO協定で認められている形態の生産補助金に転換したとしても、現在のラウンドで

---

[8] この点に関連しまして、輸入関税と国内租税体系は一体的に構築・運用されていることにも触れておきます。例えば、多くの途上国では酒類の輸入関税が非常に高くなっていますが、これは国内の酒造メーカーからの酒税収入を確保するためです。酒類は、税金を課して消費者価格が上昇しても需要量があまり減らない、消費抑制が社会的にある程度必要である、醸造・蒸留施設が特定しやすい、贅沢品・嗜好品とみなされている、製造者は地元で資金力・信用力のある人が多かった、などの理由から、古来重要な徴税対象でした。酒類の高い輸入関税は、それそのものの税収と、国内からの酒税収入の確保の、2つの意味を有しています。

あるドーハ開発アジェンダの交渉次第では、目標削減率が合意されるかもしれません。また、WTO協定では各種補助金についての規定も設けられており、新規導入した補助金がWTO協定違反であるとして、外国がWTO紛争解決手続での協議を要請するかもしれません。紛争解決手続の結果、自国の補助金がWTO協定違反となれば、WTO紛争処理機関の勧告にしたがって自国の措置を是正することが求められます。

この点については、輸入関税から生産補助金への切り替えという特定の政策の文脈の話ではなく、むしろ広く政策変更に伴うものです。現在の政策（このケースであれば輸入関税）で見直しが進んでいるとします。新しい政策（このケースであれば生産補助金）についても、ルールとの適合性が求められ、後に交渉の対象になるでしょう。この時、より望ましい新しい政策を導入することに伴って生じる課題を恐れて、現在の政策を変換しなかったとしても、今度は現在の政策が議論の対象になったり、ルールとの適合性が引き続き精査されたりします。新しい政策の方が政策発動の自由度が低く、現在の政策を維持する方が安心、というわけではありません。

第2節　輸入の拡大：米の事例研究

前節では、国内生産保護政策としては、輸入関税よりも生産補助金の方が、経済厚生の観点から好ましいことを示しました。本節では、前節の部分均衡分析の枠組みを用いて、国内生産目標を設定しつつ輸入制限措置を撤廃することで得られる厚生増加額を、2011（平成23）年度の日本の米市場を例に推計します。あわせて、国内生産支援策も輸入制限措置もともに撤廃した場合の厚生増加額も示します。

---

9) 生産補助金の範囲を広く捕らえて、日本の2013（平成25）年度一般会計歳出予算から数字を数例拾い上げますと、私立学校には「私立学校振興費」の5384億円など、農業には「食料安定供給関係費」の1兆539億円など、国立大学には「国立大学法人運営費」の1兆792億円などがあります。そして、受け取った補助金が有効に使用されていることを、交付対象団体は文書によって、あるいは会議の場で、政府に説明しなければなりません。もちろん、これらの資金援助がなければ、農産品の輸入量や、海外留学する日本人学生数（教育サービスの輸入）は増加するでしょう。

● **日本の米市場のモデル化**

　日本人1人当たりの米の消費量は、1960年代後半から減少が続いています。しかし、米は現在においても日本人の主食の位置を占めています。現在、日本国内における米の生産は、農業生産全体を対象とする法律・制度（農地法や農業委員会制度など）に規定されることに加えて、米の生産から得る収入を高く維持させる個別の政策によって保護されています。

　私は、日本の農業保護の諸政策は、生産抑制、所得補助、貿易制限の3つにまとめられると思います。米生産を対象とした2011（平成23）年度における主な政策では、以下のようになります。

①生産抑制：需給調整のための生産数量目標を設定することで、生産量を抑制します。
②所得補助：農業者戸別所得補償制度（2013（平成25）年度からは、経営所得安定対策）によって、販売価格以上の収入を農家に確保します。
③貿易制限：外国との米の貿易を、農林水産省による国家貿易と高関税によって制限します。

　日本の米市場や生産保護政策を余剰分析の対象とする際、前節の部分均衡分析の手法にいくつか修正を行い、また市場の構造を単純化して記述する必要があります。

　まず、生産者と消費者が同じ価格に直面しているのではなく、加工費用や流通費用などのため消費者価格と生産者価格が異なるとします。次に、米への生産保護政策に伴う財政支出としては、2010（平成22）年度に実施された米戸別所得補償モデル事業による交付金支払金額だけを考えます。政策実施に伴う人的費用、米の国家貿易に伴う財政負担などは、この支払金額と比べると小さい値なので、今回は考慮しません。

　ほかにも、米の銘柄の差異は無視します。「庄内産つや姫」や「魚沼産コシヒカリ」など、米には多くの産地や品種があり、銘柄の違いで価格は大きく異なります。しかし、ここでは日本全体の厚生効果を見たいので、銘柄間の価格差は無視し、平均価格や総生産量といった数字を使って分析を行います。さらに、国産米と競合関係とみなされる外国産米は国産米と完全代替の

関係にあり、両者は生産者や消費者にとって同じ価格になるとします。加えて、日本は米の国際貿易において小国であると設定します[10]。

図7-5は、2010（平成22）年産米の需要曲線Dと供給曲線Sを描いたものです。横軸は供給量・需要量（単位は万トン）、縦軸は生産者価格・消費者価格（1トン当たり、単位は万円）です。なお、同年産米の供給量は、生産数量調整によって848万トンになったと簡単化して考え、供給曲線Sを垂直に描きました。消費者価格は、実際の小売価格の平均から玄米1トン当たり35.8万円として、この時に需要と供給が848万トンで一致しています。分析に用いる価格情報は、2010（平成22）年産米の2011年2月時点での価格をもとにします[11]。また、本節の分析で用います米の数量は玄米換算です。

1トン当たりの生産者価格は、農林水産省の想定から、農業者戸別所得補償制度に加入申請を行わなかった生産者については17.1万円、加入申請を行った生産者については22.8万円としました。農業者戸別所得補償制度に加入申請を行った生産者は、両者の差額である5.7万円を1トン当たりの交付金として受け取ったとします（実際は、耕地面積当たりで支払われます）。この交付金の支払い見込額は3090億円で、図7-5のグレーの領域cで示されています。

ここで、米の生産調整や貿易制限が撤廃された仮想的な状況での厚生効果を考えるために、生産調整が撤廃された後の米の供給曲線や、自由貿易の時の米の国際価格について検討します。

まず、生産調整が撤廃された後の供給曲線について、本節の設定を説明します。米市場に関する多くの研究では、生産調整に協力した生産者への補償が行われなくなった場合、補償金を得るために減反していた生産者が生産を

---

10) これらの仮定を緩和・変更して、米の製品差別化と国産米プレミアムを導入し、「大国」の仮定を置きますと、以下で推計されます消費者余剰の増加額や生産者余剰の減少額は、共に縮小します。その意味で、以下の両余剰の推計値は絶対値が最大になるケースと見ることができます。

11) そのため、需要関数については2010（平成22）年産米が主に消費される2011（平成23）年度（ここでは米穀年度を考え、2010（平成22）年11月から2011（平成23）年10月）のものを、供給関数については米の生産と補助金の支出が行われる2010（平成22）年度のものを、それぞれ想定します。

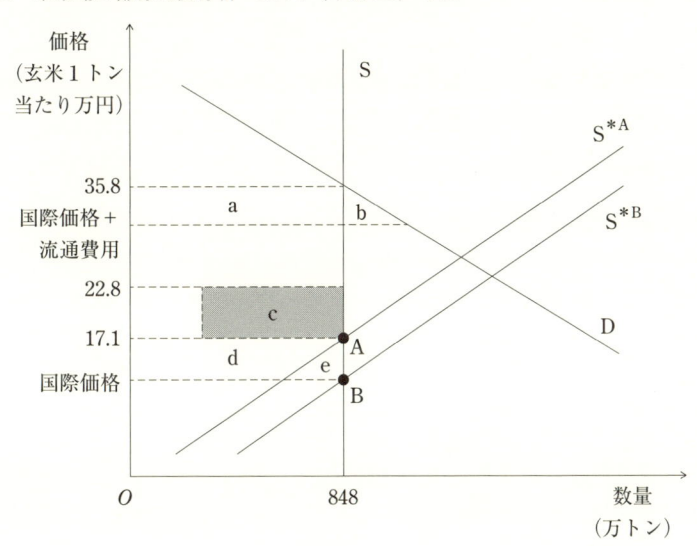

図7-5 米市場の部分均衡分析：2011（平成23）年度

価格
（玄米1トン
当たり万円）

35.8 国際価格＋流通費用
22.8
17.1 国際価格

S
S*A
S*B
D
a b
c
d e
A
B

O   848   数量（万トン）

開始するため、以前と同じ生産者価格のもとでも生産量は増加すると想定しています。ただ、生産調整への補償金制度が撤廃されたとしても、一度他の作物の栽培に転換された農地がどの程度水田に戻るのか、調整水田（水張り状態の水田）にどの程度作付けが行われるのかは、他の農業政策にも大きく依存し、私には予測は困難でした。そこで本節では、生産調整撤廃後の供給曲線について、具体的な位置は特定せず、以下の2つの条件を満たすものとしました。

1つは、もし生産調整を行わなければ、仮に全ての生産者にとって価格が玄米1トン当たり17.1万円だったとしても、生産量は生産調整の結果である848万トンを上回ると想定するものです。この17.1万円という価格は、農業者戸別所得補償制度を利用しなかった生産者にとっての価格で、農林水産省が想定した「販売による農家手取り価格」から換算したものです。この条件は、生産調整撤廃後の供給曲線が、図7-5の点Aの下を通ることを意味します。

もう1つは、もし生産調整を行わなければ、仮に全ての生産者にとっての価格が国際価格になると、生産量は848万トンを下回ると想定するものです。

これは、生産調整撤廃後の供給曲線が、図7-5の点Bの上を通ることを意味します。

この2つの条件は、おおよそ妥当といえるでしょう。この条件に合う供給曲線は、図7-5でS^{*A}とS^{*B}の間を通ります。このような供給曲線を想定すると、次項の厚生分析が容易になります。

次に、貿易制限の撤廃については、日本で米の輸入が関税や数量制限なしに自由に行えるようになった場合、外国から一定の国際価格で米を輸入できるとします。国産米と品種的に競合関係にあり、保護政策が撤廃された後に輸入される主な外国産米としては、ここでは2種類、中国産とアメリカ産のうるち米短粒種を考えます。1トン当たりの価格は、中国産で15.4万円、アメリカ産で13.7万円と想定します。

また、この外国産米が国内で自由に流通できるとしますと、外国産米の消費者価格は、国産米の平均卸売価格と消費者価格との比率から、国際価格の1.7倍になると想定します。すると、外国産米の1トン当たりの消費者価格は、中国産で26.2万円、アメリカ産で23.3万円となります。

なお、日本の米生産を対象とした保護政策や米の消費者・生産者価格の想定などについての詳しい説明は、本章補論にまとめました。

● **政策変更の厚生効果**

前項のモデル・セッティングを踏まえて、本節では日本の米市場における政策変更の厚生効果の例を示します。2011（平成23）年度の米生産を対象とした政策を基本として、ここでは以下の2つの政策変更シナリオを考え、その厚生効果を図7-5で確認します。このうち、①のシナリオは前節の生産補助金に、②のシナリオは同じく自由貿易に、それぞれ対応します。

① 生産目標維持・輸入制限撤廃：生産補助金、生産抑制策、あるいはその併用によって、国内の米の生産数量を2010（平成22）年産米と同じ848万トンとします。他方、輸入制限は撤廃します。

② 生産目標撤廃・輸入制限撤廃：米の生産や貿易が自由に行われ、生産補助金もなくなります。

どちらのシナリオについても、輸入制限措置は撤廃され、消費者は外国産

米を関税なしで自由に輸入できるとします。そして、消費者価格は35.8万円から米の国際価格に流通費用や税金を加えた価格まで低下します。これにより、どちらのシナリオでも、消費者余剰はa＋bの領域だけ増加します。

これに対して、生産者余剰や補助金支払総額の変化は2つのシナリオで異なります。これを、図7-5のd＋eの領域で説明します。cの領域については、米の生産者へのそれ以外の国民からの所得移転で、このセッティングでは生産者余剰の増加額と補助金支給額が等しいので、この領域の有無は日本全体の余剰変化に影響しません。

まず、①のシナリオから考えます。この時、生産数量は848万トンで一定なので、領域d＋eは、米の価格が17.1万円から国際価格にまで低下した時に生産者が生産者余剰減少分として負う部分、またはこの生産数量を維持するために支払わなければならない補助金総額、またはその両方であり、マイナスの余剰変化になります。

このことを、例を挙げて説明してみましょう。生産調整を撤廃した時の供給曲線がS^{*A}の場合、848万トンの生産を維持するには、米の国際価格と17.1万円の差だけ補助金を追加で支給する必要が出てきます。848万トン全てにこの補助金を支払うとすると、その総額は図のd＋eの領域になります。cの領域の有無は問いませんが、生産者価格を17.1万円以上にしようとすると、現状のように生産調整もあわせて導入する必要があります。

また、生産調整を撤廃した時の供給曲線がS^{*B}の場合、生産を848万トンに抑える方法として、生産補助金を配分せず、生産者価格も国際価格と等しくすると、領域d＋eは全て生産者余剰の減少分となります。別の方法として、生産補助金は配分するが、848万トン以上は生産を認めない政策をとると、生産補助金の額が高くなるにしたがって領域d＋eに占める補助金総額の割合が増え、生産者余剰減少分の割合が減ります。生産調整撤廃後の供給曲線がS^{*A}とS^{*B}の間にあれば、同様の議論が成り立ちます。

次に、②のシナリオで、領域d＋eの意味を考えます。生産調整を撤廃した時の供給曲線がS^{*A}の場合、領域dは生産者余剰の減少分となります。ただ、領域eは生産者余剰の減少ではありません。この領域は、供給曲線がS^{*A}の場合に限界費用が国際価格を超過している部分で、国際価格のもとで

848万トンまで仮に生産していたら、余剰の減少として顕在化していました。しかし、実際には限界費用が国際価格を超える生産は行われなくなるために、余剰の減少になりません。

ただ、生産調整を撤廃した時の供給曲線がより下位に位置するほど、限界費用が国際価格を超過しない生産量が増えるので、②のシナリオでの生産者余剰減少分は増加します。生産調整を撤廃した時の供給曲線が S^{*B} の場合には、領域 d + e 全体が生産者余剰の減少分となります。

以上の、消費者余剰と生産者余剰 + 生産補助金の変化を合計しますと、シナリオ①（生産目標維持・輸入制限撤廃）では領域 a + b − d − e となります。また、シナリオ②（生産目標撤廃・輸入制限撤廃）では、最大で領域 a + b − d、最小で領域 a + b − d − e となります。これらの領域は必ずプラスになります。前節の部分均衡分析の結果と同様、閉鎖経済の状況から貿易を開始すると総余剰は増加すること、生産補助金を配分すると貿易の利益が減少することがわかります。

日本の総余剰増加が最も大きいのは、シナリオ②で国内の生産量が最も減少する場合です。生産量減少が最大で総余剰増加も最大になるというこの結果を、疑問に思う読者もいるかもしれません。これは、米の生産量減少が最大ということは、限界費用が国際価格以上になっている生産量が最大で、そのため現状での米の生産者余剰が最小であったことによります。

● **生産量と消費量の変化**

前項で見ましたように、貿易を自由化した場合、日本全体の余剰は最大で図7−5の領域 a + b − d、最小で領域 a + b − d − e だけ増加します。これらの面積を実際に推計するには、供給曲線と需要曲線の形状を特定する必要があります。それをこの項で行いましょう。

生産調整を撤廃した時の供給曲線は、対数を用いて以下のように表すことができるとします。

$$\ln S = \ln a + e^S \ln P^S$$

ここで a は定数、P^S は生産者価格、ln は自然対数を表す記号です。また、

図7-6 米の供給曲線

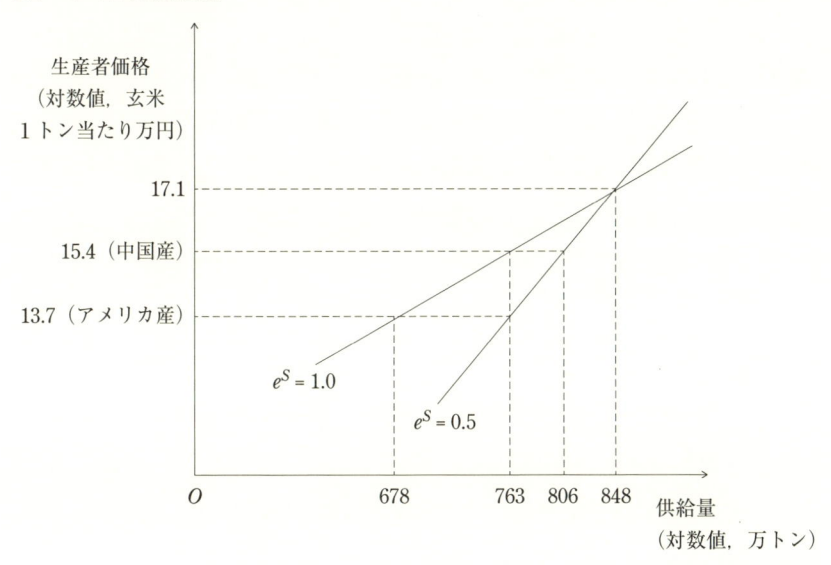

生産者価格
(対数値, 玄米
1トン当たり万円)

17.1
15.4 (中国産)
13.7 (アメリカ産)

$e^S = 1.0$
$e^S = 0.5$

O　　　　678　　　763　806　848　供給量
　　　　　　　　　　　　　　　　（対数値, 万トン）

e^S は生産者価格が1%上昇した時の供給量の変化率、すなわち供給の価格弾力性です。この供給曲線を図示したのが、図7-6です。ここではS^{*A}の場合を図示していて、生産者価格が玄米1トン当たり17.1万円の時に供給量は848万トンになっています。横軸は供給量、縦軸は生産者価格で、ともに対数値をとっていますので、この供給曲線は直線で描かれ、傾きは供給の価格弾力性e^Sの逆数の$1/e^S$で表されます。

e^Sは、ここでは0.5と1.0の2種類を想定します。$e^S=0.5$とは、価格が1%下落すると供給が0.5%減少することを意味します。米市場を研究した論文によりますと、推計されたe^Sは0.2から0.5の値をとることが多くなっています。$e^S=0.2$のように値が小さいケースは、多くの場合、生産者価格が変化しても耕作面積が変化しないことを想定しています。この場合でも、生産者価格が下落すると生産者は肥料使用、農薬散布、除草などを省き、そのため単位面積当たりの収量が減少しますので、総生産量はある程度減少します。しかし、もし生産者価格の下落で耕作面積も減少しますと、$e^S=0.5$のように供給の価格弾力性は大きくなります。ここでは耕作面積が変化するケ

ースを考えます。また、$e^S = 1.0$ は非常に大きい値ですが、保護政策の撤廃による耕地の大幅な減少を危惧する意見もあることから、想定値に加えました。

　生産調整を撤廃した時の供給曲線が S^{*A} の場合の、生産者価格と生産量の関係を計算します。中国産米の価格を生産者価格とするケースでは、保護政策の撤廃によって米の生産者価格は約10％（$1 - (15.4/17.1) = 0.099$）減少します。すると、$e^S = 0.5$ の時は供給が約5％減少して806万トン、$e^S = 1.0$ の時は供給が約10％減少して763万トンになります。次に、アメリカ産米の価格を生産者価格とするケースでは、保護貿易の撤廃によって米の生産者価格は約20％（$1 - (13.7/17.1) = 0.199$）減少します。$e^S = 0.5$ の時は供給が約10％減少して763万トンに、$e^S = 1.0$ の時は供給が約20％減少して678万トンになります。

　保護政策撤廃による消費量の増加分も、同様に推計してみましょう。需要曲線は対数を用いて以下のように表すことができるとします。

$$\ln D = \ln b + e^D \ln P^D$$

ここで b は定数、P^D は消費者価格、$\ln$ は同様に自然対数を表す記号です。また、e^D は消費者価格が1％上昇した時の需要量の変化率、すなわち需要の価格弾力性です。

　この需要曲線を図示したのが、図7-7です。横軸は需要量の対数値、縦軸は消費者価格の対数値ですので、需要曲線は直線となり、傾きは需要の価格弾力性 e^D の逆数の $1/e^D$ で表されます。需要の価格弾力性 e^D は、ここでは -0.1 と -0.4 の2種類を想定します。$e^D = -0.1$ とは、価格が1％上昇すると需要が0.1％減少することを意味します。米市場を研究した論文によると、推計された e^D は -0.1 から -0.4 の値をとることが多くなっています。

　米の消費者価格が1トン当たり26.2万円となるケース（中国産米の価格を生産者価格とするケース）では、保護政策の撤廃によって米の消費者価格は約27％（$1 - (26.2/35.8) = 0.268$）減少します。すると、$e^D = -0.1$ の時は需要が約3％増加して871万トン、$e^D = -0.4$ の時は需要が約11％増加して940万トンになります。次に、米の消費者価格が1トン当たり23.3万円となる

図7−7 米の需要曲線

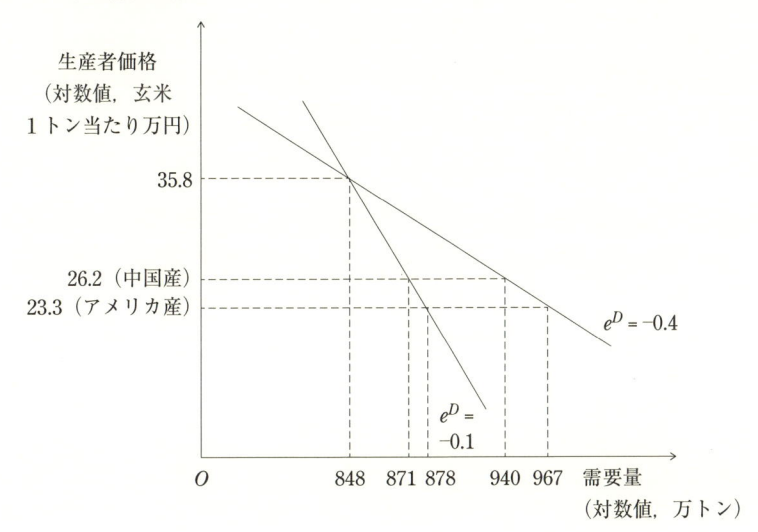

ケース（アメリカ産米の価格を生産者価格とするケース）では、保護貿易の撤廃によって米の消費者価格は約35%（$1-(23.3/35.8)=0.349$）減少します。$e^D=-0.1$ の時は需要が約3.5%増加して878万トンに、$e^D=-0.4$ の時は需要が約14%増加して967万トンになります。

●総余剰の変化

以上のような想定から、政策変更による余剰の変化を推計してみましょう。表7−1には、国際価格となる外国米の種類、需要の価格弾力性、供給の価格弾力性の組み合わせで想定できる8ケースについて、日本全体についての消費者余剰の変化額、生産者余剰＋補助金の変化額、および両者の合計である総余剰の変化額がまとめられています。

生産者余剰＋補助金の変化額については、図7−5の領域dと領域d＋eの2種類を示しています。領域dのマイナス値（「生産者余剰＋補助金の変化額1」）は、シナリオ②（生産目標撤廃・輸入制限撤廃）で生産調整撤廃後の供給曲線が S^{*A} の場合、領域d＋eのマイナス値（「生産者余剰＋補助金の変化額

表7−1 貿易制限撤廃による日本全体の余剰変化

国際価格の基準米	需要の価格弾力性	供給の価格弾力性	消費者余剰の変化額 (a + b)	生産者余剰＋補助金の変化額1 (−d)	生産者余剰＋補助金の変化額2 (−d − e)	総余剰の変化額1 (a+b−d)	総余剰の変化額2 (a+b−d−e)
中国産米	−0.1	0.5	8,376	−1,392	−1,442	6,984	6,934
中国産米	−0.1	1.0	8,376	−1,375	−1,442	7,001	6,934
中国産米	−0.4	0.5	9,551	−1,392	−1,442	8,159	8,109
中国産米	−0.4	1.0	9,551	−1,375	−1,442	8,176	8,109
アメリカ産米	−0.1	0.5	11,001	−2,698	−2,883	8,303	8,118
アメリカ産米	−0.1	1.0	11,001	−2,606	−2,883	8,395	8,118
アメリカ産米	−0.4	0.5	13,046	−2,698	−2,883	10,348	10,163
アメリカ産米	−0.4	1.0	13,046	−2,606	−2,883	10,440	10,163

注：変化・削減額の単位は億円。

2」)は、シナリオ①（生産目標維持・輸入制限撤廃）と、シナリオ②（生産目標撤廃・輸入制限撤廃）で生産調整撤廃後の供給曲線がS^{*B}の場合に、それぞれ対応しています。総余剰の変化額も、これに応じて2種類あります。

「消費者余剰の変化額」（図7−5の領域a+b）には4つの推計値があります。需要の価格弾力性が低く（−0.1）、中国産米が国際価格の基準米となるケースで、増加額が8376億円と最も小さくなりました。また、需要の価格弾力性が高く（−0.4）、アメリカ産米が国際価格の基準米となるケースで、増加額が1兆3046億円と最も大きくなりました。日本国民1人当たりでは、前者のケースで6600円、後者のケースで1万200円の増加となりました。

「生産者余剰＋補助金の変化額1」（図7−5の領域dのマイナス値）にも4つの推計値があります。供給の価格弾力性が高く（1.0）、中国産米が国際価格の基準米となるケースで、減少額が1375億円と最も小さくなりました。また、供給の価格弾力性が低く（0.5）、アメリカ産米が国際価格の基準米となるケースで、減少額が2698億円と最も大きくなりました。

「生産者余剰＋補助金の変化額2」（図7−5の領域d+eのマイナス値）には2つの推計値があります。国際価格の基準米が中国産米のケースで1442億円の減少、アメリカ産米のケースで2883億円の減少でした。どちらのケー

スでも、「生産者余剰＋補助金の変化額1」と大きな違いはなく、生産補助金と生産目標設定によって国内生産量を維持しても、貿易の利益は十分得られることがわかります。国内生産の保護のために貿易を制限する必要はありません。

これらを合計した日本全体での「総余剰の変化額」は、最小で6934億円（「総余剰の変化額2」で、中国産米が国際価格基準米、需要の価格弾力性が−0.1）、最大で1兆440億円（「総余剰の変化額1」で、アメリカ産米が国際価格基準米、需要の価格弾力性が−0.4、供給の価格弾力性が1.0）となりました。日本国民1人当たりでは、前者のケースで5400円、後者のケースで8200円の増加となります。日本全体としては総余剰の増加額は大きいですが、国民1人当たりで見ますと少額になります。米価の引き下げを求める国民の声が大きくない理由の1つはここにあるでしょう。

生産者にとって余剰が最も減少するのは、シナリオ②（生産目標撤廃・輸入制限撤廃）で、生産調整撤廃後の供給曲線がS^{*B}、アメリカ産米が国際価格の基準米になる場合です。それまで得ていた補助金も全てなくなるので、図7−5の領域c＋d＋eが生産者余剰の減少分になります。

領域cは米戸別所得補償モデル事業による交付金支払いの推計額3090億円、領域d＋eは2883億円、合計で5973億円です。2009（平成21）年度に稲を作った農業経営体数は135万件なので、領域d＋eの2883億円を単純平均すると、1経営体当たり21.4万円の減少です。さらに、米戸別所得補償モデル事業加入者については、3090億円を加入申請件数117万7332件で単純に割った26.2万円が追加の損失となります。米の生産者が保護政策の撤廃から失う所得は大きく、そのため生産保護を求める政治行動に積極的になります[12]。

近年、北海道は新潟県と並ぶ収穫量を誇っていますので、北海道だけで見た場合、政策変更による生産者余剰の減少額が消費者余剰の増加額を上回り、財政支出を考慮した総余剰も減少するのではと思う読者もいるかもしれません。しかし、本節のセッティングでは、その恐れはありません。

国際価格の基準米が中国産米のケースとアメリカ産米のケースに分けて考えてみましょう。試算方法としては非常に単純に、2010（平成22）年におけ

る北海道の人口や生産量が日本全体に占める割合を用います[13]）。

基準米が中国産米のケースでは、生産者余剰の日本全体での最大減少額（図7-5の領域c+d+e）は4532億円になります。日本全体での水陸稲収穫量を1とすると、北海道の収穫量は0.071なので、4532億円に0.071を掛けた322億円が、北海道の生産者の余剰減少の最大額と推計できます。

他方、消費者余剰の日本全体での増加額は、少ない方の推計値（需要の価格弾力性が-0.1の時）で8376億円でした。日本の総人口を1とすると、北海道の人口は0.043なので、8376億円に0.043を掛けた360億円が、北海道の消費者の余剰増加の最少額と推計できます。さらに、支払う必要のなくなった米戸別所得補償モデル事業交付金の北海道民への還元分133億円（3090億円×0.043）も余剰増加分に加わります。

この推計値を見ますと、北海道の生産者余剰が減少する以上に消費者余剰が増加しています。これに、不要となった補助金の北海道民への還元分も含めると、総余剰の増加分はさらに大きくなります。

基準米がアメリカ米のケースも、同様に考えることができます。生産者余剰の日本全体での最大減少額は5973億円、北海道での最大減少額は424億円です。他方、消費者余剰の日本全体での増加額は、少ない方の推計値（需要の価格弾力性が-0.1の時）で1兆1001億円、この場合の北海道での増加額は473万円です。不要になった補助金額を考慮せず、単に北海道の生産者余

---

12) 本節では話が複雑になるのを避けるため、検討するシナリオを2つに限定しました。他の、生産者にとって受け入れやすく政府にとっても実施しやすいシナリオとして、関税と補助金・生産数量目標の併用案を、ここで簡単に説明します。米の輸入が現在のほぼゼロから意味のある数量になるよう関税率を引き下げ、それによって得た関税収入で国内の生産者価格の低下分を米作農家に生産補助金として補填するスキームを構築できれば、追加の財政負担なしに生産者余剰を維持でき、かつ消費者余剰は増加します。ただ、想定される米の需要曲線の価格弾力性があまり高くないことから、このスキームでは関税収入の源となる輸入量が生産補助金を必要とする国内生産量に比べて非常に少なくなり、消費者価格の低下額、そして国内総余剰の増加額は小さくなります。

13) かつて、おそらく1990年代までは、北海道産米は食味に劣り、売れるのは安いからであって、米の輸入が自由化されたら真っ先に淘汰されるという懸念が生産者側にもあったかもしれません。しかし、現在では「ゆめぴりか」や「ななつぼし」など、評価の非常に高い米が道内で生産されるようになり、そのような懸念はないといっていいでしょう。そこで、ここでは北海道産米に都府県産米と異なる特別な配慮はしませんでした。

剰減少分と消費者余剰増加分を比較しても、北海道の総余剰が増加することがわかります。

●貿易自由化の影響に関するコメント

　貿易障壁を撤廃する政策の経済的影響について、人々の関心は時に高くなりますが、影響の試算方法や人々の関心対象には偏りが見られます。ここではそれを3点指摘します。それは、生産を重視して消費を軽視すること、貿易障壁撤廃以外の政策変更も紛れ込んでいること、そして現状からの変化を否定的に扱うことです。

　1点目の、消費利益を軽視・無視することについて述べましょう。その典型例は、内閣官房が2013（平成25）年3月に公開した、TPP締結による国内生産の変化の試算結果です。北海道も、この試算方法を基に北海道経済への影響を試算しています。これらの推計は、生産面のみに注目しています。一般に、貿易自由化の懸念として真っ先に言及されるのは、この「輸入競争産業の生産の減少」です。

　しかし、本節で見てきましたように、消費者の利益も貿易自由化の経済効果として非常に重要です。需要曲線と供給曲線の交点で価格や数量が決まるという経済学の初歩は、はさみが2つの刃で紙を切るように、消費は生産に等しく重要であること、すなわち消費者の都合は生産者の都合と等しく重要であることも示しています。私たちは普段の生活で消費者と生産者の両面を持っていて、時に消費者として、時に生産者として行動しています。ある産業の生産量の維持をことさらに重視する経済政策は、生活者に配慮しているように見えて、実は人間の経済的な福利を損ねてしまいます。

　確かに、マスコミ報道などでは、国民の関心を反映して、産業毎の生産額の変化やそれに伴う雇用の変化が真っ先に取り上げられます。しかし、経済学を学べば、それが経済的な福利の全てではないことがわかります。農業・農村の多面的機能という評価軸もあるでしょうが、それと消費者余剰は並立できます。内閣官房のTPP影響試算はCGEモデルのGTAPを使用しており、これは日本全体の経済厚生の増加も計算できます。しかし、農業部門だけはCGEモデルを使用しませんでした。これが、日本全体の厚生効果が示

されなかった理由の1つかもしれません[14]。

2点目は、貿易障壁撤廃以外の政策変更も紛れ込んでいることです。同じく内閣官房によるTPP影響試算では、農林水産物の生産減少額の算出方法として、まず国産品を輸入品と競合するものと競合しないものに分け、競合する国産品は原則として安価な輸入品に置き換わるとしています。しかし、この方法には、輸入自由化に加え、生産目標や生産補助金に関する政策の撤廃も含まれています。このような推計では、貿易自由化のみの効果よりも過大な影響が計算されてしまいます。

本節で見ましたように、貿易自由化と生産補助政策の両立は可能です。貿易自由化の影響試算で、他の産業政策も全て撤廃することを暗黙のうちに仮定しているものが多いのは、国際経済学の研究者として私は残念に思っています。もちろん、貿易自由化と両立しない政策はあります。また、貿易障壁が削減されるときに他の産業政策がどのように変化するか、予測は難しいでしょう。しかし、貿易自由化の影響を分析したいのであれば、分析者は貿易政策の変更に付随する効果のみを抽出する努力を惜しんではなりません。

3点目は、現状からの変化を否定的に扱うことです。貿易自由化に限らず、全ての政策変更には現状からの変化を伴います。農作物の輸入自由化であれば、農業生産者は他の作物への転作、輪作体系の変更、耕作面積の変更など

---

14) 内閣官房のTPP影響試算において、農業部門でCGEモデルを使わなかった理由は、国民の関心の高い農林水産物への影響をより詳細に、近時のデータを用いて実態に即して計算するためかと私は推察します。確かに、GTAPにおける農林水産業部門の商品分類数は14品目（米、小麦、野菜・果物、生乳、魚類など）であるのに対して、内閣官房の試算対象は農産物では19品目（米、小麦、大麦、いんげん、こんにゃくいも、加工用トマトなど）、林水産物では14品目（合板等、あじ、さば、ほたてがい、こんぶ類など）と、より詳細になっています。しかし、内閣官房の試算で私が最も残念に思うことは、農林水産物の生産減少額のみを推計していることです。CGEモデルであれば推計できる日本全体の実質所得や経済厚生の上昇分には言及していません（消費者余剰の改善という効果を無視しています）。また、競合する国産品が原則として安価な輸入品に全量置き換えられたり（生産費用が低い国内生産者や商品の多様性を求める消費者の存在を考慮していません）、現在の農業生産支援政策が全て消滅する前提であったり（発表資料にそうとは記載されていませんが、推計方法を見るとそうだと判断されます）と、極端な設定になっているため、農業部門の生産減少額が過大に推計されているように思えます。確かに、輸入品と国産品の代替関係の大きさは、人によって意識が異なるでしょう。しかし、内閣官房の試算における設定では、代替性が高すぎると私は主張します。

を迫られ、人によっては農業から別の産業に移るでしょう。このような変化が否定的に扱われる理由は、1つは変化することそのものに伴う心身への負担、もう1つは将来得られる変化の結果の不確かさや過小評価にあるでしょう。これらは特に、現状の利益を脅かされる人々に強く表れます。

確かに、変化には様々な負担が伴います。新しい作物を育て、新たな輪作体系を導入するなど、新たな試みを行うことを、相当な苦労と思う労働者もいるでしょう。また、変化によって自分の人生がどうなるか、誰しも不安になるでしょう。変化によって将来より良い人生になるかもしれませんが、それは不確かです。現在を重視して将来を不確定なものとする気持ち、現在の利益を過大評価して将来の利益を過小評価する傾向は、多くの人間に多かれ少なかれあるでしょう。現状の変化を必然的に伴う貿易自由化は、時に平穏な生活を脅かすものと捉えられてしまいます。

第3節　移出の拡大：生乳の事例研究

米に続いて本節では、北海道の農業において非常に重要で、かつ国際貿易も域際貿易も非常に制限されている生乳について考えます。前節のように部分均衡分析で余剰を計算することはせず、国際貿易も域際貿易も自由化されれば北海道の生乳生産額は増加することを指摘するにとどめます。

●日本の生乳市場構造

本項では、日本の生乳市場の概要を説明します。北海道における生乳生産の重要性、国内の用途別生乳生産・処理量、生産者団体による生乳の生産量決定・販売・価格決定の方法を見てゆきましょう。

現在の北海道における農業産出額のうち、生乳生産額はその約3分の1を占め、野菜や米を大きく引き離しています。2011（平成23）年では、北海道での農業産出額は1兆137億円で、そのうち生乳は3068億円で30.3％、野菜は1903億円で18.8％、米は1291億円で12.7％でした。

生乳が北海道の農業で最も産出額の高い項目となったのは、約20年前からです。1990（平成2）年には生乳も米もそれぞれ北海道の農業産出額の約

2割を占めていました。具体的な数字を見ますと、この年の北海道の農業産出額は1兆1175億円、うち米が2008億円、生乳が2281億円でした。その後、北海道の農業産出額は微減傾向にあり、米の生産額は約4割減少しましたが、生乳の生産額はそれをちょうど補う程度増加しました。

　全国の生乳生産額に占める北海道の比率も上昇傾向にあります。1990（平成2）年の全国の生乳生産額は7634億円で、北海道はその29.9％を占めていました。2011（平成23）年には、全国の生乳生産額は6613億円、そのうち北海道の占める割合は46.4％となっています。酪農家戸数は、2012（平成24）年2月現在、全国に2万100戸で、そのうち北海道には35.8％の7270戸があります。北海道における生乳や乳製品の需給調整政策や貿易政策は、日本の中で北海道が最も影響を受け、また最も敏感な農業政策です。

　図7-8は、2011（平成23）年度の国内生乳生産・処理量と、その地域別用途をまとめたものです。2011（平成23）年度に国内で生産・処理された生乳は753万トンです。このうち北海道は、生産量については約389万トンで国内合計の52％を占め、処理量については約352万トンで国内合計の47％を占めています。生産量と処理量の差の37万トンは、生乳のまま北海道から都府県に移出された純量を表しています。この移出された生乳は、ほぼ全量が都府県で牛乳向けに処理されたと思われます。

　国内で生産された生乳の用途は、牛乳、加工乳、乳飲料、発酵乳といった牛乳等と、チーズ、クリーム、バター、脱脂粉乳といった乳製品の2つに大別されます。北海道と都府県の用途別生乳処理量をみますと、北海道では乳製品・その他向けが297万トンと、道内処理量の84％を占めています。他方、都府県では牛乳等向けが354万トンと、都府県処理量の88％を占めています。

　このように、北海道では乳製品向けに処理される生乳が、都府県では逆に牛乳等向けに処理される生乳が、それぞれ圧倒的に多くなっています。牛乳等と乳製品は、用途だけでなく、輸入品との競合環境、価格の決まり方、政策支援の方法などでも大きく異なります。そのため、貿易自由化が価格に与える影響も、両者で異なってきます。

　生乳の生産量は、社団法人中央酪農会議が需給見通しをもとに毎年度設定

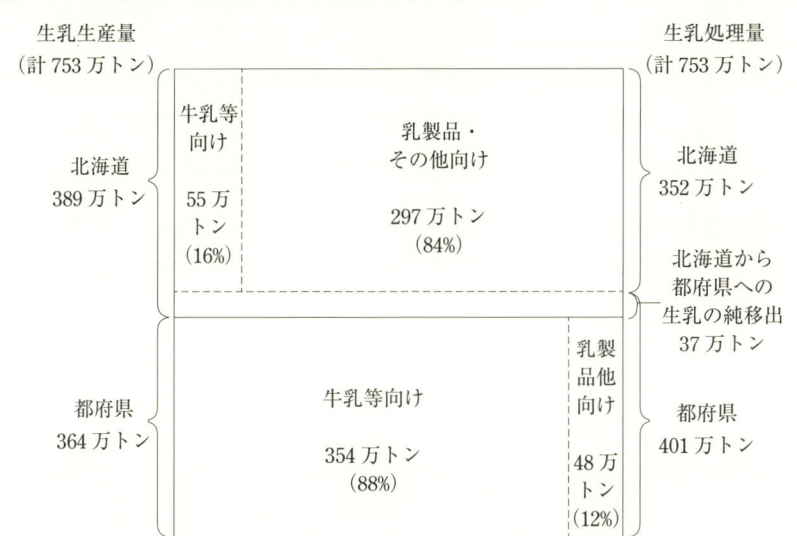

図7−8 生乳生産・処理量：2011（平成23）年度

生乳生産量
（計753万トン）

北海道
389万トン
- 牛乳等向け 55万トン（16%）
- 乳製品・その他向け 297万トン（84%）

都府県
364万トン
- 牛乳等向け 354万トン（88%）
- 乳製品他向け 48万トン（12%）

生乳処理量
（計753万トン）

北海道
352万トン

北海道から都府県への生乳の純移出 37万トン

都府県
401万トン

注：カッコ内の％は、地域別の生乳処理量に占める各用途の比率。
データ出所：農林水産省「平成24年牛乳乳製品統計」。

する供給計画数量によってほぼ決まります。社団法人中央酪農会議は、日本に地域別に10団体ある「指定生乳生産者団体」（以下、「指定団体」）と他の酪農関連の全国組織によって構成されています。決定された生産枠は、各地域の指定団体を通して酪農家に配分されます。

　社団法人中央酪農会議はまた、生乳の流通量も管理しています。雪印メグミルク株式会社、森永乳業株式会社、株式会社明治、よつ葉乳業株式会社などの乳業メーカーが、酪農家と契約して、生乳を直接集荷することは、ほとんど行われていません。酪農家が生産した生乳は、前述の指定団体がほぼ全量を集乳し、この指定団体から乳業メーカーに販売されます。北海道の指定団体はホクレン農業協同組合連合会（以下、「ホクレン」）で、ここが道内で生産された生乳のほぼ全てを集めます。道内の他の生産者団体としては、サツラク農業協同組合や函館酪農公社などがありますが、その集乳量はホクレンの2％程度と極めて小規模です。

　指定団体は、酪農家から生乳を集める時と、集めた生乳を乳業メーカーに

販売する時とで、異なる価格体系で取引をします。指定団体が乳業メーカーに生乳を販売する際には、その生乳の用途別に両者間で価格を決めます。主な用途として、飲用乳向け、生クリーム等向け、チーズ向け、加工原料乳向けがあり、それぞれに異なる価格がつきます。他方、指定団体が酪農家に支払う生乳の単価は、乳業メーカーへの販売総額を販売総量で割った「プール乳価」が基本になります。これに酪農関係の補助金を加え、各種経費を差し引いたものが、酪農家の手取りの乳価です[15]。

農林水産省は、農家の手取り乳価である「総合乳価」を計算しています。図7-9は、1995（平成7）年から2011（平成23）年までの総合乳価を、全国、北海道、都府県について示したものです。この総合乳価には、政府からの補助金も含まれています。

この数値から、2011（平成23）年度における北海道と都府県の酪農生産者の生乳販売収入額が推計できます。北海道では総合乳価は1kg当たり79.4円、北海道で生産された生乳は389万トンでしたので、両者を掛けると、酪農生産者がホクレンなどの生産者団体に販売した生乳からの総収入額は3089億円と概算できます。同様に、都府県では総合乳価は1kg当たり100.2円、生産生乳量は364万トンでしたので、総収入額は3647億円となります。

図7-9の全国の総合乳価と、図7-8の地域毎の生乳生産・処理用から、2011（平成23）年度の牛乳等向け生乳の生産者価格と、乳製品向け生乳の生産者価格を概算してみましょう。総合乳価については、2011（平成23）年度の全国の値は1kg当たり89.7円、北海道の値は1kg当たり79.4円です。ここで、北海道と都府県で用途別乳価にあまり相違がないとすると、両者の生

---

15) 酪農関係の補助金で酪農家の手取り乳価に大きな影響を与えるのは、バター・脱脂粉乳等向け生乳とチーズ向け生乳への生産補助金です。前者は「加工原料乳生産者補給金制度」、後者は「チーズ向け生乳供給安定対策事業」といい、2011（平成23）年度はそれぞれ221億円と88億円が予算に計上されました。北海道では、この2つの補助金によって生乳1kg当たり6円～7円がプール乳価に加算されると思われます。加工原料乳向け生乳とチーズ向け生乳に補助金が給付される理由は、指定団体が乳業メーカーと用途別に生乳価格を決める際に、乳製品向け生乳価格が後述のように牛乳向け生乳価格に比べて低いことによります。図7-8で示しましたように、乳製品向けの生乳はそのほとんどが北海道で生産されていますので、これらの補助金は北海道の酪農家を対象としているとみなすことができます。

図7-9 総合乳価の推移

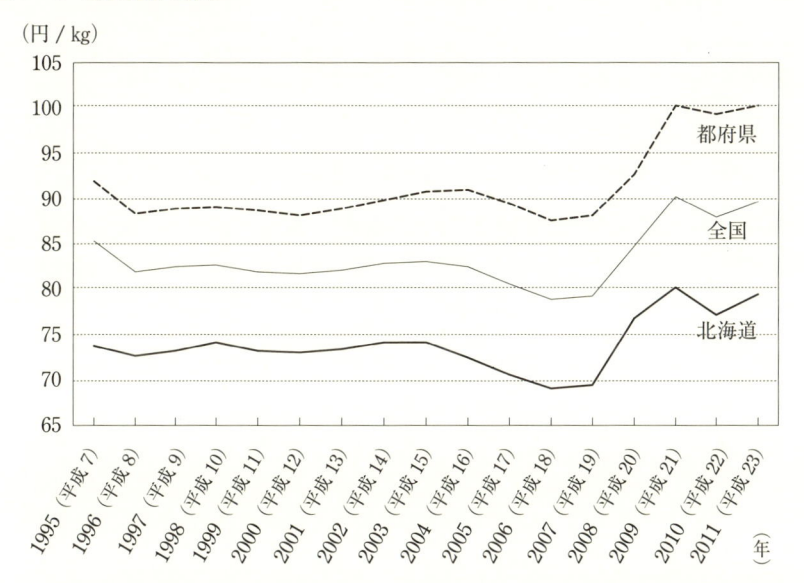

(円/kg)

データ出所：一般社団法人Jミルクウェブサイト（http://www.j-milk.jp/gyokai/database/data/088.xls、2013（平成26）年4月11日閲覧）。

乳生産・処理量から、牛乳等向け生乳の生産者価格は1kg当たり110円、乳製品向け生乳の生産者価格は1kg当たり70円と概算できます。生産者価格なので、補助金等も含んでいます。牛乳等向け価格が乳製品向け価格よりも高い理由は、次項で見ますように牛乳向けは輸入品と競合せず、そのため売り手寡占である指定団体の価格支配力が強いことによります。

図7-10は、北海道の生産者団体から乳業メーカーへの用途別販売額の、2011（平成23）年度における概算です。北海道内で生産された生乳389万トンのうち、北海道内で牛乳等向けに処理された55万トンと都府県への生乳の純移出の37万トンをあわせた92万トンは、牛乳等向け価格の1kg当たり110円が適用されたとします。また、残りの297万トンについては、乳製品向け価格の1kg当たり70円が適用されたとします。すると、用途別の販売額は、牛乳等向けで1012億円、乳製品向けで2079億円と概算できます。なお、この計算に際して、生産者の自家消費生乳量や生産者団体の経費等は

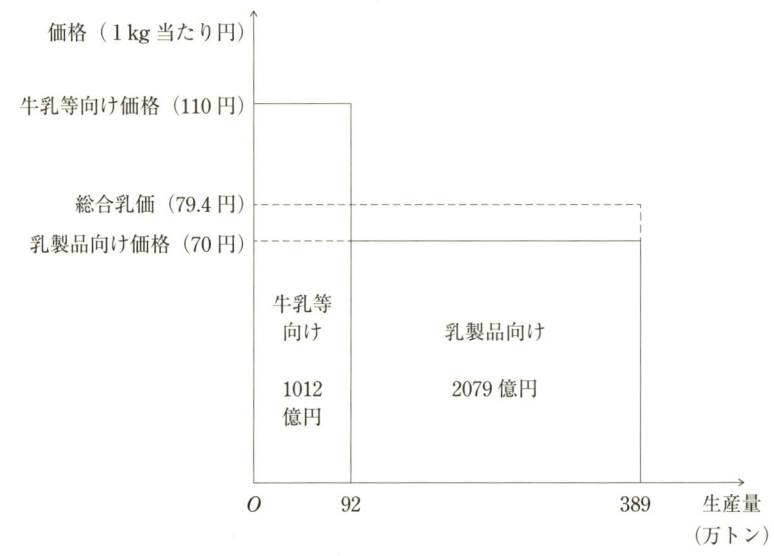

図7−10　北海道における乳業メーカーへの用途別販売額：2011（平成23）年度

価格（1kg当たり円）

牛乳等向け価格（110円）

総合乳価（79.4円）
乳製品向け価格（70円）

牛乳等向け
1012億円

乳製品向け
2079億円

O　　92　　　　　　　　389　　生産量（万トン）

データ出所：筆者による概算。

考慮していません。

　道と都府県の用途別生乳生産量を比べますと、北海道では価格の高い牛乳等向けの生産量が少なくなっています。牛乳需要の大きい都府県に向けて移出される生乳の量も、あまり多くありません。これは、社団法人中央酪農会議が生乳の流通量も管理していることによります。確かに、北海道の指定団体のホクレンが、道内産の生乳を単価の高い牛乳等向けにより多く販売しようとすれば、北海道に比べて高コストである都府県酪農生産者の経営は強く圧迫されるでしょう。日本国内での生乳の域際貿易は、非常に制限されています。

　なお、実際には指定団体が乳業メーカーに生乳を販売する際の用途別価格はさらに細分化されています。ホクレンの場合、乳製品向けであっても、生クリーム等向け、バター・脱脂粉乳等向け、チーズ向けの順に乳価が安くなるようです。例えば、ある新聞報道によれば、2013（平成25）年度のホクレンの主な用途別原料乳価（1kg当たり）は、飲用向け（道内）114円40銭、

生クリーム向け75円50銭、加工向け（バター、脱脂粉乳など）70円96銭、チーズ向け53円でした[16]。さらに、同じ用途であっても、乳価は指定団体毎に異なっています。上記のように価格を概算して国際・域内貿易自由化の効果を推計するのは、分析を簡単化するためと、生乳の取引価格情報の入手が困難であるためです[17]。

●牛乳・乳製品の国際貿易と自由化の影響

本項では、牛乳・乳製品の国際貿易の状況を説明し、輸入が自由化されると、域際貿易体制が現状のままであれば、その影響は北海道に集中的に現出することを説明します。また、ここでもし日本国内の域際貿易も自由化されれば、北海道の生乳生産額はむしろ増加することを説明します。

農林水産省が作成した「食料需給表」によりますと、2011（平成23）年度の牛乳・乳製品の輸入量は、生乳換算で402万トンでした。その全量が乳製品であり、飲用牛乳向けの輸入は0トンでした。すなわち、2011（平成23）年度の国内生乳生産量753万トンのうち、半分以上を占める牛乳等向け（408万トン）は輸入品と直接競合しないのです。そして、輸入品と直接競合する残りの乳製品・その他向け（345万トン）のうち、86％（297万トン）が北海道内で処理されたものです。このことから、乳製品の貿易自由化の影響は、日本の中で北海道に集中的に現れることが容易に予想されます。

乳製品のうち、国内生産量と比べて輸入量が最も多いのはチーズです。2011（平成23）年度では、チーズの国内生産量が4.5万トンであったのに対し、輸入量は22.2万トンと、国内生産量の5倍程度の輸入量となっています。また、チーズの生乳換算係数を12.66とすると、輸入量の22.2万トンは

---

16)『北海道新聞』朝刊、2013（平成25）年7月11日。
17) 生乳の取引価格情報は、一般の人にとって入手しづらいものです。例えば、北海道の生乳市場の取引を分析したいくつかの研究論文では、ホクレンが乳業メーカーに生乳を販売する際の用途別価格や、ホクレンが酪農家に支払うプール乳価が記載され、その出所としてホクレンの「指定団体情報」が挙げられています。しかし、私がホクレンに問い合わせをしたところ、「提供先については道内酪農家並びに会員農協等に限定」しているとのことで、入手できませんでした。これらの価格は、書籍・論文・記事より断片的な情報を入手することはできますが、ホクレン自身によっては公開されていません。

生乳で281万トンとなり、生乳換算の乳製品の輸入量402万トンの70%を占めます。他方、バターや脱脂粉乳といった他の乳製品の輸入は、輸入量そのものも少量ですし、国内生産量と比較した輸入量の比率も非常に小さいものです[18]。

　乳製品の輸入には、国内生産者を保護するため、大きく2種類の制限がかかっています。1つは国家貿易です。独立行政法人農畜産業振興機構は、バター、脱脂粉乳、ホエイおよび調製ホエイ、デイリースプレッドなどの輸入を一元管理し、輸入の量や時期を判断しています。これらの乳製品は他の個人・法人も輸入できますが、当機構を通して手続きを行う必要があり、割高な関税を課され、さらに当機構によってマークアップを徴収されるため、その量はわずかです。当機構はまた、日本がGATTウルグアイ・ラウンド交渉の国際約束に基づいて行う、一定数量（生乳換算で年間13万7202トン）の乳産品の輸入も実施しています。

　もう1つは関税割当です。ナチュラルチーズ、脱脂粉乳、バターなどには関税割当が設定されています。低関税が課される輸入数量枠が輸入者の申請に応じて割当てられ、この枠を超えて輸入される場合には非常に高い関税が課されます。そのため、この輸入割当数量を超えて輸入される量は少なくなっています。

　さて、飲用乳や乳製品の国際貿易が完全に自由化され、関税や数量制限なしに輸入できるようになったとしましょう。この時、飲用乳はほとんど輸入されないが、乳製品の輸入は急増して国内生産は減少すると考えるのが自然でしょう。

　例えば、内閣官房が2013（平成25）年3月に公表しましたTPPの影響試

---

[18] 興味深い事実として、各乳製品の国内生産量と輸入量を比較して、輸入量の比率が高い乳製品ほど、指定団体が乳業メーカーに生乳を販売する際の用途別価格は安くなる傾向があります。乳価は一般に、高価格から低価格の順に、飲用向け、発酵乳等向け、生クリーム等向け、バター・脱脂粉乳等向け、チーズ向けとなりますが、これは各乳製品の輸入量／国内生産量比率の小から大の順番とおおよそ一致します。これは経済学における価格差別の典型例です。もとは生乳という同一産品の価格であっても、販売相手の需要条件によって価格を変えるのは、指定団体が利潤を高めるための自然な行動です。この場合、外国産品との競合関係が強い製品には安い価格で、弱い製品には高い価格で販売しています。

算では、牛乳・乳製品については以下のようなシナリオを想定しています。

・乳製品は、内外価格差が大きく、品質格差がほとんどないため、鮮度が重視される生クリーム等を除いて全量が外国産に置き換わる。

・輸入乳製品の急増により行き場を失った北海道の乳製品向け生乳が都府県の飲用向けに供給され、都府県の生乳生産はプレミアム牛乳向けを除いて消滅する。

つまり、このシナリオでは、飲用乳の輸入は無視できるほど少ないと想定しています。2013（平成25）年度、飲用乳の輸入には、従価税21.3％と1kg当たりの従量税114円が共に賦課されています。これが撤廃されても、毎日生産され、腐敗しやすく貯蔵性がない液体という飲用乳の特性から、日本は輸入をほとんど行わないでしょう。近隣の中国が生乳運搬専用船を建造して日本に輸出することを考えることはできますが、中国国内の集乳・運搬技術や日本国民の飲用乳に対する選好を考えると、その可能性はほとんどないと思われます。

他方、乳製品については、内閣官房によるこの試算では、国産のほぼ全量が外国産に置き換えられると想定しています。事実、この試算において、牛乳乳製品の生産量減少率は45％、生産減少額は約2900億円となっていますが、前者の率は図7-8に示しました乳製品・その他向けの生乳生産量345万トンが総生産量753万トンに占める割合、後者の額は乳製品・その他向けの生乳生産量345万トンに乳製品向け価格（1kg当たり70円）を掛けた金額に、おおよそ該当します。

内閣官房のこの試算については、国産から外国産への極端な置き換えが起こるという点に、私は違和感があります。例えばチーズでは、道内に100を超える大小さまざまな生産施設があり、互いに差別化を図って多種多様な製品を作り出しています。そしてチーズの買い手は、価格だけでなく、作り手の個性が反映されたその味わいによって購入を決めています。単に外国産チーズの価格が安くなっただけで、道内チーズの需要が激減するとは思えません。ただ、ここではその点には踏み込まず、乳製品については自由貿易によって価格が低下し、日本国内での生産量が減少すると予想するにとどめます。

乳製品の貿易自由化の影響は、本章第1節でみました理論的検討の結果が

そのまま当てはまります。すなわち、国内生産を保護することを目的に、国際貿易を関税や数量制限で制限する政策から、国際貿易を自由化しつつ国内生産に補助金を供与する政策に転換することで、国内生産量は維持することができ、消費者余剰は増加し、生産者余剰は一定に保たれ、かつ国内の総余剰は増加します。生産補助金も撤廃すると、国内生産量は減少し、生産者余剰も減少しますが、国内総余剰はさらに増加します。

本節では、乳製品の貿易自由化による余剰や生産量の変化を、前節の米の貿易自由化のように推計することはしません。代わりに次項において、北海道の酪農生産者の生乳販売収入額がどのように変化するかを検討します。

●牛乳の域際貿易自由化の影響

内閣官房のTPP締結の影響試算では、牛乳・乳製品の貿易が自由化されると、乳製品の国内生産がほぼなくなり、牛乳向け生乳生産のみが残るという非常に極端な設定が置かれています。しかし、ここではそれを受け入れて、北海道の酪農生産者の生乳販売収入額がどのように変化するかを、シナリオを基に検討します。

牛乳向け生乳生産量のシナリオとしては、以下の4つを考えます。

① 各地域で生産枠が設定され、2011（平成23）年度における指定団体毎の牛乳向け生産量が維持される。
② 各地域で生産枠が設定され、2011（平成23）年度における指定団体間の生乳生産量比率が維持される。
③ 国全体の生産枠が設定され、2011（平成23）年度における牛乳向け生産量を北海道のみが供給する。
④ 生産調整はなくなり、2011（平成23）年度における北海道の総合乳価で北海道のみ牛乳向け生産量を供給する。

シナリオ①は、社団法人中央酪農会議による地域別の生産調整が機能し、図7-8に示しました2011（平成23）年度の牛乳等向け生乳の生産量が維持されるケースです。北海道から都府県への生乳の純移出量も変化しません。指定団体毎の牛乳向けの生産量が変わらないので、牛乳の価格も変わらないと想定します。もちろん、発酵乳等の一部の乳製品は飲用乳との間に代替関

表7−2 牛乳向け生乳販売収入額の推計

	シナリオ 生産枠 域際貿易	① 各地域で設定 現状維持	② 各地域で設定 やや緩和	③ 国全体で設定 自由化	④ 設定なし 自由化
北海道	生産量 価格 販売収入 (2011年度との比率)	92万トン 110円 1012億円 (33%)	211万トン 110円 2321億円 (75%)	409万トン 110円 4499億円 (146%)	479万トン 79.4円 3803億円 (123%)
都府県	生産量 価格 販売収入 (2011年度との比率)	317万トン 110円 3487億円 (96%)	198万トン 110円 2178億円 (60%)	0トン 110円 0円 (0%)	0トン 79.4円 0円 (0%)

係が存在し、そのため飲用乳価格は乳製品の貿易自由化から何らかの影響を受けますが、それはここでは考慮しません。

シナリオ①の推計額は、表7−2にありますように、生乳販売収入額は北海道で1012億円、都府県で3487億円となります。2011（平成23）年度の北海道と都府県の収入額の概算はそれぞれ3089億円と3647億円でしたので、この金額を100%とした時にシナリオ①では北海道の収入は33%、都府県の収入は96%になります。このシナリオは、北海道の酪農生産者も指定団体のホクレンも、とても受け入れられるものではないでしょう。

シナリオ②は、地域別の生産調整が機能し、牛乳等向け生乳生産量の各指定団体への配分比率を、2011（平成23）年度の総生乳生産量の比率と等しくなるように生産数量枠が配分されるとするものです。例えば、この年度における北海道の総生乳生産量は389万トン、全国の総生産量は753万トンなので、北海道の生産比率は51.7%です。そして、貿易自由化によって残る牛乳等向け生産量は409万トンなので、この51.7%を掛けた211万トンを、北海道は牛乳向け生産枠として配分されます。この場合も、牛乳向けの生産量は変わらないので、価格も変わらないとします。北海道から都府県への移出量は増加します。

このシナリオでの北海道と都府県での生乳販売収入は、それぞれ2321億円と2178億円と推計されます。北海道から牛乳等向け生乳の域際輸出が増

加して、販売収入額は 2011（平成 23）年度の推計値の 75%で、4 分の 1 の減少にとどまります。他方、都府県の販売収入額は、同年度の 60% と、大幅に減少します。

シナリオ③は、生産量を国全体で 409 万トンと設定する場合です。これは内閣官房の TPP 締結影響の試算とほぼ同じシナリオで、ここでは都府県の飲料乳が全て北海道産に置き換わるとしました。つまり、これは生乳の域際貿易が自由化されたケースです。この時、北海道の生乳販売収入は 4499 億円と試算され、2011（平成 23）年度の約 1.5 倍になります。

2013（平成 25）年 3 月の内閣官房による試算結果公表を受けて、農業生産への影響を試算した都府県では、生乳生産の大部分は北海道からの供給に置き換えられるという内閣官房のシナリオに基づいて推計しています。例えば、生乳生産量の多い栃木県では県内の牛乳製品の生産がゼロに、同じく群馬県では生乳生産額が 81% も減少すると、それぞれ試算しています[19]。他方、北海道農政部が行った TPP 影響試算では、生乳の都府県への移出の増加と、それによる生乳生産額の増加に触れられていません。このように、北海道の指定団体であるホクレンの行動については、道内と道外で異なった見方をしています。

確かに、ホクレンが生乳の移出を積極的に行えないことは理解できます。現在の社団法人中央酪農会議による生産調整メカニズムを崩すような行動をホクレンがとった場合、他地域の指定団体による非協力的な生産・流通活動を惹起し、生乳市場は現在の寡占的で安定的な状況からより競争的で不確かな状況になります。また、北海道からの生乳の移出量を一挙に 10 倍近い 350 万トン近くにすることは当然のことながら無理で、集乳・運搬体制の構築に時間と巨額の費用を要します。

ただ、この試算結果は、仮に日本から乳製品向け生乳生産が消滅したとしても、何らかの酪農生産者団体が道内生産量を管理し、かつ単価の高い牛乳

---

19) 栃木県と群馬県の試算は、両県のウェブサイト（栃木県は http://www.pref.tochigi.lg.jp/g01/documents/01_shisan.pdf、群馬県は http://www.pref.gunma.jp/houdou/f0200078.html、共に 2013（平成 25）年 9 月 9 日閲覧）によります。

等向け生乳の域際輸出を増加させれば、北海道における生乳販売額を増加させることは十分可能であることを示しています。単純な計算ですが、2011（平成 23）年度の北海道における生乳販売額 3089 億円を全て牛乳等向け生乳の販売から得るためには、281 万トンを生産する必要があります。これは、同年度の生乳生産量 389 万トンの 72％に相当します。牛乳等向けの生産としてこの数量を維持できれば、生乳販売額は減りません。さらにこの時、生産量は減っていますので、生産コストも減少しており、酪農生産者の得る利益は増加しています。

　また、このような生乳販売額の増加は、北海道の農業生産額に大きなインパクトがあります。北海道農政部の試算では、TPP 締結によって北海道の農業生産額は 4762 億円減少し、このうち乳製品の生産減少額は 1175 億円としています。もしシナリオ③のように、生乳販売額が実は 1400 億円近く増加するとなれば、北海道の農業生産額の減少分は 2300 億円弱と、当初の推計の半分程度になります。

　最後に、シナリオ④は、生産枠の設定に成功せず、酪農生産者が完全競争的に行動する場合の推計例を示しています。そしてこのシナリオでも、低コストで生産できる北海道の生乳が都府県の生産を完全に置き換えるとします。価格は生産者の限界費用まで低下します。また、消費者価格も低下するので牛乳需要は増加します。

　この場合の北海道の生産者の限界費用は、2011（平成 23）年度の北海道における総合乳価である 1kg 当たり 79.4 円と仮定しました。また、需要の価格弾力性はやや小さく見積もって、マイナス 0.6（価格が 1％低下すると、需要が 0.6％増加する）としました。すると、生産者価格は 110 円から 79.4 円に 28％低下することになり、消費者価格も同じ率で低下すると需要量は 17％増加して 479 万トンになります。

　この時の北海道の酪農生産者の販売収入額は 3803 億円と推計され、2011（平成 23）年度の 3089 億円から 23％増加します。これは、牛乳等向け生乳市場が完全競争的になった状態ですが、費用面で優位にある北海道の生産者が都府県の生産者を生乳市場から退出させることになれば、やはり北海道の生乳生産額は増加します。

生乳の域際貿易が非常に限定されている現状から、域際貿易を自由にすることで、北海道の生産者はより高い販売収入を得ることができると予想されます。また、シナリオ④のように価格が低下すれば、消費者にとっても余剰が増加します。確かに、生乳の域際貿易の自由化は、移入競争にさらされる都府県の酪農生産者にとっては脅威でしょう。しかし、北海道の生産者、そして日本国民全体には便益をもたらします。

広く農業全体で考えましても、北海道は日本国内の食料供給基地でありますので、日本国内に残存する農産品の地域間移動障壁が低減すれば、北海道の生産者だけでなく日本の国民全体にとって経済厚生の増加になるでしょう。

補論　米市場の部分均衡分析に関する設定

この補論では、第2節の米市場の部分均衡分析に関する資料として、米生産の保護政策の概要、米の消費者価格・生産者価格の導出方法、米の国際価格の想定、そして米の需要・供給の価格弾力性の意味について説明します。

●米生産の保護政策の概要

米の生産を保護することを目的として、2011（平成23）年度に行われた主要3政策（需給調整のための生産数量目標の設定、農業者戸別所得補償制度の導入、国家貿易と高関税による米の輸入制限）の概要は、以下のとおりです。

まず、需給調整のための生産数量目標の設定は、食糧法（「主要食糧の需給および価格の安定に関する法律」）に基づいています。その方法は、まず農林水産省が全国の需要見通しから全国の生産数量目標を設定し、それを基に過去の需要実績もふまえて都道府県別の生産数量目標を設定します。次に、各都道府県は市町村レベルの生産数量目標を設定し、各市町村は生産枠を各農家へ公表されたルールに基づいて配分します。農家は需給調整に参加しないこともできますが、その場合は後述の農業者戸別所得補償制度による交付金が受給できません。需要の減少が続いていることから、生産数量目標も毎年減少となっています。2003（平成15）年までは生産数量目標ではなく、米から他の作物へ転作する面積が決定されていたこともあり、この政策は一般に

「減反」政策と呼ばれています。

　次に、農業者戸別所得補償制度は、民主党政権による主要な新規政策の1つとして、2010（平成22）年度に水田を対象としたモデル対策が始まりました。2011（平成23）年度からは、畑作物にも対象を拡大して本格実施となりました。米については、需給調整に参加した農家に対して、作付面積当たりで固定された金額を支払う交付金と、米価の変動に応じて増減する交付金を交付し、米価が変動しても標準的と算定される生産費に相当する収入を農家が得ることができるようにしました。また、麦や大豆などの畑作物への所得補償交付金は、標準的と算定される生産費と販売額の差額を生産数量に応じて支払う数量払の部分と、農地を保全するための経費を賄う面積払の部分から構成されます。さらに、営農規模の拡大、米から麦などへの転作、耕作放棄された畑の再利用などへの加算措置もあります。

　最後に、外国貿易の制限は、国を通した輸入（国家貿易）については輸入量を制限して政府売渡価格も高く維持すること、民間業者による輸入については高い輸入関税を設定することで行っています。

　以前は米の輸入は輸入許可制によって厳しく制限され、民間の輸入は事実上禁止されていました。しかし、GATTのウルグアイ・ラウンド合意により、最低限確保すべき輸入機会（ミニマム・アクセス）として無税輸入枠が1995（平成7）年度に設定されました。これにより輸入される米はミニマム・アクセス米（MA米）と呼ばれ、2000（平成12）年度以降は玄米ベースで年間76.7万トンです。MA米は農林水産省が全量の買入・管理を行う国家貿易であり、輸入関税はかかりません。販売先は飼料用、加工用、援助用が中心です。国産米の価格を下げないようにするため、販売価格は輸入価格を上回る水準に設定されています。

　また、米の関税化も1999（平成11）年4月に始まり、WTO協定税率は2001（平成13）年1月以降、もみ、玄米、精米、砕米で1kg当たり341円です。この関税率を支払えば、民間業者は自由に米を輸入して国内で販売できます。しかし、この従量税は非常に高く、輸入はほぼ行われていません。出荷業者と卸売業者との間の直接取引で決定される相対(あいたい)取引価格を見ますと、2010（平成22）年産米の2011（平成23）年2月までの全銘柄平均価格で精米

1キロ当たり約230円でしたので、海外から0円で輸入しても従量税のために国内平均価格を上回ってしまいます。この税率が課された米の輸入は、2009（平成21）年は精米が244トンであり、MA輸入と比べるとその0.04%程度にすぎません。

● 2010（平成22）年産米の価格と数量

2010（平成22）年産米の消費者価格は、1トン当たり35.8万円としました。この価格は、小売物価統計調査の2011（平成23）年2月の月次結果における「うるち米（単一原料米、「コシヒカリ」）」と「うるち米（単一原料米、「コシヒカリ」以外）」の、精米5キロ当たり都市別小売価格を全都市について単純平均した1990円という価格を、玄米1トン当たりに換算したものです。なお、玄米から精米への換算率は0.9としています。本補論で用いる米の数量は基本的には玄米換算で、精米の場合はその旨記載しています。

2010（平成22）年産米の生産者価格は、農業者戸別所得補償制度に加入申請を行わなかった生産者については1トン当たり17.1万円、加入申請を行った生産者については1トン当たり22.8万円としました。このうち前者の価格は、2010（平成22）年度に実施された戸別所得補償モデル対策において、農林水産省が想定した「販売による農家手取り価格」（60キロ当たり1万263円）を1トン当たりの価格に換算したものです。また、後者の価格は、同じく農林水産省が想定した「標準的な生産に要する費用」（60キロ当たり1万3703円）に相当する収入を、農業者戸別所得補償制度に加入した生産者が米の販売と戸別所得補償モデル対策による交付金から得たとして、これを1トン当たりの価格に換算したものです。

米の需給量に関しては、2010（平成22）年度の国内供給量は2010（平成22）年産の米の国内生産量848万トンとして、これが2011（平成23）米穀年度の国内需要として全量が食用として消費されたとしました[20]。

●保護政策撤廃後の生産者価格と消費者価格

国産米と競合関係にある外国産米として、中国産とアメリカ産のうるち米短粒種を設定しました。これらは、日本で主食とするジャポニカ米短粒種の

うち、MA 輸入米の SBS（Simultaneous Buy and Sell、輸入業者と国内の実需者がペアで入札に参加する売買同時契約）取引数量が多いものです。

　保護政策撤廃後の生産者価格は、SBS 輸入方式において国が輸入業者から買い入れる価格とします。この価格は、米の国家貿易の中で最も米市場の需給を反映していると思われます。農林水産業ウェブサイトからこの SBS の入札結果が閲覧でき、2010（平成22）年度については精米1トン当たり中国産でおおよそ17.1万円、アメリカ産でおおよそ15.2万円でした。玄米1トン当たりでは中国産で15.4万円、アメリカ産で13.7万円となります。

　保護政策撤廃後の米の消費者価格は、生産者価格に加工費用や流通費用などを加えた価格になります。ここでは、生産者価格に上乗せされる部分を、現在の国産米の相対取引価格と消費者価格の比率から求めました。相対取引価格とは、出荷業者と卸売業者との間の相対取引で決定される取引価格ことで、米の市場価格として適当と考えられます。

　具体的には、2010（平成22）年産の米の相対取引価格（運賃、包装代、消費税相当額含む）は、2011（平成23）年2月までの全銘柄平均価格で60キロ当たり1万2705円、1トン当たりに換算すると21万1750円でしたので、これと消費者価格35.8万円の比である1.7より、保護政策撤廃後の消費者価格は生産者価格の1.7倍になるとしました。すると、中国産うるち米短粒種

---

20) なお、米の国内供給量と国内需要量が一致しても、国内生産量と国内消費量が等しくなるわけではありません。まず、国内生産量と国内供給量が異なることに関しては、米の国内供給には国内生産の他に純輸入もあります。しかし、米の輸入のほぼ全量を占める農林水産省による国家貿易では、輸入された MA 米（77万トン）は国内の需給に影響を与えないように販売されたり外国への食糧援助として贈与されたりしますので、国内の需給と価格の関係を分析する際には考慮しなくても差し支えありません。また、民間による外国との貿易は、2010（平成22）年については米の輸出量が0.2万トン、輸入量が0.03万トンと、無視できるほどの小ささです。そこでここでは、国内生産量を国内供給量としました。次に、国内消費量と国内需要量が異なることに関しては、国内需要には主食・加工用としての消費だけでなく、政府・民間流通における在庫もあります。もし日本国民による消費量が供給量よりも少ない場合には、在庫が増加することで米の供給量と需要量が一致します。しかしここでは、2011（平成23）米穀年度は政府も民間業者も在庫量を一定とするよう行動したと仮定することで、国内消費量が国内需要量と等しくなるとしました。ちなみに、2009（平成21）年6月末から2010（平成22）年6月末にかけての在庫の変化量は、政府備蓄米（MA 米を除く）は12万トンの増加、民間流通での在庫は4万トンの増加でした。

の価格を生産者価格とするケースでは、消費者価格は 1 トン当たり 26.2 万円となり、アメリカ産うるち米短粒種の価格を生産者価格とするケースでは、1 トン当たり 23.3 万円となります。

●供給と需要の価格弾力性

本章第 2 節で想定する供給関数は、以下のようなものです。

$$S = aP^{Se^S} \tag{7-1}$$

この対数をとって線形にしたものが、本章第 2 節で示したものです。

$$\ln S = \ln a + e^S \ln P^S \tag{7-2}$$

e^S は、P^S が 1％上昇したときに S が何％変化するかを示す、供給の価格弾力性です。これは、(7-1) 式あるいは (7-2) 式を微分することで確認できます。

$$\frac{dS}{S} = e^S \frac{dP^S}{P^S}$$

ここで、dS/S は S の変化率、dP^S/P^S は P^S の変化率なので、e^S は P^S が 1％上昇した時の S の変化率（％）となります。需要曲線の e^D についても同様です。

第8章

TPP

北海道がTPP締結の利益をより多く得るために

[要 旨]

　第1節　通商問題では、各国が保護貿易に走る「囚人のジレンマ」を回避するために、相互的かつ互恵的な国際交渉が必要です。ただし、RTAによる貿易自由化は、域内国への自由貿易と域外国への保護貿易を併用する点で、最恵国待遇に基づくWTOの貿易自由化と異なる影響を世界に与えます。RTAには、世界大の貿易自由化への動きを損ねるという批判がある一方、WTOに先んじて経済ルールを整備するという評価もあります。

　第2節　TPP交渉を妥結させるには、国全体の利益を意識すること、譲歩しない分野の設定で本質を突くこと、国内制度・政策の変更も行うことが各国政府に求められるでしょう。TPP締結の利益の大半は生産性上昇による所得増加と見込まれますので、北海道経済がその効果を十分に享受するには、内地で増加した需要をより多く取り込んで移出を拡大させることと、道内外の経済交流を活発にして道内の生産性も上昇させることが必要です。

北海道では、農業団体も地方政府も経済団体もマスコミも、総じてTPP反対という旗幟を鮮明にしています。これは、経済に占める農林水産業の比率の高さ、そのセルフイメージの自己強化、そして北海道からの輸出の少なさなどによるものでしょう。ここまで反対論に大きく傾いた地域は、都府県にはおそらくありません。しかし、本書の「はじめに」で述べましたように、世界における国際通商交渉の潮流は続いていますし、そこから得られる利益を各国は理解しています。北海道は、TPPによる貿易・投資拡大の恩恵を大きくし、それを居住者に均霑させる方法を検討した方が、未来に適応した経済を創出できると私は考えます。

本章ではまず第1節で、WTOやRTAによる国際通商交渉の意義や両者の相違について解説します。諸外国との通商交渉は、双方がWin-Winとなるのに必要です。ただし、WTOによる多国間交渉とRTAによる対象国限定交渉は、その本質において異なるものです。次に第2節では、TPP交渉に対する私の意見を述べ、北海道経済がTPPを利するための視点を提示します。国際通商交渉からの経済的利益はWTOのラウンドからの方が大きいですが、RTAであるTPPも北海道の付加価値増加に資することができます。

第1節　WTOとRTAによる貿易自由化交渉

現在、各国の貿易政策の主要部分は、諸外国との通商交渉を経て決まります。第7章では貿易政策の検討とその北海道農業への影響を考察しましたが、そこでは外国との通商交渉過程は明示的に扱っていませんでした。そこで本節では、WTOやRTAのような国際通商交渉の意義と効果を説明します。国際通商交渉の必要性の説明は、北海道経済とは直接の関係はないかもしれませんが、TPPの意義を把握する上で重要です。

外国との通商交渉が必要であること、それによって交渉参加国が利益を得られることを、ここでは関税を例に大国のケースで示します。また、多国間の貿易自由化を進める方法として、WTOとRTAは異なる効果を持つことを指摘します。WTOとRTAを貿易自由化という空間に存在するベクトルに例えますと、両者は大きさも方向も異なります。しかし、TPPに関する

議論を見聞きしますと、両ベクトルの方向は同じで大きさだけ異なると意識されているようです。そこで、ここでは両者の違いをまとめておきます。

なお、RTAの締結には、現在の国際政治状況も強く影響するという意見もあります。確かに、TPPであれば、各国間の交渉に日米安全保障や環太平洋諸国との政策協調などの要因も影響することは否定できません。ただ、それは経済分析という本書の範囲を越えることですので、ここでは敢えて議論しません。

● **大国のケースにおける関税政策**

本章のこれまでの分析では、小国という設定を用いてきました。小国の場合、自国の貿易量の変化はその商品の国際価格に影響を与えません。しかし、TPP交渉に参加しているアメリカや日本は世界の経済大国であり、多くの商品について世界市場の需給に影響を与えるでしょう。その場合、大国という設定を用いる方がより適しています。大国の場合には、その国の輸出量や輸入量の変化が世界市場の需給に影響を与え、国際価格が変化します。そのため、大国の関税政策を分析する際には、そのような国際価格の変化を考慮に入れる必要が生じます。これを、本章第1節と同様に、部分均衡分析によって検討します。

まず、自国（輸入国）と外国（輸出国）の2国で構成される世界市場における、ある分析対象の商品の自由貿易時の均衡を表してみましょう。図8-1のa図には自国の国内需要曲線D^Hと国内供給曲線S^H、またb図には外国の国内需要曲線D^Fと国内供給曲線S^Fが描かれています。輸送費はかからないとします。自由貿易の下では、両国の消費者と生産者は同一の価格に直面しています。自由貿易の均衡価格P^*は、世界市場で需要と供給が一致するように決まります。P^*の時の自国での消費量をX^{H*}、生産量をY^{H*}、外国での消費量をX^{F*}、生産量をY^{F*}とすると、このことは$X^{H*}+X^{F*}=Y^{H*}+Y^{F*}$と表せます。当然ながら、その時の自国の輸入量$X^{H*}-Y^{H*}$は、外国の輸出量$Y^{F*}-X^{F*}$と等しくなります。

ここで、自国政府が輸入1単位当たりにtの関税を課したとします。このとき、自国での均衡価格P^Hと外国での均衡価格P^Fは、次の2つの条件を

図8-1 自由貿易と関税賦課のときの均衡価格

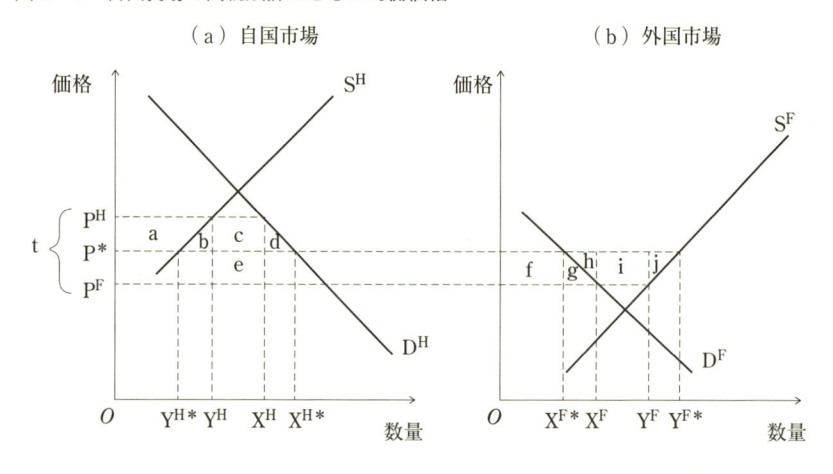

(a) 自国市場　　　　　　(b) 外国市場

満たすように決まります。1つは、両均衡価格の差が関税に相当するというものです。式で表すと、$P^H = P^F + t$です。もう1つは、両均衡価格のもとで世界市場の需要と供給が一致するというものです。P^Hの時の自国での消費量をX^H、生産量をY^H、またP^Fの時の外国での消費量をX^F、生産量をY^Fとすると、このことは$X^H + X^F = Y^H + Y^F$と表せます。この世界市場の需給一致条件は、自国の均衡価格での輸入量が外国の均衡価格での輸出量と等しくなる、すなわち$X^H - Y^H = Y^F - X^F$が満たされるとも表現できます。図8-1には、この2つの条件を満たすようなP^HとP^Fが描かれています。

このような自国の輸入関税が自国や外国の経済厚生に与える影響を、引き続き図8-1を用いて考えてみましょう。まず、自国については、小国の場合のように自国の輸入関税は自由貿易の時と比べて自国の経済厚生を悪化させるとは限らなくなります。輸入関税によって、消費者余剰は面積分a+b+c+dだけ減少します。他方、生産者余剰は面積分aだけ増加します。また、新たに関税収入が面積分c+eだけ発生します。これらを合計しますと、自由貿易の場合と比べて総余剰は面積分e-(b+d)だけ変化します。これは正にも負にもなります。面積分eは、自国の輸入関税によって外国が以前よりも安く当該財を輸出するようになったことから得られる利益です。また、面積分b+dは、自国の当該財の価格が上昇したことによる、生産と消費の

歪みからの損失です。

　自国の輸入関税と経済厚生の関係は、次のように考えられます。もし、自国が当該財を関税なしで外国と自由に取引している状態から、わずかな値のtを新たに課す状態に移ると、輸入数量は多く、かつP^HとP^*の差が小さいので、面積分b+dに比べて面積分eが大きくなり、e-(b+d)は正となり、自国は関税賦課によって経済厚生が上昇します。しかし、tが非常に大きくなると、輸入数量は小さくなり、かつP^HとP^*の差が大きくなるので、e-(b+d)は負となり、経済厚生は自由貿易時よりも小さくなります。このことから、ある程度の輸入関税は自国の経済厚生を自由貿易の時より上昇させること、そして自国の経済厚生を最大にするような輸入関税はある正の値を持ちますが、その値は輸入量が非常に小さくなるほどは大きくないということがわかります。

　ただし、自国の輸入関税は外国の経済厚生を必ず引き下げます。それは、外国で輸出財の価格がより安くなるためです。図8-1では、自国の輸入関税tによって、当該財の価格が外国でP^*からP^Fに低下しています。それによって、外国の消費者余剰は面積分f+gだけ増加しますが、生産者余剰は面積分f+g+h+i+jだけ減少し、外国の総余剰は面積分h+i+jだけ低下します。関税は、自国の利益のために他国に犠牲を強いる、近隣窮乏化政策の1つです。

　さらに、自国の関税は外国だけでなく、世界全体の経済厚生も減少させます。図8-1で、自国の輸入量と外国の輸出量は同じなので、面積分eとiは同じ値です。したがって、自国の総余剰の変化と外国の総余剰の変化を足し合わせると、-(b+d+h+j)となり、これは必ず負です。関税の賦課は、世界全体の効率性を低下させます。

　本項では、関税賦課の理由を、輸入国が総余剰を増加させたいという誘因から説明しました。しかし、関税による資源配分効果や厚生効果は、関税賦課の理由が国内の特定産業・地域の生産維持や国民の選好などであっても生じます。その意味で、関税の効果は誘因と無関係です。次項で説明します国際交渉の必要性などは、関税賦課の動機が政治的要因であっても成り立ちます。

● **国際交渉の必要性**

　前項では、大国の場合で、自国が輸入して外国が輸出する商品を考えますと、自国には輸入関税を賦課する誘因があることを見ました。また、自国の輸入関税は、外国の総余剰だけでなく、世界全体の総余剰も減少させることがわかりました。

　ここで、対称的に自国が輸出して外国が輸入する商品を考えますと、外国の輸入関税は対称的な厚生効果をもたらすことが、同様の分析からわかります。つまり、自国と外国が共に相手国から商品を輸入している状況では、両国は共に関税を賦課する誘因があります。しかし、両国が実際に輸入品に関税を課してしまうと、結果として両国の経済厚生が自由貿易のときよりも低下する可能性があります。それを数値例で示したのが、表8-1です。なお、この数値例では、自国と外国の経済が対称的だとしています。

　自国と外国はそれぞれ、輸入品に関税を課さない「自由貿易」と、自国の総余剰を高めるような水準の関税を課す「保護貿易」の、2つの通商政策のどちらかを選択するとします。また、4つのセルに記入されている数字は、通商政策の組み合わせに応じて決まる自国と外国の経済厚生です。例えば、左下のセルの「(100, 40)」は、自国が「保護貿易」、外国が「自由貿易」を選択したときの、自国の経済厚生（100）と外国の経済厚生（40）です。

　前項で見ましたように、自国は輸入関税によって経済厚生を増加させることができます。表8-1でも、外国が「自由貿易」の時は、自国は「自由貿易」から「保護貿易」に政策を変更することで、自国の経済厚生を70（左上のセル）から100（左下のセル）に増加させることができます。外国が「保護貿易」の時も同様に、自国は「自由貿易」から「保護貿易」に政策を変更することで、自国の経済厚生を40（右上のセル）から50（右下のセル）に増加させることができます。外国についても自国と同様で、自国が「自由貿易」であっても「保護貿易」であっても、外国は「保護貿易」を選ぶことで「自由貿易」よりも経済厚生が高くなります。

　しかし、両国が共に「保護貿易」を選択してしまうと、両国の経済厚生は共に50となり、両国が共に「自由貿易」を選択していた時の両国の経済厚生70を下回ってしまいます。これは「囚人のジレンマ」と呼ばれる状況で

表8-1 通商政策における「囚人のジレンマ」

		外国	
		自由貿易	保護貿易
自国	自由貿易	(70, 70)	(40, 100)
	保護貿易	(100, 40)	(50, 50)

注：各セルの数字は、(自国の経済厚生、外国の経済厚生) です。

す[1]。各国にとっての最善の判断が、世界全体にとって不幸な結果をもたらします。もし両国が「自由貿易」を選択するという合意ができれば、「囚人のジレンマ」は回避できます。しかし各国は、その合意を破って自分の国が「自由貿易」から「保護貿易」に移ることで経済厚生を増やすことができます。すなわち、各国には「自由貿易」を破る誘因が存在します。

　WTO体制には、通商政策における「囚人のジレンマ」を回避する方法として、「相互的」かつ「互恵的」な関税交渉がGATT28条の2に規定されています。「相互的」とは交渉参加国が貿易障壁を相互に引き下げること、「互恵的」とはそれによって交渉参加国が互いに利益を得られることです。表8-1で、自国と外国が共に経済厚生を引き上げるには、両国が共に「保護貿易」から「自由貿易」に通商政策を変更する必要があります。つまり、互恵的な関税率の調整には、相互的な関税引き下げが必要です[2]。

　WTOでは、「囚人のジレンマ」を回避し、相互的・互恵的に貿易障壁の撤廃を進めるために、主に以下の2点について制度設計の工夫をしていると

---

[1]「囚人のジレンマ」とは、共に協力する方が協力しないよりも互いにとって好ましい状況になることが分かっていても、自分の利益だけを考えると皆が協力しない方を選んでしまい、結果として好ましくない状況になるというものです。その名前は、ある重罪の共犯と思われる2人が別件逮捕で捕らえられて囚人となり、そこに司法取引が持ちかけられるという説明設定から来ています。2人の囚人が互いに黙秘できれば、2人とも別件逮捕での懲役2年になります。ただ、もし相手が黙秘している間に自分が自白すれば、相手は重罪によって懲役20年となりますが、自分は司法取引によってすぐに釈放されます。また、2人とも自白すれば、共に懲役10年です。この時、相手が黙秘していても自白しても、自分は自白することで懲役年数を短くすることができます。相手も同様で、結局2人とも自白し、10年間服役することになります。もし2人とも黙秘できれば、2人の懲役は2年で済みました。

評価できます。

1点目は、相互的関税引き下げからの逸脱を阻止していることです。GATT/WTO加盟国によるラウンドは、加盟国全体で関税率を相互に引き下げる交渉を行うことで、ある国が関税率を引き下げない、あるいは引き上げるという抜け駆けを許さないようにしています。また、ある国が一方的に関税率を引き上げた場合や、WTOの紛争解決手段による勧告に従わない場合などに、他の国がWTO協定に基づく自身の利益を守るため、またはWTO協定の目的を達成するため、報復関税を課すことを認めています。

2点目は、ラウンドの終結には全ての交渉参加国の同意が必要であることです。相互的な関税引き下げによって交渉参加国全てが利益を得られたとしても、その利益の大きさは各国で大きく異なる可能性があります。例えば、自国にとっては、外国に関税をより大幅に引き下げてもらい、自国はあまり引き下げないのが好都合です。それによって、自国はより大きな利益が得られますが、外国の利益は小さくなります。ラウンドの終結には原則として全ての交渉参加国の同意が必要ですが、これには多数決によって貿易自由化の利益を十分に得られない国が生じるのを防ぎ、各国が得られる利益を均等化する役割があるでしょう。

本節では、国際交渉の必要性を「囚人のジレンマ」から説明しましたが、他の設定からの説明ももちろん考えられます。また、国際交渉を支援する国際機構も、WTOだけでなく、国際連合とその専門機関、分野別では国際原子力機関や化学兵器禁止機関やOECD、地域別では欧州連合（European Union: EU）や東南アジア諸国連合（Association of Southeast Asian Nations: ASEAN）など、様々な領域について多数存在します。これは、様々な課題領域で国際交渉が必要であると多くの国々に認められていることを示しています。

2）なお、表8-1の数値例で、自国と外国が共に自由貿易を選択している状況から共に保護貿易を選択している状況に移ることで、どちらかの国の経済厚生が上昇するという状況も考えられます。例えば、その国の経済規模が非常に大きいという設定です。ただ、この場合でも、その国の保護貿易政策によって他国の経済厚生も世界全体の経済厚生も減少するという結果は変わりません。

誰しも、自国の問題について、自分の意見と対立する意見を外国政府が公表することは、うれしくないでしょう。領土、安全保障、経済、社会制度など、どのような意見を持つ人々でも、中にはこのような時に外国の態度を「不当な圧力」、「自国の主権への脅威」、「外国による搾取」などと捉えてしまう人がいるでしょう。しかし、だからといって自国のことだけを考えた政策を世界各国が推し進めてしまうと、結果として好ましくない世界が現出します。「ゼロサム・ゲーム」ではない問題領域は世界に多数あり、通商政策もその1つです3)。

　自国に真っ向から反対する外国とも、何らかの形で国際交渉を継続しなければなりません。交渉が中断しても、各国間のコミュニケーション・ルートまで遮断してはいけません。「囚人のジレンマ」として表現できる国際問題は、軍拡競争、タックス・ヘイヴン、関税の引き上げ競争、通貨の切り下げ競争など、非常に多く存在します。これらの問題で各国が自国の利益だけで行動すると、その不幸な帰結は容易に予想できます。困難な課題だからこそ、交渉参加国が Win-Win の結果を得られるように、粘り強い交渉と、そのための交渉課題の設定や交渉舞台の制度設計が必要になります。

　また、自国の政策が外国の意向に縛られることを、自国の主権の侵害と捉える人がいるかもしれません。しかし、これは侵害ではありません。関税交渉であれば、これは「関税自主権の喪失」ではありません。各国が相互依存関係にある以上、自国の政策実施に際して外国の反応を織り込んでおくのは当然のことです。外国の反応という要因を考慮することは、外国が自国の主権の侵害することは異なります。各国間の相互依存関係が深まれば、それによる様々な利益は大きくなると同時に、政策実施において考慮しなければならない要因は増えます。そのような窮屈さは、古今東西の為政者が常に直面してきたことです。

---

3) 「ゼロサム・ゲーム」とは、プレイヤーの総利得がゼロになるゲームのことです。この場合、誰かの利益は他の誰かの損失になるため、プレイヤー同士が交渉・協力する誘因は非常に限定的になります。

● **RTAの余剰分析**

1990年代以降、世界の通商交渉で、WTOに代わってRTAの存在感が高まっています。たとえば、ヨーロッパでは1993年にEUが創設され、2002（平成14）年には一部加盟国でユーロ紙幣・通貨の流通が開始しました。加盟国も増加し、2014（平成26）年2月現在、EUは28カ国体制となっています。北アメリカでは、1994（平成6）年にアメリカ、カナダ、メキシコの3カ国によって北米自由貿易協定（North American Free Trade Agreement: NAFTA）が発効しました。ラテンアメリカでは1995（平成7）年に南米南部共同市場（Mercado Común del Cono Sur: MERCOSUR、メルコスール）が発足し、2014（平成26）年2月現在の加盟国は5カ国です。

アジアに目を向ければ、ASEAN自由貿易地域が1992（平成4）年に発効し、またASEANは中国、日本、韓国、オーストラリア、ニュージーランド、インドとも自由貿易協定を締結しています。日本は2014（平成26）年2月現在、13の国・地域とのRTAが発行済みで、交渉中のものではTPPが特に参加の是非について議論になっています[4]。中国、韓国、インドなども他国との協定締結に積極的に動いています。

図8-2は、GATTやWTOに報告され、効力を有していたRTAの数の推移を、1948（昭和23）年から2008（平成20）年の50年間について描いたものです。これを見ますと、1990年代に入って協定数が急増していることが分かります。

WTOでは最恵国待遇の原則によって、全ての加盟国が等しく扱われます[5]。これに対して、RTAは貿易に課される関税や輸入制限措置などの貿易障壁を、協定国間でのみ引き下げる、あるいは撤廃するものです[6]。このよ

---

4) 日本が締結したRTAの相手国・地域は、発効順に、シンガポール、メキシコ、マレーシア、チリ、タイ、インドネシア、ブルネイ、ASEAN全体、フィリピン、スイス、ベトナム、インド、ペルーです。これらの13カ国・地域と日本との貿易額（輸出額＋輸入額）は、日本の貿易額全体の20%弱を占めています。

5) 最恵国待遇とは、通商条約等に基づいて、ある国が他の特定の第三国に対して与えている最も有利な待遇を相手国に与えることを指します。GATT/WTOではこれが一般化されていて、全ての加盟国が他の全ての加盟国に対して最恵国待遇を付与することとされています（一般最恵国待遇）。これにより、加盟国は全て等しく扱われることになります。

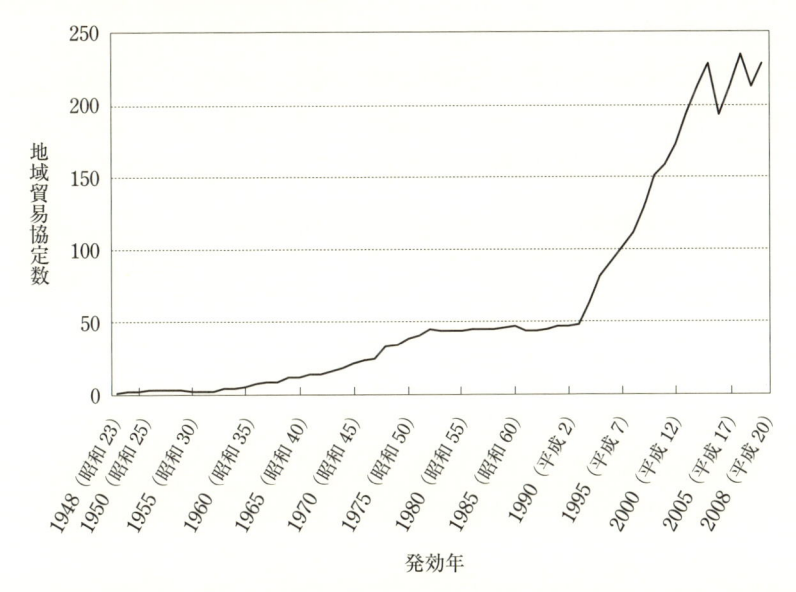

図 8−2　世界の地域貿易協定数の推移

データ出所：WTO ウェブサイト（http://www.wto.org/english/tratop_e/region_e/summary_e.xls、2014（平成 26）年 3 月 2 日閲覧）。

うに、RTA は域内国と域外国を通商規則において差別的に取り扱うため、WTO の最恵国待遇の原則に抵触します[7]。域内国に対する自由貿易と域外

---

6) RTA にはいくつかの種類があります。GATT では、商品貿易の RTA として関税同盟（customs union: CU）、自由貿易地域（free-trade area: FTA）・自由貿易協定（free trade agreement: FTA）、部分的貿易協定（partial scope agreement: PSA）が規定されています。CU は加盟国が対外貿易について関税やその他の通商政策を共通にするもので、EU やメルコスールがその例です。FTA は加盟国が各国独自の通商政策を維持できる点で、CU と異なっています。FTA の方が CU よりも協定数が多いのは、加盟国で対外通商政策を統合する必要がないためです。CU や FTA は、域内の貿易障壁をほぼ撤廃する、域外国との貿易障壁を高めない、などの要件を満たせば、最恵国待遇の例外として WTO 協定において認められます（脚注 7 を参照してください）。ただ、発展途上国は授権条項と呼ばれる特別な規定を使えば、これらよりも緩い条件で RTA を締結することができます。それが PSA です。さらに、サービスの貿易に関する一般協定（General Agreement on Trade in Services: GATS）では、サービス貿易での RTA を経済統合協定（economic integration agreement: EIA）と呼んでいます。なお、日本の締結している RTA は全て FTA です。日本政府は締結する RTA を経済連携協定（economic partnership agreement: EPA）と呼び、FTA との違いを例えば「貿易の自由化に加え、投資、人の移動、知的財産の保護や競争

国に対する保護貿易の併存がRTAの最大の特徴で、そのためRTAは最恵国待遇に基づく貿易自由化と異なった厚生効果を域内・域外国にもたらします。このことを、余剰分析によって説明しましょう。

まず、小国のケースを、図8-3の部分均衡分析で考えます。A、B、Cという3つの国と考察対象の商品があります。A国は小国で、輸入量の多少にかかわらず、B国やC国から一定の価格でこの商品を輸入することができます。B国とC国の供給価格はそれぞれP^BとP^Cで、輸出供給曲線はともに水平です。ここでC国はB国より低いコストで当該商品を生産・供給できると仮定します。すなわち、$P^B > P^C$です。また、A国の国内需要曲線はD^A、国内供給曲線はS^Aです。

当初、A国は全ての輸入に対して、無差別に従量税tを課していたとします。この時、A国はC国から輸入し、国内価格はP^C+tになります。A国の国内生産量はY^C、国内消費量はX^Cとなり、C国からX^C-Y^Cだけ輸入します。ここでA国がB国とRTAを締結し、B国からの輸入にA国が課す関税を撤廃しますと、図のように$P^C+t > P^B$であれば、C国からの関税込みの供給価格がB国の供給価格を上回り、A国の輸入先はC国からB国にシフトします。協定締結後ではA国はB国から関税なしで輸入するので、価格はP^Bとなります。A国の国内生産量はY^B、国内消費量はX^Bとなり、C国からX^B-Y^Bだけ輸入します。

政策におけるルール作り、様々な分野での協力の要素等を含む、幅広い経済関係の強化を目的とする協定」(外務省ウェブサイト、http://www.mofa.go.jp/mofaj/gaiko/fta/index.html、2014(平成26)年3月3日閲覧)と説明しています。しかし、他の国が締結しているFTAでも、同様の目的を持つ条文を含むものは多数あります。また、日本のRTAは加盟国間で対外通商政策を共通化していませんので、WTO協定上はFTAとなります。名称がFTAかEPAかで本質的な差異が生じるわけではありません。

7) RTAはWTOの最恵国待遇原則の例外として、GATT24条に規定されています。この例外規定は、GATT発足時点で既に存在していた小規模・少数のRTAをGATT違反にしないために設けられました。「例外のない規則はない」といいますが、この事例では現在、国際貿易システムにおいて「例外(RTA)」の数が急増して、「規則(最恵国待遇)」に取って代わろうとしているようにも見えます。なお、GATT24条では、RTAが満たすべき条件として、域外国との「関税その他の通商規則」が協定締結前よりも「高度なものであるか又は制限的なものであってはならない」こと、「妥当な期間内に」域内貿易自由化を達成させること、域内国間で貿易障壁を「事実上の全ての貿易について」撤廃することなどが求められています。

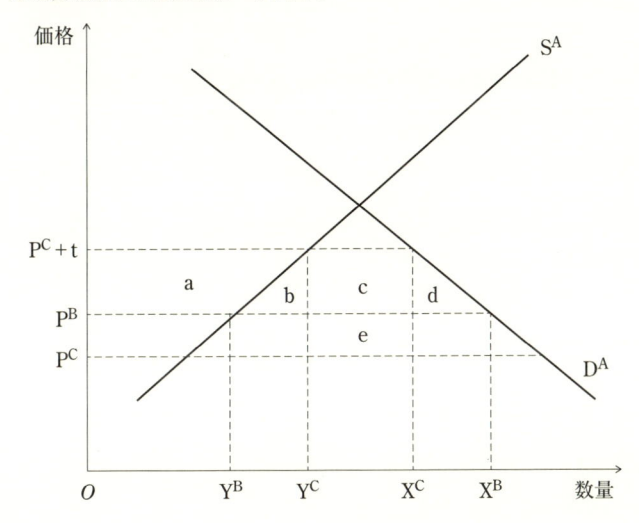

図8-3 地域貿易協定の経済効果：小国のケース

（図：縦軸「価格」、横軸「数量」、供給曲線 S^A、需要曲線 D^A、価格水準 P^C+t、P^B、P^C、数量 Y^B、Y^C、X^C、X^B、面積 a、b、c、d、e）

　A国はB国とRTAを結んだことで、考察対象の商品の国内価格が低下し、国内消費量が増加します。これによる消費者余剰の増加分は図中の面積分 $a+b+c+d$ です。他方、国内生産量は減少します。これによる生産者余剰の減少分は面積分 a です。さらに、それまでC国からの輸入から得ていた関税収入 $c+e$ もなくなります。これら3つの効果を合わせたRTA締結の余剰変化分は $b+d-e$ で、これは正にも負にもなります。

　ここで、RTA締結前と後で輸入量を比較し、締結前に域外国から輸入していたが締結後に域内国からの輸入に置き換えられた部分を貿易転換と定義しましょう。すると、X^C-Y^C はC国からの輸入からB国からの輸入に転換した部分で、貿易転換を表します。X^C-Y^C がRTA相手国のB国から輸入されるようになり、関税収入 $c+e$ は消えますが、そのうち c は消費者余剰の増加によって相殺されますので、貿易転換による厚生の減少分は e です。この e は域外国からの輸入量で評価した輸入価格上昇の効果で、常に負です。

　また、RTA締結によって新たに増えた輸入量を貿易創出と定義しましょう。図中では、Y^C-Y^B および X^B-X^C が新規に増加したA国の輸入量で、貿易創出を表します。貿易創出の余剰変化 $b+d$ は、国内価格が P^C+t から

P^B に低下したことによる効率改善の生産効果と消費効果で、常に正です。

これより、RTAによって締結国の経済厚生が増加するか減少するかは、貿易創出の正の効果と貿易転換の負の効果の大小関係によって決まることが分かります。このことは、RTAが片手に自由貿易を、片手に保護貿易を掲げ、それを域内国と域外国で使い分けているという特徴を端的に示しています。貿易創出の正の効果は域内国に対する自由貿易から、貿易転換の負の効果は域外国に対する保護貿易から、それぞれ生じています[8]。

さて、自国が小国のケースでは、RTAを締結した時の自国の厚生変化は分析できますが、大国である協定相手国や域外国の経済厚生は、協定の有無から影響を受けません。そこで、次に自国も大国であるケースを、図8-4の部分均衡分析で考えます。

図8-4には、考察対象の商品を輸入するA国、輸出するB国とC国の需要曲線と供給曲線が描かれています。A国が輸入に関税を課していない場合、世界価格は P^* となり、この価格でのA国の輸入量は、この価格でのB国とC国の輸出量の合計と等しくなります。また、A国が輸入全てに従量税tを課している時のA国の国内価格を P^T としますと、B国とC国の国内価格は P^T-t となります。P^T の時のA国の輸入量は、P^T-t の時のB国とC国の輸出量の合計と等しくなります。

ここでA国がB国とRTAを締結しますと、域内国B国はA国に関税なしで輸出できますので、RTA締結後のA国の国内価格とB国の国内価格は等しくなります。図中ではこの価格は P^R で表わされています。ただし、域外国C国からの輸入にはtが賦課されていますため、C国の国内価格 P^R-t と P^R の間には依然としてtだけ差があります。P^R の時のA国の輸入量は、P^R の時のB国の輸出量と P^R-t の時のC国の輸出量の合計と等しくなります。

RTAの締結によって、A国、B国、C国の余剰がどのように変化したか

---

[8] 図8-3で、もしA国がC国とRTAを締結すれば、貿易転換は発生せず、A国の総余剰は増加します。しかし、域内国が全ての商品を他の国よりも安く提供してくれることはありません。特定の国とのRTAは、何らかの輸入品について貿易転換を伴います。

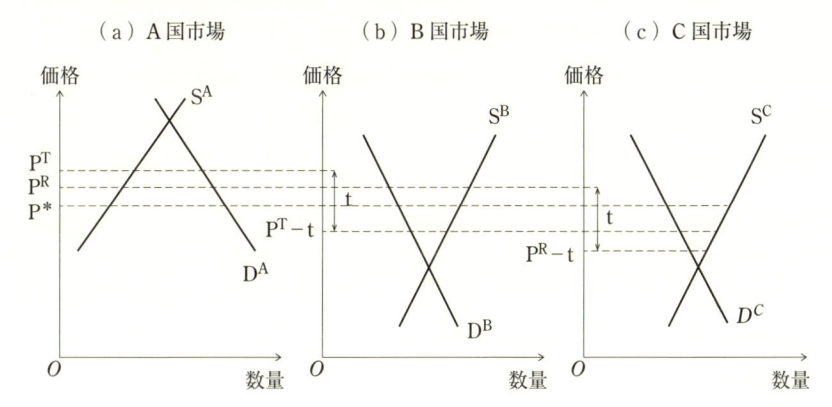

図8-4 地域貿易協定の経済効果：大国のケース

(a) A国市場　　　(b) B国市場　　　(c) C国市場

確認しましょう。A国については、協定締結前後でどのように変化するか、この場合でも不定です。この事例は小国のケースでの貿易創出と貿易転換の総効果に似ています。しかし、域外国C国からの輸入は域内国B国からの輸入に全て置き換わるわけではなく、C国からの輸入も残ります。そのため、C国輸出品からの関税収入が減少しつつも引き続き得られるという違いがあります。

域内国となったB国では、A国とのRTAで当該商品の輸出価格が上昇しますので、消費者余剰は減少しますが、それ以上に生産者余剰は増加し、総余剰も増加します。しかも、輸出価格P^Rは自由貿易の時の価格P^*よりも高くなりますので、B国の総余剰は自由貿易の時よりも大きくなります。このような輸出価格の大幅な上昇は、B国がA国市場へのアクセスでC国にはない特恵を得ていることによります。

最後に域外国となったC国では、当該商品の輸出価格が下落したことから、消費者余剰は増加しますが、それ以上に生産者余剰は減少し、総余剰も減少します。このようなC国の輸出価格の低下は、A国市場における価格低下に伴うものです。

このように、RTAは域内の自由貿易を進めつつ域外には保護貿易を維持するため、最恵国待遇に基づく貿易自由化とは異なる効果を域内・域外国にもたらします。RTAの締結に際しては、域内の貿易障壁削減にあわせて、

域外関税も削減したり、新規加盟を希望する国との交渉に積極的であったりすることなど、域外国の経済厚生の低下に配慮することが望まれます[9]。

なお、RTAの経済効果には、これまで説明したような貿易創出、貿易転換、域内・域外国の価格変化といった静学的効果だけでなく、生産の増加による規模の経済の実現で価格が低下する市場拡大効果や、域内生産者の間で競争が激しくなることでより効率的な生産が実現される競争促進効果なども指摘されます。しかし、これらの動学的効果はRTA固有の効果ではありませんので、ここでは詳述しません。動学的効果は、一般には最恵国待遇に基づく貿易自由化の方がより大きい効果を期待できます。

● RTAを巡る論点

RTAの増加が国際貿易システムに与える影響には、様々な見方があります。ここではまず、RTAに反対する、またはRTAに消極的な代表的意見を3点紹介し、次にRTAの意義をルール形成の面から積極的に評価する意見をまとめます。

RTAへの反対・消極的意見の1点目は、多数のRTAがそれぞれに独自の通商ルールを持つことからの煩累です。これは、「スパゲティ・ボウル効果」といわれます。

RTAの策定の際には、そのRTAの貿易自由化対象となる域内産品を特定するルールである原産地規則が必要となります。RTAの数が増加し、それぞれで原産地規則が異なると、多種多様な規則が複雑に絡み合って存在することとなり、実際の貿易業者や税関の実務が煩雑になり、RTA締結のメリットが生かせなくなります。「スパゲティ・ボウル効果」という名前は、地

---

[9] 本節では部分均衡分析を用いましたため、A国とB国によるRTAがA国経済に与える影響として、A国の関税をB国にのみ撤廃する効果を図示しました。自国はある特定の相手国にのみ貿易障壁を引き下げるが、相手国は自国の輸出品への貿易障壁を引き下げないような協定を、WTOは特恵貿易協定（preferential trade agreements: PTA）と定義しています。実はここでの分析は、RTAの経済効果というよりも、このPTAの経済効果を調べています。RTAであれば、A国やC国がB国に輸出する商品についても、B国がA国にのみ関税を撤廃し、それはA国の余剰を増加させる効果を持ちます。A国とB国が相互に関税を引き下げた場合の効果の図示は、やや煩雑になるのでここでは省略します。

図上で異なる原産地規則を持つ多数のRTAが加盟国をつなぐと、その線が錯綜してスパゲティ・ボウルに見えることに由来しています[10]。原産地規則だけでなく、セーフガードや関税割当等の乱立も、同様にRTAの効果を低下させるでしょう。

　2点目は、RTAが世界大の貿易自由化を妨げる可能性です。もしRTAが拡大を続け、世界の各地でいくつものRTAが重層的に締結され、それが最終的に統合され世界全体を覆うまでになれば、RTAは世界の自由貿易を促進する「ビルディング・ブロック」(building blocks、積み石)となります。また、ある国々がRTAを締結すると、域外国も既存の協定に加わったり、新規のRTAを締結したりするようになるという「ドミノ効果」が続けば、これも世界の自由貿易に貢献するでしょう。

　しかし、RTAの締結が局所的な貿易自由化に留まり、かえってWTOのような多国間貿易体制を危うくするものになれば、RTAは「スタンブリング・ブロック」(stumbling blocks、躓き石)になります。前項で見ましたように、大国の場合のRTAは、域外国を差別的に扱うことで域内国の経済厚生を上昇させることができます。このことから、世界各地のRTAが1つに収斂することについては、既存の域内国が反対するでしょう。また、各国がRTAを締結するコストとベネフィットを考え、貿易量の少ない国との交渉は、交渉に要する時間や人員の多さに比べて得られる利益が少ないと考えて交渉を行わない場合も、RTAはスタンブリング・ブロックになります。

　加えて、前述の「スパゲティ・ボウル効果」をもたらしたRTA毎に異なる通商ルールも、RTAを「スタンブリング・ブロック」にします。RTA同士のルールの統合は単に技術的な問題では済まず、複数の条約の目的を収斂させて条文を根本から作り直す必要があります。そのため、2国間、地域間、

---

[10] 原産地証明制度は、協定本文、原産地規則、運用規則、自国と相手国の国内法令などによって規定されており、理解は容易ではありません。日本のRTA締結相手国との貿易に従事している企業に対して行ったアンケートから、制度の複雑さからRTAを利用しない企業が相当数存在することが明らかになっています。他に、原産地を明らかにする資料を整える手間や、原産地証明書の取得費用など、原産地証明書の発給にコストがかかることも、RTAの利用を妨げています。

多国間とRTAが自然に統合されてゆくことは期待しづらいでしょう[11]。

3点目は、貿易自由化を担う国際機関としてWTOと代替的になる危惧です。WTOのラウンドとRTAの締結を共に進める「多層的アプローチ」という考えもありますが、これを政府が実行することは困難だと思われます。まず、RTAを数多く締結すると、WTOのラウンドからの追加的な利益が減少し、交渉への勢いを削ぐことになるでしょう。また、政府内でWTOとの交渉に割ける人員・時間・予算等も限られてきます。さらに、社会の関心もWTOに向かわなくなります。貿易自由化に関する現在の日本の議論は専らTPPといったRTAに関してであり、WTOがニュースで報じられることはめっきり少なくなりました。

現在、WTOのドーハ開発アジェンダの交渉は難航しています。このような事態は、世界の国々が利益は大きいがそれを得るのに時間も労力もかかるWTO交渉からRTA締結に通商政策を転換したからだという見方があります。そのため、世界の国々がRTAに重心を移し、マルチ（多国間）からリージョナル（地域間）にゲームのルールが変わった現在、日本もRTA締結を積極的に推進すべきとの意見も強くなっています。

なお、RTAに対するこれら3つの反対・消極的意見は、日本国内のTPP反対論と大きく異なっています。現在のTPP反対論の多くは、関税の引き下げや対内直接投資の推進といった「自由な国際経済取引」や、医療・保険制度の変更といった「国内制度の変更」への反対です。しかし、これらはRTAが持つ自由貿易と保護貿易の2面性のうち、自由貿易の面だけを見た反対論です。また、TPPによって外国との競争によりさらされる産業が、現状体制の維持を求めて反対行動を強く展開している点も、これまでの貿易自由化反対論と異なるところはありません。それに対して、本書で紹介しま

---

11) このことを、RTAに批判的な立場をとるコロンビア大学のJagdish Bhagwati教授がイェール大学の浜田宏一名誉教授との会話から得た比喩の表現（J. Bhagwati, 2008, *Termites in the Trading System: How Preferential Agreements Undermine Free Trade*, New York: Oxford University Press, pp. 94 - 95.）を、私がつなぐことで以下のように表現できます。「スパゲティを重ねてもラザニアにはならないし、ましてやピザにはならない。ピザにはピザ用の生地が必要である。」

した上記の反対意見3点は、RTAの2面性という他の貿易政策にない固有の影響についての懸念から出ています。

次に、国際貿易システムにおけるRTAの役割を評価する意見としましては、協定締結国間の貿易障壁を削減・撤廃することよりも、WTOに先んじて新たな通商ルールを策定することを重視するものがあります。

この意見の背景には、関税の役割の低下があります。GATTやWTOのラウンドに代表されるような貿易障壁引き下げへの努力によって、WTO加盟国が他の加盟国に適用するWTO協定税率は大幅に低下し、協定税率が0となった品目も多数存在します。そのため、RTA締結国間の貿易額は世界の貿易額の約半分を占めるまでになったものの、RTAの税率がWTO協定税率よりも有利になる品目の貿易額は少なくなりました。

他方、貿易に関連する他の制度は、貿易障壁の低下に伴い、相対的に存在感を増してきました。あわせて、企業がますます国境を越えた分業体制を展開したり、サービス貿易を行ったりするにつれて、従来は貿易と関連が薄いと見られていた制度・政策も、国際貿易により大きな影響を与えるようになってきました。さらに、環境の持続可能性や飢餓の撲滅のような地球規模の課題が現れると、その貿易に関する側面も注目されるようになりました。

WTOにおいても、これらの課題に取り組んでいます。例えば、サービス貿易については、国内企業と外国企業の市場参入規制の共通化、セーフガードの発動要件、政府による物資・サービスの購入（政府調達）のガイドライン策定などを議論しています。貿易と環境についても、環境保全に資する物品やサービスの自由化がドーハ開発アジェンダの対象となっています。しかし、議論はなかなか収束を見ません。そもそも、加盟国・地域が増加し、対象とする経済活動の範囲が増加し、貿易紛争処理数が増加している中、WTOがこれ以上の役割を引き受けることは難しいかもしれません。

そこで、国内競争政策、政府調達、国際投資、人の移動、模造品の取引禁止など、WTOで十分に扱われていない分野については、各RTAが必要と思われる分野を選択してルールを形成することになります。確かに、それぞれのRTAで異なるルールが適用されることは、規則の理解や活用の妨げになるでしょう。しかし、WTOに先んじで通商規則を策定することで、そこ

からRTA加盟国は何らかの利益を得ることができるでしょうし、規則の雛型の提示によってWTOでの通商規則の形成を後押しするかもしれません。

TPP交渉は、このようなRTAによるルール形成という潮流を具現したものです。そこでは、物品市場アクセス、サービス貿易、原産地規則などの伝統的な通商政策だけでなく、競争政策、環境、労働など、従来は国内政策と捉えられていた分野も対象となっています。ただ、これらの分野は、日本がすでに締結しているRTAでも扱われています。日本にとってTPPで初めて扱われるようになった交渉分野は、分野横断的措置など少数です。

TPPに対する国内の強い反対論の背景には、これまでの日本の貿易交渉と異なる以下の要因があると思われます。GATT時代のラウンドとの相違では、まず、議論される分野が広いため、利害関係者も当然多くなり、反対論は強くなることがあります。また、国内制度・政策も交渉対象となることは、GATT時代の多国間貿易交渉のイメージを持ち続けている人にとっては、不当な内政干渉に見えるかもしれません。さらに、交渉相手国がGATT/WTOほど多くないため、各国の対日交渉姿勢や各国間の交渉力学が見やすいという構図が、他国の要求を日本は受け入れさせられるのではという懸念を国民に惹起させやすかったのでしょう。

また、日本がこれまで締結したRTAとの相違では、何よりもアメリカの存在があります。これまで日本がRTAを締結した13の国・地域のうち、最もGDPの大きな相手はASEANでした。それでも、ASEANのGDPは日本の3分の1強です。それに対して、アメリカのGDPは日本の3倍弱です。TPPの交渉分野は日本のこれまでのRTAとほとんど相違がありませんが、世界最大の経済規模を有する国と制度を深掘りすることから、これまで見過ごされてきた、あるいは国民が関心を持たなかった分野についても、国内への影響を国民が強く意識するようになりました。加えて、アメリカやオーストラリアなど、日本への農産品輸出拡大を強く意識している国が交渉相手となっていることも、これまでの日本のRTAと異なる点でしょう。

ある国際経済協定への反対意見が、交渉分野の広い範囲と交渉相手国の大きな経済規模によって強まることは、日本のTPPに限らず、世界の各地で観察されます。NAFTA交渉に際してのアメリカ国内の議論、EUの拡大と

深化に際してのEU加盟国内の議論、米韓自由貿易協定交渉に際しての韓国国内の議論は、現在のTPPを巡る日本国内の議論と多く重なります。

第2節　TPPを通じた北海道経済の活性化

本書の最後に、TPPに対する私の意見を述べます。そして、TPP発効から生じる経済的利益を北海道がより多く得るための方策を、北海道の移出と生産性の2点から議論します。

● TPP交渉促進への提言

私は、前節のRTA反対論にも賛成論にも、同意できる部分があります。ただ、現在の日本におけるTPP反対論のほとんどは、域内国への自由貿易と域外国への保護貿易というRTAの2面性のうちの自由貿易の面しか見ていないものです。最恵国待遇に基づく貿易自由化を高く評価する私としては、WTOの現行のラウンドであるドーハ開発アジェンダが全く妥結を見通せない現状では、次善の策としてのRTAに賛成せざるを得ません。そして、RTAによる経済・通商ルール形成が進展し、RTAが片方の手に持つ自由貿易の役割が大きくなり、もう片方の手に持つ保護主義の役割が小さくなることを望んでいます。

ただ、TPP交渉は、容易には妥結に至らないでしょう。広範な課題、12の交渉参加国（2014（平成26）年2月現在）の主張と交渉力学、「囚人のジレンマ」というゲームの性質などから、全参加国が釣り合いのとれた利益を得る協定案を策定するのに時間がかかるのは自然です。2014（平成26）年に入ってからの日米交渉では、関税という伝統的な通商課題でさえ意見の一致を見るのは難しいことを示しました。加えて、前述のように、近年の国際通商交渉ではルール形成に力点が置かれ、それに付随して国内諸制度の変更も対象となりますので、どの国にとっても国内利害関係者の意見対立を政治的に収拾するのは困難です。

交渉進展のためには、政治的な強い意志が不可欠です。そして、交渉を妥結させるには、国全体の利益を意識すること、譲歩しない分野の設定で本質

を突くこと、国内制度・政策の変更も行うことの3点が、各国政府に求められると私は思います。

1点目については、TPPが特定の生産者や業界に与える影響ではなく、国全体の経済利益から妥協点を判断することです。CGEモデルを用いたある推計では、2014年に日本がTPPに加わったとすると、TPPに加わらない場合をベースラインとして、日本のGDPは2015年に129億ドル、2020年に955億ドルだけ増加するという結果を導いています。ベースラインのGDP予想は、2015年が4兆6350億ドル、2020年が5兆60億ドルなので、この5年間のベースラインの伸びは年1.55％で、TPPを締結するとその成長率が年1.88％と、年0.33％だけ押し上げられます[12]。

0.33％というのは小さな数字に見えるかもしれません。しかし、日本の経済成長率の低さを考えれば貴重な押し上げ効果ですし、日本の経済規模の大きさを考えればGDP増加幅は大きいといえます。2020年に955億ドルだけ日本のGDPが増加するということは、TPPを締結すると6年を経て日本国内に北海道の半分の規模の経済が、あるいは新潟県や京都府がもう1つ出現することを意味します。もちろん、WTOのドーハ開発アジェンダが高い目標を実現できれば、TPPよりもはるかに大きな経済的利益を日本そして世界にもたらします。しかしTPPにも地理的範囲に相応した効果があります。

なお、ここで紹介した推計によれば、日本の所得利益の源泉は主に、日本への対内直接投資の増加とサービス部門の生産性上昇です。現在では世界の貿易障壁は相当低下していますので、貿易・投資からの利益は、例えば第7章の部分均衡分析で示しましたような生産側の条件を所与とした利益よりも、競争促進による産業内の企業の新陳代謝、直接投資による生産の増加、貿易や投資を通じた技術伝播などによって生じる生産性向上からの利益の方が大きいことは、多くの研究結果が支持しています。また、日本では諸外国と比べて、サービス産業の生産性が低いことがよく指摘されていますので、その

---

[12] P. A. Petri, M. G. Plummer, and F. Zhai, 2012, *The Trans-Pacific Partnership and Asia-Pacific Integration: A Quantitative Assessment*, Washington, DC: Peterson Institute for International Economics. この推計では、2014年でのTPP加盟国を、2014年3月時点での交渉参加中の12カ国に韓国を加えた13カ国と想定しています。

改善効果は大きいでしょう。

　ただ、このような貿易・投資の拡大による生産性向上効果を理論的に説明するのは、本書の範囲を越えると思われましたので、ここでは詳述しません[13]。また、日本への対内直接投資の少なさは、対内直接投資や外資系企業を差別的に扱っている制度を日本が残存させているためでなく、金融、教育、医療などで内外者を問わず新規参入が制限されているためであり、TPP締結によっても対内直接投資はそれほど増加しないという見方もあります。ただ、TPP締結の対日直接投資への効果については、ここではこれ以上の検討は行いません。

　2点目については、譲歩しない分野の設定として、「聖域」とする「分野」を決めるのではなく、自国が譲れない本質を見極めるべきです。日本の農業分野であれば、米や乳製品など、特定品目の国内生産維持が官民の重要事項となっています。ただ、日本の関税分類は農林水産品で非常に細かく分かれており、そのため関税率表上の分類（タリフライン）のうち関税を賦課しているものが総数に比して多くなり、タリフラインで見た自由化率が低くなります。タリフラインの中には、日本の生産量や輸入量が少ないなど、その関税を引き下げても国内生産の維持が可能なものがありますので、それを交渉で提示することはできます[14]。

　他にも、食品安全基準については、自国の基準が合理的であれば緩和する必要はありません。しかし、それは科学的で他国に理解される基準を設定す

---

13) 脚注12のPetri, Plummer, and Zhai（2012）で用いている、貿易障壁低減の生産性向上効果は、次のように説明できます。各国には生産性が異なる多くの企業が存在します。貿易障壁が低下すると、自国の生産性の高い企業は輸出を拡大することができ、より多く生産するためにより多くの労働者を雇用します。これが国内労働需要を逼迫させ、生産性の低い企業は労働者を確保できずに市場から退出します。他方、外国の企業も国内に向けて輸出するため、財市場の競争が激化し、これによっても生産性の低い企業は退出します。貿易障壁低下後に残った国内企業の生産性は、平均で見ると、それ以前に存在していた国内企業の生産性よりも高くなります。これを説明するモデルは、体系を定式化した論文の著者の名前から、メリッツ・モデルと呼ばれます。

14) 日本では、全てのタリフラインの貿易額・数量が税関ウェブサイトで調べることができますので、交渉対象とできるタリフラインの検討は比較的容易です（http://www.customs.go.jp/toukei/index.htm、2014（平成26）年3月5日閲覧）。

るための交渉や情報共有を妨げるものではありません。さらに、日本のユニバーサルヘルスケアは私も維持してほしい制度ですが、医療分野でその維持に影響を与えないと思われる事項の交渉まで消極的になる必要はありません。国際通商交渉に反対する人々や業界団体は「蟻の穴から堤も崩れる」懸念を抱いていますので、本質的な交渉目標の設定に際してはその心配を取り除くことも必要です[15]。

3点目については、TPPの妥結から予想される不利益や反対に対応するため、政府が国内制度・政策を適切に変更することです。日本の農業分野であれば、前章で分析しましたように、保護政策を輸入障壁から直接支払いにすることを検討すべきです。また、WTOで認められている貿易救済措置であるセーフガードやアンチダンピングなどを日本が適切に発動できるよう、産業界と共に環境を整備することも望まれます。国内政策の適切な変更があれば、TPPの交渉対象となっている分野で自国と外国の譲歩がしやすくなります。その変更案の策定には、行政の創造力が不可欠です。

●北海道の経済活性化への提言：移出

北海道の所得や経済厚生を引き上げるための提言については、すでに本書の中でも述べてきました（第4章第3節、第5章第2節、第6章第2節、第7章）。本項と次項では、TPP締結に直接関係する論点のみを取り上げ、北海道経済がTPPを通じて活性化するための提言を行います。

TPP締結によって日本が得る経済利益を、関税の低減による貿易財の価格変化からの利益と、貿易・投資の拡大に伴う生産性上昇による所得増加からの利益に分けてみますと、前項で述べましたように、価格変化からの利益は比較的小さく、他方所得増加からの利益は比較的大きいと思われます。

---

[15] 例えば、米の輸入に関して、米粉調製品として低関税で輸入した後、米粉だけを取り出して米菓の原材料に使われるという農業団体の懸念を見聞きします。このような、混合物品で輸入後に構成物品に分離する可能性があるものについては、税関も特別の注意を払っています（http://www.customs.go.jp/tariff/kaisetu/data2/kokunai.htm、2014（平成26）年3月5日閲覧）。また、食品輸入と食の安全については、TPPによって増加した輸入食品の方が、国内産食品や現在の輸入食品よりも食の安全をより脅かすということのないよう、厚生労働省による食品衛生法に基づく検査の充実が求められるでしょう。

例えば、CGE モデルの1つである GTAP を用いて価格変化からの影響を見るために、私が TPP 交渉参加国間の輸入関税と輸出補助金のみを完全に撤廃した結果を推計しましたところ、日本の総生産の増加額は対 GDP で 0.1％程度でした。輸入関税や輸出補助金を全てゼロにまでするというのは TPP の交渉結果としてあり得ない想定ですので、実現可能な所得増加額はこれよりさらに小さくなります。

さらに、北海道では貿易財の価格変化からの影響は、マイナスになるかもしれません。それは、北海道では TPP 締結によって輸出の拡大と価格の上昇が期待できる各種機械製品製造業の対域内 GDP 比率が小さく、逆に輸入の拡大と価格の低下が見込まれる農林水産業や食料品製造業の比率が高いことによります。実際には、日本が TPP によって農産品の国境障壁を低下させれば、日本政府はそれをある程度補う国内農業補助政策を導入するでしょう。それが農業の生産性向上と新陳代謝促進に資するものであれば、私もそのような制度設計を評価します。しかしそれでも、北海道では貿易財の価格変化からの利益は、全国と比べて小さいままでしょう。

この逆風に立ち向かうためには、日本への対内直接投資の増加や日本の生産者の生産性上昇から日本全国が享受する所得増加を、北海道にも十分に波及させる必要があります。前項で紹介しました CGE モデルの推計例では、TPP 締結による日本全体の GDP 成長率の押し上げ効果は年 0.33％でした。産業構造の特徴から貿易財の価格変化の影響が不利に働く北海道でも、同じ率だけ TPP によって GDP が上昇するための方法を、以下では2つの視座から説明します。第1に、内地で増加した需要をより多く道内産品に引き付けて内地向け供給を拡大させることで、これは本項で説明します。第2に、道内外の経済交流を活発にして道内の生産性も上昇させることで、これは次項で扱います。

第1の視座である道内から道外への供給の拡大については、第5章で説明しました産業連関表を用いて、TPP による需要拡大が見込まれる北海道の産業を抽出します。表8-2には、2009（平成21）年度における北海道の22産業別の生産額と、その需要構成がまとめられています。この表を見ながら、道内生産財・サービスへの需要拡大が期待される産業を説明します。

表 8-2　北海道の産業別生産額とその需要内訳：2009（平成21）年

(単位　億円)

	道内生産額	道内需要			純移出	純輸出
		第1次・第2次産業	第3次産業・その他	最終需要		
第1次・第2次産業						
農林水産業	17,190	10,473	619	2,289	5,042	-1,232
鉱業	925	5,507	625	-109	150	-5,247
飲食料品	22,208	6,060	2,506	12,506	4,061	-2,925
製材・木製品・家具	1,666	1,298	366	79	460	-537
パルプ・紙・板紙・加工紙	4,798	1,794	1,023	58	1,901	21
化学製品	2,069	2,252	3,999	1,187	-4,224	-1,145
石油・石炭製品	8,641	2,445	3,668	2,837	242	-553
窯業・土石製品	1,585	1,633	141	32	-135	-86
鉄鋼・金属製品	7,122	7,400	451	114	-436	-406
機械	5,042	2,205	3,585	10,555	-8,481	-2,823
その他の製造工業製品	2,934	2,054	3,521	3,028	-3,309	-2,359
建設・土木	25,667	206	2,381	23,080	0	0
第3次産業・その他						
公益事業	9,804	1,635	4,842	3,344	-19	2
商業	38,993	4,916	6,049	27,919	6	104
金融・保険	10,719	1,308	6,366	3,777	-541	-192
運輸	15,208	2,909	4,694	5,947	1,499	159
情報・通信	11,743	547	6,322	6,624	-1,736	-14
公務・教育・研究	28,253	957	753	26,957	-383	-31
医療・保健・社会保障・介護	27,542	105	856	26,580	0	1
対事業所サービス	19,867	4,883	12,771	2,935	-718	-4
対個人サービス	19,651	23	807	17,570	1,433	-182
その他（不動産を含む）	27,136	836	4,187	22,304	-175	-16

注：網掛けの産業や金額は、本文中で言及したものです。
データ出所：国土交通省北海道開発局「平成21年延長北海道産業連関表」(http://www.hkd.mlit.go.jp/topics/toukei/renkanhyo/h21_renkan.html、2014（平成26）年3月11日閲覧）。

TPPの生産性効果によって内地の所得が上昇した時、北海道の純移出額が大きい産業で特に需要の増加が期待できると考えられます。それは、ある産業の純移出額が大きいということは、北海道はその産業に比較優位があると想定できるからです。具体的には、農林水産業（純移出額は5042億円）、飲食料品（4061億円）、パルプ・紙・板紙・加工紙（1901億円）、運輸（1499億円）、対個人サービス（1433兆円）が挙げられます。

　このうち、農林水産業や飲食料品は、いうまでもなく北海道が強いブランド力を持つ分野で、商品企画・販売の工夫や、素材・加工・販売の融合による6次産業化によって、さらに道外需要を積み上げることが可能です。また、対個人サービスの大きな純移出額は、道内への旅行客による宿泊・飲食需要を反映しています。この食と観光という、北海道ブランドの強みを生かせる両産業は、1つの総体としてブランド化し、そのマネジメントを有効に行うことができれば、消費者への訴求力はさらに高まります[16]。

　製造業では他に、パルプ・紙・板紙・加工紙の純移出額が目を引きます。これは、道内に立地する製紙会社が製品の多くを道外で販売していることを表しています。また、運輸では、特に道路輸送や航空輸送で、北海道の純移出額が大きくなっています。

　この5産業の他に、私は情報・通信も移出増加を期待できる産業に加えたいと思います。情報・通信の純移出額はマイナスですが、移出額が3056億円と、同産業の道内生産額の26％を占めています。遠隔地との取引が一般に困難な第3次産業の中で、この比率は際立って高い数字です。特に、情報サービス、映像・文字情報製作、通信において、道内外の取引が活発です。札幌市にはこれらの産業の集積が進んでおり、道外への移出のさらなる増加が期待できます。

---

[16] 私個人としては、北海道産の酒類にも期待しています。ビール、日本酒、ワイン、ウィスキー、焼酎など、北海道産の原料を用いて風土を活かした製品を作る蒸留・醸造施設が道内各地に設立され、互いの個性と品質を競うようになれば、道外の消費者にとっても魅力的な製品が多く誕生するでしょう。そうすれば、ワイナリー巡りや仕込み体験ツアーのように、観光と関連させて道外居住者を道内に招き入れることもできます。ブランデーやグラッパなど、新たな製品の生産に乗り出すのも、ぜひ検討していただきたいことです。

次に、北海道内における域外向け生産増加からの需要増加が期待できる産業として、対事業所サービス、金融・保険、情報・通信といった道内ビジネス関連産業を取り上げます。なお、対事業所サービスには、広告、リース、法務・財務・会計サービスなどが含まれます。北海道では域内総生産に占める第3次産業の割合が高いことを第1章で見ましたが、ビジネス関連産業はこの第3次産業の生産が拡大すると、その生産に必要な中間投入としての需要増加が期待できます。表8-2によれば、両産業の道内生産額のうち、対事業所サービスについてはその64％を占める1兆2771億円分が、金融・保険ではその59％を占める6366億円分が、情報・通信ではその54％を占める6322億円分が、道内の第3次産業・その他の中間需要に回ります。

このように、道外の需要を取り込むことで道内生産が増加し、それに派生する形で道内ビジネス関連産業の生産が増加すると、道民の所得が増加し、道内の最終需要に大きく依存する商業などの生産額も上昇するでしょう[17]。商業の道内最終需要は2兆7919億円と、金額は大きく、また道内生産額に占める道内最終需要の割合も高くなっています。ここまで効果が波及すれば、TPPによって北海道も間接的に十分な利益を得ることができます。

北海道では貿易障壁低下が生産に直接与える影響がマイナスかもしれませんので、北海道の所得が全国平均からさらに離されないようにするためには、北海道からの移出の増加率がTPP締結による国内所得の増加率を上回る必要があります。TPP締結による内地のGDP成長率の押し上げ効果が年0.33％と想定すると、第5章第1節の数字より、北海道からの移出の伸び率を1.38％にすると、たとえ道内の最終需要が増加しなくても、北海道の粗付加価値額も0.33％増加すると計算できます[18]。

内地のGDPがTPPによって0.33％押し上げられれば、内地による中間・最終需要はそれ以上、例えば0.5％程度に上昇し、北海道からの移出も同じ率だけ上昇するでしょう。しかし、道内の最終需要が増加しなくても北海道

---

17) 建設・土木、公務・教育・研究、そして医療・保健・社会保障・介護の3産業も、その道内生産額は大きく、かつ道内の最終需要に強く依存しています。しかし、これらのサービスへの道内最終需要は、その大部分が一般政府消費支出や道内公的総固定資本形成であり、所得要因とは別の要因で決まる側面が強いので、ここでは取り上げませんでした。

のGDPを0.33％上昇させるために必要な移出増加率は1.38％であり、それは内地のGDP増加から期待できる増加率の約0.5％の2倍以上です。その達成には道民の多大な努力が必要になりますし、達成は困難かもしれません。ただ、日本が農産品の貿易障壁を低下させる場合、それをある程度補う国内政策が導入されるでしょう。また、後述のように、TPP締結によって道内外の経済交流を通じた道内生産性の向上を目指すことができます。北海道からの移出が1.38％も追加で増加しなくても、北海道はTPPからの利益を得ることができます。

道外で強まった需要を道内産品に向けさせ、道外需要に占める北海道産の比率を引き上げることに、商業が果たす役割は大きいと考えられます。遠隔地への販売には困難が伴いますが、道内外の卸売・小売は、道内生産—域際流通—道外消費のリンクを道内生産者と道外消費者に対して可視化する手助けができます。リンクの可視化によって、道内の生産者は、道外消費者の嗜好や動向に敏感になり、それに合った製品やサービスを提供することができるようになります。また道外消費者も、北海道の産品を身近に感じ、特に農産品については素材だけでなく加工品も優れた価値を有していることを理解してくれるでしょう。

また、道内の地方自治体や各種団体も、例えば食品のトレーサビリティの拡充やHACCPの導入などを支援することで、道外需要拡大を道内により多く取り込むことができます[19]。これらの方法は、食の安全に敏感な消費者への訴求効果が高いと思われます。情報・通信についても、経済産業省の産

---

[18] 表5-1によれば、2009（平成21）年の北海道の粗付加価値は17兆6784億円でした。この0.33％の増加は583億円に相当します。この年の北海道の移出額は、第1次産業で6733億円、第2次産業で2兆7912億円、第3次産業で2兆922億円でしたので、これらの数字に表5-6の道外最終需要増加1単位当たりの粗付加価値誘発効果（第1次産業から第3次産業まで、順に0.750、0.687、0.879）を産業別に乗じて合計すると、移出が産み出した道内の粗付加価値が4兆2365兆円と計算できます。これより、移出が3つの産業全てで比例的に1.38％（＝583億円／4兆2365億円）増加すれば、道内の粗付加価値が0.33％増加することが分かります。もし道内粗付加価値が0.33％増加することで道内最終需要も増加すれば、その波及効果によって道内粗付加価値の増加率はさらに高くなります。

[19] HACCP（ハサップ）とは、Hazard Analysis and Critical Control Pointの略で、食の安全を確保する衛生管理手法の1つです。

業クラスター戦略における北海道スーパー・クラスター振興戦略を受けて、サッポロバレーが今後も自律的に発展することが期待されます。さらに、これらの方策の基盤として、道内の地方自治体は、第4章第3節の最後で述べたような標準的な経済政策を継続し、成果の政策改善へのフィードバックを心がけることが肝要です。

●北海道の経済活性化への提言：生産性

TPPによる日本の所得増加を北海道に波及させるための第2の視座は、道内外の経済交流を通じた道内生産性の向上です。具体的には、外国や内地の企業が道内に関連企業や事務所を設置することや、域外取引を行う道内企業数を増やすことです。

TPPによる所得増加の源泉は、主に日本への対内直接投資の増加とサービス部門の生産性の上昇と考えられますので、北海道もこれらの利益を享受すべきです。北海道では第3次産業の比率が高く、また外資系企業が非常に少ないことから、その潜在的な効果は大きいでしょう。北海道の各地方政府は、地理面、安全面、人材面、費用面などでその土地が持つ優位性を訴えて外資系企業を誘致することで、多様な経営資源が地元にもたらされ、地元の他企業へのスピルオーバー効果を得ることができます。

このスピルオーバーの範囲は、地元や産業を越えるものにもなります。例えば、外国のビジネスイベント企画・経営会社が道内にMICEを対象とした事務所を設立し、国際的なMICEの開催数増加とそれに伴う外国からの訪問者増加に寄与すれば、その事務所が立地している地域を越えて、道内の各種サービス産業への波及効果も期待できます[20]。加えて、冬季に開催するMICEが増加すれば、北海道訪問客数の季節による増減がより少なくなり、地域経済にとって季節要因の少ない経営環境も得ることができます。

また、道外に立地する日本企業の事業所を道内に誘致することも、類似の

---

20) MICE（マイス）とは、企業等の会議・研修・セミナー（meetings）、企業等の行う報奨・招待・研修旅行（incentives）、国際機関・団体、学会等が行う国際会議（conferences/conventions）、展示会・見本市、イベント（exhibitions/events）の頭文字による造語で、多くの集客交流が見込まれるビジネスイベントなどの総称です。

効果を持つと考えられます。道内にはない技術、ブランド、ビジネスモデル、経営方法などが移転されるでしょう。もし誘致した日本企業が、関東、中部、関西といった外資系企業が多く活動している地域でも事業を展開していれば、外国からの直接投資の間接効果を北海道が得ることができるかもしれません。

　道外取引を行う道内企業の数を増やすことも、TPPに関連して有益な政策と思われます。一般に、企業の規模が大きいほど、また企業の生産性が高いほど、その企業の商圏は広くなります。外国と取引している企業は、平均して、さらに規模が大きく、生産性も高くなります。このような国内他地域、そして外国との取引は、現地の情報収集、事業関係の構築、事務所の開設などで費用がかかるため、どの企業でもできるというものではありません。しかし、一旦始めると、平均してその企業の生産性は学習効果を通じて向上し、より大きな利益を得ることが期待できます。

　現在では、このような道外との取引からの利益は、道内の限られた企業が得ています。しかし道内には、道外との取引を行う意欲のある経営者、あるいは道外での需要を期待できる優れた商品やサービスを提供する企業が他にもあります。TPPによって日本の所得が増加したり、TPP締結国の貿易障壁が低下したり、TPP加盟国における外資系企業設立条件が緩和されたりすることが予想されますので、道内企業には道外との経済活動に乗り出す積極的な姿勢を期待しています。また、北海道の金融機関や地方公共団体は、このような企業の移輸出活動や海外進出を支援してほしいと思います。TPP加盟国への輸出・進出支援情報を道内金融機関・自治体で共有することも必要でしょう。

　重要な点は、道外取引の額を増やすだけでなく、取引を行う企業数も増やすことです。道外取引の裾野を北海道全域に広げることです。そうすることで、道外取引増加による収入増加という直接的な利益や生産性向上という間接的な利益が、より多くの企業、より広い地域に均霑します[21]。人口の減

---

21) 第5章第2節の図5-7に示しましたように、オホーツク、十勝、そして釧路・根室では、域内生産のうち域外需要に依存する割合が道内で比較的高くなっています。このことから、これらの地域では、内地で景気が回復すれば、農産品や食料品の移出増加を通じて域内の景気に波及する影響が、道央、道南そして道北よりも強く働くと考えられます。

少が続く地域に立地し、これまで地元の需要に支えられてきた企業の経営者の中には、今後の事業の見通しが立たないことから、事業をたたむことを考えている人がいるかもしれません。そのような経営者は、商圏が拡大できれば事業の継続をより前向きに考えるようになるでしょう。

あわせて、道内企業の道外進出は、その企業だけでなく、周辺の企業にも良い波及効果をもたらします。特に、海外への輸出や海外事務所の設立は、より強い波及効果をもたらすでしょう。確かに、北海道からの輸出額は、国内他地域と比べて非常に低い値です。しかし、農産物の輸出を拡大させた農協、農業機械を輸出した機械メーカー、外国からの観光客の誘致に成功した自治体などの成功例が、道内の他の農協、企業、自治体に強い刺激を与えていることは、私たちも見聞きしています。むしろ、北海道の輸出額が少ないからこそ、輸出体験の他企業へのスピルオーバーは強いかもしれません。これは、北海道の生産性向上に役立ちます。

ただ、輸出や対外直接投資を行うことで企業の生産性が上昇する効果は、直接投資が受入企業・地域の生産性を上昇させる効果と比べて、多くの実証分析で強く支持されているわけではありません。企業の国際取引が生産性に及ぼす学習効果は、一部の国を対象とする先行研究では確認されているものの、正の因果関係を統計的に示した論文はまだ多くはありません。北海道企業の場合、道外取引には国内取引と外国取引の両方がありますので、道外取引の生産性への学習効果を分析する際にはさらに慎重な研究デザインが必要になります。この論点は、私も今後研究を深めたいものです。

参考文献

　概説書という本書の性格から、ここでは長い参考文献リストは付けませんでした。代わりに、北海道経済に関する書籍、本書を読む前にあらかじめ読んでおくと理解の助けになる書籍、そして本書の内容についてさらに学ぶための書籍を、2010 年以降に出版された日本語のものに絞って、10 冊ご紹介します。

【北海道経済に関して】
1. 小林好宏著『北海道の経済と開発─論点と課題』北海道大学出版会、2010 年
　　北海道開発の歴史、北海道経済の現状と問題点、そして今後の発展戦略について、簡潔に読みやすくまとめています。
2. 渡辺一史著『北の無人駅から』北海道新聞社、2011 年
　　北海道の鉄道の歴史は、北海道の経済史そのものです。このノンフィクションは、6 つの無人駅を基点として、その地域や産業の経済史を鮮やかに描き出しています。
3. 穴沢眞・江頭進編著『グローバリズムと北海道経済』ナカニシヤ出版、2014 年
　　道内の観光業、食品生産業、自動車産業の育成策や、人材、金融、通商、情報、エネルギーの観点からの北海道経済の基盤強化策について、事例を基に、社会科学の知見を用いて、具体的に提言しています。本書と補完的な関係にある書籍です。

【本書の理解の助けとなる経済学の基本書】
4. 古沢泰治・塩路悦朗著『ベーシック経済学─次につながる基礎固め』有斐閣、2012 年
　　本書で用いているミクロ経済学やマクロ経済学の基礎知識について、わかりやすく、かつ正確に説明している本です。1 冊で現在の経済学体系の基礎が学べます。
5. 三橋規宏・内田茂男・池田吉紀著『ゼミナール日本経済入門　第 25 版』日本経済新聞出版社、2012 年

日本経済についての知識は、地域経済への理解を深めます。本書は、事例や図表をふんだんに使った、日本経済の優れた入門書かつ体系書です。

【本書を読んだ後に】
6. 松浦寿幸著『Stata によるデータ分析入門―経済分析の基礎からパネル・データ分析まで』東京図書、2010 年

　　本書第 6 章の計算で用いました Stata は経済の実証分析の標準的なソフトウェアになり、多くの大学でコンピュータールームのパソコンにインストールされています。この本を手がかりに Stata のコマンドを学べば、第 6 章補論のソースコードよりも短くて効率的なものを書けるようになるでしょう。
7. 本間正義著『現代日本農業の政策過程』慶應義塾大学出版会、2010 年

　　日本の農業政策の変遷が詳述され、農業政策の意義を理論的に説明しています。また、国際的な視点も多く、貿易自由化交渉や、諸外国との農業政策の比較検討も行っています。
8. 若杉隆平編『現代日本企業の国際化―パネルデータ分析』岩波書店、2011 年

　　日本企業の国際化について、その要因やその効果を、企業レベルのデータを用いて分析した研究書です。企業の国際化と生産性に関する私の考えはこの本と同じです。
9. 阿部顕三・遠藤正寛著『国際経済学』有斐閣、2012 年

　　国際貿易論の大学専門課程用テキストです。国際収支統計、ヘクシャー＝オリーン・モデル、貿易政策、WTO や RTA などを説明しています。
10. 黒岩郁雄編著『東アジア統合の経済学』日本評論社、2014 年

　　他国との経済関係の深化について、東アジアを意識して、財貿易、サービス貿易、海外直接投資、労働移動、農業、通貨・金融統合、貿易コスト、産業立地、技術革新など、多様な側面を詳述しています。北海道と域外との取引拡大や TPP の締結がもたらす影響を考える上で有用です。

謝　辞

　小樽商科大学に奉職して2年目に、ゼミの学生に薦められたテレビ番組「水曜どうでしょう」（北海道テレビ放送）に触発されて、北海道212市町村（当時）を全て訪ねることを思い立ったのは、1997（平成9）年8月でした。最初の旅は、研究室の窓から毎日眺めていた石狩湾の対岸にある、石狩市、厚田村（当時）、浜益村（当時）、増毛町、留萌市でした。

　それから2001（平成13）年8月まで、主に週末を利用して4年をかけて、道内全市町村を2回廻りました。時間の制約から、テレビ番組のようにカードを引いて旅を決めることはできませんでした。訪れた市町村では、市役所・町村役場、カントリーサイン、意匠をこらした街路灯などの写真を撮り、それらを私のウェブサイトで公開もしていました。

　この一連の小旅行を通じて見た自然の美しさや雄大さ、感じた冬の厳しさ、そして味わった各地の名産品のおいしさは、それから15年ほど経ったとは信じられないほど、今も鮮やかに記憶に残っています。しかし同時に、離農の進行、公共事業への依存、札幌への人口・経済の一極集中も感じました。多くの市町村で、役所や役場の立派さに比べて、企業の工場や事務所が目立っていなかったことにも、度々違和感を覚えました。

　また、この期間、北海道経済の先行きの厳しさを感じさせる出来事も数多くありました。1997（平成9）年11月には北海道拓殖銀行が経営破綻し、1999（平成11）年10月には北海道東北開発公庫を承継して日本政策投資銀行が設立され、2001（平成13）年1月には北海道開発庁は国土交通省に再編されました。

　小樽商科大学に在職しておりました1996（平成8）年4月から1999（平成11）年3月の3年間、北海道に暮らし、全市町村を訪ね、人と交わる中で、北海道への関心が高まり、同時に数々の疑問を抱くようになりました。しかし、それらに対して自分なりの回答を提示する前に、私は北海道を離れてし

まいました。長い間、それが心残りでした。

　本書には、市町村の名前も、地名も、河川名も、人名も、食材の名前も、ほとんど出てきません。斜里岳も、北オホーツクも、さっぽろホワイトイルミネーションも、水門（サクランボ）も、北寄貝も、つぶ貝も、行者ニンニクも、トラピストバターも、本文中に出てきません。しかし、抽象的で論理的な経済の記述の裏には、魅力的な人、土地、特産品、文化とのたくさんの出会いがありました。それがあったからこそ、執筆を進めることができました。

　本書は私にとって、提出が遅れに遅れたレポートをようやくまとめたようなものです。肩の荷がようやく降りた思いです。もとより、まだまだ不完全なものであることも承知しています。読者から忌憚ないご意見ご批判をいただければ幸いです。

　なお、本署の執筆には、慶應義塾学事振興資金による援助を得ております。また、本書の出版にあたり、慶應義塾大学商学会からは出版補助を受けております。松浦寿幸先生（慶應義塾大学産業研究所）と田邉勝巳先生（慶應義塾大学商学部）には分析方法について、小林友彦先生（小樽商科大学商学部）には国際経済法について、それぞれご教示いただきました。笹原彰、楊瀟瀟、飯田智之、小田亜矢子、大木崇正の諸氏には、データの収集・整理・分析でたいへんお世話になりました。慶應義塾大学出版会の藤村信行氏には、本書の出版に際してお骨折りいただきました。ここに記して、感謝申し上げます。そしてなにより、北海道に住むみなさまからの様々な形の励ましによって、私は本書をまとめることができました。ありがとうございました。

　喜寿を迎えて変わらず元気な父の英夫、家族の健康をいつも気遣っている母のチエ、生まれ育った小樽のことをいつも気にかけている妻の恵理子、そして北海道への帰省を心待ちにしている娘の光紗に、本書を捧げます。

2014 年 7 月

遠　藤　正　寛

索引

ア

愛知県　　203, 204
アメリカ　　66, 94～99
アンチダンピング　　239, 300

イ

域際収支　　ii
域際収支統計　　90, 99～104
域際貿易　　259
域内可処分所得　　67
域内純資本形成→県内純資本形成
域内純生産　　41
域内総生産→県内総生産
イギリス　　94～99
移出　　13, 160, 168, 189
一般均衡　　183
一般均衡分析　　229
一般政府　　56, 110
移転取引　　55, 56
移入　　13, 160
移輸出　　14, 18, 19, 71, 106, 116, 154
移輸入　　14, 18, 19, 106, 108, 115, 164
移輸入係数　　165, 170, 179
因果関係　　114, 150, 151

ウ

売上高　　194, 195
ウルグアイ・ラウンド　　273

エ

営業利益　　193

オ

欧州連合（European Union: EU）　　284, 286
大阪府　　203, 204, 211

オホーツク　　175～179
卸売・小売業　　10, 45, 48, 49, 203

カ

外貨準備　　98, 99
外資系企業　　208～213
開放経済　　230
家計（個人企業を含む）　　56, 110
加工原料乳生産者補給金制度　　262
貸方　　91～103
神奈川県　　211
株式会社ダイイチ　　193～197
可変費用　　233, 236
借方　　91～103
観光関連産業　　155
関税（輸入関税含む）　　116, 228, 235～244, 268, 279, 280～282
関税及び貿易に関する一般協定（General Agreement on Tariffs and Trade: GATT）　　iii, 273, 286, 287
関税収入　　235, 289, 291
関税同盟（customs union: CU）　　287
関税割当　　266
間接投資　　209
環太平洋パートナーシップ協定（Trans-Pacific Partnership: TPP）　　ii, 183, 228, 258, 266, 271, 278, 286, 296～307

キ

機械化　　141～146
企業所得　　23, 24, 26, 28
技術　　117
帰属家賃　　16
基本勘定　　77
逆行列　　184～190
逆行列係数表　　169, 178～181, 190
逆行列数　　189, 190

供給曲線　　230, 246, 250〜252, 257, 279, 288, 298
供給の価格弾力性　　251〜276
郷里送金　　97
均衡　　230, 231
均衡価格　　229, 230, 279
金融機関　　56, 110
金融収支　　90〜114
近隣窮乏化政策　　281

ク

釧路　　175〜179

ケ

経営所得安定対策　　245
経営能力　　151
経済協力開発機構（Organisation for Economic Co-operation and Development: OECD）　　151, 210, 284
経済厚生　　231, 233〜237, 257, 280〜282
経済統合協定（economic integration agreement: EIA）　　287
経済連携協定（economic partnership agreement: EPA）　　287
計算可能な一般均衡（Computable General Equilibrium: CGE）モデル　　183, 184, 257, 298〜301
経常移転　　54〜64, 68, 69, 75, 78〜85, 106, 109
経常県外収支　　73〜78, 99〜101
経常収支　　90, 110〜114
県外からの経常移転　　81, 83
県外からの資本移転等（純）　　78, 100, 101
県外からの所得（純）　　21, 22, 68, 81, 83
県外からのその他の経常移転（純）　　68, 81
県外勘定　　99, 100
県外資産　　85
県外に対する債権の変動　　61, 77, 78, 100, 101
限界費用　　233, 250, 271
原産地規則　　292, 296

建設業　　10, 34, 44〜47
県内産出額　　9
県内純資本形成（市内純資本形成、域内純資本形成含む）　　73〜87
県内純生産　　68, 69, 81, 87, 115
県内総資本形成（域内総資本形成含む）　　68〜78
県内総生産（道内総生産、市内総生産、域内総生産含む）　　2〜9, 17, 20〜22, 29〜41, 71, 115, 135, 192
県内要素所得　　21, 29
県民可処分所得　　68, 69, 78〜87, 115, 136
県民経済計算　　2, 3, 99〜101, 104
県民所得（道民所得、市民所得、住民所得含む）　　2, 7, 8, 19〜38, 192
県民貯蓄（道民貯蓄、市民貯蓄、住民貯蓄含む）　　73〜78, 81〜87, 136, 137

コ

公共事業　　60, 180〜182
公共投資　　18, 38, 39, 44, 46, 203
厚生効果　　229, 235, 236, 281, 282
合成の誤謬　　117
公的総固定資本形成　　18, 34, 39, 69
国営事業負担金　　103
国債　　61
国際価格　　230, 235, 249〜255, 279
国際経済学　　ii
国債購入　　61, 64
国際収支統計　　90, 99〜101, 103
国際通貨基金（International Monetary Fund: IMF）　　90, 209
国際通商交渉　　iv, 239, 278, 297
国際貿易　　ii, 259
国税　　55, 102
国土交通省　　55, 60
国内価格　　235
国内総生産　　4, 5
国民経済計算体系（System of National Account: SNA）　　3
国民総生産（gross domestic product: GDP）　　94, 209, 210, 298〜305

索引 315

互恵的　283
誤差脱漏　100
国家安全保障　239, 240
国家貿易　259, 266, 273
国庫　61
国庫支出金　55, 58, 103
国庫負担金　55, 102
固定資本減耗　20, 31, 32, 122
コブ＝ダグラス型生産関数　196
米　228, 234〜268
米戸別所得補償モデル　245, 255, 256
雇用者報酬　23〜28, 49, 100

サ

サービス業　46, 50
サービス収支　91〜95
サービスの貿易に関する一般協定（General Agreement on Trade in Services: GATS）　287
財貨・サービスの移輸出　100
財貨・サービスの移輸出入　17, 83
財貨・サービスの移輸入　100
最恵国待遇　287〜291, 297
在庫品増加　16, 17, 69
財産所得　23, 28, 56
最終需要　160, 168〜190
札幌コンテンツ特区（札幌市）　156, 175
サツラク農業協同組合　261
産業構造　ii, 120, 124, 143, 204
産業生産効果　41, 44, 46, 48, 50
産業連関　ii, 158
産業連関表　158, 171, 183, 184, 301
産業連関分析　183, 184, 190
三面等価の原則　14

シ

資源配分効果　229, 235, 236, 281
資産　92
資産純増　92
支出面　13, 15
市場　32, 235〜241, 248
市場均衡　229
市場の失敗　33, 237

静岡県　103〜107, 211
実質生産　3
指定生乳生産者団体（指定団体）　261, 264〜270
市内純資本形成→県内純資本形成
市内総生産→県内総生産
資本　117, 128, 139〜151, 193〜195, 213, 214
資本移転　54〜62, 68, 69, 75, 78, 85, 96, 109, 114, 115
資本移転等収支　90, 91, 96〜110
資本集約的　129〜134, 146
資本調達勘定（実物取引）　56, 57, 61, 77, 90, 100, 104
資本投入係数　143〜146
資本豊富地域　128, 131, 135, 147, 149
資本・労働投入比率　129〜131
資本・労働賦存比率　134, 135
市民所得→県民所得
市民貯蓄→県民貯蓄
社会保障基金　34
社団法人中央酪農会議　260, 264, 270
就業構造基本調査　124
囚人のジレンマ　282〜285, 299
住宅投資　16
自由貿易　230, 231, 233, 246, 280, 282, 283
自由貿易協定（free trade agreement: FTA）　287
自由貿易地域（free-trade area: FTA）　287
住民可処分所得　71
住民所得→県民所得
住民貯蓄→県民貯蓄
需給均衡式　186, 189
需要曲線　230, 231, 246, 250, 257, 279, 288, 298
需要の価格弾力性　252〜276
純所得移転　61〜64
純付加価値　20
小国　230, 235, 279, 290
消費　16
消費者価格　245〜276

消費者余剰　231〜237, 249〜257, 268, 280, 289〜291
情報サービス　175, 176
情報・通信　303〜306
省力化　140〜148
食料品製造業　151
所得移転　i, ii, 54, 57〜67, 115, 237
所得再分配　54, 56, 63
所得税　54, 55, 102
所得補助　245
私立大学　35
森林総合産業特区（下川町）　156

ス

数量制限　267
スタンブリング・ブロック　293
スパゲティ・ボウル効果　292, 293
スピルオーバー　155

セ

生産技術　139〜153
生産者価格　245〜276
生産者価格表示　9, 20
生産者余剰　231〜237, 249〜257, 268, 280, 289〜291
生産性　ii, iii, 115〜117, 192, 202〜208
生産性指数　197〜217
生産調整　246〜252
生産補助金　21, 228, 236〜255
生産面　13, 15
生産誘発効果　167〜172
生産要素　8, 19, 21, 54, 115, 128〜139, 151, 213
生産抑制　245
製造業　10, 44, 46, 107, 120〜127, 138, 150, 151
制度　32
制度部門別資本調達勘定（実物取引）　57
制度部門別所得支出勘定　56
生乳　228, 259〜271
生乳処理　260
政府サービス　123, 124

政府サービス生産者　10, 12, 33
政府最終消費支出　18, 34, 35, 71, 81, 83, 136
政府の失敗　33
政令指定都市　27
セーフガード　239, 300
世界貿易機関（World Trade Organization: WTO）　iv, 239, 243, 278, 283〜296
ゼロサム・ゲーム　285
全要素生産性（Total Factor Productivity: TFP）　195〜199, 214
全要素投入量　196

ソ

相関関係　114, 150
総合特別区域制度　156
総合乳価　262
総固定資産形成　16
相互的　283
相殺関税　239
総支出　14, 16, 104
総生産　3, 4, 8, 12〜15, 104
総余剰　228, 234〜268, 280, 291
その他の経常移転　56, 100
粗付加価値　20, 161, 170, 185
粗付加価値誘発効果　169〜179

タ

第1次所得収支　90〜95, 99〜110
対家計民間非営利サービス生産者　12, 35
対家計民間非営利団体　56
大国　230, 279, 290
第2次所得収支　90, 91, 96〜110
多角的貿易交渉　iii
タリフライン　299
単体財務諸表　214, 215

チ

地域活性化総合特区　156
地域ブランド　151
地域別産業連関表　175
地域貿易協定（Regional Trade

索引　317

Agreements: RTA)　　iv, 182, 209, 278, 279, 286〜297
チーズ向け生乳供給安定対策事業　262
地産地消　　115, 116
地代　　139
地方交付税　　54〜59, 102, 103, 108
地方譲与税　　103
中間需要　　159〜185
中間投入　　8, 9, 12〜15, 161, 164, 175
中国　　94〜99
直接投資　　91, 209, 210, 298, 299, 306〜308
貯蓄・投資バランス　　67, 74〜78, 83〜85
賃金　　129, 139
賃貸料　　129, 139

ト

ドイツ　　94〜99
道央　　175〜179
道外からの資本移転等（純）　57
道外勘定（経常取引）　56, 90, 101
道外最終需要　　169〜173
東京都　　203, 204, 211
統合勘定　　61, 77
投資　　16
道東　　178
道内最終需要　　160〜175, 190
道内最終消費　　189
道内需要　　160
道内純生産　　104, 185
道内総生産→県内総生産
道内貯蓄→県内貯蓄
東南アジア諸国連合（Association of Southeast Asian Nations: ASEAN）　284, 296
道南　　175〜179
投入係数　　165, 178
投入係数表　　186
道北　　175〜179
道民可処分所得　　104, 106
道民所得→県民所得
道民貯蓄→県民貯蓄

ドーハ開発アジェンダ　iv, 244, 294〜298
十勝　　175〜179
独立行政法人農畜産業振興機構　266
土地　　128
ドミノ効果　　293
取引基本表　　158〜164, 184

ナ

内地　　18, 123, 138, 149, 153, 301〜306
内部留保　　193, 194
南米南部共同市場（Mercado Común del Cono Sur: MERCOSUR、メルコスール）　286

ニ

日糧製パン株式会社　　193〜197
日経NEEDS　　193, 199, 200, 215, 216, 223〜225

ネ

根室　　175〜179

ノ

農業者戸別所得補償制度　245〜247, 272〜274
農地　　139〜143
農地投入係数　　143〜146
農林水産業　　10, 42, 120〜127, 303

ハ

函館酪農公社　　261

ヒ

比較優位　　153, 303
非金融法人　　110
非金融法人企業　　56
兵庫県　　104〜107, 211
ビルディング・ブロック　　293

フ

プール乳価　　262, 265
付加価値　　i, 8, 12〜15, 115, 118, 129〜

148, 151, 192, 193, 208～214
付加価値係数　165, 170～182
福岡県　104～107, 203, 204, 211
複式計上　91, 93
負債　92
負債純増　92
部分均衡分析　228, 229, 244, 250, 259, 279, 288, 298
部分的貿易協定（partial scope agreement: PSA）　287
ブロック経済化　116
分配面　15

ヘ

閉鎖経済　230, 233
平成21年延長北海道産業連関表　158, 171
ヘクシャー＝オリーン・モデル　127, 135, 150
変化分積効果　41, 44

ホ

貿易救済措置　300
貿易・サービス収支　90, 100～116
貿易自由化　228
貿易収支　91～99
貿易制限　245
貿易創出　289, 290
貿易転換　289, 290
貿易利益　234
法人税　55, 102
北米自由貿易協定（North American Free Trade Agreement: NAFTA）　286
ホクレン農業協同組合連合会（ホクレン）　261, 264, 270
保護貿易　282, 283
北海道開発局　55, 60
北海道開発事業費　55, 58, 71, 75, 108
北海道フード・コンプレックス国際戦略総合特区　156, 175

ミ

ミニマム・アクセス（MA）　273～275

民間最終消費支出　17, 71, 81, 83, 136
民間資本ストック　135
民間総固定資本形成　18, 69

ム

無形固定資産　16

メ

メリッツ・モデル　299

モ

持株会社　200, 215, 216

ユ

有形固定資産　16, 128
輸出　13, 160, 168, 189
輸入　13, 160
輸入関税→関税
輸入禁止措置　116
輸入数量制限　116
輸入制限措置　116, 117, 228, 229, 244, 248

ヨ

要素所得　21, 22, 41
要素費用表示　19, 21
幼稚産業保護論　238

ラ

ラウンド　iv, 243, 278, 284, 294

リ

旅行サービス　95
臨時従業員数　200, 216

レ

連結財務諸表　214

ロ

労働　117, 128, 139～151, 193～195, 213, 214
労働移動効果　41, 44, 46, 50
労働集約的　129～134, 146, 149

労働生産性　　194, 195
労働投入係数　　143～146
労働豊富地域　　128, 131, 135, 147, 149
ローカル・コンテント（現地調達率）規制　　116

Alphabet

ASEAN（東南アジア諸国連合）　　284, 296
ASEAN自由貿易地域　　286
CGE（計算可能な一般均衡）モデル　　183, 184, 257, 298～301
EU（欧州連合）　　284, 286
GAAT（関税及び貿易に関する一般協定）　　273, 286, 287
GDP（国民総生産）　　94, 209, 210, 298～305
GTAP（Global Trade Analysis Project）モデル　　183, 184, 257, 258, 301
HACCP（Hazard Analysis and Critical Control Point）　　305
IMF（国際通貨基金）　　90, 209
MA（ミニマム・アクセス）　　273～275
MICE　　306
OECD（経済協力開発機構）　　151, 210, 284
RTA（地域貿易協定）　　iv, 182, 209, 278, 279, 286～297
Stata　　217, 224
TFP（全要素生産性）　　195～199, 214
TPP（環太平洋パートナーシップ協定）　　ii, 183, 228, 258, 266, 271, 278, 286, 296～307
WTO（世界貿易機関）　　iv, 239, 243, 278, 283～296
WTO協定　　243, 244, 273, 284
WTO協定税率　　295

＜著者紹介＞

遠藤正寛（えんどう　まさひろ）
慶應義塾大学商学部教授
経歴　1991（平成3）年慶應義塾大学商学部卒業、1996（平成8）年慶應義塾大学大学院商学研究科後期博士課程単位取得退学、同年小樽商科大学商学部助教授、1999（平成11）年慶應義塾大学商学部助教授、2000（平成12）年博士（商学）（慶應義塾大学）、2006（平成18）年慶應義塾大学商学部教授。2001（平成13）年パリ政治学院客員教授、2003（平成15）年—2005（平成17）年イェール大学経済成長センター客員研究員を兼務。
専攻　国際経済学
著書　『地域貿易協定の経済分析』東京大学出版会、2005（平成17）年、『国際経済学』（阿部顕三との共著）有斐閣、2012（平成24）年。他論文多数。

北海道経済の多面的分析
　TPP による所得増加への道筋

2014 年 8 月 30 日　初版第 1 刷発行

著　者―――遠藤正寛
発行者―――坂上　弘
発行所―――慶應義塾大学出版会株式会社
　　　　　〒 108-8346　東京都港区三田 2-19-30
　　　　　TEL　〔編集部〕03-3451-0931
　　　　　　　　〔営業部〕03-3451-3584〈ご注文〉
　　　　　　　　　〃　　　03-3451-6926
　　　　　FAX　〔営業部〕03-3451-3122
　　　　　振替　00190-8-155497
　　　　　URL　http://www.keio-up.co.jp
装　丁―――鈴木　衛
印刷・製本――萩原印刷株式会社
カバー印刷――株式会社太平印刷社

©2014 Masahiro Endoh
Printed in Japan ISBN978-4-7664-2161-3

慶應義塾大学出版会

日本石炭産業の衰退
―戦後北海道における企業と地域

杉山伸也・牛島利明編著　慶應義塾が所蔵する「日本石炭産業関連資料コレクション（JCIC）」をはじめ豊富な一次資料を丹念に追いかけ、企業の経営・労務情報など内部資料から石炭産業の衰退過程を克明に浮き上がらせる第一級の研究。　◎4,800円

日本石炭産業の戦後史

島西智輝著　エネルギー革命の過程で、機械化を進めつつも伝統的労務慣行に束縛された大手炭鉱、労働者対策なき産業政策に終始した政府。気鋭の経済史家が、膨大な一次資料を基に戦後高度成長を衰退産業の側から描写、現代日本のエネルギー政策に豊かな示唆を与える。　◎5,400円

開拓使と幕臣
―幕末・維新期の行政的連続性

門松秀樹著　日本行政の歴史的転換点を北方に探る。文書館に眠る厖大な史料を読み解き、政治過程の解明を重視する従来の研究が見落としてきた視点から、近世・近代移行期における日本行政の人的・機能的連続と変容に迫る力作。　◎4,800円

表示価格は刊行時の本体価格（税別）です。